RELIGIÃO E ESPAÇO PÚBLICO

CB138692

coleção de antropologia
movimentos religiosos do mundo contemporâneo

RELIGIÃO E ESPAÇO PÚBLICO

Organização e Introdução

Patricia Birman

Autores

Ari Pedro • Oro Carlos Alberto Steil • Cecília Mariz • Clara Mafra
Emerson Giumbelli • Marc Henri Piault • Márcia Contins
Márcia Pereira Leite • Maria das Dores Campos Machado • Michel Agier
Pablo Séman • Patricia Birman • Regina Novaes • Roger Sansi
Rosane Prado • Sandra Sá Carneiro • Véronique Boyer

cnpq/pronex
attar editorial

coleção de antropologia
MOVIMENTOS RELIGIOSOS NO MUNDO CONTEMPORÂNEO

Coordenador
José Jorge de Carvalho

Conselho Editorial
Otávio Velho
José Jorge de Carvalho
Regina Novaes
Rita Laura Segato
Ari Pedro Oro

Apoio
MCT/CNPq
Departamento de Antropologia - Universidade de Brasília

Endereço
SCLN 406 - Bloco A - Sala 210
70847-510 - Brasília - DF
Tel/Fax: 61-272-9499

ATTAR EDITORIAL
rua Madre Mazzarello 336 05454-040 São Paulo - SP
fone/fax (11) 3021 2199 www.attar.com.br

Sumário

Parte II

Paisagens políticas e sentidos do religioso

Parte III

Questões de estilo: percursos, trocas e linguagens

Posfácio

Introdução

Patricia Birman

Queremos aqui explorar o religioso como um aspecto, um componente importante, ou mesmo fundamental de vários processos sociais e políticos que ocorrem hoje em nosso país. Com esta perspectiva, o livro orienta o olhar sobre fenômenos religiosos dando uma especial importância aos espaços públicos onde muitas coisas "religiosas" acontecem. A nossa ambição neste livro não se esgota no estudo dos religiosos, ou das religiões nelas próprias, mas no diálogo, na dinâmica e nos confrontos em que temas, procedimentos e identidades considerados como tais se integram na configuração tanto do que se designa como "religião" na sociedade quanto do espaço público em que estas dinâmicas acontecem.

Questão de "foro íntimo", encerrada no domínio privado, a religião tem sido concebida e estudada sobretudo como uma esfera que ganha sentido nas igrejas, isto é, no interior de seus espaços sociais legítimos de ocorrência. Não é de se estranhar que, em conseqüência, o estudo dos grupos institucionalizados, da dinâmica do "campo" religioso, dos seus ritos e dos seus fiéis, ocupe a quase totalidade da literatura sociológica neste domínio do saber acadêmico. As tradições de estudo que versam sobre o religioso, as religiões e as religiosidades se estabeleceram, pois, obedecendo *grosso modo* aos princípios pelos quais o Ocidente definiu o lugar desse "domínio" em relação aos outros na sociedade. Até hoje as ciências sociais carregam o peso dessa tradição clássica e bem estabelecida nos meios acadêmicos. Por isso, talvez concedam menos atenção que o desejável aos contextos e às dinâmicas que ultrapassam os limites normativos fixados pelo Ocidente cristão e moderno (felizmente, jamais inteiramente obedecidos) nas sociedades que se dizem laicas e seculares.

Quando nos direcionamos para a complexidade do espaço público das sociedades contemporâneas considerando-o também como lugares de ocorrência do religioso, percebemos o quanto o nosso campo de reflexões se enriquece pela observação dos entrelaçamentos, dos confrontos e das configurações de que o "religioso" participa como um ator entre outros na sociedade. Por querermos valorizar o que acontece com os temas e as ações "religiosas" associados ao espaço público, buscamos explorar algumas das muitas formas pelas quais seus símbolos, artefatos, valores, projetos e questões se constituem e colaboram para construir e transformar os cenários sociais e políticos de que participam. Ao nos propormos privilegiar esse tema queremos problematizar algumas das muitas formas pelas quais comportamentos coletivos e individuais conjugam o "religioso", o "cultural", o "turístico", o "político", o "econômico", gerando tensões, confrontos e formas de integração bem como de rupturas na estruturação da vida social. Pode-se dizer que, de uma certa maneira, a pesquisa respeitosa da ordem pública se sentiria bem mais confortável ao se manter no interior dos espaços eclesiásticos, apesar das muitas desarrumações institucionais e políticas que têm desestabilizado as fronteiras entre os domínios sociais na modernidade contemporânea.

Não é de hoje que manifestações religiosas se transformaram num item importante em dinâmicas sociais variadas no nosso país. A imagem do Brasil como o "maior país católico do mundo" é o resultado de uma multiplicidade de situações em que o Estado, a Igreja Católica e muitos outros segmentos religiosos e sociais se enfrentaram, se confrontaram e configuraram certas paisagens e imaginários poderosos. Basta, por exemplo, citar uma marca do domínio da Igreja Católica no país quando esta erigiu, na antiga capital da República, a estátua do Cristo Redentor. A construção desta imagem como símbolo da cidade implicou certamente em conflitos, em negociações e em reconhecimento de princípios sociais e morais no ordenamento do espaço público e da sociedade. A imagem pode nos fazer lembrar, entre muitas outras coisas, um momento em que um certo tipo de catolicismo teve vigência entre nós. Sem dúvida, mudaram as religiões, mudou a sociedade e sobretudo tanto "religião" como "sociedade" não conservaram os sentidos que pareciam (ontem!) dados para sempre. Não é preciso enfatizar ainda mais quantas pessoas hoje hesitariam em reafirmar a catolicidade como princípio nacional. Os questionamentos a que submetemos as várias situações aqui analisadas se fizeram tendo em mente a nossa condição de indivíduos concernidos a essa sociedade, o que explica em parte o nosso interesse pelos temas que aqui exploramos.

Foi nessa dupla condição de atores e observadores que um grupo de cientistas sociais da UERJ se lançou na organização de um Colóquio com o tema Religião e Espaço Público.[1] Estávamos interessados em compreender a emergência de certos eventos e comportamentos "religiosos" que pareciam indicar algumas transformações significativas na nossa sociedade. Esta preocupação se reflete nos textos e também nos lugares e métodos variados que foram escollhidos para respondê-la. Os resultados deste Colóquio, apresentados no conjunto de artigos deste livro, argumentam a favor de uma premissa: que o "religioso" e a "sociedade" se constroem mutuamente e que o espaço público constitui um campo privilegiado para observar as suas interações.

O livro se divide em três partes que correspondem a seus três eixos analíticos: o primeiro trata da elaboração de identidades variadas que buscam na "religião" ritos, convicções e emblemas como formas de se constituir e de veicular demandas por cidadania na sociedade; a segunda parte está centrada na análise de configurações do espaço público, num sentido amplo. Busca-se descrever por intermédio de eventos político-religiosos como se operam os processos de constituição e de participação de diversos segmentos sociais em certas arenas públicas. A terceira parte trata de modalidades e estilos de intervenção e de apropriação religiosa de eventos, de artefatos, de meios de comunicação e de trocas por parte de indivíduos e grupos religiosos no espaço público. O leitor já deve ter percebido o quanto estes eixos temáticos se interpenetram e se complementam. Este é sem dúvida um efeito

1. Esse grupo inicial, composto pelos pesquisadores da UERJ, ampliou-se no processo de organização do Colóquio com a participação do Núcleo "Movimentos Religiosos no Mundo Contemporâneo" do Pronex, e este livro nasce do investimento coletivo dos membros desse Pronex e dos pesquisadores da UERJ. Agradecemos especialmente ao coordenador do Pronex, José Jorge de Carvalho, pelo apoio e estímulo para a sua realização.

desejado por nós que queremos complexificar a percepção das trocas sociais que incluem a "religião".

Temos já há alguns anos assistido nas várias mídias do país a movimentos de afirmação religiosa que se intensificaram por meio dos grupos evangélicos, a partir dos anos 80 e que cresceram substantivamente nos anos 90, envolvendo também católicos, espiritualistas, grupos *new age*, afro-brasileiros, entre muitos outros. Esta constatação nos permite avançar uma outra: mudou o espaço público no país. Outros interlocutores se fazem presentes, interpelam os poderes constituídos, discutem políticas e projetos culturais e amplificam a visibilidade do "religioso" na sociedade. Reivindicar um estatuto religioso no espaço público, com efeito, é algo que passou a ser mais freqüente, quase banal e usualmente efetuado em associação com reivindicações políticas, culturais e sociais. As demandas identitárias constituíram-se assim como um tema importante neste livro.

Buscou-se na primeira parte do livro analisar como a "religião" tem sido relacionada fortemente a projetos "étnicos" e "culturais", a movimentos associativistas sobretudo nos setores populares.

A cultura pública feita de festas, de música mas também de solenidades onde as orações dominam, *grosso modo*, tem envolvido na história recente uma demanda de reconhecimento em proporções variadas por direitos sociais e civis da parte da população de excluídos. Se é verdade que o *gospel* é uma música religiosa, nem por isso a escolha de Regina Novaes foi de ouvi-lo no interior das igrejas, até mesmo porque há muito tempo que seus CDs não cessam de ser apresentados para ouvintes que não freqüentam cultos pentecostais. Assim, a autora nos apresenta as conexões do *hip-hop* praticado por jovens das muitas periferias urbanas do nosso país com a religiosidade brasileira que atravessa o espaço público e as esferas musicais. Permite-nos perceber não só uma certa cultura pentecostal que se integra, nas periferias urbanas, mas também perceber como referências simbólicas das religiões afro-brasileiras e do Catolicismo – com ou sem vínculos institucionais – tornam-se veículos de expressão e questionamento da sociedade violenta e excludente em que vivem.

As dificuldades de lideranças comunitárias de favelas no Rio de Janeiro, semelhantes a essas enfrentadas pelos jovens do *hip-hop*, nos são relatadas por Márcia Leite. Nós percebemos os motivos e hesitações que impregnam a revalorização e mesmo a recriação de emblemas identitários que essas lideranças operaram para dar relevo aos seus vínculos religiosos católicos como uma forma de refletir e agir em condições tão adversas como aquelas que enfrentam. Como assegurar respeito e reconhecimento ao percorrer, no fio da navalha, o caminho estreito da via comunitária entre o tráfico e a polícia para defenderem as bandeiras da paz e da justiça?

O caminho "étnico-religioso" parece emergir para estes atores sem que este, no entanto, se constitua para eles como um meio simplesmente instrumental de "fazer política". A capacidade de certos rituais gerarem, por certos momentos, fortes laços identitários entre as pessoas é demonstrada pela etnografia de Michel Agier, quando ele analisa o sucesso de grupos de carnaval (o Ilê Ayê e o carnaval de Tumaco, no Pacífico columbiano). Descreve como certos grupos (sobretudo o Ilê Ayê) elaboram, a partir da conjugação de símbolos "religiosos" e "étnico-culturais", um enredo ritual em que se cria verdadeiramente uma "identidade cultural" – ainda que instável e momentânea. Longe de reificar "identidades", de buscar suas marcas supostas de autenticidade, o autor se preocupa em analisar os meios rituais, de forte densidade simbólica, que têm propiciado a certos grupos realizar uma "comunidade" com intenso sentido emocional, identitário e político no e por intermédio do carnaval que organizam.

Da mesma forma que os carnavalescos baianos inventaram um modo próprio de tornarem-se negros, os índios baniwa evangélicos buscam recuperar certos traços de uma identidade índia por meio de um maior investimento na cultura bíblica e evangélica, como argumenta Véronique Boyer. A autora demonstra por que os índios "recusam-se a enxergar o abandono das práticas religiosas...numa perspectiva de 'perda de identidade étnica ou cultural'". Segundo ela, não se trata para os baniwa de "voltar aos 'costumes antigos'" mas de saber o que é possível negociar da imagem dos índios com os representantes de entidades governamentais ou não governamentais, nacionais ou estrangeiras". A tentativa dos baniwa de defenderem a própria sociedade os levou, então, a fazer do evangelismo trazido a eles por missionários protestantes, um meio de serem índios.

A preocupação dos baniwa, de uma outra maneira, vai ser desenvolvida no trabalho de Rosane Prado. A autora trata das imagens que segmentos da sociedade inclusiva dispensam a um grupo minoritário no curso dos conflitos em que ele é objeto de processos de desapropriação social e econômica. As imagens negativas atribuídas aos "nativos" e entre estes aos "crentes", amplamente reiteradas pelos moradores mais abastados de uma área em disputa, articulam-se com os modos de solucionar os conflitos entre a população mais pobre da Ilha Grande (que se diz nativa) e os empreendimentos turísticos, os grupos ligados a especulação imobiliária e os movimentos ecológicos. De forma geral, a condição de "crente" veio se confundir com a idéia de uma resistência difusa – caucionada pela população que se afirma como "nativa" – às formas variadas de desapropriação que lhes são impostas pelos que são designados por ela como seus adversários, aqueles que vêm "de fora".

A análise de certos confrontos públicos em torno do sentido (religioso ou não) que se deve reconhecer a certos eventos e/ou personagens ilumina, por sua vez, um campo analítico ainda pouco explorado para entender como "religião" e "sociedade" se articulam em diferentes circunstâncias, redefinindo os limites de uma e de outra e seus campos de intervenção. Este tema é central na segunda parte deste livro. Sabe-se que "religião" é um fenômeno social, mas nem sempre se valoriza suficientemente as formas pelas quais o "social" é construído, o que nos faz ignorar com freqüência, não somente o que fez a sociedade ser o que "é" mas também como ela se transforma. Analisar as práticas ditas religiosas valorizando a dimensão contextual e constitutiva que possuem é a marca maior deste segundo conjunto de artigos.

Emerson Giumbelli analisa um significativo episódio do debate público sobre o sentido da religião no país: o chamado "chute na santa" que reverberou na mídia e colocou em disputa aberta a Igreja Universal, o Estado e a Igreja Católica. A sua análise valoriza as estratégias de intervenção das igrejas, da mídia e do Estado exatamente com o intuito de discutir "as bases de construção e sustentação do espaço público". Analisa como e por meio de quais argumentos políticos, jurídicos e religiosos se estabelecem os limites, os poderes, as esferas de intervenção do Estado e dos grupos religiosos na sociedade e, como em conseqüência, se constitui o "espaço público". Emerson Giumbelli abandona decididamente "o pressuposto de que religião e política são domínios externos um ao outro" para adotar "a concepção de que estes planos são constituídos na própria relação...".

A mesma premissa analítica é adotada por Roger Sansi ao descrever as transformações religiosas e políticas de duas grandes festas baianas, emblemas políticos e religiosos cujo valor cultural e político ultrapassa o nível local. As festas do Bonfim e da Nossa Senhora da Boa Morte, quando analisadas por esse autor, ganham uma densidade histórica que nos permite perceber o quanto as imagens que projetam no espaço público devem ser levadas a sério do ponto de vista religioso e também político. A sua ênfase nos processos e na análise de situações orienta o nosso olhar sobre as transformações, os deslocamentos dos sentidos do religioso. As práticas rituais e seus sentidos se estabelecem por meio de disputas diversas entre a Igreja Católica e as irmandades "afro-brasileiras", além de envolverem o Estado e grupos políticos e culturais, locais e internacionais. As alianças que se estruturam ao sabor dos interesses destes grupos (incluindo aqueles provenientes do turismo internacional que buscam na Bahia os ícones de uma cultura negra) em diferentes circunstâncias nos faz compreender também aspectos inusitados da chamada globalização.

O ato de habitar, assim como o de fazer uma festa, implica negociações complexas em que transparecem valores e também modos de relacionar entes e coisas: os usos das técnicas, o manejo das circunstâncias podem nos revelar dimensões de alteridade freqüentemente ignoradas. As maneiras pelas quais se constroem as pessoas e as práticas no mundo fazem parte de um processo cujas linhas de permanência não convém subestimar para a compreensão de sua dinâmica. É isso que nos deixa perceber Clara Mafra quando ela nos convida a observar atentamente certos procedimentos em torno da habitação no morro, do ponto de vista daqueles que os praticam, indivíduos referidos no mais das vezes como "favelados", mas não somente eles. A autora dá ênfase a negociação como princípio condutor de certos modos de agir. Distingue por meio do valor concedido à negociação certas disposições, certos *ethos* que moldam a forma pela qual indivíduos constituem e utilizam os intrumentos do saber, as técnicas e as relações com vizinhos próximos e distantes para tornar o mundo "habitável".

A vizinhança, termo que remete à proximidade espacial e o valor que esta possui para um certo tipo de sociabilidade, ganha relevo na descrição etnográfica de Márcia Contins quando esta nos descreve a rede cuidadosamente constituída pelo exercício de reciprocidade em torno da Festa do Espírito Santo, num bairro do Rio de Janeiro. A procissão anual católica desta festa do Divino Espírito Santo deixa entrever uma modalidade de ocupação do espaço da rua que deriva da percepção católica das relações sociais.

A ênfase na permanência, no equilíbrio e na complementaridade da dádiva que asseguram a festa contrasta com a experiência que possuem os pentecostais nos rituais oferecidos pela Igreja Universal. Uma apropriação do mundo que sublinha a mobilidade social por meio de práticas transnacionais se faz por meio de seus ritos e se amplifica pela mídia. As práticas desenvolvidas pela Universal parecem fornecer novos critérios para adeptos e leigos avaliarem seus percursos religiosos e sociais.

O nosso empenho em valorizar as relações do religoso com o espaço público não nos faz voltar à época das grandes narrativas e grandes princípios causais, centrados na totalidade e na coerência suposta dos modelos aplicados. Por isso, na terceira parte deste livro tratamos de "questões de estilo". Julgamos que valorizar "estilos" que acompanham as práticas sociais nos permite levar a sério o princípio analítico de que forma e fundo, razão e emoção, aparência e função não podem ser separados sob pena de só compreendermos o que um modelo já conhecido e gasto nos fornece como interpretação possível de novos comportamentos. Os "estilos" pentecostal, *new age*, afro-brasileiro, bem como os novos "estilos" da mídia, da música, da aparência dos muitos personagens deste livro, importam para o que dizemos porque são importantes para indivíduos e coletividades realizarem os seus projetos. O valor social e político destas escolhas envolve, pois, o jeito, a estética, o cenário nos quais artefatos e pessoas se conjugam nos processos de troca que permeiam o espaço público.

A forma pela qual pastores evangélicos e católicos concebem o formato de seus programas televisivos, ao mesmo tempo que guarda uma afinidade com a percepção que possuem do lugar de suas igrejas no espaço público, tem também uma relação com as estratégias desenvolvidas por eles nos conflitos com seus concorrentes. A "Palavra" em oposição a "Imagem" faz parte de uma controvérsia antiga do protestantismo que se manifesta aqui, no entanto, no interior do campo evangélico, como explicita Cecília Mariz, ao descrever a trajetória do pastor Caio Fábio, organizador do canal Vinde TV. A comparação que realiza entre a Rede Vida e a Vinde TV ilumina práticas mediáticas de grande presença no espaço público cuja natureza é mais heterogênea do que poderíamos imaginar tanto no campo católico quanto naquele evangélico. Vemos como a atuação dos dois canais (católico e protestante) depende em grande medida da intervenção de muitas instâncias e pessoas, tais como seus proprietários (não necessariamente institucionais), os vínculos com as igrejas, o lugar dos pastores e das ordens religiosas, o quadro da programação, e dos anúncios para a elaboração das "mensagens" que visam "passar" aos seus públicos.

A autonomia relativa dos canais de televisão, tal como descritos por Cecília Mariz, vai se apresentar no desenho que realiza Maria das Dores Machado sobre a configuraçao atual da participação política-religiosa-partidária dos deputados evangélicos do Rio de Janeiro. Conjugando pertencimento religioso e partidário com o perfil obtido pelo conjunto das leis propostas por cada deputado em sua presença na Câmara, a autora busca apontar para as modalidades de clientelismo político desenvolvidas por esses deputados. Chama a atenção para o fato de que este clientelismo, embora fortemente apoiado em estruturas eclesiásticas e estatais, não consegue impedir que os laços desses deputados evangélicos, tanto com seus partidos quanto com suas igrejas, sejam consideravelmente frágeis. O assistencialismo praticado por esses não tem sido um obstáculo a deslocamentos sucessivos desses deputados tanto de seus partidos quanto de suas igrejas. O que parece importar é a forma como operam as lógicas partidárias e religiosas. O sucesso eleitoral se apresenta assim pelo efeito da conjugação das duas já que nem sempre a conexão entre elas funciona de forma adequada.

Da mesma forma como a lógica da religião não consegue, isoladamente, construir um eleitorado, a "lógica do mercado" se embrica com um fenômeno religioso peculiar e contribui assim para potencializá-lo. Carlos Steil e Ari Pedro Oro chamam atenção para um fenômeno mais amplo que atravessa o campo religioso contemporâneo e que tem gerado efeitos no comércio religioso de Porto Alegre. Segundo os autores, "a lógica do mercado tende a estender suas fronteiras para dentro do campo religioso, diminuindo o controle das instituições religiosas tradicionais sobre o comércio de bens e artigos religiosos, ao mesmo tempo em que incorpora funções e papéis desempenhados tradicionalmente pelas instituições religiosas". Os autores analisam o comércio e o consumo de artigos religiosos em Porto

Alegre, descrevendo como hoje se apresenta um "redobrado interesse pelas 'coisas sagradas'" que revela a crescente autonomia dos indivíduos em criar vínculos religiosos não institucionais por meio de "bricolagens" feitas a seu gosto. Ari Oro e Carlos Steil descrevem como os comerciantes de Porto Alegre elaboram esteticamente a identidade de seus estabelecimentos e, ao mesmo tempo, abrem espaço para o consumo "livre" de seus clientes, movidos pelo desejo de autonomia frente às instituições religiosas tradicionais. Descrevem assim um comércio movido por essas duas lógicas que se combinam e que geram efetivamente uma proliferação de novos "objetos sagrados" voltados para responder à demanda por infinitas "sínteses pessoais" de seus consumidores contemporâneos.

Os marcos emblemáticos no mapa histórico e geográfico do Caminho de Santiago tem aberto uma via para um outro tipo de consumo de bens religiosos em prol de novas "sínteses pessoais", como podemos compreender pelo artigo de Sandra Carneiro. A autora analisa como os peregrinos do Caminho organizam projetos de transformação pessoal por meio de uma travessia em que passam ritualmente por certos símbolos associados aos fundamentos católicos da velha Europa. É nesse Caminho, assim balizado, que os peregrinos, indivíduos das camadas médias brasileiras, "experimentam um sentido transformado de comunhão" e vivem uma "jornada interior" associada à vivência de uma "comunidade partilhada". O efeito transformador dessa experiência é posto em relevo pela autora quando cita as "descobertas" que fizeram esses peregrinos e que os motivam e impulsionam a uma renovação existencial. Assim, a volta ao Brasil é acompanhada por uma maior motivação que se traduz para alguns em um envolvimento com práticas político-assistenciais e também, para outros, em mudanças de rumo mais totalizadoras envolvendo dimensões afetivas e formas de inserção social.

O consumo ampliado de bens religiosos que atualmente seduz certos setores médios da sociedade brasileira é analisado de perto por Pablo Semán no seu artigo sobre um leitor de Paulo Coelho. Instiga-nos a acompanhar um percurso individual que se efetiva por meio de uma dinâmica de conformação recíproca em que temas e questões de atualidade se entrelaçam com o processo de subjetivação do indivíduo. A descrição etnográfica da relação que manteve com esse morador católico da Rocinha, membro ativo de sua paróquia, destaca um procedimento teórico-metodológico básico: recusa-se a compreender os comportamentos dos indivíduos por intermédio de uma relação de causalidade entre o "público", o "coletivo", a "sociedade" e o "indivíduo", em primeiro lugar; e em segundo lugar, incita-nos a partilhar da experiência que teve com esse indivíduo sobre quem escreve. Por isso nos oferta o desenho de uma teia complexa de relações que configura ao mesmo tempo a singularidade desse percurso individual, os materiais sociais diversos que (em parte) moldaram e conformaram esse leitor e estiveram presentes como referência comum na relação que pôde manter com ele.

A troca de pontos de vista está no centro da reflexão a respeito do livro no posfácio escrito por Marc Piault. O desaparecimento dos paradigmas da ordem social no plano global, ao mesmo tempo que opera nos processos de autonomização dos indivíduos frente às instituições e valores religiosos "tradicionais", encontra-se também ativo entre os pesquisadores nesse campo de estudos. Esta condição comum, argumenta o autor, apesar de objeto de experiências e apropriações diferentes, possibilita uma forma de interlocução específica dos pesquisadores com seus informantes, entre si, e também com os aportes teóricos das ciências sociais. O fazer antropológico, suas dificuldades entre o crer e o fazer, alguns dos impasses teóricos enfrentados pelas pesquisas nesse campo disciplinar são assim tematizados por esse artigo.

Parte I

Ritos, emblemas e pessoas: a propósito de identidades no espaço público

Errantes do Novo Milênio:

salmos e versículos bíblicos no espaço público

Regina Novaes

Os jovens de hoje, nascidos já na segunda metade dos anos 70, vivem em um "mundo mudado". No campo religioso já está posto e experimentado o desafio da liberdade de transgredir dogmas, ultrapassar fronteiras, desobedecer às ortodoxias e desrespeitar unidades doutrinárias. Na televisão, nas lojas de produtos esotéricos, nas feiras, no rádio já encontram ofertas "orientais" e a negação do dualismo cristão. Neste início de milênio, os jovens já não consideram óbvia a equação "brasileiro = católico" e, se quiserem, já podem assistir pela TV a programas espíritas, a invenções rituais da Igreja Universal e às pregações de outras tantas denominações, assim como a debates sobre espiritualidade Nova Era. A mistura entre o natural e o sobrenatural, a ciência e a magia, o corpo e a mente, a razão e o coração não os surpreende como aconteceu com a geração de seus pais.

Por outro lado, para ter acesso à Bíblia, os jovens de hoje não precisam desconsiderar, desqualificar os mediadores religiosos tradicionais, nem pedir permissão ou se submeter a eles. Podemos dizer que hoje a Bíblia pode estar nas mãos e na 'boca do povo". Os pentecostais, alternativa religiosa que mais cresce entre os pobres no Brasil, já foram chamados de "os Bíblia". Como se sabe, para ter pessoalmente acesso a este livro sagrado muitos, já adultos, se motivaram para aprender a ler. Passagens da Bíblia, em certas situações, também produziram "religiosização da política" levando pentecostais a participar de lutas sociais. Assim como, por outro lado, a possibilidade de acesso e interpretação da Bíblia são pré-requisitos para a "politização da religião" presente na Teologia da Libertação e nas CEBs, sem as quais o Brasil do PT e do presidente Lula não seriam os mesmos.

No Brasil de hoje, além da imagem bíblica mobilizadora da "Terra Prometida" presente na assumida "mística" constitutiva do Movimento dos Trabalhadores Sem Terra (o MST), a Bíblia também se faz presente em outro importante espaço de crítica social: o Movimento Hip-Hop. Os salmos bíblicos permeiam músicas de protesto concebidas na ótica das favelas e periferias (onde o Estado é pouco e as violências são muitas).

Neste artigo, eu gostaria apenas de enfocar esta última dimensão que faz parte de um complexo processo no qual se revelam as delicadas relações entre religião e política. Gostaria de explorar certas correlações entre a dinâmica do campo religioso brasileiro e o conteúdo político-religioso das letras de *rap* compostas por jovens moradores das periferias e favelas brasileiras.

1. Cultura *hip-hop*: três modalidades para falar de Deus

"Na prisão a religião e o *rap* são forças de reabilitação."
(*Folha de S. Paulo*, 9/3/00)

O *rap* (com seus DJs e MCs), o *break* e o grafite compõem a trilogia de um fenômeno social que é chamado, pelos próprios participantes, movimento ou de cultura *hip-hop*. O *hip-hop* não é um movimento orgânico que produz grupos homogêneos. Ao contrário, existem várias correntes, linhas e ênfases que diferenciam o *rap* feito em países, cidades, bairros, grupos diferentes. Cada manifestação de *rap* é um resultado singular de um encontro de elementos da cultura local e informações globais. A circulação de bens culturais, como se sabe, não se faz nunca em uma direção unilateral.

Entretanto, sabe-se que nos EUA, no Brasil e pelo mundo afora há grupos de *rap* que se destacam pelo uso da violência e que são até mesmo financiados por traficantes de drogas. Contudo, os grupos que proliferam nas chamadas "comunidades" e também aqueles que se tornaram conhecidos do grande público se declaram contra as drogas, denunciam a violência física e simbólica presente na sociedade, clamam pela "união dos manos" e pregam a paz. Hoje, para uma parcela importante dos jovens brasileiros "o *rap*" torna-se um demarcador de identidade, provoca conversões, muda rumos e destinos.

> "Da minha adolescência, carrego marcas que se não fosse o *rap* talvez não tivessem se cicatrizado e eu não estaria aqui falando com vocês. Muitas coisas eu devo a Deus, a minha mãe e ao *rap*. A partir do momento em que o *rap* me deu a oportunidade de reabilitação – ser uma pessoa normal, trabalhar, fazer algo pela comunidade – passei a pregar o *rap* como se prega o evangelho (...) Não posso dizer qual foi o benefício que o *rap* trouxe para a população, posso dizer o que trouxe para mim. Ele me mudou, me deu uma perspectiva que eu não tinha. Acredito que, sendo passado com seriedade, como foi passado para mim, outras pessoas também podem mudar." (*Revista Democracia Viva*, fevereiro de 2001).

A declaração acima é de MVBill (Mensageiro da Verdade), 28 anos, CDs e clipes premiados, morador da Cidade de Deus, conhecida como uma das maiores favelas do Rio de Janeiro. MVBill conta de como o *rap* pode modificar trajetórias individuais ("Ele me mudou, me deu uma perspectiva que eu não tinha"), transformar-se em uma causa ("fazer algo pela comunidade – passei a pregar o *rap* como se prega o evangelho") e contribuir para formar novos coletivos ("Acredito que, sendo passado com seriedade, como foi passado para mim, outras pessoas também podem mudar").

Mas, ao falar do *rap*, ele também fala de Deus. Não se pode dizer que a articulação entre o *rap* e crenças religiosas está presente em todas as letras, mas pode-se afirmar que se trata de uma conjugação bastante recorrente e significativa.

São, pelo menos, três as maneiras por meio das quais a religiosidade brasileira contemporânea se faz presente nas letras de *rap*. Pensando em um *continuum* com vários matizes, em um extremo teríamos o claro pertencimento confessional evangélico, o chamado *rap gospel*. Na zona intermediária, entram em cena expressões sincréticas que marcam nossa tradição cultural: as letras combinam elementos do Catolicismo e expressões das religiões brasileiras de origens africanas. No outro extremo, estariam letras de raps "religiosos sem religião". Nestas não se fazem presentes mediadores religiosos e nem se explicitam pertencimentos institucionais: os *rappers* falam diretamente com Deus e interpretam livremente a Bíblia. Vejamos exemplos de cada uma destas três modalidades.

1.1 O *rap gospel*

A indústria fonográfica evangélica tem crescido muito nos últimos anos no Brasil. Neste nicho de mercado, que abriga vários estilos e demandas diferenciadas, também se aloja o *rap gospel*. Do ponto de vista da produção e consumo deste tipo de *rap*, o pertencimento religioso é um diferencial, abre um mercado específico. Por outro lado, existem muitas pontes de comunicação entre o *rap gospel* e o movimento *hip-hop*.[1]

A postura de combate às drogas e ao álcool é, sem dúvida, um ponto de convergência que aproxima os evangélicos da chamada "cultura *hip-hop*". Embora hajam outros pontos de tensão e conflito,[2] os grupos de *rap* que se declaram evangélicos, atribuindo-se uma missão religiosa, são reconhecidos como "manos" nos espaços do movimento *hip-hop*. No ano de 2001, pela primeira vez, o Prêmio Hutus, considerado como o maior evento *hip-hop* do Brasil, incluiu a categoria *gospel* nas categorias concorrentes.[3] Cinco grupos indicados para concorrer na categoria Grupo Gospel, e foram assim apresentados:

PROVÉRBIO X – Tem como meta, objetivo e motivação maior a seguinte frase "Ide e pregai o evangelho". O grupo é de Brasília e começa ficar conhecido e famoso.

---

1. No Rio de Janeiro, no início dos anos 90, destacou-se o grupo *funk* Yehoshua. Sobre o assunto ver Pinheiro,1995
2. Um dos pontos de conflito é, sem dúvida, a afirmação da negritude que via de regra se realiza pela tradição africana e da evocação dos orixás, pois como se sabe, os evangélicos demonizam as religiões afro-brasileiras.
3. As demais categorias correspondentes foram: personalidade *hip-hop*; produtor musical; melhor música; melhor álbum; melhor DJ; melhor demo; veículo de comunicação; gravadora ou selo; melhor videoclipe, grupo feminino; revelação do ano, melhor grupo.

ALTERNATIVA C – É conhecido como um grupo que "prega a união, paz e crescimento sem esquecer os problemas da sociedade". É predominantemente um grupo de *rap gospel*, mas se caracteriza também por mesclar *reggae* e *jazz*. Seu primeiro trabalho foi intitulado "Apenas começando", no qual se destacou a música "Sonhos Parte II" executada em rádios AM e FM. Segundo seus componentes, a principal meta do grupo é a "evangelização dos povos".

DJ ALPISTE – Desde os tempos que comandava os toca-discos em bailes *blacks*, DJ Alpiste é uma figura popular do *hip-hop* paulistano. Para ele "*hip-hop* é rua, é no corpo-a-corpo, sem medo". Passou pelo grupo Geração Rap e hoje desenvolve um tipo de música definida como: "música com consciência cristã". Segundo ele mesmo diz, ele espera do *hip-hop* "uma fórmula mais segura para encontrar a paz".

ECLESIASTES – O grupo de Carapicuíba está há 11 anos no movimento *hip-hop*, em 1988 adotou o nome Eclesiastes. Apresentam-se em rádios comunitárias, em programas de *rap* nacional. Buscam falar em todas as zonas da cidade de São Paulo, fazendo a "evangelização dos que os escutam".

APOCALIPSE 16 – São os *rappers* paulistas que combinam crítica social com a evangelização onipresente em suas letras. Todos os seus integrantes são evangélicos. Este grupo concorreu na categoria Melhor Grupo Gospel, revelação do ano e melhor grupo de *hip-hop*, melhor música e melhor DJ. No livreto de apresentação do Prêmio Hutus também há referência ao grupo: "O APC16, como é conhecido, iniciou sua carreira ao lado dos Racionais MCs, fazendo inclusive parte da gravadora Cosa Nostra. Hoje trilha seu próprio caminho, na Paz do Senhor (...) a consciência do grupo está ligada às questões evangélicas e seu reflexo nas periferias". Na canção "Alívio", dizem eles: "Eu tô ligado que é embaçado ver uns com muito e outros sem nada." O grupo Apocalipse 16 ganhou dois dos prêmios para os quais foi indicado.

Como se pode ver, estes grupos combinam duas missões: a do movimento *hip-hop* que pela palavra (o *rap*) faz denúncias sociais e quer conscientizar os jovens da periferia, e a missão religiosa que aponta uma saída a partir da evangelização, da Palavra (a Bíblia).

1. 2 Um *rap* sincrético

No conjunto do movimento *hip-hop*, a questão da fé está mais presente nas letras que evocam Jesus Cristo e Oxalá, isto é, que se fazem no encontro entre as tradições cristãs e as afro-brasileiras. Thaíde e DJ Hum, considerados os "irmãos mais velhos" do *hip-hop* brasileiro, em seu CD na faixa intitulada "Brava Gente", denunciam: "Nossas origens viraram macumba/malvistas e jogadas nas encruzilhadas". Já na faixa "Sabe quem eu sou?" há uma frase que sintetiza suas crenças e práticas religiosas: "Evoco espíritos no atabaque/ mas também preciso da benção do padre".

Há uma letra do grupo Rappa, do Rio de Janeiro, que é exemplar desta modalidade. Chama-se "Cristo e Oxalá". Vale a pena transcrever um trecho:

> Oxalá se mostrou assim tão grande
> Como um espelho colorido a mostrar
> Pro próprio Cristo como ele era mulato
> Já que Deus é uma espécie de mulato
> Salve em nome de qualquer Deus, salve
> Se eu me salvei, foi pela fé
> Minha fé é minha cultura
> Minha fé, minha fé
> É meu jogo de cintura, minha fé
> Partiu do alto do morro que nós somos
> Rodeado de helicópteros
> Que caçavam marginais
> A mostrar mais uma vez
> O seu lado herói
> Se transformando em Oxalá
> Vice-versa tanto faz
> A rodar todo de branco
> Na mais linda procissão
> Abençoando a fuga numa nova direção
> Minha fé é meu jogo de cintura
> minha fé, minha fé.

Também os Racionais MCs – o mais famoso grupo de *rap* do Brasil – fazem em suas letras este mesmo tipo de conjugação entre negritude/violência/religiosidade. No selo de sua gravadora, vemos São Jorge e Ogum. Em entrevista, reafirmaram suas crenças: "Nós acreditamos em anjos, em orixás. Também tem o lado cultural: o candomblé é a raiz, faz parte da herança afro-brasileira". Em seu último CD, pode-se ouvir afirmações como estas: "Agradeço a Deus e aos Orixás. Cheguei aos 27 anos, tá ligado? Agradeço a Deus, agradeço a Deus. Cheguei aos 27 anos contrariando as estatísticas" (Fórmula Mágica da Paz / Brown).

Não por acaso, esta associação entre o Deus, os mediadores da tradição católica e os Orixás pode ser encontrada em letras de grupos localizados em diferentes locais do Brasil. Ela expressa famoso duplo pertencimento ("sou católico e do candomblé") secularmente presente no campo religioso brasileiro. Vejamos mais um exemplo, desta vez vindo de Caruaru, interior de Pernambuco.[4]

> "(...) Quantos irmãos já vi apanhado. Eles chegam aqui espancando, atirando, não sabem nem revistar, a ignorância desses caras não dá para acreditar. Eu não preciso da polícia para me proteger. Eu tenho Deus comigo para me guardar, eu tenho as forças dos meus Orixás, por aqui não vou parar, vou te explicar do trabalho da Polícia Militar, ainda desses caras eu tenho muito a falar." (Juventude Sangrenta)

As letras exploram a complementariedade entre os deuses e seus intermediários ("Evoco espíritos no atabaque/ mas também preciso da benção do padre"). A tradição reinventada ("Minha fé é minha cultura /Minha fé, minha fé. É meu jogo de cintura") é celebrada e evocada para proteger (da "polícia" e das "estatísticas" que revelam a morte prematura de jovens negros e pobres).

4. Em certas letras dos grupos de Caruaru, evoca-se também santos católicos. Sobre o movimento *hip-hop* em Caruaru, ver Alves, 2003.

1.3 Um *rap* feito de salmos

> "Deus fez o mar, as árvores, as crianças e o amor.
> O homem lhe deu favela, o *crack*, as armas, a bebida, as putas.
> Eu tenho a Bíblia e a pistola automática. Estou tentando sair desse inferno."
> (vinheta falada na faixa "Gênesis", Racionais MCs)

> "(...) O ser humano é descartável no Brasil / como Modess usado ou Bombril (...) Rá-tá-tá-tá, sangue jorra como água / do ouvido, boca e nariz / O senhor é meu pastor/perdoai o que seu filho fez / morreu de bruços no Salmo 23 / Sem padre, sem repórter, sem arma, sem socorro / Vai pegar HIV na boca do cachorro..." ("Diário de um Detento", Racionais MCs)

Palavras e objetos sagrados aparecem lado a lado com o profano da favela: do Modess / do Bombril / das armas / do *crack* / de uma pistola automática / das bebidas / do HIV. As "gírias, palavrões, palavras usadas na rua" ao lado da Palavra da Bíblia produzem uma rica e impactante oposição complementar entre sagrado e profano, erudito e popular, sabido e profético. A interpretação livre da "Palavra" e o uso de símbolos religiosos indicam a ausência de uma instituição religiosa.

O CD dos Racionais, *Sobrevivendo no Inferno*, vendeu um milhão de cópias e as referências religiosas nele contidas não passaram desapercebidas pela imprensa. Pudera, na capa deste CD está escrito: "Refrigere minha alma e guia-me pelo caminho da justiça" (Livro dos Salmos, Salmo 23, cap.3). Na contracapa outra frase bíblica: "e mesmo que eu ande no vale das sombras e da morte, não temerei mal algum porque tu estás comigo" (Salmo 23, cap. 4). Os Racionais MCs não fazem *rap gospel* pois não se reconhecem como membros de igrejas evangélicas. Usam a Bíblia, mas também reafirmam referências culturais ligadas ao mundo afro-brasileiro (lembremos que São Jorge/Ogum, da evocação de Cristo e Oxalá). As referências bíblicas nas letras de quem não é "da igreja" ganham o valor simbólico de coisas "fora do lugar" que potencializam a mensagem que pretendem transmitir:

> "Em todos os discos a gente fala das armas, das drogas, da bandidagem. O lado religioso entra como compensação, quando as coisas se cruzam: quando usar a Bíblia vale mais do que usar a arma e quando a Bíblia pode te ajudar pouco na situação". (Racionais MCs, *Estado de S. Paulo*, 12/11/97)

> "O Brasil é um país de muitas religiões. Este é um exemplo do que Deus deu de bom ao homem e o que ele está fazendo com isto. É assim, eu tenho uma Bíblia e uma pistola velha. Em que posso acreditar?" (Racionais MCs, *Notícias Populares*, 4/11/97)

> "Tem gente que sai do crime e se entrega à religião. Mas tem também aquele cara que é religioso, vai à Igreja e – ao mesmo tempo – é o bandidão do pedaço. É a contradição que rola no mundo. O nome do disco é isso mesmo: sobrevivendo no inferno que é aqui na terra". (Racionais MCs, *Jornal da Tarde*, 5/11/97)

Nestas respostas, diferentes componentes do grupo manifestam suas crenças sem livrá-las das contradições, paradoxos, antinomias da vida, do que "rola no mundo". A Bíblia pode ajudar (um pouco) na luta entre o bem e o mal, na luta entre Deus e o Diabo. As conversões podem tirar do crime, mas nas Igrejas também está o "bandidão do pedaço". Ao explicitar a deterioração das condições de vida na periferia, tornam a narrativa apocalíptica, em duplo sentido, como o fim iminente e como verdade imanente, agora, e por vir, para quem "está tentando sair deste inferno". Em resumo, trata-se de um uso e de uma leitura da Bíblia sem mediações de padres, pastores ou Igrejas. Estas letras bíblicas, parece-me, poderiam ser classificadas como "religiosas sem religião", pois não falam em nome de Igreja alguma.

A Bíblia é uma fonte de saber religioso socialmente reconhecida, ontem e hoje, por católicos, evangélicos, afro-brasileiros,[5] no campo e na cidade, por bandidos e policiais, por moradores do centro e da periferia, por políticos e eleitores. Inserida nesta dinâmica, não por acaso, na era da informação, em pleno século XXI, a Bíblia continua sendo um poderoso "recurso cultural" para o desvendamento do mundo e para ancorar escolhas religiosas com efeitos políticos.

5. A autonomia dos grupos e denominações faz muitos arranjos possíveis. Ver o caso de um grupo de jovens baianos, da pequena favela da Gamboa, em Salvador, que semanalmente em seus cultos pentecostais combinam citações bíblicas com as formas de protesto étnico contido no *reggae* e ao rastafarianismo. (Cunha, 1993)

2. Canudos urbanos: errantes do novíssimo milênio

"Contundente e visionário como um Antônio Conselheiro dos negros e excluídos da periferia de São Paulo, o cronista Mano Brown, volta armado de versículos bíblicos, histórias reais e estatísticas até os dentes".
(Folha Ilustrada, *Folha de S. Paulo*, Xico Sá, 13/11/97)

No passado, errante do novo século XX, o líder messiânico Antônio Conselheiro construiu uma cidade santa e uma utopia religiosa que produziu efeitos políticos. Hoje poderíamos dizer que há muitos "Canudos urbanos". No entanto, ao invés de produzir o deslocamento territorial em busca de vida nova que caracterizou os movimentos messiânicos, o *rap* busca reafirmar as raízes de moradores de múltiplas periferias. A "ordem" é ficar, afirmar identidade e buscar novos adeptos entre os jovens das diferentes periferias geográficas e sociais. Como diz Helena Abramo, os *hip-hopers* têm uma localização territorial forte e isso traz um laço maior com a comunidade, é "a cultura da rua no bairro, o que encerra um grande poder de transformação para a própria comunidade."[6] Nas "comunidades" fundam "posses", territórios dentro do território/comunidade, onde se reúnem, se informam, se comunicam com outras "posses", com os "manos e as manas" do *hip-hop*.

Se o Canudos de Antônio Conselheiro foi um movimento religioso, messiânico com repercussões políticas, a *hip-hop* pode ser pensado como um movimento de expressão cultural que produz efeitos políticos. A fé e a linguagem religiosa também são expressões culturais. Nos Canudos urbanos de hoje, o foco não está nas profecias que se deparam com amarras religiosas institucionais a romper ou reinventar. Isto, segundo Cunha (1993), aconteceu na Jamaica, na origem do Rastafari, quando movimentos que tinham vínculos com associações religiosas e Igrejas do Sul dos Estados Unidos e do Caribe realizaram uma ruptura radical com toda a ideologia colonial e protestante que durante séculos justificou a escravidão apoiada em interpretações religiosas. Tal ruptura se fez a partir de uma interpreta-

---

6. *Caros Amigos Especial*, nº 3. São Paulo: Editora Casa Amarela.

ção étnica da Bíblia e da territorialização do mito bíblico. Nos Canudos urbanos de hoje, os *rappers* falam em Deus, em fé e na Bíblia mas não pregam uma religião que já existe nem fundam uma outra que queiram que venha a existir.

Entretanto, ainda que o movimento *hip-hop* não seja um movimento religioso, ele também expressa a dinâmica do campo religioso brasileiro. A insistência nas referências bíblicas seria a mesma sem as centenas de templos pentecostais que proliferam nas periferias, nas favelas brasileiras? Hoje não é possível descrever a paisagem destas áreas pobres e violentas sem falar das inúmeras Igrejas evangélicas que se fazem presentes naqueles territórios. Daí a viabilidade do *rap gospel.* Por outro lado, a conjugação de Deus e Oxalá não expressa só a afirmação da negritude, via consciência étnica, mas é também legitimada pela Pastoral do Negro que busca meios para "resgatar a dívida histórica da Igreja Católica com os negros e a escravidão".[7]

> "Eu acredito na palavra de um homem de pele escura, de cabelo crespo, que andava entre os mendigos e os leprosos, pregando a igualdade, um homem chamado Jesus, só ele sabe a minha hora." ("Salve", Racionais MCs)

Ainda expressando relações e correlações no interior do campo religioso, temos um *rap* que mais parece uma oração de quem expressa sentimentos de busca religiosa, mas não aciona as respostas de uma religião.

> "(...) às vezes eu fico pensando se Deus existe mesmo. Morô?
> Porque meu povo já sofreu demais,
> e continua sofrendo até hoje.
> Só quero ver os moleque no farol,
> Na rua, muito louco de cola, de pedra
> e eu penso que poderia ser filho meu, morô?
> Mas aí! Eu tenho fé, eu tenho fé em Deus!
> queria que Deus ouvisse minha voz!!!"

7. O CEDECA (Centro de Defesa dos Direitos da Criança e do Adolescente Mônica Paião Trevisan) foi fundado em 1989 pelo padre italiano Salvério Paulillo, tem sido um dos maiores incentivadores do Movimento Hip-Hop em São Paulo.

Estes *raps* lembram mais as orações pentecostais do que as rezas católicas. São falas em que se entremeiam relatos da vida real com evocações de Deus. A "espontaneidade" os aproxima da oração pentecostal e, conseqüentemente, do *rap gospel*. Contudo, como expõem dúvidas ("às vezes eu fico pensando se Deus existe mesmo. Morô?") e sentimentos contraditórios não passariam pelo filtro das igrejas e denominações que têm sua "razão de ser" nas ofertas de respostas e caminhos para tornar o sofrível o sofrimento de cada um. Os letristas do *rap* oração/sem religião fazem suas "sínteses pessoais" (como se costuma dizer quando o grupo estudado é Nova Era e de classe média).

São evocações diretas a Deus, nas quais se pede fé para lidar com o sofrimento de um "povo". Busca-se uma explicação plausível para o sofrimento do presente. Busca-se parâmetros para projetar o futuro. Estas buscas tocam em um ponto fundamental que precede, e ao mesmo tempo fundamenta todas as religiões: a fé é o lugar da dúvida, o sentimento de falta de Deus.

3. Buscando explicações: na falta de "sociedade", a política de Deus.

O "interesse" presente das letras de *rap gospel* é óbvio e compreensível: estão em missão, à serviço de Igrejas e denominações. As evocações aos Orixás, por sua vez, são aceitas e compreendidas como afirmação étnica, como reação aos preconceitos e discriminações. Mas, quando letras que podem ser classificadas como de "protesto social" lançam mão da linguagem religiosa (e não há nem resgate histórico e instituição religiosa por perto), surgem imediatamente preocupações sobre possíveis retrocessos nas conquistas republicanas.

A psicanalista Maria Rita Kehl em um artigo intitulado "A fratria órfã. O esforço civilizatório do *rap* na periferia de São Paulo", constata os Racionais MCs 'usam' Deus para lutar pela sobrevivência, embora em nenhum momento se fale em nome de igreja alguma, e indaga: "Deus é lembrado – mas para que? Deus é lembrado como referência que "não deixa o mano aqui desandar", já que todas as outras referências (rádio, jornal, revista e outdoor estão aí para 'transformar um preto tipo A em um neguinho'. Deus é lembrado como pai cujo desejo indica ao filho o que é ser um homem: um negro tipo A; pois é preciso que o outro me ame, para que eu possa me amar (...)". Para fazer face à conspiração da sociedade para "acabar com os manos", só Deus.

Mais adiante, ainda especulando sobre o tema, a autora diz que não se atreve a interpretar a religiosidade pessoal, íntima dos componentes do grupo, mas sugere que o Senhor Deus (que em alguns raps aparece junto com os Orixás) "além de simbolizar a lei, tem a função de conferir valor à vida que para um mano comum vale menos que 'seu celular e o seu computador'" (*Diário de um detento*. Brown / Jocenir este último prisioneiro da Casa de Detenção de São Paulo)". Ora, todos sabemos, continua ela, que a "alternativa simbólica moderna, imanente, a Deus seria 'a sociedade' – esta entidade abstrata, abrangente, que deveria simbolizar o interesse comum entre os homens a instância que 'quer' que você seja uma pessoas de bem, e em troca lhe oferece amparo, oportunidades e até algumas alternativas de prazer". Porém, lembra Maria Rita Kehl, com mais de duzentos anos de iluminismo nas costas e se propondo ser uma instância superior à deus, do ponto de vista da emancipação dos homens no reino deste mundo, a "sociedade" só excluiu estes jovens. Nesse contexto social, continua a autora, "a regressão (do ponto de vista filosófico) à deus faz sentido, num quadro de absurda injustiça social, considerando-se que a outra alternativa é a regressão à barbárie". A fé, portanto, é parte constitutiva do "esforço civilizatório do *rap*".

Temendo estar sendo otimista, Maria Rita Kehl afirma que essa presença de Deus não produz conformismo, é uma referência simbólica "para não deixar a vida desandar".

Por meio da fé, aqui e agora, pode-se construir sociedade, pertencimento, futuro. Nesse sentido, a "regressão à deus" não se daria por falta de conhecimento e acesso às informações produzidas pela "sociedade" de hoje. Ao contrário, seria por conhecê-la e desvendá-la que esses jovens expressam seu inconformismo através da linguagem religiosa. Aliás, suas letras estão repletas de informações sobre o centro e a periferia, trazem até as estatísticas oficiais do IBGE.

> "60% dos jovens de periferia, sem antecedentes criminais, já sofreram violência policial; a cada 4 pessoas mortas pela polícia, 3 são negras; nas universidades brasileiras, apenas 2% dos alunos são negros; a cada 4 horas um

jovem negro morre violentamente em São Paulo; aqui quem fala é Primo Preto, mais um sobrevivente." (capítulo 4, versículo 3)

Em suas declarações, os participantes do grupo de *rap* se equiparam ao Movimento Sem Terra (MST), e até dizem que Karl Marx deve ser complementado por Mano Brown.

> "O Movimento Hip-Hop – depois do Movimento Sem Terra – é o mais importante do Brasil. Racionais vendeu um milhão de discos. Não está mais no gueto. Hoje não dá para falar de socialismo da forma que Karl Marx falava."(LF, do grupo de *rap* DMN)

> "Nós acreditamos em revolução através do grito, da música, mas depois vão ter que vir armas, né? É aquilo que Karl Marx já disse e Mano Brown reprisou, nós somos o efeito colateral do sistema." (Marcelinho, do grupo Profetas da Revolução)[8]

Na prática, as relações de proximidade e de distância dos grupos de *rap* com partidos políticos, eleições, comícios, campanhas são muito variadas. Certamente não é por mera "alienação" ou falta de conhecimento que utilizam a linguagem religiosa. As expressões religiosas contidas nas letras fazem a memória incorporada na cultura dialogar com as condições do presente, com os "sinais dos tempos".

De fato, a presença dos grupos de *rap* modifica o panorama das intervenções sociais no interior das favelas e conjuntos habitacionais. Ligados à "periferia", convocando a "favela", estes grupos dão visibilidade a redes sociais pré-existentes e constroem outras. O *rap* modifica trajetórias pessoais alavancando um "sentido para a vida"; cria grupos locais e pode ser visto como *locus* de aprendizado para a participação social; denuncia desigualdades sociais e combate o preconceito racial, alavanca novos tipos de "produtores culturais" profissionais ligados às comunidades que se reconhecem pelas cidades do mundo. São atores de um momento histórico em que se inventa um novo tipo de profissional militante e/ou militante profissional. O que pode contribuir para construir um "espaço público" nas próprias periferias e favelas privatizadas pelo tráfico e submetidas à violência e corrupção policial.

8. Cf. "Mais de 50.000", reportagem de Marina Amaral. *Caros Amigos Especial*, nº 3.

Hoje são muitas as redes e articulações do Movimento Hip-Hop no Brasil. A roupa, a postura corporal, a linguagem garantem certas marcas de identidade que unem a todos. Certamente, as divisões, as correntes, as disputas e as hierarquias também existem no interior desse movimento. Em janeiro de 2003, durante o Fórum Social Mundial, simultaneamente, aconteceram congressos, oficinas, encontros e shows em Porto Alegre. Naquele evento, um verdadeiro "Woodstock" da cidadania, diferentes integrantes do Movimento Hip-Hop cantaram letras de *rap gospel*, falaram em Jesus e Oxalá e interpretaram livremente a Bíblia. Com, e para além, de sua linguagem religiosa, "fizeram política". Isto se não restringirmos a vida política às ações e espaços de conquista e manutenção de poder.

Referências bibliográficas

ALVES, Adjair. Somos nós a voz da Periferia: um estudo sobre o movimento hip-hop em Caruaru. 2003 (texto ainda não publicado)

GOMES DA CUNHA. Olívia. Fazendo a "coisa certa": rastas e pentecostais em Salvador. *Revista Brasileira de Ciências Sociais* nº 23, ano 8, outubro de 1993

MOTTA, Athaíde e OLIVEIRA. Eduardo HP. O reggae e o hip-hop à moda brasileira: radicalizando a diferença. *Revista Democracia Viva*, IBASE/Ed. Moderna, nº 4, novembro de 1998.

OLIVEIRA, Eduardo HP. Quem teme o Brasil dos manos? (artigo inédito), 1999.

PINHEIRO, Márcia Leitão. O proselitismo evangélico: musicalidade e imagem. *Cadernos de Antropologia e Imagem*, PPCIS/NAI/UREJ, nº 7, 1995.

KEHL, Maria Rita. A fratria órfã. O esforço civilizatório do *rap* na periferia de São Paulo. In: KEHL, Maria Rita (org.). *A função fraterna.* Rio de Janeiro: Relume Dumará, 2000

MUCCHIELLI, L. Le Rap, tentative d'expression politique et de mobilization collective de jeunes des quartiers relegués: mouvements, societés, politique et culture. *La Découverte*, mars-avril 1999. p. 60-66.

GONÇALVES, Tânia V. O grito e a poesia do gueto: rappers e movimento *hip-hop* no Rio de Janeiro. Dissertação de Mestrado. IFCS/UFRJ,1997.

Exu e o Diabo em Ruas de Carnaval:

as identidades negras em questão (Brasil, Colômbia)[1]

Michel Agier

A identidade cultural é hoje uma bandeira que vemos desfraldada em todas as regiões do mundo, mesmo nos recantos mais afastados das ilhas, das florestas ou dos bairros periféricos. Ela se apresenta como argumento da luta pelos direitos sociais e políticos das populações historicamente excluídas, superexploradas ou marginalizadas, em sua busca de reconhecimento. Está tantas vezes presente que muitas vezes apenas a mencionamos como verdade inquestionável, coisa evidente, natural, óbvia. A diferença cultural seria a própria ausência de identidade a partir da qual se justificaria a etnicidade política, isto é, o acesso a direitos sociais e a uma participação política próprios. Tais reivindicações de direitos, que são as apostas da identidade, assumem hoje caráter de urgência por causa da dureza das segregações e do amargor das competições pela terra, pelo emprego, pela moradia ou educação, em um contexto geral de desregulamentação devida ao progresso do "liberalismo econômico" e ao desengajamento do Estado social.

As apostas, as urgências, muitas vezes levam a esquecer o simples fato que a própria idéia de identidade cultural supõe a equivalência, ou a transparência, entre

1. A primeira versão deste documento foi apresentada no simpósio internacional *Pasado y Futuro de los Afrodescendendientes*, Cartagena de Índias, Colômbia, 18 a 20 de outubro de 2001.

uma identidade e uma cultura, quando na realidade essa equivalência não é evidente, principalmente no mundo de hoje, mundo marcado por numerosas mobilidades – mobilidade das pessoas, das mercadorias, das imagens e das idéias – por trocas numerosas, lingüísticas e culturais, por diversas formas de desterritorialização, e, assim, finalmente, por uma dissociação completa entre os lugares onde se vive, as culturas que se compartilham, e as identidades que se reivindicam. Mas a "falsa evidência" da identidade cultural também remete, de modo mais duradouro e mais profundo, à própria virtualidade da identidade em si, como essência: em um comentário de seu seminário sobre a identidade, Claude Lévi-Strauss dizia desta que é uma "espécie de foco virtual ao qual é indispensável nos referirmos para explicar certo número de coisas, mas sem que tenha nenhuma existência real"(Lévi-Strauss, 1977:332). O que se encontra, se observa, nunca são identidades e sim "declarações" de identidade ajustadas ao contexto do enunciado: declarações no sentido mais institucional possível – formulários a preencher, documentos a apresentar na passagem das fronteiras - ; no sentido mais interacional possível – declarar-se "negro" na Bahia, "bahiano" no Rio, e "brasileiro" em Paris –; ou ainda no sentido mais político – "tornar-se negro" se vivemos numa aldeia colombiana incluída numa zona de aplicação da Lei 70 sobre a delimitação das terras de comunidades negras. É possível alternar declarações de identidade segundo os contextos e as situações nas quais estamos envolvidos: declarar-se africano muito longe da África e sem ter em absoluto pele negra, reinventar e redifundir em grande escala ritos de índios do Nordeste brasileiro, após séculos de contato e de "aculturação" e de esquecimento das crenças e ritos da terra ancestral. As relações entre lugar, identidade e cultura são de geometria variável e estão em perpétua transformação.[2]

Minha intenção não é afirmar que a identidade cultural não existe, mas sim mostrar que "pode acontecer de ela existir", em certos momentos e em certas ocasiões, em outros não: evidência falsa é ao mesmo tempo construída e versátil. Interesso-me aqui por certos aspectos da fabricação, da "cozinha" da identidade

2. Para uma discussão mais profunda das relações atuais entre identidade, lugar e cultura, ver Agier (2001). Este documento situa-se no prolongamento daquele, ainda que centrando-se na questão da relação entre identificação ritual e identidade cultural.

cultural. A descrição etnográfica, antecedendo os usos políticos da identidade mas sem ignorá-la, pode restituir o processo da identidade cultural em andamento, desvendando as diversas formas de relação entre a busca da identidade – com as interrogações que suscita sobre si e sobre os outros – e a criação cultural – com suas fontes múltiplas, seus empréstimos, suas rejeições, suas misturas e bricolagens.

Para levar adiante essa reflexão, vou utilizar o material etnográfico de duas pesquisas sobre carnavais negros ou "afros" na Bahia, e em Tumaco, no Pacífico colombiano. Por que o carnaval? Porque é o lugar por excelência da máscara, do disfarce, o lugar onde se pode encenar imagens de si, ou imagens de um "nós", utilizando um material simbólico disponível e cuidadosamente escolhido: roupas, cores, ritmos musicais, passos de dança, letras de canções e poesias, personagens míticos locais ou não, espíritos e deuses. Todo esse material simbólico é mostrado – está em representação – como sinais de uma identidade produzida ante os outros, de modo espetacular. Ele quer "dizer" alguma coisa, mostrando assim uma relação que muitas vezes é implícita, escondida: aquela que vincula um sentido social e uma criação artística, estética, cultural. Essa relação mostra as preocupações ordinárias que estão na origem da criatividade dos autores que a torna, assim, mais universal do que parece.

No plano metodológico, o carnaval é uma situação ritual, que cria seu próprio espaço-tempo fora do ritmo comum da vida diária. Essa situação permite apreender a identidade como fato empírico, como *performance* de identidade observável em seu contexto, e não como abstração.[3] Nesse momento, uma verdadeira mediação opera-se entre, de um lado, um conjunto de indivíduos, todos únicos em sua biografia passada e em seu projeto de vida, por outro lado, uma comunidade que só existe concretamente nesse instante, e, finalmente, elementos simbólicos que colocam uns

3. Eu desenvolvi, em outra ocasião, uma reflexão sobre a abordagem situacional, notadamente sobre as situações rituais no contexto urbano (ver Agier, 1999:9-16, 91-99). Quanto à abordagem situacional de uma dança de caráter "étnico" em um contexto urbano africano, ver o estudo pioneiro da dança de Kalela por Clyde Mitchell (1956). Reflexões e outras ilustrações sobre a abordagem situacional estão reunidas por Rogers e Vertove (1995); ver particularmente, a propósito das *performances* da identidade, Kapferer (1995).

e outros em relação: cada indivíduo com os outros, e todos com essa "comunidade do instante ritual". É o momento em que a identidade no ritual, fruto da identificação ritual, faz com que exista uma "identidade cultural": um conjunto de pessoas reunidas, identificando-se umas com as outras porque compartilham, em uma dada situação, os mesmos itens culturais. Como se realiza essa mediação, com que material simbólico e com que indivíduos. "Qual é a "comunidade" que emana do ritual? E que vínculos e estratégias políticas essa identificação de um instante permite? São essas as questões que desejamos abordar aqui.

1. Exu, Ilê Aiyê e a África no carnaval da Bahia

Fundado em 1974 em Salvador, o bloco carnavalesco Ilê Aiyê marcou o início do movimento cultural negro na cidade, que se estendeu progressivamente às grandes cidades brasileiras.[4] "Nós somos os africanos na Bahia", declararam os jovens fundadores do bloco por ocasião de sua primeira apresentação, no carnaval, dia 8 de fevereiro de 1975. Ano após ano, os autores e inventores de canções, poemas, fantasias, maquiagens, penteados, danças e rituais deram consistência a essa afirmação, demonstrando intensa imaginação, todos animados pela preocupação em criar os sinais de uma diferença respeitável que lhes permitisse construir localmente as bases daquilo que chamavam de "orgulho de ser negro".

Nem absolutamente global, nem estritamente local, o contexto de suas criações há 25 anos se estende em vários níveis: abundantes referências audiovisuais surgem nos circuitos técnicos e mediáticos transnacionais, compostas por reportagens sobre a atualidade africana ou filmes de Spike Lee; misturam-se às aprendizagens das primeiras socializações domésticas, onde os santos católicos e as divindades

4. O nome Ilê Aiyê foi inventado pelos fundadores do bloco carnavalesco unindo dois termos tirados da lingua iorubá ritual: *ilê* ("casa", termo freqüentemente usado para denominar as "casas" de candomblé, culto afro-brasileiro), e *aiyê* ("mundo material", diferente do *orum*, mundo imaterial, universo das divindades – os *orixás*, segundo a cosmologia dos cultos afro-brasileiros). A história, a inserção urbana e as atividades rituais dessa associação carnavalesca são detalhadamante descritas em Agier (2000).

afro-brasileiras podem ter estado nos mesmos altares; aos ensinamentos escolares e suas descobertas muito sumárias da geografia e da história africanas; e também àqueles dos movimentos mais recentes nos quais, por exemplo, ativistas políticos de esquerda se reconvertem, "por serem negros", à religião do candomblé. Todas essas referências de escalas múltiplas – doméstica, local, nacional, global – e de temporalidades diferentes, hoje se encaixam para integrar e interpretar as experiências, familiares ou pessoais, de injustiça social e, mais ainda, de discriminação racial vivenciadas no trabalho ou nas horas de lazer: recusa de emprego por "má aparência", desligamentos por atitudes racistas de colegas de trabalho, proibição de acesso a clubes esportivos ou sociais etc.[5] Modernidade social e bricolagem simbólica permitiram a criação da forma visual, textual, coreográfica, em suma toda a aparência de uma identidade negra, para os outros e para si, que só existe plenamente sob a aparência de um *patchwork* cuja montagem – e não cada um de seus elementos – é original e único no mundo. "Negros do Ilê Aiyê": é uma identidade cultural com ares de Arlequim, na qual se encontram vestimentas de cores normalizadas que têm uma aparência de África (amarelo, preto, branco e vermelho sempre juntos), lendas de reis e rainhas da África, guerreiros "zulu" e personagens da história brasileira que se tornaram, em anos recentes, heróis da causa negra, como Zumbi (chefe de uma comunidade quilombola do século XVII), óculos escuros e cabelos oxigenados no estilo dos negros jovens dos Estados Unidos. No fim desse trabalho cultural em movimento permanente, surgem criações, identificando o bloco, tornando-o reconhecível entre os demais. A simples menção dessas criações basta, nos âmbitos local, nacional, e mesmo nos circuitos do turismo cultural mundial, para fazer dele o conjunto que dizem ser o mais fiel à "tradição africana" no Brasil. Mais particularmente, é o caso do ritual que marca a primeira saída do Ilê Aiyê no carnaval, que passo a descrever mais detalhadamente.

Utilizam-se geralmente termos oriundos do candomblé – "obrigação", "despacho", "padê" – para caracterizar o ritual que marca a saída do Ilê Aiyê, a cada ano,

5. A construção do "mundo negro" como prolongamento simbólico das estratégias, frustrações e reivindicações vivenciadas nas caminhadas socioprofissionais e a vida urbana são analisadas com mais detalhes em Agier (1992).

na noite de sábado de carnaval. Assim, "obrigação", termo genérico, designa, no candomblé, uma homenagem a uma divindade da qual, por alguma razão, um adepto ou bloco de adeptos, tem de ocupar-se; "despacho" e "padê" são termos específicos que designam, o primeiro em português, o segundo em iorubá, as oferendas a Exu, divindade intermediária, ligação entre os humanos e o *orum*, universo imaterial dos *orixás*, para que ele libere o caminho que vai dos homens aos deuses. Utilizar esses termos significa, de chofre, definir esse ritual, é constituí-lo em emblema de identidade, em um sentido barthiano,[6] de uma "tradição africana", compatível com o mito mais difundido sobre a fundação do bloco carnavalesco. Segundo esse mito, o Ilê Aiyê teria "saído" de um terreiro de candomblé, à maneira dos *afoxés* do fim do século XIX. Para Bastide, os *afoxés* foram chamados na Bahia de "candomblés de mentira".[7] A expressão lembra a ficção lúdica "é de mentira"[8] mas lembra também, de modo mais amplo o "riso carnavalesco": gênero ambivalente, que inclui, desde a época medieval, toda sorte de "sósias paródicos", segundo os termos de Mikhail Bakhtine (1970:14), notadamente sósias de heróis, ou paródias de cultos religiosos, mas "desprovidos de qualquer caráter mágico ou incantatório". Essas paródias não deixam de ser um jogo plenamente vivenciado em si, não como representação, mas como lugar de uma "segunda vida" (*ibidem*:19).

Há muito tempo, numerosos pesquisadores mostraram que os *afoxés* da virada do século passado não foram emanações dos terreiros de candomblé; reuniram negros de categorias intermediárias que vinham de clubes carnavalescos chamados "africanos". Essas pessoas criaram os *afoxés* a partir de duas inspirações. Por um lado, aquela dos antigos desfiles de "rei congo", que eram festas originadas nas cerimônias políticas mais antigas de entronização da região banto africana, organizados no tempo da escravidão pelas irmandades católicas reservadas aos negros, desfiles esses retranspostos nos desfiles dos "clubes africanos" (Nina Rodrigues 1932/1977:180:181). Por outro lado, os inventores dos *afoxés* se inspiraram nas

6. Ver Barth (1969).

7. Bastide (1958:82)

8. "O que significa a expressão 'candomblé de mentira'?" Simplesmente que é um candomblé sem transe e sem possessão das filhas por seus respectivos orixás"(Bastide, 1958:83).

"tradições religiosas africanas, no estado em que se encontravam na Bahia" no fim do século XIX (Carneiro, 1974:104), isto é, festas (*batuques*) e *atabaques* que conheciam por freqüentar os terreiros de candomblé.

Além da realidade histórica dos *afoxés* ser, pois, menos "autenticamente" religiosa do que afirma a tradição amplamente aceita hoje nos meios acadêmicos e militantes da cultura negra, também o Ilê Aiyê não emana de um terreiro de candomblé: foi criado por um bloco de jovens negros do bairro da Liberdade que não eram, eles mesmos, adeptos do candomblé. Todavia, essa religião era parte de seu contexto de socialização. Assim, a mãe de um deles (mais tarde presidente "vitalícia" da associação carnavalesca) é a mãe de santo de um terreiro de candomblé e logo se tornou a "madrinha espiritual" da associação, encarnando em seu desfile a figura carnavalesca da "mãe preta" e organizando seu ritual de saída.

Para afirmar que existe um vínculo direto entre a saída carnavalesca do Ilê Aiyê e um ritual de candomblé (e, logo, entre o bloco carnavalesco e um terreiro de candomblé), seria preciso interessar-se somente por um momento do ritual, aquele mais espetacular, mediatizado (há muitos fotógrafos e câmeras de televisão), o momento da "saída" em si, isto é, o momento da chegada do bloco na rua, seu conjunto de 150 percussionistas e seus 2.000 participantes. Ora, por importante que seja, esse momento se inscreve, assume pleno sentido e eficácia, para aqueles que dele participam, numa seqüência ritual mais ampla. Esta começa por ações de purificação e de separação de tipo preliminar: são as "lavagens" de colares de contas (em que cada um representa uma divindade) e os banhos de ervas purificadores do corpo das próprias pessoas, que se desprendem assim da vida cotidiana e das "impurezas" que ela traz; são tomados em lugares fechados, em casa ou em um terreiro de candomblé, nos dias anteriores ou na manhã do começo do carnaval.

A seqüência inclui, em seguida, atos propiciatórios ou de proteção, por ocasião do momento liminar propriamente dito, aquele da passagem da casa para a rua:[9] gestos espetaculares e de alcance coletivo ocorrem nesse momento, como as oferendas

9. Até o ano de 2000, essa casa era ao mesmo tempo a sede da associação carnavalesca, a moradia familiar do chefe da associação e o terreiro de candomblé de sua mãe, que preside o ritual.

de alimentos e os cânticos para as divindades, principalmente para Exu, de quem se diz que é capaz de "abrir caminhos", mas também para Omolu, orixá das doenças e divindade da casa, e para Oxalá, tido como sendo a divindade superior, muitas vezes comparada à figura de Cristo; outro gesto de alcance simbólico coletivo é o de soltar alguns pombos, realizado pelos dirigentes da associação e por algum notável local convidado para essa ocasião (prefeito, deputado etc.); outros atos têm alcance individual, como as *pembas*, cruzes traçadas com giz nos ombros dos participantes, pela mãe de santo que preside o ritual. Todos esses gestos acompanham a passagem da soleira da casa para a rua, marcando o momento preciso da "abertura do caminho".

Por fim, um terceiro momento da seqüência ritual começa nesse preciso instante, quando o caminho está "aberto" por Exu, quando os corpos estão purificados, protegidos e o ambiente pacificado, pelas lavagens e oferendas propiciatórias de alimentos e o soltar de pombos. É o momento da agregação pós-liminar, que se estende a todo o tempo do carnaval: é marcado pelo desfile propriamente dito, e pelas diferentes formas de parado do bloco assim constituído para existir durante os cinco dias de carnaval, exibindo suas danças e suas vestimentas, entoando suas canções, mostrando seus personagens rituais (a "mãe preta", a "deusa de ébano").

As lavagens, a abertura do caminho e o desfile formam os três momentos de uma mesma seqüência ritual, estreitamente ligados entre si e que correspondem às três etapas dos ritos de passagem – a separação pré-liminar, o intervalo liminar, a agregação pós-liminar (Van Gennep, 1909) – que conferem a essa saída carnavalesca o sentido de uma encenação, toda consumada, da identidade.[10]

A inspiração dos componentes dessa seqüência é tirada de vários registros simbólicos, reunidos por montagem. Essas fontes são mais ou menos sagradas: vão dos banhos de ervas – no sentido religioso muito preciso no candomblé e na umbanda – até o soltar de pombos – que tem um significado mais impreciso no cristianismo, mas que se encontra também no candomblé, já que o pombo é um símbolo (mas não é o animal sacrificado) de Oxalá, o orixá mais poderoso, geralmente relacionado com o Cristo dos católicos. Esses componentes vão do mais religioso até o mais secular: alguns passos de dança vêm diretamente dos terreiros de candomblé,

10. Para maiores detalhes, ver Agier (2000:154).

enquanto a inspiração de algumas letras de sambas se encontra nas ilustrações dos livros de geografia da África, laboriosamente copiadas. No entanto tal montagem heterogênea produz um efeito harmonioso, de encadeamento fluido. Trata-se de uma seqüência ritual que reúne informações e trechos de rituais que não se encontram juntos habitualmente, mas que aqui criam um sentimento compartilhado de harmonia, de unidade e de identidade.

A que se deve esse sucesso? Parece-me que o carnaval aqui descrito é uma "comédia ritual",[11] isto é, um ritual teatralizado ao mesmo tempo "vivido" por aqueles que o realizam e mostrado àqueles que o vêem.[12] Por isso reencontra o princípio de um "espetáculo sem a ribalta", sem distinção entre o *status* de espectadores e de atores.[13] Na seqüência ritual do Ilê Aiyê, os participantes operam, eles mesmos, uma transformação de sua identidade seguindo as três etapas do ritual. Isso não funcionaria se eles não acreditassem no ritual, se seu carnaval fosse apenas um espetáculo. Assim, os rituais de lavagem da manhã operam, na intimidade, uma separação do mundo e das identidades ordinárias, e trazem também a purificação e a proteção dos corpos e dos espíritos. As ações rituais provocando a abertura de caminhos, à noite, criam um intervalo, temporário, à margem dos mundos ordinário e carnavalesco, e propiciam um clima de paz e de tranqüilidade para um bom desenrolar da festa. Todas essas ações preparam o momento do desfile, que é última fase da seqüência ritual, aquela da agregação: é justamente o momento em que cada indivíduo cruza o destino do coletivo, que só começa realmente a existir nesse momento. Nesse instante de "agrupamento" e de identidade coletiva, o desfile vê a realização de ações que transformam a aparência dos membros do grupo face aos outros: eles produzem uma africanização estética e uma distinção social; é a parada daquilo que se chama na Bahia, a propósito do Ilê Aiyê, de "elite negra".

O prazer das pessoas, sentido com intensa emoção interior, provém do sucesso da apresentação de si mesmo: são milhares de espectadores que vêem essa

11. Segundo as palavras de Alfred Métraux (1955).

12. Ver Leiris (1958).

13. Para distinguir o jogo teatral e o jogo carnavalesco, próximos sob certos aspectos, Mikhail Bakhtine (1970:15) observa que a "ribalta teria destruído o carnaval (e inversamente, a destruição da ribalta teria destruído o espetáculo teatral)".

transformação íntima que alguns negros da Bahia realizam criando uma comunidade que chamam (entre os membros do grupo e fora dele) de "família Ilê Aiyê". Naquele momento, o envolvimento é tanto individual como coletivo. Existe, segundo as instruções da diretoria do bloco, um "padrão Ilê Aiyê", que condiciona o sucesso estético da representação, e esse padrão é rigidamente controlado pelos membros do grupo por ocasião da festa: limpeza, "postura" correta, ausência de drogas ou de excesso de álcool, nada de violência etc. O desejo de homogeneidade da aparência, que transpassa todo o desfile, traduz um desejo de identidade, e cumpre-se na criação e simultaneamente na representação da "boa aparência" social dos negros, que faz parte da encenação de uma "identidade cultural" respeitável, instauradora de uma distância.

A saída do Ilê Aiyê é de fato um ritual, mas não aquele em que se pensa quando se menciona o espetáculo do despacho. Trata-se de novo ritual, de uma montagem híbrida, de uma seqüência ritual que se estende sobre vários dias: essa seqüência leva os participantes a definir sua festa carnavalesca como uma situação ritual com seus próprios contornos espaço-temporais, relacionais e simbólicos (desde as primeiras lavagens purificadoras e separadoras até o último desfile de agregação, decorre mais ou menos uma semana); é esse conjunto ritual que lhes faz acreditar na transformação que se opera em seu quadro, ao longo das diferentes etapas. Então, por que a importância concedida ao instante da saída na rua, após as lavagens e antes do desfile, de modo que somente esse fragmento ser lembrado, em geral, para denominar ou lembrar o ritual? Podemos, acompanhando Van Gennep, propor duas explicações. Uma é a densidade simbólica que se concentra nos limiares, segundo um princípio – bastante sistemático em todas as culturas – de identificação da passagem ritual com a passagem material (Van Gennep, 1909:275); no caso presente, é a passagem (pequeno pátio, porta, calçada) que vai da casa para rua. Em segundo lugar, esse espaço denso da passagem adquire ao mesmo tempo certa autonomia e um caráter sagrado potencialmente permanente. Ele metaforiza o início e o fim da seqüência, a separação e a aglomeração: no limiar, observa ainda Van Gennep (*ibidem*:32), "o mesmo gesto é assim, dependendo do momento, um ritual de agregação ou um ritual de separação"; no caso do Ilê Aiyê, o limiar é o lugar que vê o desenrolar da "saída" da casa, a "entrada" na rua e a "abertura" do carnaval.

Por concentrarem e simbolizarem de maneira duradoura os gestos rituais da passagem, os lugares intermediários, marginais, são muitas vezes colocados sob a proteção de divindades tutelares, ordenadoras simbólicas desses gestos. Na abertura do carnaval Ilê Aiyê, é o personagem de Exu, divindade intermediária entre os orixás e os humanos, protetor e guardião da abertura dos caminhos, que está no centro da ação, acompanhando a passagem de um estado para outro e ele é que é o homenageado entre a porta e a rua. Sua presença expressa o valor sagrado específico do limiar. Mais adiante, na conclusão desta reflexão sobre a identidade ritual/cultural, voltaremos a encontrar este personagem do culto pagão transformado em sósia paródico, personagem que passa do ritual religioso para o ritual carnavalesco, deslocado mas sempre em seu lugar.

2. O diabo, o vigário e a cultura em Tumaco (Pacífico colombiano)

Outra inovação carnavalesca emana de outro grupo de militantes que procuram, também, promover ou defender a identidade negra: aqueles do Setor Cultural de Tumaco, cidade principal da região sul do litoral colombiano no Pacífico. Trata-se do sainete (*comparsa*) chamado "Volta da Marimba", que marca a abertura oficial do carnaval da cidade, desde 1998. O sainete é formado partindo-se de uma seleção de vários elementos míticos tirados, em grande parte, da memória regional, e dispostos por encenação inédita, que vamos descrever sucintamente. Mantida a dois metros do chão por quatro pernaltas, uma marimba é precedida por um sacerdote, o padre Jesus Maria Mera, que caminha à frente da cena. Esse personagem representa um sacerdote lendário que de fato andou pela região no início do século e de quem se diz que obrigava os pretos, sob pena de excomunhão, a jogar as marimbas no rio porque eram "instrumentos do diabo". Dois outros personagens, caminhando sobre pernaltas, tocam lado a lado a mesma marimba: um é o diabo, vestido de vermelho e com dois chifres na cabeça, o outro é um célebre tocador de marimba (*marimbero*), Francisco Saya, falecido em 1983. Fabricante e dono da marimba exibida, ele ousou, segundo lenda local, desafiar o diabo no toque do instrumento, vencendo-o (o mesmo desafio é relatado em outras regiões, com outros instrumentos, como o acordeon dos tocadores de *vallenauto* no litoral caribenho da Colômbia). No decorrer de todo o desfile, o sainete, na cabeça do desfile, repete um combate burlesco entre o diabo e o *marimbero*. Estão rodeados por três representações das *visiones* (aparições, espíritos) das mais conhecidas da região: o *Duende* (músico e sedutor de moças virgens), a *Tunda* (visão feminina dos mangues e da floresta), e a *Viuda* (que aparece geralmente nos cemitérios); há também, à frente da marimba, a bandeira verde e branca da cidade de Tumaco.

Um sentido amplo, e político de saída, foi dado ao séquito por aqueles que dele tiveram a iniciativa: a administração municipal anterior, presente entre 1994 e 1997, dirigida por um político branco, não tinha chamado o Setor Cultural de Tumaco, cuja orientação em matéria de política cultural era conhecida por ser claramente "afro", expressão que localmente basicamente o interesse, apoiado por várias ONGs e por animadores da Igreja Católica, em prol do ressurgimento de lendas e tradições locais. Mas tudo mudou com a municipalidade eleita em fins de 1997: o novo prefeito, negro, nascido no município de Tumaco e próximo dos militantes da cultura afro-colombiana, chamou alguns desses militantes para gerir a animação cultural da cidade; para celebrar publicamente tal presença, o Setor cultural introduziu a "Volta da Marimba" no início do carnaval, como metáfora triunfante da "volta" da cultura negra do Pacífico, em Tumaco. Desse ponto de vista, o ritual significa a consumação de uma estratégia identitária fundada na cultura afro-colombiana.

A afirmação, a defesa e a valorização da "identidade cultural" dos "Negros do Pacífico" são explicitamente encenados nessa criação carnavalesca. Elas ecoam, em 1998, a Lei 70, de 1993, cujo objetivo principal é a "proteção da identidade cultural e dos direitos das comunidades negras da Colômbia consideradas como grupo étnico" (artigo 1), e programas de etnoeducação destinados a "resgatar, preservar e desenvolver a identidade cultural" dos afro-colombianos. Assim, essa estratégia cultural local se coloca de saída em um contexto nacional institucional marcado por aquilo que Bruce Kapferer (1995:69) denominou, em outra situação, como "ideologia multicultural do Estado". Ora, a existência, ainda que fugaz, da identidade cultural depende de uma identificação ritual. Esta é a experiência vivenciada capaz de prolongar-se naquela. E de que se trata no caso da "Volta da

Marimba"? Para responder, é preciso examinar essa abertura do carnaval, não como espetáculo, mas do ponto de vista de sua capacidade de relacionar indivíduos uns com os outros e todos com os símbolos de uma comunidade que seria assim criada na situação ritual. Como no caso anterior, uma série de perguntas decorre dessa problemática: o que representam, para os participantes, as figuras mais ou menos antigas, lendárias ou míticas, introduzidas num contexto carnavalesco tão novo para elas? A cena ritual, cujo sentido explícito, buscado por seus criadores, é um sentido amplo – identitário, contemporâneo e político – gera também um sentido estrito e estreito? Uma lógica interna do ritual, originado na disposição inédita de figuras simbólicas conhecidas pela população regional – notadamente rural – não se mesclaria com o sentido exterior, tal como é desejado por seus autores, os quais participam de certa elite cultural local, em contato com outros agentes da "cultura negra" em redes nacionais e globais? Haverá, nesse encaixar de contextos, uma apropriação do ritual pelos participantes da festa, e, no caso afirmativo, quais são as formas e as conseqüências dessa apropriação para o sentido desse ritual de abertura?[14]

A valorização das tradições regionais foi a preocupação dos animadores do Setor Cultural de Tumaco, desde os anos 70. Dentro de sua política de defesa e de promoção da "cultura negra do Pacífico", o carnaval de sua cidade era tido como coisa sem interesse. Pois, ao valorizarem uma tradição cultural negra, iriam definir seus contornos: escolhendo, excluindo, privilegiando, modificando esta ou aquela característica, "inventando" pois aquela tradição no sentido de Hobsbawn. Assim,

14. "Dispositivo restrito" e "dispositivo ampliado" do ritual são distinções feitas por Marc Augé (1994:93) para dar conta, na ação ritual, da passagem progressiva do alcance direto das ações (proteção, propiciação, purificação etc.) para um alcance indireto, amplo (formação de consciências políticas, identitárias, comunitárias etc.). Os efeitos deste último podem não ter sido previstos na definição estrita dos objetos do ritual; eles se definem no contexto que o envolve e o impregna de sentido. Reciprocamente, partindo agora do sentido amplo, exterior ou contextual – em suma, "identitário" – do ritual, os promotores da "cultura negra" de Tumaco nos levam a questionar o engendramento – previsto ou imprevisto – de um processo inverso de ritualização da identidade e, finalmente, de apropriação de um ritual todo imaginado para finalidades identitárias. É nesse contexto que podemos questionar as transformações internas, de forma e de sentido, do referido ritual.

criaram o Festival do Currulao[15], que ocorreu anualmente entre 1987 e 1992. Durante quatro ou cinco dias, orquestras de marimbas, grupos de danças folclóricas, contadores (*cuenteros*), e poetas populares (*decimeros*) se apresentavam em cena, peças de teatro eram interpretadas, inspiradas em crenças populares regionais (*visiones*). A maioria dos grupos havia se formado nos anos 70 e 80, impulsionados por programas sociais e culturais do Porto de Tumaco e da ONG Plan Parrain International. Implantada na região a parti de 1971, essa ONG começou dez anos mais tarde a desenvolver atividades sociais e culturais, além da ajuda direta a seus "afilhados" (crianças pobres). Na década de 80, ela empregou localmente até 200 pessoas, e em algumas ocasiões seu orçamento ultrapassava o da municipalidade. A organização financiou a animação cultural dos bairros pobres, então em pleno crescimento, e a formação de dezenas de animadores culturais.[16] Estes últimos constituíram a maioria daquilo que hoje se chama Setor Cultural. Parecia-lhes necessário, na época, isolar-se de tudo aquilo que pudesse "contaminar" a cultura tradicional dos negros do litoral do Pacífico, seja a modernização dos instrumentos musicais ou a importação de modelos estrangeiros de músicas, danças, objetos ou roupas. Assim, o *rap*, a salsa, o *rock* e o *reggae*, que eram tocados nos bares e nas casas de Tumaco, no carnaval eram ignorados, pois acreditavam que não expressavam nenhuma identidade cultural própria.

Foram o fracasso do Festival de Currulao – por causa de seu isolamento e de seu elitismo – e as críticas e autocríticas do Setor Cultural que levaram este a olhar mais para a vida local: em 1997, parte dos animadores culturais de Tumaco entraram para o serviço municipal de ação cultural, sendo encarregados de promover o carnaval da cidade. Em seguida, no fim do ano 1998, os mesmos agentes culturais conceberam um

15. O instrumento acima mencionado, a marimba, é parecido com o balafon mandinga, e ocupa uma posição central naquilo que se denominava antigamente "bailes de marimba", "danças de negros" ou *currulao*: estas festas hoje desapareceram da região, e espetáculos de danças e de músicas regionais são apresentados na cidade com o nome de *currulao*. Em sentido genérico, o *currulao* é o conjunto das práticas artísticas e rituais, dos mitos e lendas da região: assim, fala-se em "cultura do *currulao*".

16. A propósito do Festival de Currulao, ver Aristizábal (1998); sobre a atividade do Plan Padriño na região do Pacífico, ver Pardo (1997).

novíssimo "Plano de desenvolvimento do *currulao*", no qual se admitia a participação no carnaval. A comissão organizadora do carnaval incitou fortemente os carnavalescos a inspirar-se nos elementos considerados como integrantes da cultura regional: as *visiones* (espíritos da floresta, dos rios e do mangue) os rituais católicos populares (funerais e festas de santos – *chigualos* e *arrullos*), danças tradicionais (*currulao*), certa idéia da ecologia espontânea dos habitantes e trabalhadores do mar e da floresta. Os sainetes que apresentavam uma forma ou um tema de violência (delinqüência juvenil, confrontos entre soldados e guerrilheiros, traficantes, políticos, grupos armados) foram proibidas, quando, dois anos antes, representavam quase um terço do desfile dos *comparsas*.[17] Afinal, ao colocar a "Volta da Marimba" como abertura oficial do carnaval, a estratégia consistia, segundo um responsável municipal pela cultura, em "reunir o festival do *currulao* e o carnaval para dar-lhe uma identidade": "receber a marimba", segundo a mesma pessoa, "é homenagear um símbolo maior da cultura ancestral. Essa marimba tem uma lenda, o desafio do diabo, que tentamos conservar".

Os relatos e comentários em apoio ao sainete, contados como explicações que legitimam seu cenário, mencionam as lendas do Padre Mera, da marimba e de Francisco Saya. Segundo esses comentários, a Igreja reprime as manifestações pagãs, ela é dominadora e branca: no desfile de abertura, é o personagem do Padre Mera que encarna esse poder da Igreja Católica; ele abre o cortejo, é representado com os sinais da autoridade, com a mitra do bispo, e é o único personagem cujo ator (negro) tem o rosto pintado de branco. Ele olha para frente, soltando incenso, sem olhar para trás, enquanto uma cena pagã acontece nas suas costas, como que à sua revelia: o baile da marimba proibida e o desafio do diabo pelo marimbero Francisco Saya. Este último, "negro de cabelos lisos" ou "de cabelo de índio", representa o resistente, clandestino e étnico. No seu rio, o rio Chagüi, as marimbas sobreviveram, contam, porque o Padre Mera não foi até lá, ou então porque a marimba jogada por sua ordem no rio Patia próximo subiu o curso do rio até o rio Chagüi! A volta triunfante da marimba – metáfora da cultura negra reprimida do Pacífico – ridiculariza o Padre Mera e transforma o "maior dos

17. Segundo alguns animadores culturais da cidade, a identificação com a cultura regional devia ajudar a combater a violência: assim, campanhas de animação foram levadas aos bairros com maior índice de delinqüência.

marimberos" em herói étnico. Este último, por sua vez, mostra ser mais forte que o diabo, e assim sendo, mais eficaz que o padre, pois dizem que afugenta o diabo "citando" o Cristo (ao tocar na marimba o hino nacional no qual Cristo é citado), da mesma maneira que os padres ou os padrinhos recitam o Credo, para desenfeitiçar aquele que foi possuído por uma *visión*. O personagem étnico do marimbero resgata assim, por sua conta, a virtude cristã do bem contra o mal, sendo este encarnado pelas visões "satânicas", como dizia a Igreja espanhola do tempo da Inquisição. As visões, no desfile, estão presentes mas neutralizadas, são apenas cenário de cor local. É esta a função simbólica, em sentido amplo, que lhes é geralmente concedida hoje em dia na cidade, na mistura cultural associada à identidade afro-colombiana do Pacífico: as *visiones* são valorizadas como protetoras da floresta, como tradições morais familiares, mas o fato de haverem sido "diabolizadas" e de ainda por vezes serem temidas está aparentemente esquecida. Assim, o sentido explícito desse ritual carnavalesco e dos comentários que o acompanham é um sentido muito "político" e identitário, de uma dupla inversão e de notável elevação simbólica: o *marimbero* vence o padre que o trata como um diabo, em seguida ele mesmo vence o diabo (ou seus avatares, as *visiones*) no lugar do padre. Metaforicamente, a cultura negra ressurgente derruba o mundo branco católico e assume seus valores e seus poderes de dominação. Nova narração identitária é assim transposta no conteúdo do próprio ritual, com ressonâncias explicitamente etnicistas e regionalistas.

A homenagem assim prestada a todas essas crenças é pensada segundo uma percepção estética da cultura, que é uma forma de objetivação e de distanciamento em relação à percepção ética, isto é, ao conteúdo moral das próprias crenças, quando são vivenciadas intimamente por aqueles que neles crêem ou creram. É o que permite ocasionalmente mostrar o Padre Mera mais branco do que é na realidade. Aliás, muitas lendas falam dele como sendo um *padrecito negro*: "cabelos um pouco crespos, era moreno e puxava para o preto";[18] sua biografia menciona que seu avô teria sido escravo.[19]

18. Padre Ochoa, entrevista, Barbacoas, 06/05/1998.

19. Mera teria nascido em 1872 em Flórida, perto de Cali, tendo falecido perto dali, em Palmira, em 1926, após haver exercido o sacerdócio em várias localidades do litoral do Pacífico (Ver Garrido, 1980:191-202).

A mesma distância permite transformar as *visiones* em valores morais inofensivos, ou fetichizar a marimba de Francisco Saya, comprada aos pais do finado músico pelos responsáveis culturais da cidade. Mas o Padre Mera sim, acreditava no diabo e nas *visiones*, e é por isso que os desafiava, de tal modo que ainda ouvia-se dizer que ele mesmo pode ter sido o diabo.

Realmente, se abandonamos uma representação polarizada e restituímos as várias interpretações ouvidas – na margem dos rios, na floresta, também na cidade – sobre todas esses personagens lendários, só se enxerga o diabo, com aparências múltiplas, no cenário urbano e carnavalesco da "Volta da Marimba". Pois, dentre todos os "sósias carnavalescos" presentes no desfile de abertura, encontramos primeiro (naturalmente) o diabo em pessoa, representado em preto e vermelho, chifrudo, mas cujos relatos locais permitem descrever também branco, mestiço, vestido de cáqui ou com dentadura de ouro; encontramos o *marimbero* que há séculos conduz com seu instrumento a dança "endiabrada" dos negros; o próprio Padre Mera é uma figura imaginária de desdobramento e de transgressão: padre inquisidor e encarnação de Santo Antônio para uns, é para outros Cristo e demônio, branco e negro, amado e difamado; as *visiones* da *Tunda*, da *Viuda* e do *Duende* são avatares do diabo, que carregam sua força e suas fraquezas. Assim, a multiplicidade pagã do diabo se substitui pelo contexto estritamente cristão e pelo dualismo em nome do qual a igreja inquisidora o havia trazido para a região há 500 anos e que os animadores culturais urbanos retomaram por sua conta em sua estratégia identitária.

As lendas do Padre Mera, da marimba e do diabo circulam à semelhança das "lendas urbanas (Renard, 1999); podem ser enfeitadas com toques pessoais e assim difundir-se mais. Durante os desfiles do carnaval, algumas *visiones*, logo cobertas pela farinha e pela lama do carnaval, desfilam ao lado do Pato Donald, de Macho Man (caricatura de machão) ou de um padre lúbrico e bêbado (talvez imagem do Padre Mera?); trata-se do Duende, com seu violão, um chapelão e as numerosas moças que ele seduziu, a Viuda, a Tunda e a Madremontes (aparição da floresta). *Comparsas* inspiram-se nas atividades dos grupos afro-colombianos da cidade, mas enfatizando mais do que estes as extravagâncias do diabo: *Carnaval del diablo*, *Currulao*, *La viuda en el carnaval*, *Brujería satánica del Pacífico*, *El reino infernal* (no qual desfilam várias representações do diabo). No carnaval de 1998, um sainete animava a ação cultural municipal: atrás de um cartaz anunciando que "*Ya, encontramos la marimba de Francisco Saya*", um grupo de cinco pessoas encenava *Francisco Saya y el diablo*, sendo que este personagem só usava, à guisa de fantasia, uma camisa vermelha.

É na difusão e na diversificação das formas e do sentido da cena e dos personagens lendários/carnavalescos da "Volta da Marimba" que se verifica a sua apropriação pelos participantes do carnaval, e essa apropriação faz o diabo sair de seu quadro religioso original, o da Igreja Católica, dominadora e inquisidora. Assim, é ali que se criam as condições para uma identificação simbólica comum. Quando os símbolos se tornam propriedade comum, quando seu sentido passa a ser compartilhado, produz-se um pouco de identidade cultural, deixando atrás de si o espetáculo de retratos e relatos unívocos, congelados e por demais pensados.

3. Identidade e relação: de um diabo a outro

Para concluir, duas perspectivas de reflexão e de comparação podem se abrir. A primeira tem a ver com o interesse em geral de uma crítica da identidade cultural, e a segunda, com a qualidade comum dos personagens centrais dos dois rituais carnavalescos aqui apresentados, Exu e o diabo, ambos oriundos do universo religioso.

As duas aberturas de carnaval que acabamos de analisar mostram, em graus diferentes, que pode acontecer da identificação existir, em sentido estrito, no lugar e no instante do ritual que constitui a comunidade. Ela pode de novo existir, uma segunda vez, prolongando-se em um contexto ampliado no espaço e no tempo; é então reproduzida – como se reproduz uma fotografia, uma imagem – no sentido que aquilo que funda a "identidade cultural" é uma identificação ritual relembrada de forma emblemática: um "despacho" ou uma "marimba" se tornam emblemas identitários em contextos políticos, sociais etc., isto é, fora dos quadros rituais, religiosos ou carnavalescos, em que são criados. Nesses contextos, revivem como componentes de retóricas identitárias; dão vida àquilo que J. C. Passeron (1991:325) descreveu como "culturas declarativas": "Trata-se do aspecto de uma cultura pelo qual esta se faz 'discurso', oral ou escrito, seja este esporádico ou doutamente construído como sistema. Essa cultura, que denominamos 'declarativa' – prossegue o sociólogo –, abre-se então à observação na linguagem muitas vezes prolixa da autodefinição, principalmente quando chega a ser *teoria* (mito, ideologia, religião, filosofia) para afirmar e argumentar tudo aquilo que os praticantes de uma cultura lhe dão como significado, reivindicando-a como marca de sua identidade, em oposição a outras". Quando a cultura existe sob forma de emblemas, de imagens que lembram de maneira metonímica curtos instantes de identificação ritual, quando esses emblemas se destacam do contexto ritual de origem e reexistem em outro contexto, de modo retórico, como argumentos das afirmações de identidade em geral – cujas "reivindicações identitárias" são um dos aspectos coletivos mais visíveis – então nos encontramos ante culturas identitárias (e não de "identidades culturais" verdadeiras, puras ou primeiras) no sentido de todo pensamento da cultura ser dominado pelos riscos, conflitos e buscas de identidade. As reelaborações emblemáticas dos símbolos rituais eliminam a complexidade e a ambigüidade dos personagens e dos acontecimentos que mobilizam: elas permitem produzir uma "identidade cultural" traduzível em outro lugar, de certo modo desterritorializada, e fazer com que ela exista em contextos extralocais, e eventualmente globais. Ao sabor dessas idas e vindas, deslocamentos e transposições entre situações rituais observáveis em algum lugar e reivindicações identitárias comunicáveis em qualquer lugar, os movimentos identitários e culturais acabam produzindo "imagens" múltiplas de uma improvável "cultura negra".[20]

A questão aparentemente crucial colocada a cada um desses grupos pela atualidade das nações hoje oficialmente "multiculturais" (o Brasil desde 1988, a Colômbia desde 1991) é de "lutar pela manutenção e o reconhecimento de sua identidade cultural", segundo uma expressão freqüentemente ouvida. No entanto, a etnografia dos rituais demonstra que, se o instante do ritual está no "coração" da identidade cultural, se a funda, trata-se de um coração nada fixo: existe em dado momento, em dada situação – momento e situação bastante raros – na realidade em um cotidiano

20. Essa "cultura negra" como totalidade exclusiva e coerente é pura ficção, que assume um sentido nos diferentes contextos locais em que se manifesta, mas também no desenvolvimento do "todo ficcional" em escala mundial, que separa o imaginário de suas ancorações no mundo real (ver Augé, 1997).

antes marcado pela individualização, pelos conflitos, pelas competições ou pelas guerras. É também um coração que não precisa ser "preservado" ou "protegido" para existir, muito pelo contrário. O coração da identidade (ou esse "foco", segundo as palavras de Lévi-Strauss, já mencionadas) é em si intrinsecamente uma relação, em duplo sentido. Primeiro, uma relação entre múltiplos indivíduos e um coletivo mediatizado por símbolos reconhecidos como sendo comuns – e nós vimos que esses símbolos podem ser tomados por empréstimo em origens muito variadas. Em seguida, uma relação que se estabelece entre o "vivenciado" e o "mostrado" da comédia ritual: na *performance* pública, a identidade é diretamente posta à prova da representação, forma-se e transforma-se sob o olhar do outro. Ela não é mais, naquele momento, uma identidade que se afirma, que se define ou que é protegida, como se fosse uma realidade em si, um objeto sem sujeitos. Assumir o risco de exibir, de encenar os atributos culturais que pensamos como próprios, específicos de uma identidade ante os outros, é tornar essa identidade mais aberta, mais dinâmica e finalmente mais real por ser melhor apropriada na comunicação da *performance*.

Uma segunda pista de reflexão deve então ser aberta, para prolongar e complexificar as observações precedentes. Ela tem a ver com a proximidade simbólica dos personagens lendários, santos, divindades e espíritos, convocados nas duas cenas carnavalescas apresentadas, na Bahia e em Tumaco. Em ambos casos, se estabelecem correspondências entre figuras do universo católico e figuras pagãs. Lembremonos especialmente que, na Bahia, Exu é geralmente assimilado, desde o tempo da escravidão, à figura do diabo, mas uma de suas outras identidades possíveis, em outras regiões do Brasil, é a de Santo Antônio.[21] Exu é a divindade dos limiares, dos intervalos, do intermédio: entre o mundo dos humanos (*aiyê*) e aquele dos orixás (*orum*), mas também entre a casa e a rua, como está claro no ritual carnavalesco do Ilê Aiyê. Em Tumaco, as lendas do Padre Mera por vezes o assimilam a Cristo e por vezes ao próprio diabo (é o "diabo fantasiado de padre").[22] Na história colombiana,

21. Na Bahia, é outra divindade, Ogum, orixá do ferro e da guerra que é assemelhado a Santo Antônio. No entanto, nessa mesma região, Exu e Ogun muitas vezes andam juntos, sendo mesmo por vezes considerados irmãos (ver Bastide 1958, capítulo IV).

22. "*El diablo (...) que se vestió de cura*", segundo uma canção do *currulao*, "*El Patacoré*".

o diabo foi primeiro uma criação do sistema colonial e inquisidor confrontado aos diversos cultos de origem africana e ameríndia, mas foi apropriado pelos próprios negros como figura central, imposta, com certeza, mas mediadora de suas danças e de suas crenças: permitiu a existência de um lugar simbólico, comum, de trocas entre os universos cristão e pagão assim aproximados, aproximação que a lenda do Padre Mera ilustra de maneira paradigmática. Este último é também associado a Santo Antônio, santo *bon vivant*, pândego e "beberrão", traços esses encontrados numa fantasia do carnaval de Tumaco (o padre bêbado e lúbrico) e que se encontra também na Bahia, no lado *bon vivant* e pândego de Exu.

Afinal, em dois rituais recentes inventados para encenar identidade, o lugar central é ocupado por duas figuras intermediárias vindas do universo religioso, duas figuras do intermédio e da relação. Exu e o diabo são figuras múltiplas, que se desdobram em numerosas outras formas ou avatares (santos católicos ou espíritos, deuses pagãos, visões da floresta etc.), permitindo um amplo espectro de identificação. São também figuras da comunicação: elas "abrem caminhos" rumo à alteridade, e por isso mesmo, acabam contradizendo a definição autocentrada da identidade.

Referências bibliográficas

AGIER, M. Etnopolítica: a dinâmica do espaço afro-baiano. *Estudos Afro-Asiáticos* 22, Rio de Janeiro: Centro de Estudos Afro–Asiáticos, 1992. p. 99-115.

AGIER, M. *L'invention de la ville. Banlieues, townships, invasions et favelas*. Paris: Éditions des archives contemporaines, 1999a.

AGIER, M. La violence dans le carnaval: réalités et fictions. *Problèmes d'Amérique latine*, n° 34, Paris: La Documentation Française, 1999b. p. 109-116.

AGIER, M. *Anthropologie du carnaval: la ville, la fête et l'Afrique à Bahia*, Marselha: Éditions Parenthèses, 2000.

AGIER, M. Distúrbios identitários em tempos de globalização. *Mana*. Rio de Janero: Museu Nacional, vol. 7, n°2, 2001. p. 7-34.

ARISTIZÁBAL, M. El festival del currulao. In: SOTOMAYOR, M. L. (*ed.*) *Modernidad, Identidad y Desarollo*. Bogotá: ICAN, 1998. p. 413-445.

AUGÉ, M. *Pour une Anthropologie des Mondes Contemporains*. Paris: Aubier, 1994

AUGÉ, M. *La guerre des rêves: exercices d'ethno-fiction*. Paris: Seuil, 1997.

BAKHTINE, M. *L'oeuvre de François Rabelais et la culture populaire au Moyen Âge et sous la Renaissance*. Paris: Gallimard, 1970.

BARTH, F. (*ed.*) *Ethnics Groups and Boundaries: the social organization of culture difference*. Boston: Little Brown, 1969.

BASTIDE, R. *Le Candomblé de Bahia (rite nagô)*. Paris-Haia: Mouton, 1958.

CARNEIRO, E. Folguedos tradicionais. Rio de Janeiro: Funarte, 1974 (2ª edição: 1982).

GARRIDO, J. M. *Tras el Alma de un Pueblo*. Tumaco: Vicariato Apostólico de Tumaco, s.d. (1980).

KAPFERER, B. The performance of categories: plays of identity in Africa and Australia. In: ROGERS, A., VERTOVEC, S. (*eds.) Urban Context*. Oxford: Berg, 1995. p. 55-80.

LEIRIS, M. *La Possession et ses Aspects Théâtraux chez les Ethiopiens de Gondar*. Paris: Plon (L'Homme, n°1), 1958.

LÉVI-STRAUSS, C. (*ed.*). *L'identité*, Paris: PUF, 1977.

MÉTRAUX, A. La comédie rituelle dans la possession, *Diogène*, nº 11, 1955. p. 26-49.

MITCHELL, C. The Kalela Dance: aspects of social relationships among urban Africans in Northern Rhodesia. Manchester: Manchester University Press (The Rhodes-Livingstone Institute Papers, 27), 1956 (tradução francesa de M. Agier e S. Nahrath in *Enquête*, n°4, 1996. p. 213-243).

NINA RODRIGUES, R. *Os Africanos no Brasil*. São Paulo: Companhia Editora Nacional, 1977 (1ª edição: 1932).

PARDO, M. Movimientos sociales y actores no gubernamentales. In: *Antropologia en la Modernidad* (M. V. Uribe y E. Restrepo, eds.). Bogotá: ICAN, 1997. p. 207-251.

PASSERON, J. C. Le raisonnement sociologique: l'espace non-popperien du raisonnement naturel. Paris: Nathan, 1991.

RENARD, J. B. *Rumeurs et Légendes Urbaines*. Paris: PUF, 1999.

ROGERS, A e Vertove, S. (dir.). *The Urban Context: ethnicity, social networks and situational analysis*. Oxford: Berg, 1995.

VAN GENNEP, A. *Les Rites de Passage*. Paris: Picard, 1981 (1ª edição: 1909)

Novas Relações entre Identidade Religiosa e Participação Política no Rio de Janeiro Hoje:

o caso do Movimento Popular de Favelas*

Márcia Pereira Leite

O ano de 2000 ficou marcado na história do Rio de Janeiro como representando um novo patamar de violência na cidade. Queimas de ônibus em vários bairros, conflitos abertos entre moradores de favelas e policiais em ruas "nobres", passeatas de protesto contra a brutalidade policial nas favelas e o episódio conhecido como o "seqüestro do ônibus 174" marcaram o seu primeiro semestre e deram origem a vários movimentos reativos.[1] Um desses movimentos reuniu lideranças

* Apresentei versões preliminares deste artigo no Colóquio Religião e Espaço Público, na Universidade do Estado do Rio de Janeiro, em maio de 2002, e no simpósio Comunidades de base y teología de la liberación. Ocaso o redefinición de um paradigma?, do IX Congreso Latinoamericano sobre Religión y Etnicidad, da Asociación Latinoamericana para el Estudío de las Religiones, em Lima, Peru, em agosto de 2002. Agradeço os comentários dos colegas participantes desses encontros.

1. Entre eles, destaco o movimento "Basta, eu quero paz", organizado pelo Viva Rio, em julho, envolvendo caminhadas pela paz, atos ecumênicos e o "Mural da Dor", e o movimento que culminou na manifestação "Dia de luta do povo contra a violência", convocada por lideranças de favelas e realizada em agosto.

de cerca de 60 favelas, entre dirigentes de associações de moradores e de outras organizações comunitárias, além de militantes de ONGs e representantes de diversas instituições, para reivindicar cidadania plena para os moradores desses territórios: o Movimento Popular de Favelas (MPF). Acompanhei sua constituição e seu desenvolvimento por dois anos, interessada tanto em sua capacidade de convocação e articulação política como em sua maneira de relacionar religião e política, ampliando e adensando o sentido daquelas.

Neste artigo examino como se combinaram, no âmbito do MPF, referenciais religiosos e políticos na construção identitária dos militantes e do próprio movimento. Com esse objetivo, analiso a dinâmica do Movimento Popular de Favelas, discutindo os símbolos, valores e práticas religiosas que conferiram sentido e consistência à sua ação política. Analiso também a trajetória de algumas de suas lideranças mais expressivas, procurando compreender as representações de política que as orientam e a maneira pela qual seu pertencimento religioso católico marca suas percepções de cidadania, violência, justiça e solidariedade, qualifica-as como atores sociais legítimos e influencia sua atuação na esfera pública. Meu argumento é que este movimento, por meio dessas lideranças, construiu sua presença e atividade política no cenário conflagrado da cidade do Rio de Janeiro, recorrendo a (e promovendo) uma intercessão entre os domínios religioso e político. Antes de desenvolvê-lo, contudo, traço brevemente alguns contornos do campo religioso brasileiro, buscando situar o Catolicismo em seu interior, com ênfase nos elementos mais fortemente presentes em suas grandes cidades e em particular no Rio de Janeiro.

1. O Catolicismo no campo religioso brasileiro

A literatura recente tem indicado mudanças significativas no campo religioso brasileiro, que se associam, de um lado, à redefinição da presença e do papel da Igreja Católica na sociedade; de outro, ao crescimento do Pentecostalismo e do Neopentecostalismo e à perda de legitimidade relativa das religiões afro-brasileiras.[2] No caso da Igreja Católica, diversos fatores têm sido apontados para explicar a redefinição de seu lugar na sociedade brasileira. Entre eles, destacam-se a crise da Teologia da Libertação e a perda de densidade das Pastorais Sociais e das Comunidades de Base (CEBs), a partir dos anos 80, relacionados, de um lado, ao processo de redemocratização da sociedade brasileira, com o decorrente revigoramento de espaços tradicionais de ação política como associações, sindicatos e partidos políticos, e à crise do paradigma marxista com o desmantelamento das sociedades do leste europeu (Mariz, 2000; Steil, 1999; Lowy, 2000). De outro, ao "movimento restaurador" empreendido pelo papa João Paulo II e com amplo apoio das dioceses mais tradicionais do Brasil, que silenciou os principais teólogos, dividiu dioceses e transferiu bispos em um esforço para conter vozes e ações da Igreja da Libertação. (Novaes, 2002)

Embora alguns autores contestem a idéia de um esvaziamento das Comunidades de Base, sustentando que atualmente existiriam no Brasil entre 60 mil e 80 mil CEBs (Souza, 2000; Ribeiro, 1997), muitos outros, mesmo ressaltando as dificuldades de definição e de quantificação das Comunidades de Base, apontam para a diminuição de seu número e a redefinição de muitas de suas práticas e valores, nos últimos vinte anos. Mesmo assim, avaliam que as CEBs ainda teriam presença e consistência na formação dos católicos e no estímulo para a atividade política (Mariz, 2000). Discutindo o tema, Regina Novaes argumenta que se "este novo 'Catolicismo Popular' não se apresenta em grandes números[3] (...) é formador de minorias ativas", produzindo "quadros [políticos]" e tendo "sua influência na construção do espaço público".

> "Hoje, nos partidos políticos, particularmente no PT, nos sindicatos, nas centrais sindicais, nos movimentos populares urbanos, nas associações de moradores, nos movimentos de mulheres, encontramos lideranças que vieram das CEBs. Em algumas situações isso significa pertencer, ou pelo menos estar

---

2. Ver, para o tema, Oro (1996); Soares (1993), Mariz e Machado (1998) e Birman e Leite (2000).

3. É ainda Novaes, em seu excelente artigo, que indica os possíveis termos de comparação: "Em uma pesquisa feita pelo *Datafolha*, em 1994, estimou-se que os carismáticos seriam 4 milhões de católicos, enquanto as CEBs envolveriam a metade deste número". (2002:96 – nota 10)

conectado, a uma corrente política que atua nestes vários espaços – a Articulação – e, em outras, significa apenas o reconhecimento de um ponto de partida comum. Porém, de qualquer forma, [...] fazem parte de uma extensa rede (com presença por todo o país, das capitais aos mais afastados rincões) que tem o poder de se autoconvocar e de se apresentar publicamente em determinados momentos políticos por meio de encontros, abaixo-assinados e campanhas. [...] Apresenta-se atualmente como uma espécie de 'comunidade lingüística', cujas marcas de fé aparecem logo nos primeiros momentos de uma conversa." (2002:69-70)[4]

Outro elemento importante a considerar, ainda no que concerne à Igreja Católica, é a expansão da Renovação Carismática Católica (RCC). Como nos lembra Novaes, a RCC, que surgiu em 1967, em Pittsburg, EUA, e chegou ao Brasil em 1969, estabeleceu seu núcleo central em São Paulo, de lá se expandindo por todo o país em um movimento contínuo de conquista de adeptos e paróquias, espaços e visibilidade, que vem sendo representado como uma "onda carismática". Representação que encontra apoio no fato de, em 2000, segundo dados de seu Escritório Nacional, "a Renovação Carismática [estar] presente em 6 mil das 8.300 paróquias existentes no Brasil". (2002:71)[5]

De outro ângulo, é necessário ressaltar também as novas relações da hierarquia católica com o poder público: de um lado, não mais, como em todo o passado

4. A "comunidade lingüística", para Weber, é aquela "portadora de um 'patrimônio cultural de massas' específico [...] que condiciona ou facilita a 'compreensão mútua'", envolvendo, por isso mesmo, um sentimento de comunidade. (2000:271)

5. A autora, entretanto, nos adverte sobre a heterogeneidade desta presença: "Há uma espécie de *continuum*. Em um extremo, há situações em que o 'grupo da Renovação' é apenas um ao lado de muitos outros de irmandades, pastorais, de crisma etc, que se reúnem no espaço físico de uma igreja. Em outro extremo, estão igrejas conhecidas pelo estilo Renovação Carismática, que vivem cheias e atraem fiéis de outras paróquias para suas animadas missas e retiros. Nos anos 70 e 80, [...] os católicos que freqüentavam a Renovação Carismática eram predominantemente oriundos das 'camadas médias ou abastadas' e a ênfase era na 'libertação interior'. Já nos anos 90, observa-se uma expansão nas camadas populares. Amenização dos conflitos familiares e das dificuldades financeiras passam também a fazer parte da pauta". (Novaes, 2002:71)

colonial, no Império e por largo tempo da República, exclusivas em relação a outras igrejas;[6] de outro, nem tão críticas ao governo, como durante o regime ditatorial de 1964/84, e (devido às mudanças apontadas acima) já sem a mesma autoridade moral para falar ao Estado em nome da nação por seus interesses.

Por fim, um outro elemento se introduz no campo religioso brasileiro, ao mesmo tempo como expressão e motor de alterações em sua configuração. O surgimento de novas redes de filantropia, solidariedade e ação cívica, apelando fortemente ao sentimento religioso e encontrando inspiração em uma tentativa de fazer florescer, no Brasil, aquela "dimensão religiosa pública" que Bellah e colaboradores (1985) definiram como "um tipo de generosidade e de envolvimento voluntário com o bem comum" que tem por marca o compromisso dos cidadãos com os destinos da cidade ou da nação: uma "religião civil". Nas grandes cidades, como Rio de Janeiro e São Paulo, atravessadas por um crescimento avassalador da violência associada às novas dinâmicas e à crescente amplitude do tráfico de drogas, diversas organizações não governamentais vêm convocando o "povo" em geral, e os cristãos em particular, a se comprometerem com os destinos da cidade e da nação, especialmente por meio de uma ação cívica solidária com os pobres e os desvalidos, em particular os jovens, como forma de combate à violência.[7] Este processo vem redefinindo as fronteiras entre religião e política, ao transformar lideranças religiosas em atores políticos relevantes e a linguagem religiosa em uma das

6. Para a análise da Igreja Católica no Brasil Colonial, ver Vainfas (1989) e Mello e Souza (1986); para o período republicano, consultar Oliveira (1985; 1992) e Birman e Leite (2000).

7. A invenção de uma "religião civil" como parte do projeto do Viva Rio para enfrentar a violência na cidade é claramente formulada por Soares e Carneiro: "Não se constrói um Estado democrático sem uma 'religião civil' capaz de valorizar as virtudes cívicas ou o comprometimento do cidadão com a coisa pública, com o espaço comum e, por conseqüência, com os destinos de suas instituições políticas" (Soares et al., 1996:51-52). Ver também a entrevista de Rubem César Fernandes: "O chamado da ONG Viva Rio [...] tem a ver com o campo da crença e da esperança, particularmente em relação ao grande foco do problema que é a favela. [...] A idéia de que é possível reverter essa dinâmica [passa por uma] virada simbólica que, claro, pode ser expressa em qualquer linguagem, mas tem na religião [...] seu ambiente mais forte" (1997:26-27). Para a análise deste processo, no Rio de Janeiro, ver Leite (1997; 2000; 2001); Birman (2001) e Birman e Leite (2000).

linguagens privilegiadas para se falar em violência.[8] Com isso, emerge legitimamente no espaço público uma religiosidade difusa, eventualmente ligada às redes caritativas tradicionais do Catolicismo e do Espiritismo, mas, em grande parte, associada a uma ressignificação da ação política por meio de símbolos, valores e práticas religiosas provenientes do Catolicismo e/ou das religiões evangélicas, bem como de uma religiosidade fluida muitas vezes genericamente identificada como Nova Era.[9]

Os resultados do último recenseamento expressam o quadro discutido, revelando que o "maior país católico do mundo" vem se tornando um país mais diverso em termos de adesão religiosa. Comparando os dados dos dois últimos censos, é notável a diminuição de fiéis católicos no país (o número de católicos cai de 83,8% da população brasileira, em 1991, para 73,8%, em 2000), o crescimento das religiões evangélicas (o número de evangélicos sobe de 9,1%, em 1991, para 15,45%, em 2000 – um crescimento de 70%) e o significativo aumento do número de pessoas que se declaram sem

8. Entre os inúmeros exemplos para ilustrar o ponto destacado, vale citar: (a) a liderança político-religiosa dos organizadores do "Reage Rio" no combate à violência na cidade, em 1995 Leite (1997); (b) as campanhas pela paz de inspiração evangélica e com apoio do governo do Estado (1998/2002), baseadas em orações e caminhadas para "levar a paz aos corações", *O Globo*, 13/11/2000; (c) a declaração da governadora Benedita da Silva, recém-empossada: "Nossa tarefa é exercer a fé, junto com a obra. Não podemos conviver com a violência. E as nossas orações movem o dedo de Deus", *O Globo*, 8/4/2002; (d) a proliferação de carreatas de N. Sra. e grupos de oração da RCC que sugerem: "Você quer ter paz? Reze o terço!"; (e) as recomendações do coordenador do Viva Rio aos batistas para a paz: orações (pelos governantes, policiais, pela família, pelos que praticam a violência, pelas vítimas, pelos movimentos pela paz, pela campanha do desarmamento), promover "a paz entre seus familiares", divulgar, defender e colher assinaturas para a campanha do desarmamento e se possível, apoiar vítimas de violência. R. C. Fernandes, "Passos para ser um servo da paz na cidade", *O Batista Carioca*, agosto/setembro de 1999; (f) o cartaz de divulgação do Ceraes (Centro de Referência para Comunidades Especiais), uma espécie de ouvidoria da Secretaria de Segurança Pública do Estado do Rio de Janeiro (SSP/RJ) sobre violências (especialmente abusos policiais) nas favelas: em um céu azul, sobre uma favela, forma-se a imagem da pomba da paz e/ou do Espírito Santo. A legenda esclarece: "Ceraes. O nosso ideal é a paz. O céu é testemunha".

9. Para a análise desta associação entre religião e política no campo identificado como Nova Era, ver Carneiro (2002).

religião (de 4,8%, em 1991, para 7,28%, em 2000 – um crescimento de 52% nos últimos dez anos).[10] Vários analistas vêm interpretando a diminuição do número de católicos declarados no Censo de 2000 como associada, de um lado, ao aumento da competição religiosa – mais agentes religiosos disputando fiéis.[11] À maior possibilidade de a população escolher uma religião soma-se a exclusividade exigida pelas religiões evangélicas. O que afetaria incisivamente o Catolicismo por se constituir no Brasil sobretudo como uma religiosidade de tradição, tal como evidenciado pelo expressivo número dos que, em todos os tempos, declaram-se católicos não praticantes. De outro lado, a diminuição dos que se identificam como católicos pode ser atribuída ao fato de fiéis das religiões afro-brasileiras (que tradicionalmente se declaravam católicos por ser esta religião englobante, admitindo o múltiplo pertencimento religioso e legitimando socialmente as crenças a ela subordinadas) assumirem de modo mais livre e explícito sua orientação religiosa. O que também nos revela algo acerca da perda da centralidade do Catolicismo na sociedade brasileira. Já o crescimento dos evangélicos a taxas de 8% ao ano expressa principalmente a expansão das religiões pentecostais e neopentecostais (e não dos protestantes históricos), que representam 67,6% dos evangélicos no país e se encontram cada vez mais presentes nas favelas e periferias urbanas, atingindo principal, mas não exclusivamente as camadas populares.

O Rio de Janeiro é, de todos os estados brasileiros, o mais diverso em termos religiosos. Ali, o número de católicos diminuiu, nos últimos dez anos, de 67,65% para 57,16%. O percentual dos sem religião também cresceu no período, passando de 13,94% para 15,53%, o maior do país. Quanto à taxa dos sem religião, vale lembrar que a cidade do Rio de Janeiro é a mais cosmopolita do país, com um amplo contingente de camadas médias e abastadas intelectualizadas. Por outro lado e em sentido inverso, também é notável nesta cidade a circulação religiosa com a adesão a novas

10. Entretanto, 15% dos que se declararam sem religião sustentaram acreditar em Deus ou em uma Força Superior. Esse dado parece expressar a "desinstitucionalização religiosa" destacada por Mariz e Machado, que expressaria uma mudança na forma de experimentar a religiosidade: "abandonando uma identidade religiosa institucional e vivendo uma religiosidade desvinculada de qualquer instituição". (1998:21)

11. Como, por exemplo, Clara Mafra, consultora do IBGE, em "Retratos do Brasil/Censo de 2000, *O Globo*, 2a ed., 9/5/2002.

religiões diferentes da religião de origem.[12] Enquanto isso, os evangélicos praticamente dobraram sua participação na população do estado, passando, no período, de 12,86% para 21,13%. Uma das explicações que pode ser aventada para esse crescimento, para além da competição religiosa sugerida pelos analistas, e particularmente na cidade do Rio de Janeiro, nas circunstâncias de acentuado incremento da violência e da criminalidade, bem como de estigmatização de sua população pobre, negra ou mestiça e moradora em suas favelas e periferias, é o fato das religiões evangélicas oferecerem a esta população uma marca identitária positiva, que a diferencia de bandidos e traficantes de drogas. (Birman e Leite, 2000; Novaes, 2002)

Vale lembrar que, no Rio de Janeiro, a violência parece vir, na última década, territorializando-se nas favelas e periferias. Esses espaços foram ocupados, ao longo dos últimos cem anos, por populações sem recursos econômicos, com precário acesso aos direitos civis e sociais da cidadania e dispondo de equipamentos e serviços urbanos (inclusive segurança pública) de qualidade consideravelmente inferior à proporcionada aos moradores dos bairros. Essa modalidade da presença do Estado nesses locais facilitou que lá se instalasse a ponta de distribuição do tráfico de drogas, que usualmente procura garantir a sua permanência no local por meio da instituição do poder despótico dos chefes de quadrilhas sobre os moradores. Operando pelo terror, mas também com base em mecanismos de favor, as quadrilhas ajudam os moradores de favelas em suas necessidades mais prementes, dirimem os conflitos e impõem a lei do silêncio e da obediência incondicional. O domínio do território e o controle de um negócio extremamente lucrativo (como se sabe, hoje o tráfico de drogas é internacionalizado, oligopolizado e movimenta bilhões de dólares) são realizados com armamento pesado e intensas disputas entre as quadrilhas, muitas vezes atingindo as ruas e produzindo como um dos mais temidos efeitos da violência as "balas perdidas".

---

12. A esse respeito são ilustrativos os resultados da pesquisa sobre conversões para as religiões evangélicas, realizada pelo Instituto de Estudos da Religião, ainda na década de 90, entre a população da região metropolitana do Rio de Janeiro: uma média de 100 mil novos crentes por ano, em 1993 e 1994. "A maioria (65%) veio do Catolicismo, 16% da Umbanda ou do Candomblé e 6% do Espiritismo Kardecista. Os batistas foram os mais bem sucedidos na conversão de católicos, enquanto a Universal tem mais sucesso na conversão de umbandistas." (Fernandes, 1994:6)

O acirramento da violência na cidade correspondeu, na última década, a um adensamento dos estigmas sobre os moradores das favelas. Criminalizados por ali residirem, são aproximados de bandidos e marginais em uma lógica que considera a convivência forçada um sintoma de conivência. As favelas e seus moradores são, assim, no Rio de Janeiro, aproximados do campo do "Mal" – associado à violência e ao terror das quadrilhas de narcotraficantes. Neste contexto, cresce a importância da adesão religiosa como meio de afastar-se do campo conflagrado da violência social, tanto pela crença no efeito transformador da palavra religiosa, capaz de converter o mais renitente dos pecadores que assim iniciaria uma nova vida distante dos "erros do passado", quanto, e em decorrência, pelo efeito social positivo de discriminação dos adeptos das religiões evangélicas da marginalidade e do crime.

Neste quadro, na cidade do Rio de Janeiro, é ainda possível identificar a emergência de uma outra tendência, esta bem menos estudada, mas observada entre atores sociais católicos, especialmente militantes e lideranças participantes de redes de movimentos sociais. Refiro-me a uma reatualização dos ideais de radicalização democrática e de construção de utopias, bem ao estilo das propostas da Teologia da Libertação, requalificada por um intenso recurso à mística.[13] É esta tendência que o Movimento Popular de Favelas parece atualizar.

2. Católicos e militantes: novas formas de construção identitária

Nos anos 60 e 70, parecia impossível para grande parte da esquerda marxista brasileira conjugar as identidades de católico e de militante político. Esta combinação e o mútuo reforço daí decorrente só vieram a ser operadas no campo da Ação Católica e da Teologia da Libertação com as conhecidas conseqüências em termos de racionalização

13. Evidentemente esta formulação se restringe à área urbana, tendo como foco de análise os movimentos sociais, sindicais e a atividade político-partidária desenvolvida nas grandes cidades, especialmente no Rio de Janeiro. Como se sabe, o Movimento dos Trabalhadores Rurais Sem Terra (MST), surgido ao final dos anos 70, desenvolveu-se e conquistou amplos apoios na sociedade brasileira, retomando e requalificando a luta pela terra exatamente por intermédio de uma intensa associação, prática e discursiva, entre mística e política. Ver, sobre o tema, Novaes (1997) e Alcântara e Justo (2001).

da religiosidade e de desencantamento do mundo apontadas por diversos analistas. Carlos Steil (1999), por exemplo, discute o projeto moderno racionalizador dessa vertente da Igreja Católica como uma busca de adequação ao mundo secularizado que abriu mão da mística em favor da política. Cecília Mariz destaca que a recriação da religiosidade operada nas e pelas CEBs, com a "elaboração de novos símbolos calcados no cotidiano do povo pobre", contextualiza a simbologia e o ritual religiosos com base na premissa de que "o cerne de uma religião não seria o conjunto de rituais e símbolos sagrados, mas sim princípios verdadeiros e éticos". (1997:26)

> "A Teologia da Libertação, através do processo de 'desalienação' e 'purificação' da religiosidade popular, [...] propõe uma racionalização da religiosidade e uma modernização da visão de mundo popular que, gerando um certo grau de "desencantamento", paradoxalmente, ameaça a potencialidade da própria religião enquanto fonte de identidade e de sentido." (Mariz, 1997:26)

Se esse movimento então expressava "adequadamente uma 'espiritualidade' compatível com o 'espírito da época'", como nos sugere Steil, essa relação se modifica nos anos 90, quando "o próprio horizonte de 'espiritualidade' inflete-se em direção à mística que se torna a forma mais plausível para a expressão da religiosidade". (1999:67-68, grifos do autor) Com isso, mais de trinta anos depois da "Igreja dos Pobres" ter prosperado em nosso país, diversos autores voltam a indagar como a mística atinge essa vertente da Igreja Católica. Como lidam com a mística, hoje, tanto os católicos vindos das CEBs, quanto os militantes políticos convertidos ao catolicismo da "Igreja da Libertação"? Qual o lugar da mística nesta modalidade de espiritualidade e como se articula à dimensão comunitária que a caracteriza?

Em trabalho recente sobre as aparições marianas, Steil (2001) analisa a renovação da mística na Igreja Católica, por meio do movimento de Renovação Carismática, apresentando-a como uma visão do sagrado que se abre para uma espiritualidade e se encontra calcada na experiência religiosa, no *self* sagrado, assim transcendendo a Igreja enquanto uma comunidade institucionalizada, hierarquizada e controlada. Desta maneira, as aparições marianas e o movimento carismático viriam redimensionando a experiência de comunidade religiosa para os católicos brasileiros. A pesquisa de Steil aponta para um movimento que ainda não teria expressão nos dados censitários, mas seria significativo por indicar a possibilidade de parte dos católicos brasileiros transcenderem a construção identitária tradicional neste campo. O interessante da pesquisa de Steil é sugerir possibilidades de recriação de comunidades no campo do catolicismo carismático, pela combinação da importância da Palavra com uma experiência religiosa da revelação e um uso performático dos rituais, que considero possível aproximar da idéia de "comunidades de sentido" desenvolvida por Robert Bellah e colaboradores (1985).

Desse ângulo, gostaria de destacar duas possibilidades de construção identitária e inserção dos católicos egressos das CEBs e de Pastorais Sociais na vida social e política: (a) reconhecer-se e, em alguma medida, articular-se, tendo por base apenas um ponto de partida comum (a "comunidade lingüística", como na formulação de Novaes que antes examinamos), mas encontrando em outros grupos ou filiações os motivos de agregação, as orientações de vida, o projeto e a linguagem da ação; (b) renovar seu pertencimento ao "catolicismo da libertação", nele encontrando inspiração, estímulo e alguma alternativa de nucleação que recrie a dimensão comunitária central nessa doutrina e experiência.

Sem dúvida, uma das esferas em que o impulso para essa renovação vem sendo gestado, nessa vertente da Igreja Católica, é o movimento Fé e Política, que tem reunido militantes católicos, contando também com a participação de "evangélicos progressistas", em diversos fóruns com o objetivo de não só discutir as linhas de atuação política, compromissos e programas que levem os "valores do Evangelho" à política, mas também de reatualizar ritualisticamente, desta vez com o recurso sistemático à mística, os compromissos cristãos. Os encontros nacionais do movimento Fé e Política constituem o principal *locus* de experimentação e socialização[14] dessa

14. Embora o movimento Fé e Política se defina como ecumênico, não-confessional e não-partidário, congrega sobretudo militantes católicos para um momento de mística (orações individuais e mística coletiva) e discussão política. Suas primeiras formulações datam de 1988/89, mas só se ampliou com a realização dos encontros nacionais. O 1º encontro, realizado em 2000, em Santo André, SP, contou com a participação de 3 mil pessoas. Sua 2ª edição em dezembro de 2002, em Poços de Caldas, MG, envolveu 4 mil pessoas, entre as quais o presidente eleito Luiz Inácio Lula da Silva. O próximo, em setembro de 2003, em Goiânia, terá por tema: "Conquistar a Terra Prometida".

nova perspectiva, que tem em frei Betto e em Leonardo Boff seus principais articuladores e formuladores. Betto define espiritualidade como "o estilo ou o modo como se vive a fé" e mística como "a emulação derivada dessa espiritualidade – essa energia amorosa, impregnada da presença inefável de Deus, voltada à constante afirmação da soberania da vida" (1992:28), sempre associando-as aos valores comunitários que tradicionalmente conformaram o campo da Teologia da Libertação, como se pode ver no texto abaixo:

> "A fé é o horizonte último da política. [...] Todos os propósitos cristãos caem no vazio de piedosas abstrações se não encontram, na política, o meio de efetiva encarnação. [...] A fé não é um mero catálogo de verdades abstratas. Proveniente da graça de Deus, brota na experiência de vida. Esse acolhimento e essa experiência requerem uma referência comunitária. Se a Igreja, institucionalmente, não é capaz de oferecer essa referência [...] resta aos próprios militantes cristãos tratarem de criá-la, de modo a articularem, teórica e existencialmente, a síntese entre fé e política. Essa experiência de abertura ao dom de Deus – que também se manifesta no rosto crístico dos oprimidos e no testemunho de justiça e de amor dos companheiros – engendra uma espiritualidade e uma mística. [...] Assim como a mera vontade política não é suficiente para mudar um país, a menos que vá ao encontro de condições objetivas, também as boas intenções não são suficientes [...], a menos que se abra[m] à presença inquietante e amorosa de Deus. Nessa linha, os militantes cristãos precisam resgatar a espiritualidade e a mística". [...] Jesus assumiu a 'espiritualidade do conflito', propagando a proposta da vida e do Reino de Deus, em choque com os partidários da morte e do reino de César. Sua espiritualidade abastecia-se na intimidade amorosa com o Pai e no contato direto com o povo. [...] Nele não havia a contradição oração x ação. Sua disposição de serviço ao povo e sua fé reabasteciam-se no exercício de gratuidade amorosa que é a oração pessoal e comunitária." (1992:27-28, grifos do autor)

A participação nesses encontros parece vir propiciando aos militantes católicos uma ocasião de renovar seu compromisso de unificar "fé e vida", desta vez incorporando a mística. Ao fazê-lo, eles podem novamente vivenciar as "comunidades de esperança" (Bellah *et al.*, 1985), que as CEBs representaram, outrora, em nosso país.[15] Para além dos católicos participantes efetivos dessa rede, entretanto, o movimento Fé e Política vem convocando todos os militantes católicos a rever as modalidades de combinação desses dois termos em suas atividades específicas. Na análise que se segue, exploro essa possibilidade no âmbito do Movimento Popular de Favelas, examinando como se articulam mística e política em suas ações, discursos e rituais, ao tratar de violência e cidadania no Rio de Janeiro.

3. O Movimento Popular de Favelas: breve história e contexto

O Movimento Popular de Favelas começou a se organizar em julho de 2000, no Rio de Janeiro, reunindo dirigentes de associações de moradores e de outras organizações comunitárias em favelas, além de alguns de seus moradores. Surgiu em um momento de comprovação de denúncias de violência policial nesses territórios. Redes de televisão haviam filmado flagrantes de extorsão de traficantes por policiais e incursões de policiais em favelas que resultaram na morte de vários moradores, inclusive crianças. Daí decorreram diversos conflitos entre moradores de favelas e forças policiais, que se prolongaram nas ruas da cidade: ônibus foram queimados, barricadas interromperam o acesso às favelas, passeatas de protesto foram realizadas. Nada disto era novo na cidade do Rio de Janeiro. De novidade apenas a conjugação dos elementos que passo a destacar. Primeiro, estes episódios foram numerosos, concentrando-se em três meses, sem despertar significativos apoio e atenção, e, muito menos, solidariedade dos moradores das áreas mais abastadas da cidade para com os moradores das favelas e sua causa. Entretanto, no mesmo período, um evento violento em um de seus bairros "nobres" (o "seqüestro do ônibus 174", que se prolongou por várias horas e resultou na morte de uma das reféns e do

15. As "comunidades de memória", constituídas por um passado comum compartilhado e coletivamente elaborado por seus membros, distinguem-se das "comunidades de esperança", que os ligam ao futuro permitindo-lhes conectar suas aspirações e suas ações a um projeto político de realização do bem comum. (Bellah et al., 1985:152-155)

bandido) provocou diversas reações contra a violência.[16] Segundo, foram também sistematicamente desconsiderados pelas autoridades públicas. O governador, o prefeito e o secretário de segurança pública reagiram aos episódios de violência policial nas favelas, argumentando que as vítimas pertenciam às quadrilhas de traficantes e que estes organizariam os protestos submetendo os dirigentes das associações de moradores de favelas à sua política. O mesmo argumento, além de intensa pressão sobre moradores e lideranças de favelas, foi usado para desqualificar o "Dia de luta do povo contra a violência" – uma tentativa de unificar e amplificar os protestos locais dando-lhes visibilidade pública – e seus organizadores.[17] Englobando todos e tudo no campo do "Mal", essas autoridades eximiam-se de reconhecer como legítimas as demandas por respeito aos direitos civis dos moradores de favelas. Terceiro, segundo participantes desses conflitos, dez dirigentes de associações de moradores teriam sido mortos, à época, pela polícia ou por membros de quadrilhas de traficantes de drogas, suscitando, nesse grupo, um novo clamor contra a banalização da violência nas favelas do Rio de Janeiro.

Diante deste quadro, alguns dirigentes de associações de moradores e lideranças de favelas resolveram se organizar em um movimento que tivesse por eixos a luta contra a violência – tanto da polícia, quanto dos traficantes de drogas (e esta tematização representa uma importante ruptura com a posição usual dos moradores de favelas de não confrontarem os traficantes, submetendo-se a seu poder despótico) – e a reivindicação de uma cidadania plena para os moradores de favelas. As lideranças deste movimento procuraram então uma antiga e respeitada organização não-governamental, pedindo apoio e respaldo para a organização do movimento. As primeiras reuniões dos simpatizantes, em agosto/setembro de 2000, foram dedicadas a discussões sobre direitos humanos e violência policial em favelas. O cerne do debate era a parcialidade dos direitos de cidadania no Brasil, com o sistemático desrespeito aos direitos civis dos moradores de favelas e periferias. Discutia-se a segurança

16. Ver a respeito e para o que se segue a nota 1.

17. É interessante notar que um dos dois organizadores desse movimento, violentamente atacado à época pela SSP/RJ como vinculado aos interesses de traficantes de drogas, foi pouco depois convidado para dirigir o Ceraes. Esses ataques cessaram enquanto esta liderança permaneceu no Ceraes, como veremos adiante.

pública como um direito de todos (isto é, também dos moradores dessas áreas da cidade e não só dos habitantes de suas áreas abastadas); a necessidade de reforma da polícia como modo de combater a violência e a corrupção; e, por fim, o papel da mídia na produção e reprodução de estigmas relacionados aos moradores de favelas. Com esse enfoque, o Movimento Popular de Favelas foi se ampliando, chegando a nuclear representantes de cerca de 60 favelas[18] e a contar com o apoio e a adesão de militantes de ONGs e de diversas outras instituições.

Surgiu a idéia de promover um grande seminário, reunindo moradores e lideranças comunitárias para discutir uma proposta de segurança pública nas/para as favelas. Durante vários meses, o Movimento Popular de Favelas realizou, quinzenalmente, reuniões em diversas favelas da cidade – na Maré, no Morro do Andaraí, no Morro da Providência, na Formiga, no Jacarezinho, na Portelinha, entre outras, além de no Ibase. Nessas "idas às comunidades", apresentava suas propostas, convocava ao seminário, discutia sua pauta, elaborava um marco interpretativo comum, costurava alianças, ampliava adesões. Procurando representar aqueles que não estariam cooptados nem pelo tráfico, nem pela polícia, o MPF constituía-se como um coletivo que procurava falar "por" e "para" os moradores de favelas. Finalmente, em agosto de 2001, o Movimento Popular de Favelas realizou, na favela Nova Brasília, Complexo do Alemão, um grande seminário denominado "Valorizando a Vida. Que política de segurança queremos" com a participação de mais de 500 moradores de favelas e dezenas de dirigentes de associações de moradores e de outras organizações comunitárias, além da presença de políticos de vários partidos e autoridades públicas. O seminário, que teve ampla repercussão e visibilidade, produziu uma interessante dinâmica de discussão dos quatro temas considerados prioritários (a polícia que queremos; desigualdade e violência; papel e responsabilidade das lideranças de favelas; mídia e imagem da favela) com o objetivo de elaborar um documento base para influir na formulação das políticas públicas para as favelas.

18. Entre esses e com uma participação intensa e continuada, vários representantes e moradores dos complexos da Maré, do Alemão, do Lins, dos Bancários, do Andaraí, dos Prazeres, do Jacarezinho, de Acari e da Penha e das favelas e/ou conjuntos habitacionais do Morro do Encontro, Antares, Morro da Providência, Formiga, Serrinha e Cidade de Deus.

Nos limites deste artigo, não posso analisar os desdobramentos do movimento, concentrando minha análise nessa sua primeira fase, que correspondeu até agora a seu auge em termos de mobilização e organização políticas, bem como de visibilidade pública. Esse momento foi extremamente rico para o MPF. Tanto nas reuniões preparatórias para o seminário, quanto nas reuniões realizadas posteriormente para consolidação do documento base, o Movimento Popular de Favelas conseguiu agregar moradores e lideranças de favelas para explicitar e discutir temas polêmicos e usualmente evitados em fóruns semelhantes: além da violência policial, o poder despótico e a violência dos traficantes nesses locais.

Seguiu-se, contudo, uma fase de desorganização do movimento motivada pelo afastamento de um de seus líderes, em dois momentos e contextos que envolveram a criminalização de sua atividade.[19] Não há como desconhecer, entretanto, dois outros fatores que colaboraram para a desorganização do MPF: de um lado, tensões sobre quem podia falar em nome das favelas ou, dito de outra forma, a legitimidade relativa dos dirigentes de associações de moradores (fortemente atacados pela mídia e por autoridades estaduais e municipais como coniventes com o tráfico de drogas) e de outras organizações comunitárias (muitas vezes preferidas para parceiras em projetos sociais por representantes dos poderes públicos e ONGs). De outro, a própria conjuntura eleitoral, no 2º semestre de 2002, que levou diversos líderes de favelas, candidatos a cargos na Assembléia Legislativa, a redirecionar seus esforços de ação política, redefinir seus compromissos, mudar suas prioridades. Gostaria de destacar, entretanto, que esta desorganização não foi uma prerrogativa ou característica específica desse movimento. Antes, revela a fragilidade dos movimentos de base em favelas, não só no Rio de Janeiro, mas em todo o Brasil. Fragilidade que encontra, hoje em dia, entre suas principais razões, para além da "crise dos movimentos sociais", a influência e/ou o controle dos trafican-

19. Ameaçada por pessoas que se diziam policiais, a principal liderança do MPF recorreu à Anistia Internacional e à *Coalition Against Police Abuse* e passou alguns meses fora do país em projeto da CAPA nos Estados Unidos. Regressando ao Brasil, foi presa, processada por associação ao tráfico e, ao final de 4 meses, em janeiro de 2003, absolvida. Todo esse processo, entretanto, enfraqueceu o MPF, "contaminado" pela suspeição de ligação desse dirigente com uma quadrilha de traficantes de drogas.

tes de drogas sobre suas organizações comunitárias; a cooptação de moradores e dirigentes de associações pelas agências governamentais que atuam em favelas, despolitizando suas demandas e, por fim, a criminalização dos dirigentes das mesmas por parte de autoridades públicas.[20] Neste sentido, o interessante no MPF é exatamente ter conseguido, apesar dessas dificuldades, em sua primeira fase ao menos, uma certa abrangência e vitalidade.

Com todos esses percalços, somente nos últimos meses de 2002, o Movimento Popular de Favelas voltou a se articular, mas já então estreitado em termos de sua representação nas favelas e de sua base de apoio.[21] A estratégia de sua principal liderança foi, então, aproximar-se mais dos movimentos negros[22], ao mesmo tempo em que investia em retomar sua visibilidade pública pela participação no Fórum Social Mundial/2003, em Porto Alegre, e em outros eventos.

4. Perfil e enfoque do Movimento Popular de Favelas

O perfil do Movimento Popular de Favelas, em sua primeira fase, parece ter resultado especialmente da trajetória e atuação de algumas de suas lideranças. Dos cinco principais líderes do MPF, quatro eram católicos e um, evangélico. Eram três homens e duas mulheres, dos quais três com formação universitária e quatro moradores de favelas. Três desses líderes, exatamente aqueles que tiveram uma atuação mais destacada ou com maior visibilidade pública na primeira fase do movimento, eram de alguma forma reconhecidos na cidade como militantes de movimentos sociais/de favelas e por seu pertencimento religioso católico. Ainda que suas experiências (com) e inserções na Igreja Católica fossem bem diversas, o que os unia era uma aproximação com o campo da Teologia da

20. Para esta discussão, consultar Machado da Silva (1967; 2002).

21. Nessa 2ª fase, MPF passa a contar apenas com uma das três lideranças cujas trajetórias analiso a seguir.

22. Particularmente de grupos próximos a frei David e a pré-vestibulares para negros e carentes.

Libertação, quer por um passado de participação em CEBs e Pastorais Sociais, quer por alguma formação política e/ou teórica no campo do marxismo. Vou situar brevemente a trajetória desses três personagens, examinando seus diferentes percursos na construção de sua identidade de militantes e de seu pertencimento ao Catolicismo. Meu argumento é que esse pertencimento religioso marca suas percepções de cidadania, justiça e violência e imprime um sentido específico a suas atuações na esfera pública.

Pedro[23] nasceu e se criou em uma grande favela do Rio de Janeiro, onde iniciou sua militância em uma Comunidade de Base. Durante a ditadura de 1964, participou intensamente das atividades da "Igreja da Libertação", aproximando-se da Pastoral Operária e integrando a Pastoral de Favelas e a Pastoral Afro-brasileira. Define-se como católico, membro de pastoral. Tem um profundo sentido religioso de missão, a partir do qual construiu sua trajetória como liderança comunitária e presidente da associação de moradores da favela em que residia, organizou e liderou o Movimento Popular de Favelas. À época da entrevista, dizia-se distanciado da Igreja Católica enquanto instituição e desiludido com suas pastorais sociais, acusando-as de acomodação por terem cedido à pressão do conservador cardeal do Rio de Janeiro. Esse distanciamento o levou a buscar outros vínculos com o Catolicismo, estudando teologia em uma faculdade católica. Identificando as favelas como "os atuais quilombos urbanos", realiza uma interface da questão social com o tema do racismo, entendendo ambos como produtores de uma violência estrutural nas favelas brasileiras.[24] Em seu discurso e sua prática, associa pobres, favelados, negros e explorados em uma lógica que pretende realizar a comunidade católica pela política: "Eu me baseio muito no que Cristo fala: 'Eu vim para que todos tenham vida e vida em abundância.' O nosso Deus é um Deus de amor; um Deus rico e não pobre. [...] Então, por que

23. Como é usual, utilizo nomes fictícios para não expor meus entrevistados.

24. "São quinhentos anos de discriminação e violência com o povo favelado. Os negros se viram livres dos açoites da senzala, mas presos na miséria das favelas. Os policiais de hoje são os capitães do mato do tempo da escravidão, subindo os morros para caçar negros e botar nos depósitos que são Bangu I, Bangu II."

nós temos que ser pobres e miseráveis? Por que nós não temos que ter vida? Eu só luto por causa disso".

Joana é integrante das camadas médias da população carioca. Uma experiente militante de esquerda no campo dos movimentos sociais, particularmente de favelas. De família católica, definia-se como sem religião até ter uma experiência mística a partir da qual se "converteu" ao Catolicismo. Em seu discurso, desconstrói a oposição entre a política como esfera da razão e lógica específica do espaço público e a religião como esfera do simbólico e da ordem privada, que marcou profundamente sua experiência política e existencial anterior. Ao fazê-lo, unifica elementos da filosofia de Santo Agostinho e de São Tomas de Aquino promovendo uma conciliação entre experiência mística e razão, assim como compatibiliza categorias e premissas marxistas e projeto socialista com uma cosmologia católica. Também foi estudar teologia, atividade que parece lhe despertar a mesma paixão que a política, à qual se dedica com intensidade, inclusive em um círculo cristão. Sua religiosidade envolve uma dimensão profundamente mística que vivencia como uma experimentação "da fala de Deus no interior da alma", "uma sensação de aliança entre o humano e o transcendente" e "um apaixonamento pela humanidade". Se este precedia sua conversão, a partir desta se exponenciou, traduzindo-se na política como "aceitação da aliança que Deus propõe aos homens para realização de seu Reino que já começa aqui e agora".[25]

Garrido é morador de favela, nascido e criado no morro. Pertence a uma família católica mas também adepta do candomblé, o que o leva a se definir como "católico à brasileira" (não praticante e sem filiação religiosa exclusiva). Começou a militar em um grupo da favela que, mesmo sem se definir como CEB, recebia apoio e assistência de um padre da vertente da Teologia da Libertação. Aproximando-se do padre, aproximou-se da igreja que ele representava. Sua experiência religiosa mais significativa foi vivida nessas celebrações na favela, rituais "muito horizontais, no

25. "Eu não me tornei militante por isso. Eu sou mais militante por isso. Eu sou mais absolutamente comprometida com a transformação. É como se eu tivesse entrado numa dimensão mais profunda da ação política que eu sempre tive. Como se [ela] ganhasse um novo sentido." E, ainda: "o caminho para a chegada do Reino é o exercício do amor, do compromisso".

sentido da participação de todos, [que se] juntavam a essa parte da organização comunitária". [O padre] "dizia que a forma de rezar era trocar as dificuldades [...] era uma atitude de oração quando a gente estava fazendo um trabalho comunitário." A militância na Pastoral de Favelas e a participação em suas dinâmicas de formação lhe propiciaram a "ida para a política" e uma "racionalização" da religiosidade familiar. No início dos anos 80, afastou-se da Pastoral e passou a militar no PT, embora conservando seu sólido vínculo com organizações comunitárias da favela e, nesta qualidade, uma representatividade incontestável na cidade. De formação iluminista, advoga pela manutenção da religião na esfera privada.[26] Com um sentido profundamente cristão de comunidade e um ativo compromisso com os direitos humanos e de cidadania das camadas populares, é reconhecido como uma liderança católica do movimento de favelas. Prefere, no entanto, se definir como "um homem de fé".[27] Apesar disso, Garrido reconhece que o "catolicismo da libertação" marcou profundamente sua vida e atividade: "A religião ajuda a posição diante do mundo. [...] Isto está em minha formação: [...] tolerância, procurar entender a dinâmica que o outro está produzindo, [...] a forma que eu me envolvo no trabalho comunitário. [...] Não consigo fazer política só por afinidade ideológica. [...] Tem que ter uma dimensão mais profunda, solidariedade, companheirismo, tenho que identificar na pessoa alguma possibilidade de caminhar junto. [...] Eu gosto dessa possibilidade de um Cristo mais presente, mais humano, em sua dimensão mais política. [...] Nesse ponto, eu sou religioso".[28]

Enquanto Pedro, que se define como católico e membro de pastoral, parece vivenciar uma religiosidade mais racionalizada, Joana experimenta com fervor as

---

26. "Me incomoda ganhar o espaço da política por uma afirmação religiosa. Acho que a religião é o espaço da pessoa."

27. "Minha fé não está colocada nos princípios da Igreja Católica, nem na instituição. Eu sou muito eclético [...] facilmente envolvido pelos rituais. [...] Não consigo acreditar plenamente em Deus, mas eu gosto de ter fé."

28. A morte do padre e, possivelmente, a crise da Teologia da Libertação levaram Garrido a se distanciar dessa vertente do Catolicismo ("Eu não encontro mais isso. Conheço alguns padres dessa linha, mas não tenho mais essa convivência") e, na minha interpretação, a redefinir seu pertencimento católico como "homem de fé", vivenciando esta na esfera privada.

múltiplas dimensões de sua fé e brinca consigo mesma caracterizando-se como uma "neocatólica" ou uma "católica quase adolescente". Já Garrido, mesmo se definindo como um "homem de fé", confina sua religiosidade a uma dimensão (pessoal) da qual pouco participaria a política. Entretanto, apesar da diversidade dos percursos no que tange às suas experiências religiosas, todos os três politizam o que compreendem como sua religiosidade. Sobre o ponto, gostaria de destacar dois elementos. Primeiro, este aspecto transparece em suas atuações na esfera pública – no caso de Garrido, de modo relativamente independente de sua autoimagem. Segundo e em decorrência, o reconhecimento dos três como atores católicos no campo dos movimentos sociais parece ter sido decisivo para a construção de um certo perfil religioso do Movimento Popular de Favelas. Creio, porém, que essa construção foi se fazendo meio *ad hoc*, sem um plano/acordo prévio nesse sentido[29], e à medida que essas e outras pessoas também se construíam como atores/lideranças no/do MPF e para si próprias. O ponto de partida de todo esse processo parece ter sido o pertencimento à "comunidade lingüística" do "Catolicismo da Libertação", hoje fortemente influenciado por frei Betto e Leonardo Boff. Reconhecer-se como tal ou como uma "comunidade de memória" significou acionar certos princípios éticos e uma possibilidade de confiança, compromisso e aliança que permitiu a constituição do MPF, superando as dificuldades então encontradas no movimento de favelas. Já do ângulo desses personagens, a experiência de construção dessa atuação e desse pertencimento no interior do movimento possivelmente se lhes apresentou como uma alternativa de nucleação que renovava seu pertencimento ao Catolicismo em uma "comunidade de esperança".

Nesse sentido, é interessante destacar que essas lideranças progressivamente foram acionando de forma mais pública seu pertencimento católico (em tempos e com intensidades diferenciadas), combinando ditames e efeitos tanto internos quanto externos ao movimento. De um lado, a interpenetração entre discursos e práticas religiosas e políticas, inicialmente mais tímida, foi bem acolhida por seus

29. Ainda que essas lideranças e muitos participantes do movimento estivessem plenamente conscientes do perfil que se construía e eventualmente o acionassem como um recurso para falarem legitimamente para e pelas favelas.

participantes, revelando-se um elemento chave da construção coletiva da pauta e da dinâmica do MPF. De outro lado, do ponto de vista de suas lideranças, essa construção foi se fazendo e/ou se intensificando à medida que o próprio movimento assim se construía. No caso de Joana talvez tenha significado simplesmente uma oportunidade de vivenciar mais livre e entusiasticamente sua religião no espaço público. Para Garrido, porém, o Movimento Popular de Favelas parece ter produzido outro tipo de efeito, pois que retomou, ainda que de forma extremamente discreta, a religiosidade como vivência e prática legítima no espaço público, participando do 2º Encontro Nacional do Movimento Fé e Política. Dessa forma, o movimento parece lhe ter propiciado uma possibilidade de atualizar seu pertencimento religioso mesmo que dentro dos limites que prescreveu para o exercício de sua religiosidade.

Por fim, para o conjunto de lideranças e participantes, a associação entre religião e política que o MPF promoveu permitiu-lhes enfatizar um certo conjunto de valores e procedimentos reconhecidos como inscritos no campo do "Bem" e da justiça e que os habilitariam a exercer uma mediação quanto à violência e aos conflitos que atravessam a cidade. Ao fazê-lo, puderam (re)construir sua identidade como atores católicos/cristãos e, assim, tentar desqualificar as acusações de conivência com a criminalidade e a violência com que as autoridades públicas rebatiam suas denúncias sobre corrupção e violência policiais nas favelas. O caso de Pedro é exemplar quanto a esse aspecto. Construiu-se progressivamente como liderança católica de favelas, no MPF e na esfera pública, à medida que recrudesciam os ataques dos órgãos de segurança de que seria associado a uma quadrilha de traficantes de drogas sediada na favela em que morava. A construção de si como líder católico se expressou tanto em seu discurso quanto em sua conduta no âmbito do movimento, nos rituais que realizava e valorizava. Foi mais visível e emblemática nas roupas e adornos por ele escolhidos. A cruz que portava, um pequeno broche em ouro preso à altura do coração, foi substituída por cordões e crucifixos maiores e mais ricos, em uma clara ostentação da identidade católica. Essa escolha parecia tão mais cuidadosa quanto mais público fosse o evento de que participasse. Progressivamente, Pedro foi também abandonando as roupas tradicionais (calças, camisas e casacos), substituindo-os por "roupas africanas", quer pela estamparia dos tecidos, quer pelo corte das túnicas ou ainda pelo uso do chapéu caracteristicamente africano, o *eketé*. Combinados com a indumentária africana, os símbolos católicos qualificavam Pedro como líder de favelas pela associação entre negros e favelados que tinha como operadores simbólicos a África e as pastorais e era discursivamente enunciada com ênfase e insistência na evocação das favelas como os atuais "quilombos urbanos". Em suas formulações, Pedro destacava sua condição de liderança ao afirmar, de um lado, seu poder de convocação dos moradores de favelas (por isso mesmo apresentadas não como senzalas, mas como quilombos). De outro, sua capacidade de mediação dessa presença na cidade: "Não tem mais tempo da gente estar fazendo seminário, discutindo blá-blá-blá. Está na hora de botar o morro pra descer, as favelas na rua. [...] de dizer assim: 'ou vai ou racha'."[30]

Enfim, o que desejo ressaltar é que essa estratégia de construção identitária foi seguida de perto por outros líderes, à exceção de Garrido. Quanto mais o movimento ganhava visibilidade e legitimidade e, em seu interior se consolidava sua liderança católica, mais os símbolos católicos se tornavam evidentes, aumentando de tamanho ou ganhando destaque em seu uso. Assim, colares e cruzes, medalhas e escapulários, antes usados discretamente, brotaram para fora das camisas e blusas com grande destaque. Certamente, o uso dos símbolos católicos constituiu um poderoso recurso de construção identitária não só de Pedro, mas também de outros participantes e lideranças. Entretanto, operou também – de modo associado a outros elementos que valorizavam positivamente o MPF, dissociando-o dos estigmas que o discurso dominante buscava intencionalmente reforçar – como um recurso eficiente para a convocação e a agregação de novos participantes e para a consolidação da participação dos antigos. Neste sentido, pode ser compreendido como parte de uma operação simbólica que permitiu à parcela significativa de seus participantes reconstituirem-se como uma "comunidade de esperança".

30. Depoimento similar em entrevista ao site nominimo.com.br suscitou uma polêmica que repercutiu por alguns meses: do que Pedro falaria? Estaria ameaçando com uma revolta dos moradores de favelas e aludindo a um possível apoio em armas do tráfico de drogas? Algum tempo depois, Pedro argumentou ter sido mal interpretado; falara metaforicamente da luta por cidadania.

Assim, embora o Movimento Popular de Favelas não tenha se definido como católico, foi essa religião que lhe conferiu seus contornos e sua identidade. Decerto nem todos os participantes – nem mesmo todas as suas lideranças – eram católicos. Muitos militantes eram cristãos de diversas igrejas. A fronteira do movimento parecia se estabelecer em relação à IURD (Igreja Universal do Reino de Deus), rejeitada pela violência de seu projeto universalizador e por ser percebida como alienante. Também não prosperava (nem o parecia desejar) entre os adeptos da Renovação Cristã Carismática, por desacordo com seu projeto "intimista". Por outro lado, como já vimos, seus três principais líderes tinham sua representação reconhecida na dupla condição de militantes políticos e católicos. Além disso, a religião católica teve uma profunda influência na tematização da favela, na convocação a seus moradores e aliados, na proposição de alternativas e no modo como o Movimento Popular de Favelas então se apresentava no espaço público, como veremos a seguir.

5. Novidades e permanências do ponto de vista dos movimentos sociais e do Catolicismo

A novidade do Movimento Popular de Favelas residiu, em primeiro lugar, em fazer surgir no Rio de Janeiro uma articulação de associações de moradores que se distanciou do formato tradicional e politicamente desgastado de organizações e/ou federações e confederações.[31] Esta articulação assumiu o caráter de uma rede de movimentos sociais em favelas, incorporando inclusive outras organizações comunitárias, além das associações de moradores, e encontrando no pertencimento

31. Como a Federação de Favelas do Estado do Rio de Janeiro (Faferj), a Federação de Favelas da Cidade do Rio de Janeiro (FafRio), a Articulação Nacional de Movimentos Populares (Anampos) e o Conselho Nacional de Associações de Moradores (Conam), experiências relativamente recentes na sociedade brasileira e todas resultando, hoje em dia, em "aparelhos" políticos dissociados da vida comunitária, do poder decisório e da capacidade organizativa das camadas populares, particularmente dos moradores de favelas e periferias.

religioso, sobretudo católico, um de seus elementos de convocação, persuasão e legitimação.[32] Ao fazê-lo, o MPF também se configurou como uma articulação que disputava com outros atores coletivos, religiosos ou não, quem podia legitimamente falar para e pelas favelas na cidade do Rio de Janeiro. Competia, então, com o Viva Rio, que opera no campo do que denominei como a invenção de uma "religião civil" como forma de combate à violência; com a Frente de Luta Popular, liderada por um ex-dirigente de associação de moradores de favelas, evangélico e formulador de uma leitura da cidadania para e pelas favelas ("favelania"); e, por fim, com a Central Única de Favelas (Cufa), que congrega participantes do movimento *hip-hop* e prega uma conscientização e atuação políticas por um viés étnico.

Em segundo lugar, gostaria de destacar a convocação que o MPF faz ao "povo" para organização e luta por direitos de cidadania, em que pese a difícil conjuntura enfrentada pelos movimentos de base nas favelas do Rio de Janeiro, face ao poder e à violência das quadrilhas de traficantes de drogas ali enquistadas sobre esses territórios, seus moradores e organizações. Também o programa municipal de urbanização de favelas (Favela Bairro) limita a atuação das associações de moradores, restringindo o escopo das reivindicações por "direito à cidade", canalizando-as e submetendo-as a seu cronograma, bem como exigindo sua tradução por um conjunto de agentes comunitários cooptados e articulados em redes de clientela política. Contudo, apesar desse quadro, o Movimento Popular de Favelas foi razoavelmente bem sucedido em sua ação, durante o ano de 2001, recebendo significativos apoio e adesão na forma de uma expressiva participação em seu Seminário inaugural, nas reuniões de lideranças e em outras atividades, bem como em sua visibilidade na mídia.

Um dos aspectos que singularizou o MPF, em sua primeira fase, a adesão e a participação em uma luta por cidadania, parece-me uma novidade especialmente sugestiva. Pois tanto os estudiosos do tema da cidadania têm demonstrado as dificuldades de mobilização de camadas populares na reivindicação de direitos por meio

32. Por exemplo, a carta de apoio a seu principal líder, quando preso, amplamente subscrita por moradores de favelas, intelectuais, militantes e católicos, apresentava-o como "integrante do trabalho pastoral da Igreja Católica" como modo de desqualificar a acusação dos órgãos de segurança pública.

da linguagem da cidadania (Werneck Vianna, 1986; Leite, 1993), quanto os pesquisadores do campo da religião, como Regina Novaes, têm analisado como "o 'povo' está distante da chamada 'agenda cidadã' proposta pela rede de pastorais sociais". (2002:70) Qual seria a razão do relativo sucesso do Movimento Popular de Favelas? Minha análise aponta para a tradução que realizou entre categorias políticas e religiosas, conferindo um sentido religioso às primeiras e politizando as segundas.[33] As duas linguagens mesclaram-se na dinâmica do MPF, reforçando-se mutuamente. Assim, o objetivo do movimento era formulado tanto em uma linguagem secular, valorizando a luta por uma "cidadania plena" para os moradores de favelas, quanto em uma linguagem religiosa, vinculando a vida a um "dom de Deus" e traduzindo "cidadania plena" por "vida em abundância".

Desde sua primeira atividade, um debate sobre a violência policial nas favelas, o tema dos direitos civis dos moradores em favelas, que a própria hierarquia católica progressista usualmente traduz em uma linguagem secular tendo por referência a "exclusão social" como "direitos humanos", encontrou uma versão no versículo do evangelho de João (10, 10): "vim para que todos tenham vida, e vida em abundância". "Vida em abundância" – expressão da campanha da fraternidade da Conferência Nacional dos Bispos do Brasil (CNBB), em 1999, "Vida com dignidade e esperança" – representava aqui uma formulação muito mais radical do tema da cidadania do que a proposta pela hierarquia católica, escapando ademais do caráter abstrato do direito para uma leitura mais imediata e plena pelo tema da justiça. A formulação de vida e cidadania como um "dom de Deus" e um direito de todos envolvia tanto uma afirmação do postulado de igualdade ("somos todos filhos do mesmo Pai"), como uma reivindicação de sua realização ("o Reino é aqui e agora"), sendo a política o "caminho" do "povo de Deus" para concretizá-lo. Este é um exemplo de como uma categoria política como a cidadania foi reinterpretada a partir de seu conteúdo normativo e informada por

33. Notar a novidade em relação à prática das CEBs, nos anos 70 e 80, como lembra Novaes: "enquanto as CEBs *politizavam categorias religiosas*, no mesmo período (e muito mais localizadamente), pentecostais *religiosizavam categorias políticas* e entravam em lutas sociais 'em nome de Jesus'". (2002:78, grifos da autora)

uma ética religiosa, como uma presunção do que é justo, certo, bom e verdadeiro. Da mesma maneira, o que se dizia ao se falar em justiça no Movimento Popular de Favelas ia além das análises políticas – que certamente também estavam presentes nos discursos de suas principais lideranças – sobre os processos e procedimentos que excluem e/ou limitam enormemente o acesso dos moradores de favelas aos bens e serviços urbanos, bem como sobre o desrespeito a seus direitos civis e os modos de reverter tal situação. Falava-se, então, aludindo ao campo do "Bem", de uma construção que transcendia a política, ou melhor, que só poderia ser completamente construída pela via político-religiosa como uma "aliança entre Deus e os homens", que necessariamente envolveria e exigiria uma aliança dos homens entre si para a superação da desigualdade e da injustiça. Nesta lógica, falava-se de participação tanto quanto se falava de amor. Falava-se de direito tanto quanto se falava dessa justiça (e da pobreza como "filha da injustiça"). Falava-se de organização tanto quanto se falava de solidariedade. Falava-se de ação política e de esperança.

Não apenas nos discursos das lideranças do movimento e em seus documentos, mas também em diversos panfletos escritos por seus participantes para suas respectivas organizações comunitárias, eram freqüentes e visualmente destacadas as citações da Bíblia, as expressões da Teologia da Libertação e outras imagens e símbolos religiosos.[34] Fé, esperança e amor eram interpretados como dons que, ao invés de permitirem "falar em línguas", permitiam falar a "linguagem dos pobres".[35] Essas categorias e símbolos religiosos integravam a linguagem por meio da qual se lutava por justiça, interpretava a realidade social e constituía os militantes católicos (e mesmo alguns dos cristãos) que se reconheciam como uma "comunidade de

34. Dois panfletos escritos por membros do MPF para protestos localizados ilustram o ponto destacado. Um primeiro, sobre violência policial, era encimado pela mensagem: "Se o Senhor não guardar a cidade, em vão vigia a sentinela". O segundo, que convocava os moradores a exigir direitos de cidadania, proclamava: "Se Deus é por nós, quem será contra nós?".

35. Cf. sustenta frei Betto: "Associar a presença do Espírito Santo à glossolalia, o dom das línguas, é correr o risco de trocar o principal pelo acessório, sobretudo quando, como diz Gustavo Gutiérrez, fala-se uma linguagem inteligível sem, no entanto, ser capaz de falar a língua dos pobres, sem a qual o anúncio do Evangelho fica prejudicado (Mateus, 11,25)", "O Espírito Santo e seus carismas", www.dominicanos.org.br/fbetto.

esperança".[36] No interior desse discurso, a "terra prometida" encontrava sua correspondência na utopia de transformação do país em uma terra de justiça, liberdade e paz e o movimento podia aparecer como parte da "caminhada".

A essa dimensão discursiva associava-se uma dimensão prática e ritualística contida na própria dinâmica do Movimento Popular de Favelas. Suas periódicas reuniões nas favelas, formuladas como "idas às comunidades", também representavam, performaticamente, parte da "caminhada" em que se levava ao povo uma "boa nova" e se os convocava não só ao movimento, mas sobretudo àquela aliança.[37] Dessa forma, a divulgação de sua proposta, a ampliação e a consolidação do movimento se construíam nessa intercessão entre religião e política. Por outro lado, para além das fronteiras de cada favela ou daquelas visitadas pelo MPF, e mesmo superando a diversidade entre as favelas e no interior desses territórios, a comunidade era também reconstruída pela referência mítica a um passado comum a todos os seus habitantes,[38] da qual decorria a própria composição da comunidade a se organizar no MPF e lutar por cidadania plena/"vida em abundância": negros, pobres, favelados, excluídos.

Também era sistemático, em suas reuniões e eventos, o recurso a orações. Em todas as reuniões do MPF realizadas em favelas, bem como nas situações mais solenes ou delicadas, seus integrantes rezavam pais-nossos e ações de graças; sempre de mãos dadas e em profunda constrição. Esses momentos pareciam permitir

36. "Tem que fazer chover amor nas comunidades. Não podemos nos distanciar do Espírito Santo. [...] Eu acredito que nenhuma luta pode estar distante do amor. [...] O corpo de Cristo é pra quê? É uma vitamina que você pega no domingo, pra você se fortalecer e ir pra luta" (Pedro). "Eu acredito em Deus como base e essência de toda a pessoa humana e eu acredito que as pessoas nasceram como uma certa liderança para fazer isso" (Odete, liderança evangélica do MPF, moradora em favela e também cursando teologia).

37. O acolhimento entusiástico dos membros do MPF que moravam nessas favelas aos visitantes com almoços caprichados, muita brincadeira e cumplicidade celebrava o sentimento de comunidade que assim se constituía.

38. Refiro-me à imagem dos "quilombos urbanos" formulada por Pedro no MPF e partilhada/encampada por outros líderes e participantes, como revela o depoimento de Odete: "Vivemos quinhentos anos de segregação racial e social. E as comunidades carentes buscam em Deus a recompensa por tanto sofrimento".

aos participantes vivenciar a comunidade, representando sua união, força e fé. Em conversas e entrevistas, vários deles valorizaram esses momentos, destacando não se tratar de um ato convencional, nem de algo vivido com distância e exterioridade. Ao contrário, enfatizavam como as orações "caíam bem", produzindo um sentimento de bem-estar, além de reforçar a sensação de pertencimento e integração ao grupo. Mesmo Garrido, que considerava a religião um assunto da esfera privada, ponderava: "Quando [Pedro] puxava um pai-nosso, eu ficava meio constrangido, mas as pessoas gostavam. [...] aquilo ajudava a dar um sentido. [...] E eu vejo que quando a gente fazia isso no Movimento Popular de Favelas era mais verdadeiro. [...] A gente precisa acreditar que quem está do seu lado está indo na mesma direção". Já outros enfatizavam, como parte inseparável de sua experiência religiosa e portanto de sua ação político-religiosa no interior do movimento, o exercício da espiritualidade no cotidiano.

De outro ângulo e complementarmente, não há como desconhecer que essa experiência foi também marcada por uma intencionalidade no uso dos símbolos católicos, que teve em Pedro seu principal promotor, com vistas a reforçar o sentimento de pertencimento coletivo no movimento e requalificar o sentido de sua ação política. Em minha interpretação, Pedro, inspirado na experiência do MST, em um certo sentido procurou estimular uma mística coletiva no/do Movimento Popular de Favelas.[39] Longe de reduzir esse empreendimento[40] a um caráter estritamente instrumental, gostaria de situá-lo no contexto do "Catolicismo da Libertação",

39. O sucesso do MST como movimento social fora bastante discutido no âmbito do MPF, inclusive com representantes do próprio MST. Mesmo considerando a especificidade de sua história, integrantes do MPF tinham o Movimento dos Trabalhadores Sem Terra como modelo, como uma certa possibilidade de ação política, mas valorizavam também a mística e seu papel agregador no movimento.

40. Embora o termo possa causar estranheza, foi propositalmente utilizado para marcar que essa construção não resultou estritamente da exteriorização de uma experiência subjetiva fortemente vivenciada no âmbito do movimento. Antes, combinou esta dimensão a iniciativas que acionavam emoção e razão, celebração, simbologia e projeto político com vistas a reforçar o sentimento de pertencimento à comunidade, criando e recriando o individual no coletivo, no sentido apontado por Durkheim (1996).

atravessado pela idéia de que "se uma proposta não alcança o nível do símbolo ou uma conquista não vem a ser celebrada, é sinal de que nem a proposta, nem a conquista chegaram a ser consolidadas e a penetrar na alma do povo".[41] No interior dessa vertente, reverbera tanto a exitosa experiência do MST, fortemente apoiada em uma "retórica da mística" (Alcântara e Justo, 2001), como a proposta de políticos católicos ligados ao PT de desenvolver a mística petista.[42]

Para concluir, gostaria de destacar que os elementos analisados sugerem que, também do ponto de vista do "Catolicismo da Libertação" nas grandes cidades brasileiras, o MPF apresentou uma novidade. Agregou atores de marcado pertencimento religioso, promovendo uma renovação dos rituais e dos símbolos religiosos e revalorizando a mística como uma vivência de espiritualidade associada à política que, em um certo sentido, possibilitou a seus participantes experimentar uma dimensão emocional de construção de utopia. Para alguns de seus integrantes, isso representou renovar sua modalidade de experiência religiosa. Para as principais lideranças e muitos dos participantes desta primeira fase do Movimento Popular de Favelas, a religião católica configurou-se como uma das principais fontes de sentido para a ação política e um fator de agregação social. Estabeleceu fronteiras, diferenciando-os de outros atores sociais, como os ligados à RCC e à IURD, no campo religioso, e os traficantes, bandidos e policiais corruptos e/ou truculentos, no campo das favelas. Quanto a este último aspecto, constituiu também uma fonte de legitimação social de seus líderes e de suas políticas. Além disso, ao lhes permitir criar e/ou adensar vínculos políticos e religiosos, unificou-os politicamente em torno da associação

41. Leonardo Boff et al., "Os cristãos e a militância político-partidária", mimeo, s./d.

42. Como nas seguintes formulações: "Mística é o que sustenta a vida, o que a alimenta, [...] a faz ir além da razão, o que a informa do transcendente. [...] O que faz uma bandeira, um gesto, uma ação coletiva [...] darem um sentido novo e mais amplo ao que foi realizado. O que faz brotar a alegria, a certeza do caminho bem percorrido. O que enche o espírito de satisfação e de vontade de seguir na luta com mais decisão e empenho." "Mística [...] tem seu lado espontâneo, não explicado, não racional. [...] tem o seu lado refletido, racional. Ela explode, mas essa explosão pode ser conduzida, com os elementos adequados, na hora certa, com o máximo de aproveitamento." Selvino Heck, deputado estadual pelo PT/RS "Mística e política", Assembléia Legislativa do Estado do Rio Grande do Sul, legislatura 1986/90, mimeo, p. 13 e 6.

entre cidadania e justiça. Assim, propiciou-lhes reconhecerem-se não apenas uma "comunidade de memória", mas sobretudo "de esperança" e promoveu um revigoramento do associativismo (católico/cristão) nas favelas cariocas.

Referências bibliográficas

ALCÂNTARA, M. de Lourdes B. e JUSTO, Marcelo Gomes. O Movimento dos Sem Terra: uma análise do discurso religioso. *Estudíos sobre Religión*. Newsletter de la Asociación de Cientistas Sociales de la Religión en el Mercosur, n°12, mimeo, dezembro 2001.

BELLAH, Robert et. al. *Habits of heart: individualism and commitment in American life.* Berkeley: University of California Press, 1985.

BETTO, Frei. Da mística e da política. *Cadernos Fé e política*, n° 1, 1992.

BIRMAN, Patrícia. Conexões políticas e bricolagens religiosas: questões sobre o Pentecostalismo a partir de alguns contrapontos. In: SANCHIS, Pierre. (org.). *Fiéis e Cidadãos: percursos de sincretismo no Brasil.* Rio de Janeiro: Ed. UERJ, 2001.

BIRMAN, Patrícia e LEITE, Márcia Pereira. Whatever happened to what used to be the largest catholic country in the world? *Daedalus – Journal of Arts and Sciences,* 129, 2, 2000.

CARNEIRO, Sandra de Sá. Religião e política: novas relações tecidas a partir de fontes morais. GT Religião e Sociedade, XXVI Encontro Anual da Associação Nacional de Pós-Graduação e Pesquisa em Ciências Sociais/ANPOCS, Caxambu, Minas Gerais, 2002.

DURKHEIM, Emile. *As formas elementares da vida religiosa.* São Paulo: Martins Fontes, 1996.

FERNANDES, Rubem César. Os evangélicos em casa, na igreja e na política. *Religião e Sociedade,* 17, 1-2, 1994.

FERNANDES, Rubem César. Religião e sociedade, vinte anos (entrevista realizada e editada por Regina Novaes). *Religião e sociedade,* 18, 2, 1967.

LEITE, Márcia Pereira. Que cidadãos somos e seremos nós? *Proposta,* 57, 1993.

LEITE, Márcia Pereira. Da metáfora da guerra à mobilização pela paz: temas e imagens do Reage Rio. *Cadernos de Antropologia e Imagem*, 4, 1997.

LEITE, Márcia Pereira. Entre o individualismo e a solidariedade: dilemas da política e da cidadania no Rio de Janeiro. *Revista Brasileira de Ciências Sociais*, 15, 44, 2000.

LEITE, Márcia Pereira. Religiosidad y religión civil en Rio de Janeiro: mediaciones en la acción ciudadana contra la violência, II Coloquio Internacional Religión y Sociedad, Jerez de la Frontera, Universidad de Cádiz e Asociación Latinoamericana para el Estudío de las Religiones, 2001.

LÖWY, Michel. *A Guerra dos Deuses: religião e política na América Latina*. Petrópolis: Vozes, 2000.

MARIZ, Cecília. CEBs e cultura popular. *Comunicações do Iser*, 44, 1997.

MARIZ, Cecília. Uma análise sociológica das religiões no Brasil: tradições e mudanças. *Cadernos Adenauer*, 9, 2000.

MARIZ, Cecília e MACHADO, M. das Dores C. Mudanças recentes no campo religioso brasileiro. *Antropolítica*, 5, 1998.

MELLO e SOUZA, Laura. *O Diabo e a Terra de Santa Cruz: feitiçaria e religiosidade popular no Brasil colonial*. São Paulo: Companhia das Letras, 1986.

NOVAES, Regina R. *De Corpo e Alma: catolicismo, classes sociais e conflitos no campo*. Rio de Janeiro: Graphia, 1997.

NOVAES, Regina R. Crenças religiosas e convicções políticas: fronteiras e passagens. In: FRIDMAN, L. C. (org.). *Política e Cultura: século XXI*. Rio de Janeiro: Relume Dumará/Assembléia Legislativa do Estado do Rio de Janeiro, 2000.

OLIVEIRA, Pedro Ribeiro. *Religião e Dominação de Classe: gênese, estrutura e função do catolicismo romanizado no Brasil*. Petrópolis: Vozes, 1985.

OLIVEIRA, Pedro Ribeiro. Estruturas de Igreja e conflitos religiosos. In: SANCHIS, Pierre. (org.). *Catolicismo: modernidade e tradição*. Col. Catolicismo no Brasil atual. São Paulo: Edições Loyola, 1992.

OLIVEIRA, Pedro Ribeiro. CEB: unidade estruturante de Igreja. In: BOFF, Clodovis et al. *As Comunidades de Base em Questão*. São Paulo: Paulinas, 1997.

ORO, Ari Pedro. *Avanço Pentecostal e Reação Católica*. Petrópolis: Vozes, 1996.

SILVA, Luiz Antônio Machado da. A política na favela. *Cadernos Brasileiros*, 9, 41.

SILVA, Luiz Antônio Machado da. A continuidade do 'problema favela'. In: OLIVEIRA, Lúcia Lippi. (org.). *Cidade: história e desafios*. Rio de Janeiro: Ed. FGV, 2002.

SOARES, Luiz Eduardo. Dimensões democráticas do conflito religioso no Brasil: a guerra dos pentecostais contra o afro-brasileiro. In: *Os Dois Corpos do Presidente e Outros Ensaios.* Rio de Janeiro: Relume Dumará, 1993.

SOARES, Luiz Eduardo et al. *Violência e Política no Rio de Janeiro.* Rio de Janeiro: Relume Dumará/Iser, 1996.

SOUZA, Luiz Alberto Gómez de. As CEBs vão bem, obrigado. *Revista Eclesiástica Brasileira,* 237, 2000.

STEIL, Carlos. A Igreja dos pobres: da secularização à mística. *Religião e sociedade,* 19, 2, 1999.

STEIL, Carlos. Aparições marianas contemporâneas e carismatismo católico. In: SANCHIS, Pierre. (org.). *Fiéis e Cidadãos: percursos de sincretismo no Brasil.* Rio de Janeiro: Ed. UERJ, 2001.

VAINFAS, Ronaldo. *Trópico dos pecados: moral, sexualidade e inquisição no Rio de Janeiro.* Rio de Janeiro: Campus, 1986.

VIANNA, Luiz Werneck. *Travessia: da abertura à constituinte.* Rio de Janeiro: Taurus, 1986.

WEBER, Max. *Economia e Sociedade: fundamentos da sociologia compreensiva.* 3ª ed., Brasília: Editora UnB, 2000.

Os Baniwa Evangélicos Falam dos Missionários Protestantes:

Sofia e seus sucessores*[1]

Véronique Boyer

No fim dos anos 40, a chegada de uma só missionária norte-americana, vinda do sudeste da Colômbia e pertencendo à New Tribes Mission, desencadeou uma impressionante onda de conversões entre os índios kuripako, baniwa e baré do rio Içana (no extremo oeste do Estado do Amazonas). Por ocasião de uma primeira viagem, Sofia Muller parece ter-se limitado a anunciar a Palavra de Deus em numerosas aldeias e a alfabetizar as populações indígenas. Foi no decorrer de uma segunda viagem que seu discurso tornou-se mais ofensivo, ao denunciar a ascendência do diabo sobre as populações com força de citações bíblicas traduzidas por ela nas línguas indígenas com essa finalidade. Num terceiro tempo, sendo proibida a sua estadia no país pelas autoridades brasileiras, enviou, da Colômbia, índios convertidos, os quais, em cada aldeia, escolheram em seu nome aqueles que se tornariam "anciãos" (chefes religiosos), lançando assim as bases de uma Igreja evangélica autóctone.

Não se trata aqui de analisar o fenômeno da conversão (sobre o tema, consultar especialmente as obras de Robin Wright, cf. bibliografia), mostrando como certas

---

* Para Jorge Pozzobon, que nos deixou cedo demais.

1. Publicado em francês na revista *Ateliers de Caravelle*, Toulouse n°18:83-99.

noções cristãs ecoaram nos sistemas simbólicos dos índios. Apenas, trata-se de escutar o que têm a dizer da ação missionária protestante os índios convertidos, quase 50 anos após sua evangelização. Tentarei mostrar em que o encontro com Sofia se diferenciava dos contatos habituais com os brancos da região, compreender como os índios rememoram hoje essa experiência de mudança religiosa, e indicar as incidências políticas da aspiração a uma igreja autônoma. Os relatos reunidos,[2] que não dispensam críticas a Sofia e aos missionários atualmente presentes na região, permitirão entender o balanço da ação evangélica feito pelos índios e enfatizar algumas das suas expectativas atuais.

O fenômeno maciço de conversão que se seguiu à passagem de Sofia foi muitas vezes interpretado como parte de uma "ressurgência das atividades milenaristas" (Robin Wright & Jonathan Hill, 1992:257)[3] observadas na região desde meados do século XIX, e sobre as quais convém dizer algumas palavras. A partir de 1850 surgem os primeiros movimentos messiânicos na região dos rios Içana e Uaupés num contexto de crise aguda, conseqüência dos efeitos do contato, desde o século XVIII, das populações indígenas do extremo oeste amazônico com os colonizadores: a escravidão, o reagrupamento nas missões jesuíticas, o trabalho forçado e as epidemias provocaram uma redução demográfica dramática, deslocando profundamente as sociedades. Segundo Robin Wright, "a questão central [desses movimentos religiosos] era o tipo de transformação que os Baniwa seguiriam: continuar dominados pelos brancos[4] ou assumir o controle do seu destino histórico"(1996:17).

O simbolismo desses movimentos já integrava noções cristãs (católicas, no caso) reinterpretando-as segundo uma leitura indígena, como indica o etnólogo

2. As entrevistas foram realizadas em novembro e dezembro de 1998 em São Gabriel da Cachoeira (AM). O Instituto Bíblico, do qual se falará mais adiante, estava organizando um curso de dez dias para os líderes evangélicos da região. Pude assim entrevistar, além dos alunos do internato, alguns responsáveis religiosos (diáconos ou anciãos) das comunidades do Içana e do Rio Negro.

3. Ver também Galvão (1959) e Oliveira (1979).

4. Os índios incluem na categoria "brancos" os não-índios (inclusive os negros), os militares, os representantes do governo, os missionários, os comerciantes e todos aqueles que possuíam interesses econômicos relativos às indústrias extrativistas (R. Wright, 1996:124).

Eduardo Galvão no final dos anos 50: "é necessário, porém, distinguir entre as verbalizações de idéias cristãs, aprendidas nas missões ou filtradas através do convívio com os caboclos,[5] e a atitude íntima do índio contemporâneo em relação ao universo que o cerca. É bastante ver a diferença entre a concepção de Cristo, hoje um herói cultural Baniwa, como vista pelos índios e pelos cristãos" (1959:44). O processo de reinterpretação também é enfatizado em outro texto do mesmo autor citado por Adélia E. de Oliveira, no qual ele observa que "Jesus Cristo assumiu o lugar do criador" (1979:9) [1954], Yaperikuli. Em artigo mais recente, R. Wright e J. Hill retomam essa idéia ao afirmarem que "os símbolos cristãos estavam inseridos numa estrutura simbólica indígena" (1992:270). Por exemplo, o mais conhecido dos messias baniwa, Venancio Kamiko, que era tido pelo índios por "um xamã poderoso, capaz de se transformar para escapar a seus inimigos" (idem:261), prometia a seus discípulos "a salvação espiritual e a felicidade eterna, se eles obedecessem a suas ordens e abandonassem quaisquer atividades de subsistência e comerciais" (idem:273). Venancio favorecia desta forma a criação "de um novo sentido da autoridade e do poder religiosos" (idem:264) pelo qual os índios puderam emancipar-se da tutela dos missionários para celebrar, por si mesmos, batismos e casamentos. Pode-se então concluir, com R. Wright, que esses "líderes messiânicos ajudaram a harmonizar as crenças tradicionais com o culto dos santos" (Wright, 1983:547) introduzido na região no fim do século XVIII.

Esses movimentos religiosos foram esmagados pela força, com o envio de tropas militares. Depois, o desenvolvimento das atividades extrativistas pelos brancos agravou mais ainda a desorganização das comunidades indígenas, os homens levando uma existência itinerante, acompanhando as necessidades de mão-de-obra dos "patrões". No fim do primeiro período da borracha, nos anos 20 do século XX, as relações entre índios e brancos estavam tão deterioradas que comunidades inteiras fugiam do contato com comerciantes e militares, refugiando-se ao longo dos pequenos afluentes dos rios principais (R. Wright, 1983:548). Tal contexto de

5. *Caboclo*, no sentido corrente da palavra, é o habitante não-índio (ou que não assume sua identidade índia) do interior da Amazônia, morador das margens dos rios. Para uma crítica dessa palavra ver, p. ex., D. M. Lima (1992).

evitamento dos brancos e de relações marcadas pela desconfiança ainda perdurava nos anos 40, quando Sofia chegou ao Içana.

Ora, é possível que os índios tenham apreendido a missionária, pelo menos na ocasião de sua primeira viagem, como uma nova figura messiânica: os índios "pediam-lhe que trouxesse calças do paraíso, que fizesse crescer seus plantios, que os protegesse das enfermidades e que afastasse os espíritos malignos" (R. Wright, 1983:549). As jovens gerações baniwa, que não conheceram pessoalmente Sofia, ainda hoje explicam, nesse sentido, a acolhida que ela recebeu. Por exemplo, ao descrever a situação de crise em que se encontravam os índios, o presidente evangélico da Organização Indígena da Bacia do Içana (OIBI) levanta o fato de que a chegada da missionária teria sido anunciada pelos especialistas religiosos tradicionais. Ele também recorda o teste mortal ao qual Sofia foi submetida e ao qual sobreviveu, confirmando a partir de lá que realmente era a mensageira que os índios aguardavam:

> "Na época da colonização houve uma crise política, sei lá, uma confusão na cabeça dos índios e estavam lá numa situação crítica mesmo. Quando essa mulher chegou, na época tinha muitos pajés que ainda sentavam para analisar dentro das suas cerimônias, ter algumas previsões, e na cerimônia eles viam, diziam que viria uma pessoa que um dia pudesse trazer uma notícia de paz, de liberdade... até que chegou essa mulher. [Os pajés fizeram uma prova para ela.] A prova é que tem que assistir a nosso veneno, natural mesmo, o veneno que é deixado pelo Yaperikuli.[6] Yaperikuli é um filho de uma senhora da época de história, do início. Ela teve esse filho e esse filho era um sobrenatural. É por causa dessa pessoa que saíram vários tipos de doenças [...] Então fizeram para ela. [Os pajés] deram [o veneno] na comida[7] dela. Parece que ela falou, no relato[8] dela mesma, depois falaram para

---

6. Yaperikuli é "o ser supremo da religião baniwa" (R. Wright, 1996).

7. Os alimentos, especialmente a cerveja de mandioca, de sabor amargo, são « o veículo convencional dos venenos que servem para satisfazer as vinganças pessoais ou coletivas entre parentes próximos o bastante para se encontrarem deste modo » (N. Journet, 1988 :337).

8. Sofia relatou sua experiência missionária num livro publicado em 1952.

ela e acabou que não aconteceu nada com ela. Mas ela contando sozinha disse: 'eu sinto muitas dores na barriga e uma cólica como se fosse diarréia.' [... A conversão] não é uma coisa assim, forçada, mas é uma coisa que era esperado por causa dessa situação. Então acabou que os próprios pajés passaram a acreditar e os próprios pajés acreditando, os outros também acreditaram"[9] (André – Tucumã Rupitá).

"A Sofia foi recebida porque antes dela chegar, todos os pajés falavam que uma mulher ia chegar. Todo mundo sabia quem ela era [...] O que ela mais dizia é as coisas que não pode fazer: aborrecer, matar, roubar, e o que deve: saudar. Ela dizia que não se preocupava com as outras religiões [...] Ela dizia que não era bom o que [os velhos] faziam. Mas ela não era tão radical. Foram os velhos que quiseram queimar [os objetos rituais]" (Franklin – Tunuí Cachoeira).

A onda de conversões à fé evangélica que sucedeu à passagem de Sofia na região provocou novas rupturas, talvez mais profundas do que aquelas que resultaram da evangelização católica. A esse respeito, E. Galvão observava que "o protestantismo, dado a ortodoxia de seus prosélitos, opõe-se com mais vigor à manutenção das instituições tradicionais e atua mais diretamente sobre o comportamento individual" (1959:55), provocando por isso mudanças mais radicais nos grupos nos quais penetrava do que o Catolicismo. Os etnólogos denunciaram por muito tempo "os crimes etnócidos da fé evangélica" (R. Wright, 1983:550), entre os quais, no caso baniwa, podemos citar a oposição dos missionários ao serviço da noiva, a proibição do casamento entre primos cruzados (quanto aos Wakuenai na Venezuela, J. Hill, 1984:184), a recusa do tratamento pelos pajés e a proibição das festas tradicionais (*Pudali*) que celebravam as alianças entre frátrias (R. Wright, 1983:550).

9. Sobre a convergência entre o milenarismo baniwa e a figura de Cristo, ver R. Wright (1996). A dimensão milenarista permanece perceptível ainda hoje na evocação do "cumprimento das antigas profecias: vão chegar brancos entre nós, vão ajudar a melhorar as nossas condições de vida. Assim que conseguiremos esse objetivo, o mundo vai acabar." (André – Tucumã Rupitá).

Sem com isto subestimar o impacto destrutivo da difusão do evangelismo nas sociedades indígenas ("a sistemática derrubada de valores tribais" mencionada por E. Galvão. In: Oliveira, 1979:9), não se pode simplesmente considerar a conversão dos índios como "um ato de submissão a uma ideologia imposta, nem [como] um cálculo interesseiro" (Nicolas Journet, 1988:33). Além do que, "dado os poucos meios técnicos desenvolvidos pelos missionários, os argumentos estratégicos podem dificilmente ser invocados" (idem:31) para explicar o sucesso do movimento evangélico entre os índios. Aliás, os relatos recolhidos no decorrer da pesquisa de campo confirmam, com freqüência, a avaliação de N. Journet, isto é, que "o descarte da tradição ritual tem origem em sua negação consciente e não no esquecimento" (idem:26). Por isso, na medida em que, depois da conversão, "trabalhar para os patrões tornou-se secundário ao que era mais fundamental, o modo de vida comunitária dos crentes", a adesão às novas crenças também deve ser apreendida como "a base de uma solução para essas situações de dependência, instabilidade, desorganização e exploração sob o regime extrativista" (R. Wright, 1996:337) dos índios pelos brancos. Em torno de um sistema de crença inicialmente alógeno e interpretado a partir de um código de leitura indígena, os grupos locais buscavam coesão e afastavam-se do mundo branco, estimulados nisso pela missionária.

1. Sofia: uma branca diferente?

Ao descer o Içana vindo da Colômbia, Sofia apenas aumentava seu círculo de influência além dos Kuripako. O relato seguinte, feito por um índio kuripako e tratando portanto do Alto Içana, enfatiza o sentimento de insegurança dominante na época entre os índios, e atesta as mudanças radicais ocorridas após a passagem da missionária, como o abandono da poligamia, dos instrumentos e danças rituais:

> "Quando pequeno ainda Pana-Panã três casas só ainda. Meu vô tinha uma malocazinha, ele dançava com japurutu[10] ainda. Eu vejo quando ele tá

10. Flautas rituais.

dançando, ele não sabia nada ainda palavra de Deus, velho já meu vovô! Ele tinha três mulheres. [...] Meu vovô deu muito conselho para gente viver: 'você não pode mudar outra parte. Se você muda daqui, daqui você vai morrer lá. Você tem que criar seu filho aqui. Se você ir para outra parte depois gente mata você, ou tem muita gente mau'. Ele deu muito conselho para nós: 'se você fica um lugar, trabalha, faz o roça, pesca e caça, mata animal, cozinha e come, você vive trabalhando. Assim eu criei meu filho até você. Você vai criar seu filho, assim vão futuro, vai crescer Pana-Panã!' [...] Depois quando eu crescendo com dez anos morreu ele. Aí o meu pai ficou capitão no lugar dele durante vinte anos[11] [...] Depois aos poucos deixamos nossos costumes. Eu sabia dançar primeiro, eu tocava japurutu – tu tu tu tu tu (cantando) – é bonito!"

"Depois dona Sofia chegou, [e eram] mais bonitos os seus costumes, e semanas depois [ela disse]: 'vocês devem deixar o diabo. Está enganando a gente aqui. O diabo fala: assim vamos viver, beber, depois roubar, matar, brigar. Assim diabo engana você'. [Falei:] acho que vamos ouvir palavra de Deus. Depois devagar nós trocamos de pensamento [...] Eu estudei [...] com o pastor [...] Eu não sabia nada falar português, senhora, nada, nada! [...] Não conhecemos muito a palavra de Deus mas depois sabemos que não presta a *brujeria*. Pedras, vamos jogar no rio! Vamos queimar tudo essa *brujeria* pajé! Depois nós fizemos um fogo grande, aí nós queimamos tudo dele [Sofia falou:] se você tem veneno para matar, traz aqui. Vamos jogar, vamos entregar para o diabo, porque todas as coisas más são do diabo – ela disse. Vamos jogar todo o veneno, não vai matar a gente, envenenar a gente" (Seu Graciliano – Pana-Panã).

A missionária fez várias viagens nos rios Içana, Cuairi e Xié. Durante sua primeira incursão em território brasileiro, parece que ela se dedicou à alfabetização das populações, celebrando o culto à noite e ensinando alguns hinos em língua

11. O uso do termo capitão vem do período colonial. Para uma história da região, ver R. Wright (1992).

baniwa. Por ocasião da segunda viagem, ela começou a pregar contra as manifestações do diabo entre os Baniwa e os Baré, por ela identificadas no consumo de *caxiri* (cerveja de mandioca) e nas danças rituais. Ela deixou também alguns folhetos aos que desejavam aderir à nova fé, folhetos impressos com passagens da Bíblia já vertidos para o baniwa e o nhengatu.[12] Desistindo de prosseguir numa terceira viagem, em razão da oposição das autoridades brasileiras, mandou da Colômbia índios convertidos encarregando-os de indicar, em cada comunidade, aqueles que se tornariam "anciãos". Foram então escolhidos os mais idosos das aldeias, os quais receberam os atributos do exercício de sua nova função, isto é, os folhetos com as instruções relativas ao desenrolar do culto diário, bem como aquelas referentes a realização das cerimônias intercomunitárias, as Santas Ceias e as Conferências.[13]

O relato seguinte diz respeito aos Baré do Baixo Içana, onde a penetração do Catolicismo sempre foi mais forte do que entre os Baniwa do Alto Içana. Devido a essa influência do Catolicismo, o narrador enfatiza o abandono anterior ao período da evangelização do conjunto de ritos utilizados pelos pajés, e a presença de "ídolos", representações antropomórficas dos santos.

> "Quando Sofia chegou até eles [...] ensinou a palavra de Deus para eles. Ela falou sobre os apóstolos Pedro, João e mostrou as figuras [de flanela.] Ela ensinava e eles tinham o ídolo [de São Felipe] ali, mas ela não falou nada contra o ídolo deles. Ela ensinava diretamente a palavra de Deus para eles [...] Ela trouxe um Novo Testamento em Kuripako, eles não sabiam ler ainda, eles não conheciam nem letras [...] Alguns aprenderam mais, e aqueles que aprenderam mais ficaram ensinando aos outros. Enquanto ela estava ali, o que eles não entendiam eles perguntavam para ela, mas depois

12. Nhengatu ou língua geral: vocabulário tupi sobre estrutura gramatical do português, criado pelos jesuítas.

13. Segundo R. Wright, as Santas Ceias e as Conferências teriam substituído ciclos de festas. As conferências – que ocorrem duas vezes por ano – são organizadas por rodízio pelas aldeias que delas participam. As Santas Ceias reúnem menos pessoas e ocorrem uma vez por mês, também organizadas em rodízio pelas aldeias.

que ela foi embora, um ajudava o outro. Não sabiam nem como ficar diante da situação. Eles ficaram confusos.

"A segunda vez, ela trouxe um livrete na língua geral[14] [...] Foi aí que ela falou sobre os pajés, ela falou que não eram certos, que eles enganaram, que tudo que eles usavam aqui não prestava [...] Ela só deixou música para eles cantarem mas não deixou ninguém na liderança [...] Sofia pegou todos os versículos que falavam sobre as feitiçarias, sobre as pedras que eles usavam – os pajés usavam – todo o material de feitiçaria e leu para eles, aí os pajés pegaram e queimaram aquilo tudo [... Nós não tínhamos] coisa de pajé, mas tínhamos ídolos, eles tinham um negócio de boi, tinha mastro – que é da festa católica. [Aí] ela falou para os donos queimarem aquelas coisas, mas a imagem ela não tocou, ela não falou nada, ela deixou lá [...] Então um tal de Ataíde, [o representante do SPI[15]] que escreveu aquele documento sobre os crentes, e um outro senhor, os dois já morreram, foram buscar a Sofia, prenderam e trouxeram aqui para São Gabriel [porque] duas pessoas fizeram a queixa contra ela [...] Foram os donos que quebraram. Eles ficaram chateados e foram reclamar. [Sofia e um outro missionário] ficaram três dias presos aí na delegacia. [...] Depois de três dias eles foram liberados e fomos devagar até perto de Tunuí já levando a Sofia, de remo. Aí uma carta que veio com ordem de prisão para eles, novamente foram atrás dela. Aí eles encontraram a Sofia à noite, entregaram a intimação para ela novamente. Ela falou: 'eu não vou!' Aí terminou o culto à noite, e ela saiu. O delegado da Funai que levou o documento para ela dormiu de um lado e ela passou pelo outro lado do rio e foi embora [...] Outros levaram ela até a fronteira [colombiana]. Ela não sabia se tinha passado da fronteira ou não, aí ficou escondida dentro do igarapé (risos) [...] Ela não voltou mais, ela fez o seguinte: ela colocou anciões lá na fronteira, aí aqueles de lá vieram e

14. Ver nota 11.

15. O SPI, Serviço de Proteção aos Índios, foi fundado em 1910 pelo Governo Federal, sendo substituído, em 1967, pela Funai (Fundação Nacional do Índio).

colocaram os outros aqui, ordenaram os outros" (Seu Roberto – Brasília; tradução do nhengatu por Silvério, Igreja Batista Independente).

Nesse trecho, como em vários outros, Sofia aparece, senão como vítima das autoridades "brancas", pelo menos como uma figura corajosa o bastante para resistir a elas – mesmo se é por meio da fuga – e para prosseguir a qualquer preço em seu objetivo evangelizador. Poderia isso sugerir que a missionária estrangeira passou a ocupar, metaforicamente, uma posição análoga àquela dos índios explorados pela sociedade branca brasileira, compartilhando inclusive com eles a experiência dramática da fuga? Será que essa aparente marginalidade a tornava mais digna de confiança aos olhos dos índios? Será que a ajuda oferecida por aqueles que Sofia visitava pode ser vista como conseqüência lógica desse fato?

Seja qual for a pertinência de tal hipótese, é claro que o retrato da missionária pintado por todos os índios é o de uma branca muito diferente dos outros "brancos" presentes na região naquela época. Sofia surge, sob vários aspectos, como uma figura excepcional: trata-se de uma mulher que viaja "sozinha" (isto é, sem a proteção de homens brancos), com pouca bagagem, sem pressa e dedicada à sua "missão". Os índios também insistem na simplicidade de seus trajes, no fato de que ela falava a "língua", o que contrastava com o comportamento dos poucos brancos que chegavam às comunidades em busca de mão-de-obra.

> "(...) os capitães encontravam ela, botavam ela num quartinho e davam de comer. Ela carregava quatro caixas de Bíblias em nhengatu e em baniwa. Sofia tinha somente outra saia, uma rede, ela não tinha sapatos. Em Santana, deram sandálias a ela. Porque ela ia no mato. Eles ficaram com pena dela, uma branca americana. Sofia comia tudo : *beiju*, *quinhapira*, *chibé*.[16] Ela ajudava as mulheres mas o trabalho dela era pregar. Sofia dizia de deixar o *caxiri*, a dança, matar gente; ela dizia de não querer mal ao outro."
> (Albertina – Foz do Içana)

---

16. *Beiju*: bolo de tapioca; *quinhapira*, peixe em salmoura ou seco, fervido em caldo de pimenta; *chibé*: bebida feita com farinha de mandioca embebida em água.

Essa mulher excepcional trazia aos índios um saber associado ao mundo dos brancos, que ela parecia claramente desejosa de compartilhar com aqueles que lhe concediam a sua atenção. Pelo menos era essa a imagem que tinham dela, pois não só ela conversava longamente sobre as histórias do livro que ela mostrava, como também parecia fornecer aos índios os instrumentos intelectuais para eles se apropriarem desse novo saber. Assim, ela ensinava rudimentos de alfabetização, traduzia certas passagens bíblicas para a língua daqueles que visitava e distribuía folhetos aos índios mais assíduos. De modo geral, os relatos coletados revelam uma fascinação pelos costumes dos brancos (ditos mais "bonitos") e pela amplidão dos novos conhecimentos que Sofia deixava entrever aos índios, e que ela afirmava estarem a seu alcance.

Os índios do Içana, movidos pela curiosidade para com essa estrangeira, não hesitavam em viajar para ver e ouvir a "branca" com o livro. A fama de Sofia assim se construía, ao ritmo dos contatos entre aqueles que a tinham visto e aqueles que logo a veriam. Alguns índios até resolveram acompanhar a missionária em seus deslocamentos, aproveitando essas viagens para se familiarizar com a rotina do crente e dos seus rituais (hinos, leitura bíblica, orações...). Pela sua simples presença, esses atestavam de certa forma a integridade da pessoa de Sofia. Mas, sua adesão à nova fé não ocorria necessariamente nesses momentos de intimidade. Assim, seu Mário, que foi um dos guias de Sofia durante sua primeira viagem, só se converteu anos mais tarde, por ocasião de posterior viagem da missionária, quando "o evangelho [e a presença missionária] já eram mais fortes" e quando ele já havia deixado o Içana para morar numa comunidade perto da cidade de São Gabriel:

> "Quando eu estava ainda lá no Içana, chegou a senhorita Sofia de lá de Colômbia, então eu escutei a voz dela. Algumas pessoas de lá já estava assim. 'É um livro! É um livro!' 'O que é que se chama Bíblia?' [...] A primeira vez ela veio assim como a senhora, bonita, uma jovem ainda, para falar comigo: 'ô quem é tu?' 'Sou daqui da região'. 'Estou andando para vender esse livro que chama-se Bíblia'. 'É Bíblia?' 'Sim'. E então eu digo: 'de onde é a senhora?' 'Eu venho dos Estados Unidos'. 'Longe?' 'É longe! Mas eu tô querendo a Deus, e eu estou aqui'. Então, quando ela chegou ali

na comunidade Tunuí aqui no Içana, disse pro meu irmão: 'vamos lá ver o que é ela!' Pegamos uma canoazinha, uma bagagezinha e fomos embora. Passou dois dias, três dias, para chegar. Eu cheguei de noite na hora de culto na Cachoeira Grande. Aí apressado, fui ver ela. Estava preparando a Bíblia para ir lá na igreja. Entrei lá na igreja, cheguei ali na frente e parei. Eu olhei bem na cara dela e então ela veio dizendo: 'será que alguém novo chegou? Quem vai estudar com nós? Levante a mão'. Eu gostaria e levantei a mão [...] Tinha muitas Bíblias kuripako. Tinha muito livrinhos, livro grande também. Mas primeiro tinha que estudar no kuripako. Aí mesmo eu estudei duas semanas a ler [...] Naquele tempo eu abandonava o católico, na hora mesmo.

"Eu fui lá para baixo com ele, na outra comunidade. Eu já está lendo lá. Escutei e já sei cantar dois hinos, já leio um pouquinho. Então, quando eu cheguei lá, eu disse: 'para que essa igreja aqui? Para Deus ou para que?' Ela: 'é para Deus'. Então vamos lá, uma igrejazinha bonita íamos fazer. Eu continuei e estudei a palavra de Deus [...] Muitas viagens, ela anda assim, para cá para baixo, para cá para cima. Daqui deu um ano eu continuei e andei com ela [...] Ela tá tirando o caderno e essa maquinazinha que tira foto. [...] Ela orou, eu continuei a orar a Deus. Na outra comunidade nós estamos dormindo, descansando um pouco. Primeiro é eu que ela manda né? Eu não sabia ainda (risos). Continuamos a ensinar Mateus, Ato, João, assim [...] Então nós andamos no meio deles [...] Desde de manhã, de quatro horas, quatro e meia, nós acordava para fazer a oração, aí fazia um mingauzinho, um café para quem vinha aí, conversa, chama ela. Quando é sete hora de manhã, voltava a remar de novo. [...]. Chegando lá a gente atendendo bem, quando já estava meio crente. Aqui no Içana antigamente tinha muito respeito também. Não é como índios, né? Toda vez que nós chegando lá tinha respeito. Só nós achemos aqui no meio dos índios lá mais para cima, na cabeceira desse Rio Negro, lá longe![17] Aí fui lá para baixo, não queria mais aqui para dentro, não queria!" (Seu Mário – Castanheirinho. Ele morava naquela época em Nazaré)

O sucesso da evangelização protestante foi tão grande que alguns índios baixaram o rio até São Gabriel, onde estava o internato dirigido pelos irmãos salesianos, para dali tirarem seus filhos e trazê-los de volta à aldeia:

> "Um dia em 1959, me lembro, eu estou estudando aqui em São Gabriel no colégio do padre. Aí de repente o finado meu pai chegou e veio falar com o padre lá: 'ó padre tô querendo baixar meu filho!' 'Por quê?' 'Chegou uma senhora da Colômbia, da cabeceira do rio Içana para trazer evangelho' [...] Então o padre brigou com o finado meu pai: 'Não, protestante eu não quero não! Seu filho está estudando aqui comigo na escola. É católico!' 'Não, eu não quer saber disso! Eu levo meu filho porque é meu filho!' Aí ele me tirou da escola e me levou para aqui." (Seu Getúlio – Castelo Branco)

As autoridades católicas rapidamente avaliaram os perigos que representava para a Igreja a propagação da fé evangélica entre os habitantes da região. Em 1952, resolveram construir uma missão católica em Assunção, no Médio Içana, para tentar conter a onda de conversões e impedir sua progressão em direção ao Rio Negro. Realmente, a presença dos missionários protestantes abria uma brecha no monopólio religioso de que haviam gozado até então os católicos: os índios podiam agora "preferir aprender" com missionários que, ao contrário dos padres, os estimulava a lerem sozinhos os textos bíblicos, símbolo por excelência do conhecimento e do poder dos brancos.[18] A diversificação do campo religioso cristão delineava assim a

17. O narrador sugere que a acolhida dos índios do Alto Rio Negro não foi tão "respeitosa" quanto a dos Baniwa do Içana. Isso remete à idéia segundo a qual quanto mais se sobe o curso dos rios, mais "atrasados" seriam os habitantes (isto é, índios, selvagens, grosseiros etc.). Pois a expressão das hierarquias tradicionais, onde aqueles do alto são considerados inferiores àqueles de baixo (servindo a distância geográfica de substrato às diferenças lingüísticas, religiosas, grau de contato com os brancos etc.), sofreu a influência dos estereótipos elaborados pelos brancos a propósito dos índios (Jorge Pozzobon, comunicação pessoal).

18. N. Journet observa que, do ponto de vista dos índios, a religião surge como sendo atributo de um grupo humano mais do que como forma particular de crença. A Bíblia representa então o saber comum a todos os brancos sem exceção (1998:35). R. Wright (1996:331) enfatiza também que, com a alfabetização, as Bíblias acabam simbolizando o saber recentemente recebido dos brancos.

possibilidade de novas alianças políticas que as adesões religiosas não deixariam de refletir. Carece acrescentar que os índios certamente foram também sensíveis ao caráter quase contratual das relações de trabalho assentadas com os missionários evangélicos, em contraste com o habitual recurso dos católicos ao clientelismo para angariar mão de obra.[19]

2. Os sucessores de Sofia

Cinqüenta anos mais tarde, os índios evangélicos não recordam mais Sofia como curandeira, tampouco evocam eventual origem divina a seu respeito, como foi o caso nas primeiras viagens (R. Wright, 1996:309-310). A lembrança que restou de Sofia é de uma missionária entre outras, apenas a primeira de longa série. Todavia, ela permanece sendo uma figura notável pela força de suas convicções, por sua insistência em fazer com que os índios aceitem essas convicções, por sua capacidade em entregar-se por inteiro para realização desse único objetivo. Nesses aspectos, parece que os missionários de hoje não conseguem sustentar a comparação com ela. A descrição seguinte estabelece uma sensível diferença de estilo entre a geração dos primeiros missionários (a intransigência de Sofia é enfatizada, mas é vista também como sinal de "dedicação") e a geração dos missionários atuais, dos quais se diz que estão mais preocupados com seu conforto pessoal do que com o devir das comunidades.[20]

> "Sofia fugiu pelo Cuairi. Os outros missionários ficaram. Mas não pregavam tanto quanto ela. Quando uma criança chorava, ela mandava a mãe fora. Não podia falar na igreja. Ela não tinha nada, comia pouco, era muito diferente. Os pastores agora são muito diferentes, tem tudo, são ricos, não viajam tanto, não pregam tanto. Só cuidam da Igreja. Nós queremos a

19. Agradeço a Jorge Pozzobon por haver chamado minha atenção sobre este ponto.

20. A resposta de um missionário da Missão Novas Tribos a essa crítica utiliza o argumento da diferença cultural: "os índios pedem mais estudos [bíblicos], mas não se dão conta que para mim, que não sou da cultura deles, não é tão simples, não pego assim a voadeira para sair."

> palavra de Deus ensinada mais claramente. Tenho pena das outras comunidades que não recebem a visita do pastor. Sinto falta de um pastor baniwa." (Franklin – Tunuí Cachoeira)

Essa última frase contém em filigrana uma crítica forte que não envolve somente os missionários na sua qualidade de indivíduos, mais ou menos motivados. Mais fundamentalmente, remete às fraquezas, aos erros até, da organização evangélica que representam, que os enviou e os sustenta. Assim, os índios evangélicos ressaltam, recorrentemente, que a Missão Novas Tribos não assumiu corretamente seu papel quanto à formação de hierarquias religiosas indígenas, apesar de possuir os meios dessa formação:

> "Isso é que foi o problema da Missão Novas, eles não procuraram formar o pessoal da área mesmo trabalhar [...] entrar num instituto bíblico e estudar toda a palavra de Deus. Então isto eles não fizeram [...] Realmente o espírito de Deus é bastante forte, verdadeiro, e nós achamos que só por isso [os anciões, os diáconos] conseguiram ter o conhecimento da palavra de Deus. Mas o que a gente acha é que faltava realmente formar gente dentro da escola, para a pessoa ser realmente firme, começar a trabalhar. A gente acaba até questionando: por que não fizeram isso? Porque hoje a gente enfrenta várias situações sociais e vários problemas [...] Era para estar bem diferente a situação se levassem as pessoas para se formar, entender, saber como o índio, ver os lugares que estão se desenvolvendo bem. Então a gente critica atualmente, que faltou isso né?" (André – Tucumã Rupitá)

A formação de líderes religiosos índios é, de fato, uma das maiores reivindicações atuais. Longe de denunciar a influência de uma ideologia religiosa externa ao grupo, os índios evangélicos apelam para um reforço da presença missionária "branca" afim de alcançar o objetivo, expressamente formulado, de uma igreja autônoma dotada de hierarquia índia independente.

Para tentar concretizar esse objetivo, um dos caminhos[21] abertos aos índios evangélicos é freqüentar os cursos do Instituto Bíblico, fundado em 1997, em São Gabriel.

21. Outro caminho, mais difícil, é cursar o seminário batista em Manaus.

Além de um curso de estudos bíblicos em regime de internato para os alunos e suas famílias, de uma duração de dois anos, o Instituto propõe a cada semestre ciclos de encontros de uns dez dias aos anciãos das aldeias. A participação aos cursos do Instituto permite que os índios aprofundem seus conhecimentos da religião à qual eles, ou seus ascendentes, aderiram mas que ainda não têm a sensação de compreender por inteiro. Também propicia a ocasião de entrar em contato, num ambiente relativamente protegido, com o mundo dos brancos, de familiarizar-se mais com seus costumes e de aperfeiçoar o conhecimento de sua língua.

> "Há dois anos que estou na escola e acredito que tenho alguma coisa a dizer. Estou ciente que Deus tinha escolhido a mim antes de nascer neste mundo. Quero dizer que antes de chegar no estudo bíblico, eu não sabia quase nada. Claro, eu sabia de Deus mas não tinha conhecimento dele. Agora já tenho um pouco de conhecimento. Vou aprender mais e crescer mais espiritualmente" (Joel – Brasília).
>
> "Antes não tinha nenhum lugar para nós podermos aprender a Palavra de Deus. Agora o pastor Kim existe. Nós viemos passar alguns dias, e durante [esse tempo] aprendemos um pouquinho da Palavra de Deus com o pastor [...] Mas eu quero aprender mais [...] Não sei muito bem falar como aluno, mas não estou com vergonha, peço desculpa. Oro a Deus para saber mais" (Davi – Belém).
>
> "Agradeço aos professores. Estou contente mas eu não posso falar português, dai estou um pouco triste. Peço a Deus para aprender" (Jaime – Belém).
>
> "Estava muito tímido mas agora estou feliz." (Celestino – Taiaçu Cachoeira)

O prestígio do Instituto Bíblico beneficia-se antes de mais nada da reputação do pastor responsável, considerado pelos índios como seu fundador: o coreano Kim. Os relatos o retratam como sendo um homem muito atento aos pedidos que recebem, respeitoso dos costumes dos outros, e generoso com aqueles que querem "aprender mais a Palavra de Deus" para depois compartilhar os conhecimentos com os que ficaram nas aldeias.

"A gente vem aqui para aprender mais, porque não tinha outro lugar... Esse pastor ajunta pessoal, ele dá comida por conta dele. Ele faz muitas despesas acho né? Dá comida para nós e nós vem aqui todos nós. Alguém do Içana vem direto de lá para aprender mais a mensagem que ele – o pastor – explica. Quando nós vamos voltar para lá nós vamos passar esse mensagem que nós estudemos para outro, para a família né? É assim. Mas nós já aprendeu alguma coisa na nossa língua. Bom, para amar muito os outros, para não roubar, para não matar gente, direito mesmo! Largar aquilo que é mal. O que é bom, fica firme lá."

"Como a senhora: você vem de longe, você chega lá na nossa área, você não tem parente lá, capaz que você não come comida que nós come. Aí nós pergunta: 'dona, o que é que você come?' Você fala banana, peixe. 'dona, você tem dinheiro?' 'Não!' Aí nós damos de graça para ti. Assim nós vive por aqui. Você pode andar no meio de nós, você nem precisa levar dinheiro. [...] Não é como por aqui na cidade, aqui na Manaus eu vi [...] Só entra dinheiro, só entra dinheiro. Aqui também nessa pequena cidade aqui..."

"Conversei com o pastor Elias [da Missão Além[22]]: 'o senhor o quê?' 'Ah, brasileiro! Puxa, brasileiro não gosta de índio' – eu falei para ele (risos), eu brinquei com ele. Brasileiro já viu muito na área [...] Na maioria, nenhuma brasileiro gosta de índio daqui do rio Içana. Nem deixa entrar na casa, nem dá comida, não tem nada de café, não dá nadinha, nem passagem. Eu não sei [por que] brasileiro é assim. Agora esse pastor Kim já comi com ele uma comida boa, já tomei bocado de café, pão. É assim que Deus quer que a gente faz para amigos nesse mundo. Para amar tudo. Amar branco, amar preto, amar qualquer tipo de pessoa. Mesmo animal que é diferente de nós é assim, é costume dele. Não fala para nós, mas a gente sabe que ele tem

22. A Missão Além foi fundada em 1982 em Brasília "sob inspiração da Associação Wycliffe Bible Translators", segundo um dos missionários moradores em São Gabriel. A combinação das iniciais da Associação Lingüística Evangélica Missionária refere-se também ao *além,* ponto final de todas as almas.

também inteligência. Agora, gente como nós... branco, tudo é igual [...] Sofia gostava muito das pessoas." (Seu Getúlio – Castelo Branco)

É interessante que seja enfatizada a condição de "estrangeiro" do pastor Kim, como se esse fato por si mesmo o distanciasse mais dos preconceitos habituais em relação aos índios. Por sua vez, o pastor Kim insiste repetidamente sobre as diferenças culturais entre a Coréia e o Brasil, ao descrever as surpresas sucessivas que teve desde sua chegada à Amazônia, três anos antes. Ele gostaria na verdade de ir mais longe, quando se refere com freqüência à longínqua origem histórica comum dos povos asiáticos e ameríndios, para estabelecer quase que um laço de parentesco entre ele e os índios. No entanto, tais tentativas não conseguem provocar em seus interlocutores um sentimento comparável de identificação, e, para os últimos, o pastor Kim permanecerá para sempre um "branco." No máximo, o olhar índio sobre Kim, um estrangeiro "branco" sem dúvida muito diferente dos brasileiros "brancos", é análogo àquele que havia apreendido a personagem de Sofia.

3. O balanço

A fase das conversões individuais tendo passado, o pertencimento ao movimento evangélico agora "herda-se" de pai para filho. É a hora do balanço, e as críticas por parte dos evangelizados são muitas vezes severas quando se trata das conseqüências da evangelização. Apesar da legitimidade da nova religião nunca ser questionada, o abandono de certos elementos culturais e a rejeição dos antigos costumes (danças, instrumentos musicais, casas comunitárias etc.) que resultaram da sua implantação suscitam muitas interrogações:

"Eu já nasci crente por tradição. Ser crente deixa as pessoas pensar no futuro, mostra o bom e o errado, mostra o que já aconteceu. Os velhos falam do *dabucurí*, da pajelança, do que aconteceu [...] Sofia mudou tudo, não foi tão bom. Mas ela deu outra maneira de pensar. Acabou com a tradição, as coisas dos velhos. Depois muitos brancos chegam e procuram essas coisas que a gente não tem mais. Em 64, passou um pesquisador. Os anciãos estavam muito fortes, eles não quiseram falar com ele. Tinham medo da guerra, da matança do branco. Hoje eles entendem um pouco o que é a religião. A Palavra é para quem quiser, mas é livre para os outros" (Franklin – Tunuí Cachoeira).

Portanto, é apontado que nem tudo foi bom no tempo de Sofia.[23] Um dos efeitos indesejáveis da influência da missionária foi o afastamento das comunidades evangélicas para longe do mundo dos "brancos". Pois então, os anciãos das aldeias evangélicas, dominados pela desconfiança e pelo medo das violências, não puderam acompanhar as transformações do contexto sociopolítico mais amplo. Em particular, não souberam responder às novas demandas dos brancos, inclusive àquelas procedendo dos antropólogos vindo pesquisar a "tradição" baniwa. Os primeiros missionários evangélicos são designados como parcialmente responsáveis dessa situação, já que não teriam ajudado os índios a compreender os interesses emergentes:

> "Os velhos devem ter mal entendido a mensagem dos missionários, ou então estes foram radicais demais. Nós queremos valorizar a nossa cultura. Os velhos entenderam que a cultura é ruim. Aí queimaram tudo. Mas nenhuma cultura é toda boa ou ruim. A idéia de uma organização [política] surgiu no [rio] Aiari, nas comunidades católicas. Se essa idéia saiu de uma comunidade católica, é porque os missionários não deram apoio nesse ponto. E precisamos nós organizar. As reticências das comunidades vêm do fato que alguns não sabem como funciona o mundo dos brancos [...] As comunidades católicas ainda se pintam mas é para os de fora, para as autoridades. Eu não ando de cueca, então por que eu deveria fazer isto? É o que eu digo para os antropólogos. Mudou só a religião, não mudou outra coisa; a organização social, o casamento continuam iguais" (Irineu – Jandú Cachoeira).

23. Os missionários atualmente presentes na região também reconhecem, às vezes, que a atividade evangelizadora "estragou" alguns aspectos das culturas. "Talvez Sofia tenha sido daquela fase de transição [entre as antigas abordagens dos missionários e as novas]. Então, ela valorizou a pessoa mas acabou estragando alguns costumes." (Lenita – Missão Além)

Porque a prudência levou os índios evangélicos ao isolamento e à desconfiança em relação aos brancos, os contatos entre Baniwa e membros da sociedade branca estreitaram-se mais, num primeiro tempo, nas comunidades ditas católicas do Aiari, um afluente do Rio Içana. Lá nasceu o projeto de uma organização política em defesa dos interesses baniwa, visando essencialmente à demarcação das terras indígenas.[24] Depois, com a fundação da ACIRI (Associação das Comunidades Indígenas do Rio Içana) passou a existir uma organização própria do Içana. No entanto, apesar das aldeias evangélicas se beneficiarem com os avanços políticos realizados, elas não abandonavam a sua atitude de reserva e persistiam em ver, na busca de negociação com as autoridades brancas, a marca da "mão do diabo". Será preciso esperar que se faça sentir a influência da nova geração de Baniwa evangélicos, dos quais alguns estudaram nas cidades, para que as coisas mudem, no sentido de maior participação política. A partir de 1992, a ACIRI passa a representar todas as comunidades cerca de Assunção, sede da missão católica, enquanto a OIBI (Organização Indígena da Bacia do Içana) reúne todas as aldeias da zona evangélica do Médio e Alto Içana, num recorte territorial que corresponde, *grosso modo*, ao do pertencimento religioso.

> "A ACIRI foi fundada em 87, um pouco antes da FOIRN.[25] A OIBI foi criada em 92. Antes ela abrangia essa região todinha aqui, que ela era muito grande por causa das 52 comunidades. [...] O objetivo era fortalecer o movimento indígena no rio Içana. [A OIBI foi fundada] para ficar mais fácil e devido que as pessoas não chegavam para cá por causa da religião. Não chegava assim a conversar e não se chegava a definir a política indígena independente dessa deixa. [...] Eu voltei [de Manaus] em 92, comecei a trabalhar na escola da comunidade e comecei a escutar a conversa dos

24. No caso presente, é impossível atribuir de maneira incontestável esse desinteresse da ação política à influência dos missionários protestantes. Mas é certo que, em outras regiões próximas, estes muitas vezes opuseram-se abertamente às organizações políticas indígenas (Jorge Pozzobon, comunicação pessoal).

25. FOIRN: Federação das Organizações Indígenas do Rio Negro.

velhos, comecei a entrar na conversa também, nós ficávamos lá escutando. Acabamos convencendo várias pessoas para descer [em São Gabriel...] Estudamos a política, ajudamos em tradução, querendo mostrar pro povo [evangélico] que não é bem assim [...] A gente começou a ajudar a explicar pro pessoal da FOIRN, pro pessoal da ACIRI. Teve uma comissão lá em cima, teve uma discussão sobre os problemas que tem na região e acabou-se criando a OIBI nessa assembléia. [...] Nosso trabalho foi de conscientização política, dizer a importância da religião, mas que pactos sociais têm de ser discutidos separadamente das religiões para não complicar" (André – Presidente da OIBI – Tucumã Rupitá).

Essa relativa homogeneidade religiosa não foi, como observam os líderes da OIBI, um fator suficiente para criar a mobilização política esperada. Eles afirmam, então, sentir a necessidade imperativa de libertar do campo religioso o que tem a ver com questões de representação e de ação política, para aumentar sua eficácia. Encontram um apoio inesperado, e bastante paradoxal, considerada a meta, nos missionários das Novas Tribos, os quais assumiriam um papel de mediador entre os jovens líderes baniwa e as antigas gerações, às vezes reticentes quanto a novidades. Os elogios não impedem a formulação de críticas, mas, mais uma vez, num sentido diferente daquele que se poderia esperar. A queixa aos missionários não é de sua ingerência nos assuntos do grupo. Muito pelo contrário, lamenta-se a "falta de apoio e de presença", de "mobilidade e de deslocamento" da sua parte. Tanto os elogios quanto as críticas constituem, de modo evidente, um implícito reconhecimento do ascendente sobre a população evangélica dos missionários brancos, os critérios do bom e do justo sendo em boa parte determinados pela sua palavra. É preciso notar, no entanto, que pretender subtrair o político ao domínio do religioso ecoa, em outro campo, com as reivindicações para a autonomia de uma igreja indígena.

"O trabalho do missionário é visitar as comunidades, [...] dar apoio nas comunidades. Hoje em dia eles não faz isso. Eles só ficam lá na comunidade [onde moram.] A gente acha que eles também são os melhores assessores para gente, enquanto movimento indígena, até mesmo para incentivar. Às vezes, a gente acha tantos problemas..." (André – Tucumã Rupitá)

"Novas Tribos do Brasil sempre nos apóiam porque dentro de nós mesmos, das comunidades evangélicas têm muitas pessoas que não conhecem a nossa organização – o trabalho – e sempre vão contra um pouco. Aí os missionários ajudam: 'não, eles estão certos, estão fazendo um trabalho certo, não contra a Palavra de Deus!' Porque tem as pessoas que falam assim que nós estamos fazendo o trabalho da organização e que é contra a Palavra de Deus." (Raul – Tucumã Rupitá, estudando no Seminário da Igreja Batista, em Manaus)

No contexto político, dentro do qual se exerce agora o jogo de pertencimentos religiosos e de identidades étnicas, os Baniwa evangélicos não apostam no retorno à tradição. Não se trata para eles de voltar aos "costumes antigos", mas de saber o que é possível negociar da imagem dos índios com os representantes de entidades governamentais ou não governamentais, nacionais ou estrangeiras. Os evangélicos exploram novas maneiras de suscitar o interesse dos "brancos" pelas coisas antigas, de modo diferente dos católicos – dos quais dizem que "se pintam para os de fora" – mas tão eficientemente quanto eles. A OIBI desenvolve por exemplo um projeto de exploração de recursos naturais, particularmente de algumas plantas medicinais. Esse saber, antigamente próprio dos curandeiros combatidos pelos anciãos das comunidades, é reapropriado pelos evangélicos em nome de uma dissociação entre forma e eficácia rituais. De certa forma, esta formulação vai ao encontro do discurso dos missionários, os quais consideram hoje que a maioria dos elementos culturais indígenas podem ser mantidos, se forem de agora em diante consagrados ao louvor de Jesus:

"Esse negócio de planta e medicina não tem nada a ver com a presença de Deus... Apesar de que os pajés rezavam sobre as plantas antes de passar no doente. [...] Continua rezando só que de outra forma atualmente. [Os Anciões] fazem a oração sobre a planta, quem quiser acredita [...] As orações são ditas segundo o Espírito, os dons do Espírito, não são coisas assim repetidas, são coisas que você pede a Deus, no momento que você vê a situação" (André – Tucumã Rupitá).

Ainda que reconhecendo as mudanças importantes provocadas por sua adesão às crenças introduzidas por Sofia, cujos sinais mais evidentes são a elaboração de novas representações dos eventos, tanto individuais como coletivos, os Baniwa evangélicos tendem, de modo geral, a minimizar as conseqüências dessas transformações:

> "Algumas coisas apenas mudaram. No caso, Conferência, Santa Ceia, forma de ver o mundo é bem diferente, forma de enfrentar situações [...], forma de encarar doença e a morte é bem diferente [... Mas] eu acho que nós não perdemos nada. Está certo: nós temos culturas, nós tivemos culturas que poderiam se trabalhar de uma forma diferente [...] Nós acreditamos que nós vivemos num mundo que foi criado por Deus, mas que houve uma interrupção pelo Satanás, que se originou de lá mesmo também, que se orgulhou e não se arrependeu, então ficou eternamente inimigo de Deus. Então o mundo passou a ser dele, desde que Adão e Eva erraram. Todo homem nasce já dentro de coisa do mundo, desejo do mundo [...] Eu posso morrer hoje mas eu sei para onde eu vou. Essa é a diferença!" (André – Tucumã Rupitá)

Os índios evangélicos recusam-se a enxergar o abandono das práticas religiosas e festivas antigas numa perspectiva da "perda de identidade étnica ou cultural". Pelo contrário, André, o presidente da OIBI, insiste na consciência do passado, nos conhecimentos ainda presentes, na competência dos Baniwa evangélicos nas coisas da tradição. Além disto, lembra os laços de parentesco com os não-evangélicos e afirma que, afinal, os evangélicos são tão Baniwa quanto os outros. Essa resposta é dirigida, sem equívoco possível e, antes de mais nada, aos antropólogos:

> "Os antropólogos dizem que a gente está perdendo a nossa cultura. Acham que nós temos que resgatar a nossa cultura, e o que eu geralmente falo é que a gente não tem que resgatar nada [...] Ainda sabemos [as coisas do passado], por isso que a gente quer fazer tipo memória [...] Critiquei uma vez os antropólogos dizendo: não é memória! [...] A história pode ser memória para nós [evangélicos.] Não é que nós não acreditamos, mas que nós achamos que estamos no outro caminho, então para nós poderia ser memória. Mas para as pessoas que ainda dizem que praticam, não é uma memória, é viva. Eu falei para eles: é uma coisa viva! O meu tio vive disso! [...] Não é uma perda. É apenas que foi deixada de lado. Por isso

> que eu acho que não é resgate, porque não é uma coisa que se perde. Resgatar é você ir buscar novamente para você. Mas isso não. É valorizar [...] Nós não podemos ficar sem conhecer a nossa história, então eu acho que é uma forma de valorizar a cultura [...] Nós entendemos resgate de um outro sentido – de você pegar o que você perdeu! No caso, eu acho que nós entendemos mais isso na parte da religião. Por exemplo, nós fomos resgatados, tem uma comparação como se fosse alguém estando dentro do fogo, lá dentro e alguém entra e te pega e te tira de lá, então isso é resgate!" (André – Tucumã Rupitá)

Que a palavra "memória" seja entendida como a narrativa de um passado que não existe mais, ou como um testemunho atestando os conhecimentos atuais, o seu uso deixa perceptível uma inquietação, ainda não totalmente resolvida: como conciliar a ruptura com a "vida de antes" – ruptura anunciada pelo "resgate" evangélico – e a continuidade da história do povo, formando a tal "tradição" que agora tanto interessa aos brancos, e que convém "resgatar"? Em outras palavras, como ser Baniwa ao mesmo tempo que evangélico?

Se compreende aí melhor o sentido da demanda reiterada de um ensino religioso mais rigoroso e mais completo, bem como as críticas dirigidas aos missionários, esses últimos sendo percebidos como os únicos, por enquanto, a dominar a linguagem religiosa em sua complexidade. Com efeito, na consciência dos atores baniwa, pastores índios que dominassem plenamente os argumentos religiosos evangélicos teriam condição de assumir um papel de mediação (ou de conciliação) entre o mundo local do Içana e o mundo global dos brancos: caber-lhes-ia avaliar, por eles mesmos e para suas comunidades de origem, o que é compatível entre os dois universos, lançando assim as bases de uma identidade evangélica emancipada e propriamente baniwa. Enquanto os anciãos baniwa cuidam exclusivamente dos assuntos religiosos internos das aldeias, os pastores formados no seminário poderiam contribuir também para perceber com mais agilidade as mudanças do contexto político regional, apoiando desta forma a ação das organizações indígenas em sua defesa dos interesses coletivos baniwa. O caso baniwa aparenta-se, assim, ao caso dos grupos indígenas kraho e siriono, analisado por Donald K. Pollock, os quais, confrontados à expansão crescente das sociedades nacionais, adotaram, paradoxalmente, uma religião universal "como meio de preservar sua identidade local e tradicional, assim como sua integridade social microcósmica"(1993:176).

Referências bibliográficas

GALVÃO, Eduardo. Aculturação indígena no rio Negro, *Boletim do Museu Paraense Emílio Goeldi*, nova série antropologia, Belém, n° 7, setembro 1959.

HILL, Jonathan D. Los misioneros y las fronteras, *America índigena*, 44 (1), 1984. p.183-190.

JOURNET, Nicolas. Les jardins de la paix: étude des structures sociales chez les Curripaco du haut Rio Negro (Colombie). Tese de 3° ciclo, EHESS, 1988.

LIMA, Deborah de Magalhães. The social category caboclo: history, social organization, identity and outsider's social classification of an amazonian region (the middle Solimões). Tese de doutorado, Departamento de Antropologia Social, Free School Lane, Cambridge, 1992.

MULLER, Sophie. *Beyond Civilization*. Chico, CA: Brown Gold Publications, 1952.

OLIVEIRA, Adélia Engrácia de. Depoimentos Baniwa sobre as relações entre Índios e 'civilizados' no Rio Negro. *Boletim do Museu Paraense Emílio Goeldi*, nova série antropologia, Belém, n° 72, janeiro 1979.

POLLOCK, Donald K. Conversion and 'community' in Amazonia. In: HEFNER, Robert W. (ed.). *Conversion to Cristianity*. Berkeley: University of California Press, 1993. p. 165-197.

WRIGHT, Robin M. Lucha y supervivencia en el noroeste de la Amazonia. *América Indígena*, 43, 1983. p. 537-554.

WRIGHT, Robin M. Indian slavery in the Northwest Amazon. *Boletim do Museu Paraense Emílio Goeldi*, série antropologia, n° 7, 1991. p.149-179.

WRIGHT, Robin M. História indígena do noroeste da Amazônia: hipóteses, questões e perspectivas. In: CUNHA, M. Carneiro da (ed.). *História dos Índios no Brasil*. São Paulo: Companhia das Letras; Fundação de Amparo à Pesquisa do Estado de São Paulo; Secretaria Municipal de Cultura, 1992. p. 253-266.

WRIGHT, Robin M. & HIL, Jonathan D. Venancio Kamiko: wakuenai shaman and messiah. In: LANGDON, J. (ed.). *Portals of Power: shamanism in South America.* Albuquerque: University of New Mexico Press, 1992. p. 257-286.

WRIGHT, Robin M. Aos que vão nascer: uma etnografia religiosa dos Índios Baniwa. Tese de habilitação, Departamento de Antropologia, Instituto de Filosofia e Ciências Humanas, Universidade Estadual de Campinas, 1996.

Crentes na Ilha Grande: uma forma de ser nativo[1]

Rosane M. Prado

1. Todos não são todos

Foi a propósito de pesquisar a percepção de questões ambientais na Ilha Grande (município de Angra dos Reis, RJ),[2] que cheguei a essa questão da equação entre "crentes" e "nativos" na configuração cultural do lugar. Isso que pode até parecer inusitado – a correlação entre pertencimento religioso e questões ecológicas – foi uma das revelações sobre o contexto atual da Ilha Grande; na verdade, um corolário de outra revelação, que diz respeito à relação entre a eclosão do turismo na Ilha e a

1. Este artigo corresponde em parte a um outro intitulado "Tensão no paraíso; aspectos da intensificação do turismo na Ilha Grande" (Prado, 2003), sendo ambos desdobramentos do trabalho intitulado "Quem entende do paraíso? Estudo sobre percepção e políticas ambientais num contexto de unidades de conservação" (Prado, 2002).

2. Trata-se de projetos concomitantes de pesquisa que venho desenvolvendo na Ilha Grande: "Mapeamento etnoecológico da Ilha Grande", iniciado em 1999, "Do presídio ao paraíso ecológico", iniciado em 2001, vinculados ao CEADS-Centro de Estudos Ambientais e Desenvolvimento Sustentável, da UERJ, e desenvolvidos com a Bolsa do Programa Prociência (UERJ/FAPERJ). Da fase a que se refere este artigo, agradeço pela participação e colaboração dos bolsistas de Iniciação Científica Augusto Brandão Malbouisson, Ingrid Assis Coelho e Marcio Lima Ranauro. Agradeço também às colegas e amigas Myrian Sepúlveda dos Santos e Patricia Birman, caras interlocutoras e companheiras na pesquisa sobre esse sedutor e complexo objeto que é a Ilha Grande.

polaridade entre "nativos" e "não-nativos". Entendo que essa polaridade, que pode ser considerada comum e típica de muitas outras situações em que se opõem "os de dentro" e "os de fora", manifesta-se aqui de um modo peculiar e na medida mesma em que associada com a eclosão do turismo na Ilha, em função do que se poderia considerar, nos termos de Sahlins (1981), uma estrutura de conjuntura.

Primeiro, é preciso então explicar esse cenário e contexto, onde a questão da intensificação abrupta do turismo faz aflorar uma outra questão, que é a da polaridade entre "nativos" e "não-nativos". É o contexto de um lugar repentinamente transformado num "lugar turístico", em que muitos novos ingredientes foram absorvidos, inclusive o do cosmopolitismo com o qual se passou a conviver. A Vila do Abraão, que é considerada como a porta de entrada da Ilha – onde chegam e de onde saem as barcas de passageiros em conexão com Angra e Mangaratiba –, parece condensar os desdobramentos dessa mudança e impressiona ver ali algo que parece ter se tornado uma característica estrutural da vida local: a co-presença e a convivência de grupos tão diferentes, de atores sociais tão díspares, com atributos e interesses tão diversos. Vejamos como um episódio do dia 20 de janeiro de 2002 ilustra esse contexto.

Na missa do dia de São Sebastião, o padroeiro da Vila, enquanto as pessoas rezam e cantam na igreja, fazendo emocionadas a saudação da "paz de Cristo", os turistas passam, homens de sunga, mulheres de biquíni, a poucos metros de distância dos contritos moradores participantes da missa. Ignoram-se mutuamente; e os passantes às vezes lançam um olhar entre indiferente e curioso para a movimentação da igreja, toda enfeitada de bandeirolas e flores com ênfase na cor vermelha de São Sebastião – afinal, é "a tradição do lugar", que passou a fazer parte das atrações turísticas. Embora possa haver na missa alguns turistas e veranistas e, do mesmo modo, na rua possam estar também passando moradores, nessa cena, os dois lados representam dois segmentos importantes na estruturação da vida desse lugar que, da noite para o dia, transformou-se num ponto turístico cobiçado: de um lado, os visitantes, e de outro, os moradores, ou "a comunidade", como também costumam se auto-denominar. Mas também sei que muitas subdivisões e nuances desses segmentos podem ser percebidas na convivência com eles.

Assim é que, nesse ano de 2002, por exemplo, um evento que nada tinha a ver com São Sebastião aconteceu, no "Casarão de Cultura" do Abraão, paralelamente àquela missa. Foi a assinatura de um Termo de Ajuste de Conduta (TAC),[3] no sentido de solucionar diversos problemas, inclusive de degradação ambiental, que afetam a Ilha Grande, cujo território corresponde a diferentes Unidades de Conservação geridas por diferentes legislações e instâncias governamentais.[4] A esse evento compareceu muita gente do Abraão, mas quem, dentre aquelas pessoas ali assistindo à missa estaria preocupado com tal evento ou mesmo sabendo dele? Pouquíssimos. Havia ainda "os crentes"[5] – importante segmento da população – que nesse momento estariam nos seus respectivos cultos ou em casa aguardando os cultos da noite. Algumas pessoas do Abraão por nada terão deixado de estar lá, enquanto outras sequer tomaram conhecimento do evento. Na platéia de umas 100 pessoas, incluindo muitas que vieram de Angra, vi moradores, mas quais moradores? Donos de pousadas e de estabelecimentos comerciais locais, e gente que pertence às entidades ali representadas. Embora as autoridades nos seus discursos fizessem referências aos moradores presentes colocando-os como "caiçaras" – tidos como os verdadeiros nativos da Ilha –, cujos direitos à qualidade de vida seriam prioritários nas políticas ambientais, parecia haver ali apenas uns poucos que poderiam ser enquadrados nessa categoria, incluindo-se entre estes os jovens da Brigada Mirim Ecológica. Coisa que toda a platéia sabia, o que criou um certo mal-estar em relação a esse ponto dos discursos. Poucos "nativos" estavam ali.

A ocasião é vista pela maioria dos presentes como um marco nas lutas para "salvar a Ilha" de uma trajetória de degradação ambiental que já a estaria afetando; e outro motivo da euforia é o fato de conseguirem sentar-se todos para o que, afinal, é um "acordo", nada menos que um "termo de compromisso" da parte dos

3. Com a presença do Ministro do Meio Ambiente, do Secretário do Estado de Meio Ambiente, do Prefeito de Angra dos Reis, e mais outras autoridades relacionadas à Ilha Grande (tais como dos órgãos ambientais Ibama, Feema, IEF, Batalhão Florestal; do Ministério Público; da UERJ, que tem um campus na Ilha; e de ONGs que atuam em prol da Ilha).

4. Parque Estadual da Ilha Grande (IEF-Instituto Estadual de Florestas); Reserva Biológica da Praia do Sul (Feema-Fundação Estadual de Engenharia do Meio Ambiente); Parque Estadual Marinho do Aventureiro (Feema); APA Tamoios (Feema).

5. Correspondendo a quatro denominações e cinco igrejas na localidade: duas igrejas da Assembléia de Deus; uma Batista; uma Congregação Cristã do Brasil; uma Comunidade Evangélica do Abraão.

responsáveis pelas soluções para alguns dos problemas que atingem a Ilha Grande. Mas esse "todos" não são todos – o povo que estava lá na missa de São Sebastião não está aqui; e o povo que está preocupado com tais questões pertence a diferentes segmentos que convivem "na Ilha" e "com a Ilha", mas que, segundo uma categorização muito importante em termos locais, não é necessariamente "da Ilha", não é "nativo". E acredito que isso tem um significado igualmente relevante a ser considerado quando se pensa na maneira como as chamadas questões ambientais vêm sendo tratadas na Ilha Grande. A meu ver essa categorização está relacionada a um aspecto estrutural e estruturante do modo como se percebem os moradores da Ilha, e do modo como são levados a se perceber aqueles que ali vêm a conviver: quem é "nativo" e quem "não é nativo".

Onde é que começa tudo isso? Não sei. Desde quando? Desde que alguém "da Ilha" se pensou por oposição a alguém que chegou e que foi visto como "de fora", invasor? Quem primeiro se sentiu "nativo"? Teriam sido os índios guaianazes, olhando para os colonizadores portugueses, ou para os corsários e piratas que, a partir do século XVI (ou mesmo antes?) começaram a aportar na Ilha Grande para se proteger ou "se refrescar" – pegar água, lenha, fazer uma pausa nas viagens –, como explica o historiador Carl E.Vieira de Mello (1987)? Não tenho a intenção de reconstituir uma história dessa questão, nem genericamente[6] nem na Ilha Grande, mas quero considerá-la a partir de uma transformação recente ocorrida na Ilha, que é o que se refere localmente como uma "explosão do turismo".

Na "história da Ilha Grande" repercutiram todos os ciclos econômicos reconhecidos na "história do Brasil", tendo se constituído ali o que se considera como uma cultura caiçara.[7] E no último século, a Ilha esteve marcada por duas atividades

6. Reconhecendo que é um tema clássico na antropologia o tema do "outro" perante o qual os grupos humanos se defendem e se definem.

7. "Caiçara" é o termo pelo qual se designa o modo de vida dos nativos de uma faixa do litoral brasileiro. Assemelhando-se ao uso do termo "caipira" aplicado para certos segmentos de uma região do interior, a idéia de caiçara refere-se a uma economia voltada para a subsistência (que no seu caso inclui roça e pesca) e corresponde a marcas culturais peculiares. Caiçara é também o termo utilizado para aqueles que se consideram os "verdadeiros" nativos da Ilha Grande. Para considerações mais amplas sobre esse conceito, ver Calvente 1997, Diegues 1998 e Adams 2000.

às quais toda a população é referida: a pesca e as instituições carcerárias, estas situadas nas vilas do Abraão e Dois Rios e simbolicamente condensadas na prisão da Vila Dois Rios, designada por todos como "o Presídio", com o qual a Ilha era freqüentemente equacionada. Com a grande redução da atividade pesqueira a partir da década de setenta,[8] e com a extinção do Presídio na década de noventa, o turismo vem se consolidando como a atividade econômica mais importante do lugar (cf. Mello, 1997). Outra marca recente da Ilha é o fato já mencionado de que corresponde a diferentes unidades de conservação, criadas a partir da década de setenta, e que passaram a estar relacionadas também às idéias de paraíso ecológico e de preservação, que tanto podem servir de apelo para um certo tipo de turismo – no caso, considerado como ecológico – quanto podem ser incongruentes com um outro tipo de turismo – no caso, aquele que se considera como predatório.

A desativação, seguida da implosão do Presídio em 1994, é vista por grande parte dos moradores e freqüentadores da Ilha como "responsável" por essa grande intensificação do turismo, à qual todos se referem. Embora se possa discordar dessa equação direta da desativação do Presídio com o aumento do turismo (cf. Wunder, 2000), na visão local existe um consenso sobre a questão, atribuindo-se à eliminação do Presídio, não só o que se diz ser essa "explosão" do turismo, como também o que se diz ser a exposição da Ilha a uma verdadeira "invasão". Tal invasão, que se vê, portanto, como ocorrida dentro da última década, pode ser traduzida tanto pelo afluxo dos próprios turistas – "de todos os tipos" – como pela especulação imobiliária, articulada ou não com os empresários do turismo e toda a infra-estrutura criada para atender às novas demandas da atividade turística.

8. Tal redução da pesca comercial se deu a partir da década de 70, em função de diferentes processos concomitantes e correlacionados, tais como: a pressão de grupos externos de pesca industrial de grande porte; a redução dos mananciais; o fechamento das fábricas de sardinha locais; a criação das unidades de conservação; a expulsão dos caiçaras pela especulação imobiliária. Hoje, das diversas comunidades/praias da Ilha, apenas a de Provetá vive da pesca, sabendo-se que os donos de barcos também se dedicam ao trabalho com traslado de turistas nas épocas propícias.

Penso que, embora a classificação nativos *versus* não-nativos possa ser rastreada para trás na história da Ilha Grande, ela adquire um peso e uma significação especiais nesse contexto mais recente de ênfase no turismo. E nesse sentido, a Vila do Abraão é a localidade da Ilha que parece ilustrar mais claramente os diferentes aspectos de manifestação dessa classificação. Se a mudança recente em torno de tal atividade afeta a Ilha Grande como um todo, repercutindo na composição e nas relações da população, e atingindo cada comunidade de um jeito, pode-se dizer que toda a problemática relacionada a tal mudança parece condensar-se na igualmente condensada Vila do Abraão, que ilustra particularmente a polarização das categorias "nativo" e "não-nativo".

Assim é que, quando concomitantemente se celebra São Sebastião e se assina o TAC, nesses dois rituais tão importantes ocorridos no mesmo dia (20/01/2002) no Abraão, se pode ver aflorar – no âmbito de cada evento e na relação de um evento com o outro – essa polarização apoiada no que avalio como um eixo classificatório estruturante da visão e das relações locais. Basta se perguntar qual desses dois eventos era "importante para quem", e ver, como descrevi de início, quem estava em um e quem estava no outro. Se a polarização "nativos" *versus* "não-nativos" está presente em toda a Ilha, ela parece ter mais visibilidade no Abraão, e se ela atravessa todas as questões que possam ser abordadas na Ilha, ela aflora de modo eloqüente quando se trata das questões "ambientais".

O que pretendo demonstrar aqui é justamente como, a propósito dessas questões, essa categorização se expressa no Abraão, podendo ser entendida como um caso de "estabelecidos e *outsiders*" (conforme Elias e Scotson, 2000). Considerando-se os segmentos que ali interagem (moradores, freqüentadores, entidades ambientalistas e outras, órgãos públicos/ambientais), tais questões são percebidas de modos variados, conforme as visões e os interesses desses segmentos. Avaliando como tais visões se confrontam e se antagonizam, vejo em tal confronto a atitude de reação/resistência daqueles que se consideram "nativos", reconhecendo igualmente a maneira como a condição de "crente" – de pertencimento a religiões evangélicas –, nesse contexto, se superpõe à dita condição de "nativo" e a reforça no sentido de reagir a algo que é visto como vindo de fora e imposto aos antigos moradores.

2. Os nativos e os não-nativos na porta do paraíso

Se a passagem "do presídio ao turismo" é, na visão de muitos, um eixo explicativo para o que vem ocorrendo na Ilha a partir da implosão do Presídio em 1994, o Abraão parece condensar as repercussões desse fato. Se a memória do Presídio reverbera na Ilha inteira, sua desativação também repercute em toda a Ilha, atribuindo-se a isso o que se entende ser uma eclosão de turismo e de especulação imobiliária. É uma Ilha agora vista pela maioria dos moradores e antigos freqüentadores como "exposta", "invadida". Há o caso dos caiçaras que saíram – expulsos de diferentes praias pela especulação imobiliária – e há o caso dos que ficaram – e tentam adaptar-se e tirar proveito da nova situação –, mas é no Abraão que são reconhecidas com mais clareza as traduções daquela eclosão, naquilo que alguns consideram como um Abraão literalmente "detonado".

O preço que o Abraão paga nessa história é aquele de ser o lugar por onde entra e passa a maioria dos que atendem ao apelo do paraíso da Ilha Grande e onde se estabeleceram e continuam se estabelecendo os muitos interessados em explorar economicamente esse paraíso. Ali se acumulam problemas de toda ordem, desde questões de infra-estrutura que atingem igualmente a todos, até questões que são objeto de disputas entre os diferentes segmentos sociais em razão das respectivas posições em relação à demanda turística e diante de uma lógica do lucro que parece que toma conta de tudo. A impressão que se tem é de que todos estão disputando com todos, em face de regras que não funcionam e de pactos que não conseguem fazer ou sustentar. É um Abraão denso e tenso, muito ao contrário daquele apelo do paraíso ecológico para o qual seria a porta de entrada (cf. Prado, 2003).

Tudo isso se relaciona com a visão dos nativos e dos freqüentadores mais antigos da Ilha no sentido de que "a Ilha não é mais a mesma", lembrando-se de que é comum as pessoas se referirem às respectivas localidades na Ilha como "a Ilha". Assim os que dizem no Abraão que "a Ilha não é mais a mesma", estão se referindo mesmo ao Abraão, que, na verdade, tornou-se um lugar cosmopolita, com cybercafés e restaurantes com cardápio em inglês. O turismo, que é a fonte disso tudo, é encarado de maneira ambígua, na medida em que, se, de um lado, a ele se atribui toda a mudança da vida local da qual as pessoas sentem falta, de outro lado, é valorizado porque "trouxe emprego". Assim, ao lado da nostalgia por um outro tempo e das reclamações em relação a essa "invasão" da Ilha, que são mais expressadas pelos adultos e os mais velhos, aparecem também colocações no sentido de valorizar o que o turismo oferece de oportunidades para todos. Um antigo morador sintetiza em sua fala: "Aquele rio, nadei ali" – ele se refere a um dos riachos que cortam a vila, hoje transformados em verdadeiros valões poluídos e cheios de lixo – "A Ilha toda cresceu muito... não está preparada pra tanta gente... Se alguém não der uma trava... Cresceu, deu emprego, mas está na hora de parar. Cachoeira acabou... Você não vê mais morador da Ilha, tudo é novo. Não pode deixar construir mais pousada."

Note-se que no discurso nostálgico desse morador estão indicados muitos dos componentes da questão da mudança brusca que sofreu a localidade, e inclusive um ponto que remete mais diretamente ao foco deste trabalho, que é a questão da polaridade entre os "nativos" e os "não-nativos". A menção ao fato de que "agora tem mais gente de fora do que da Ilha", "cadê os nativos?", "agora a maioria do povo do lugar é de fora", "a gente não sabe mais quem é quem", assim como aquela referente ao fato de que "o tempo do Presídio era melhor", é como uma vinheta para o discurso dos moradores da área de Abraão e Dois Rios. Mas quem são afinal os nativos, cuja designação e significado parecem ganhar tanto relevo nesse contexto do Abraão que tentei brevemente caracterizar até aqui?

Já deve ter ficado claro que, quando digo aqui "nativo", não estou me expressando como nós antropólogos costumamos falar genericamente dos grupos pesquisados, referindo-nos à "visão nativa", às "categorias nativas" daqueles que em qualquer contexto são o nosso objeto de pesquisa. Assim, com ou sem trocadilho, pode-se dizer que, no caso aqui considerado, "nativo" é uma categoria nativa; naturalizada portanto, e referida com freqüência no discurso das pessoas. Tem um peso e uma significação muito importantes na vida local, correspondendo a um eixo classificatório igualmente importante.

Como toda categoria que diz respeito à identidade social, essa também é acionada contextualmente em função de uma contrastividade (em relação a quem se vê como não-nativo), sendo referida a valores (o que significa ser nativo) e atributos (o que caracteriza os nativos); e, no caso, recobre gradações e hierarquizações no sentido de se ser "mais" ou "menos" nativo, o que implica mais ou menos peso e prestígio em determinada situação. Nessa gradação se poderia dizer, com muitas aspas, que a condição "mais nativa" no imaginário local corresponde aos "caiçaras", que são vistos como os verdadeiros nativos da Ilha – também às vezes romanticamente referidos como representando a Ilha do jeito que ela era e que devia ser – e cuja designação é freqüentemente usada como sinônimo mesmo de nativo. Para a outra ponta, a dos não-nativos, é mais difícil de definir a categoria correspondente, mas a polaridade parece mais eloqüente em relação aos "pousadeiros" e outros empresários do turismo que vieram de fora – sobretudo os que vieram mais recentemente – e se estabeleceram ali com um poder econômico de vários graus.

"Ser da Ilha" pode ser mencionado como uma forma de legitimação em certos contextos; por exemplo, em reuniões públicas para tratar de assuntos de interesse coletivo, quando se poderá ouvir uma autoridade vinda de Angra dizer: "sou nascido na Ilha, minha família é ali do Saco do Céu"; ou "minha família vive aqui há mais de cem anos". Do outro lado se poderá ouvir alguém como que se desculpando: "Eu não minto, nasci em Quintino"; e sobre quem não tem a mesma sinceridade: "Esse cara diz que é daqui, que quer defender os interesses da Ilha, mas é nada, veio lá de Resende". Assim, é quem se sente como sendo da Ilha que expressa em seu discurso os indicadores sobre os outros que não o seriam: "Uma gente que veio vindo, que não é da Ilha e vai ficando e que agora é a maioria – por isso que a Ilha mudou, por isso que a Ilha perdeu o jeito de Ilha." Entre essa gente que "veio vindo e foi ficando", e que pertence a segmentos diferentes daquele dos empresários do turismo, estão, por exemplo, os "peões nordestinos" que vêm como mão de obra para as tantas construções, os *hippies* artesãos, e os muitos que vêm se empregar nos diversos estabelecimentos comerciais.

Também os policiais são uma espécie de nativo. Com o peso simbólico do Presídio na Ilha Grande – com a qual foi por muito tempo equacionado, e para a qual é uma marca identitária forte –, ser vinculado ao Presídio é como ser da Ilha. É o caso dos antigos policiais, hoje aposentados, e daqueles que, tendo trabalhado no Presídio, continuam na ativa, todos morando no Abraão desde "o tempo do Presídio", uma boa parte dos quais pertence de fato a famílias da Ilha, por descendência ou por casamento. Esse segmento – que tem uma visibilidade extra, por ter permanecido ocupando as mesmas casas do Estado destinadas aos funcionários, que um dia foram ou ainda são, do Sistema Penitenciário, numa área do Abraão referida como "a Vila" – também se opõe aos "de fora", como qualquer nativo faz.

Há ainda aqueles, muitos, que se consideram nativos porque já vivem na Ilha há tanto tempo e porque adotaram a Ilha, sentindo-se também adotados por ela: "Eu posso me considerar nativo, já vivo aqui há tanto tempo", algo que, como se pode imaginar, é perfeitamente passível de ser acionado como uma afirmação, da mesma maneira que pode ser igualmente questionado conforme a situação.

Como se vê, entre ser "nativo" ou "não-nativo", existem muitas maneiras de as pessoas se colocarem. E podem também ser constatadas algumas superposições de categorias de um lado e do outro, envolvendo inclusive uma questão de classe: "nativos" / "pobres" / empregados / tradição local, de um lado; "não-nativos"/ "ricos" / patrões / ambientalistas, de outro lado. É importante observar que isso é uma configuração dominante no plano das representações e que tem uma eficácia simbólica forte. É claro que há muitos "nativos" que são bem de vida e empresários do turismo; do mesmo modo que há muitos "não-nativos" que são pobres e empregados do turismo. Poder-se-á também verificar que praticamente a metade das pousadas de porte do Abraão, bem como boa parte dos estabelecimentos comerciais, pertence a famílias locais. Sabe-se, ainda, que há ambientalistas com as mais variadas posturas. Contudo, se perceberá que, ao serem emitidos os discursos de antagonismo, é aquela equação de categorias que será acionada.

Há também indicadores que permitem perceber essa polarização na vida cotidiana, como, por exemplo: em certos contextos quem fala "eles" e "nós"; quem, e de que maneira, está presente nos cultos religiosos locais (acompanhando a procissão de São Sebastião e se cumprimentando com intimidade na hora do ritual da "paz de Cristo" na missa; exercendo a sociabilidade propiciada pela freqüentação aos cultos evangélicos); quem adora ir aos bingos promovidos para angariar fundos em diferentes situações; quem organiza a "Festa das Três Bocas" – programada e realizada de modo a não ser explorada como apelo turístico – e quem vai lá.

Um desses indicadores pode ser o modo como as pessoas se manifestam a propósito do "tipo de turismo" que se quer, o que leva a posturas diferentes tanto entre os nativos como entre os não-nativos. Observa-se, por exemplo, uma clivagem clara no sentido de que, de um modo geral, da parte dos empresários do turismo que vêm de fora – sejam pousadeiros, barqueiros ou donos de outros estabelecimentos comerciais –, há uma cobrança de "profissionalismo" que eles querem exercer e que demandam igualmente dos nativos; enquanto que estes estão interessados em adaptar-se da melhor maneira possível, tirando proveito do jeito que for melhor para encaixar seus recursos e suas capacidades, mediante as suas próprias necessidades nesse contexto.

Aqui sobretudo – nesse aspecto tão básico da vida local, que é a relação com o turismo – pode-se ver a conexão com os temas ecológicos, em torno dos quais a polaridade entre nativos e não-nativos se torna bastante eloqüente. Nesse contexto, que é visto de várias maneiras como de assédio à Ilha Grande, há uma clara disputa dos já referidos atores presentes – moradores, freqüentadores, ONGs ambientalistas, órgãos públicos ambientais – em torno de uma mobilização para "salvar a Ilha". As diferenças ficam por conta de salvar por quê, para quê, para quem. Essa situação pode ser vista como um caso de estabelecidos e *outsiders* no sentido em que Elias & Scotson (2000) registraram no seu trabalho, sendo que, no Abraão, ao contrário do caso analisado por esses autores, de um modo geral, os "estabelecidos" – que têm um diferencial de poder a seu favor – são os que vieram de fora, os que chegaram recentemente e se instalaram como empresários do turismo; enquanto que os *outsiders* – os excluídos do poder – são os nativos/moradores antigos, que se tornaram empregados do turismo. Mas, ao que parece, os "nativos" do Abraão reagem com um outro poder – com fortes repercussões simbólicas e práticas – que é o de se manterem impermeáveis ou resistentes às tentativas "civilizatórias" dos "de fora". Afinal quem entende do paraíso? Quem vai dizer o que é bom para a Ilha?

Entre os episódios e situações que ilustram essa polarização e o modo como os nativos se colocam e/ou são vistos como refratários, estão as constantes acusações e queixas de parte a parte. "Eles não se interessam, são fechados, não adianta a gente propor nada", dizem os de fora, e mais: "O Abraão é isso: todo mundo cobra muito, mas ninguém participa... Eles olham diferente para os de fora, mas não querem fazer nada, só botar aquela barraquinha ali no quintal e ganhar um dinheirinho". Do outro lado, os nativos reclamam por serem ignorados e desconsiderados, equacionando-se por vezes com uma posição social desfavorecida: "A cabeça dos grandes tem que pensar mais nos caiçaras e menos nos bolsos deles mesmos...

Falta olharem mais para a comunidade e menos para o turismo." – "Acho que favorecem um grupo: classe média, classe alta; parece que os pobres estão esquecidos."

Esta última fala é a de um morador nativo referindo-se ao trabalho de uma diretoria da Associação de Moradores do Abraão que, tendo assumido em 2000, já estava no final de um mandato de dois anos e cuja composição em sua maioria era de não-nativos. Esse caso da Associação de Moradores ilustra bem a polarização entre nativos e não-nativos na sua correlação com as questões ambientais. Essa diretoria aí criticada – que se opunha ao grupo anterior cuja gestão se encerrava e que era tido como mais alinhado com os nativos – teve uma preocupação de colocar também gente nativa na sua composição; mas, tendo ganho a eleição com pouco mais de 50% dos votos, enfrentou sempre forte oposição por parte do grupo adversário. O trabalho e o empenho de sua gestão não foram reconhecidos; e os nativos em geral se diziam não representados na medida em que os componentes nativos da nova diretoria estariam ali "só para constar" e para legitimar a atuação daqueles que na verdade conduziam as coisas. Nos encontros de rua promovidos pouco depois do início do mandato para ouvir as demandas dos moradores, o comparecimento foi baixíssimo, ao mesmo tempo em que, depois, muitas pessoas diziam que nunca haviam sido "convidadas para nada", "eles não deixam a gente falar", "eles não fazem nada". Tudo isso parece configurar, com raras exceções, uma verdadeira recusa por parte dos nativos em aceitar as propostas e os empreendimentos daquela diretoria, associada com a condição de "gente de fora" – "essa gente que não é daqui não pode saber o que é pra ser feito aqui".

Um aspecto dessa rejeição é a conexão com outras entidades vistas como também compostas sobretudo por pessoas de fora, como é o caso da Associação dos Meios de Hospedagem da Ilha Grande, da ONG ambientalista Codig (Comitê de Defesa da Ilha Grande), e do jornal *O Eco*, periódico mensal de circulação local e que era, na ocasião, porta-voz dessas duas entidades e da Associação de Moradores. Na visão local, parecia ocorrer uma continuidade na idéia que se tinha de todos esses espaços, por onde de fato circulavam as mesmas pessoas ou os mesmos tipos de pessoas, pertencentes a certos segmentos sociais e correspondentes a uma daquelas categorizações de não-nativos – no caso, todos preocupados com o Abraão, a Ilha, o paraíso a ser salvo. Se o trabalho de pressão dessas entidades no sentido de resolver questões importantes em prol da Ilha, junto com outras instituições de fora e e de órgãos públicos lá fora, teve um impacto importante e vem gradualmente surtindo um efeito significativo na demanda e no encaminhamento de soluções, isso não parece ter peso algum aos olhos dos nativos. Ao contrário, pode até estar alimentando o ressentimento destes no sentido de justificar a idéia de que as coisas são feitas sem que eles sejam considerados ou consultados por "uma gente que nem da Ilha é". Voltamos ao mesmo ponto: uns a dizer que os outros não se interessam em participar de nada; os outros a dizer que não são ouvidos. Toda essa polarização se reproduz e se exacerba quando se trata dos "crentes", como veremos a seguir. Se é dito que "eles da Ilha não se interessam", isso parece condensar-se no caso dos crentes, já de uma certa forma vistos genericamente como isolados e refratários a tudo.

3. Os crentes: mais que nativos

Se, no esquema das representações que mostrei antes, os caiçaras são considerados os "mais nativos", no embate em torno das questões ambientais – que gera as críticas dirigidas aos nativos, vistos como descuidados e desinteressados, e gera em contrapartida as queixas destes –, é como se os crentes intensificassem a condição de nativo. No caso, embora eu esteja fazendo essa avaliação com base no que pude observar e ouvir de ambas as partes (da mesma forma que quanto à polaridade em geral entre nativos e não-nativos), devo dizer que essa interpretação que coloco em relação aos crentes foi muito mais revelada para mim a partir da visão daqueles que se referem a eles do que a partir da visão que eles mesmos expressam; até porque não fiz uma pesquisa especialmente sobre esse segmento.

O que coloco é que se "os crentes" já são genericamente vistos, e inclusive discriminados, como um grupo fechado e avesso à participação na política e nas coisas do mundo,[9] no caso dos problemas ambientais ali no Abraão, esse julgamen-

9. Para uma avaliação crítica dessa visão, ver Novaes 1985 e Mariz 1995.

to em relação aos crentes é adaptado como censura pelo "não envolvimento" e pela "falta de interesse" nos problemas – a mesma que é dirigida aos nativos em geral, só que, em se tratando dos evangélicos, parece adquirir um peso extra. No caso, ser evangélico piora ainda mais as coisas, dadas essas características que já lhes são de um modo geral atribuídas. Assim, no que diz respeito ao meio ambiente, nas críticas dirigidas aos nativos sustentadas na polaridade entre nativos e não-nativos, é como se os crentes condensassem a condição de nativo enquanto alvo dessas críticas. E, diferentemente da categoria "caiçaras", vista com simpatia, e às vezes com romantismo, quando representada como correspondendo ao que seriam os verdadeiros nativos, os "crentes" nesse caso não são vistos com simpatia e muito menos com tolerância. Vejamos alguns aspectos de como se dá no Abraão esse encontro – ou confronto – com os evangélicos a propósito das questões ambientais.

Por vezes de um modo sutil e por outras nem tanto, uma ideologia ecológica que se traduz de muitas formas é jogada em cima dos nativos e deles são cobradas as práticas correspondentes. É uma postura "ecológico-civilizatória", às vezes arrogante, que afronta os nativos, que acabam por se entrincheirar numa resistência que parece sustentar uma afirmação de sua identidade de pertencimento local. Em diversos episódios vi esse confronto se manifestar, e ele aflora com freqüência numa referência direta ao campo do que se considera como das tradições. Por exemplo, é proibido pela legislação que se soltem fogos nas áreas de proteção ambiental, como é o caso de boa parte da Ilha Grande, e isso é motivo de censura e repúdio por parte dos ecologistas em relação a pelo menos dois daqueles segmentos de "nativos" mencionados anteriormente: os que soltam fogos a propósito das tradições religiosas, como a alvorada de São Sebastião, as procissões, as festas juninas; e os policiais membros de uma entidade chamada Sociedade dos Veteranos do Abraão, sempre referida como SVA, que soltam fogos por uma razão relacionada à sua existência enquanto entidade, que é o futebol. O que se percebe sistematicamente nesse sentido é uma tensão entre a aceitação de comportamentos tradicionais, despreocupados com exigências de proteção ambiental, e a importação de novas normas conforme os cânones ecológicos.

Existe, de um lado, o fato de que, como já mostrei em outro trabalho (Prado, 2000), os nativos julgam que têm uma relação especial com a Ilha e devem ser tratados correspondentemente de modo especial, vendo nesse sentido como excessivos – *no seu caso* – os rigores da lei.[10] A contrapartida pelo lado dos que pretendem ecologizar a visão local, é tomar exatamente a "questão cultural" como um problema. Vejamos, por exemplo, essas duas colocações encontradas no jornal *O Eco*: numa matéria intitulada "Tradição cultural x Crime ambiental", conta-se a história de um povo que tinha um costume bárbaro de sacrifício, e conclui-se "A cultura desse povo teve que se adequar à nova realidade. Era o mundo todo dizendo que aquilo não era certo e que deveriam mudar. Mudou-se a cultura. (...) Temos o dever diante da população da Ilha Grande de orientá-la sobre essas mudanças. (...) Existem leis ambientais que são e devem ser respeitadas por todos, em todo o território nacional. Mas por fatores culturais ainda são desrespeitadas aqui na Ilha" (nº 11, mar. 2001, p. 8). E sob a legenda "Pega Leve", a propósito de uma questão de "maldades com animais": "Já tratamos várias vezes disso e fomos vencidos pela cultura local, mas não devemos parar; quando a cultura é errada ela tem que mudar" (nº 12, abr. 2001, p. 13). Note-se que tais formulações colocam a cultura local como uma "outra", que não é a de quem fala; e imagine-se a reação do nativo que lê, bem como os problemas de receptividade para o jornal em certos segmentos.[11]

Ora, tudo isso parece ampliar-se quando se refere aos grupos evangélicos, cuja condição traz um componente a mais para justificar as dificuldades de

10. "Na pesquisa já realizada na Ilha, pude perceber diferentes reações à legislação ambiental, as quais sintetizo no título deste trabalho, tirado da fala de um nativo a propósito do Ibama, e à qual já me referi anteriormente: 'Depois que entrou o Imbamba, estragou tudo.' Entre outras visões, esta reflete uma clara reação ao que localmente se vê como um excesso, ou um absurdo, nas exigências dos órgãos de controle ambiental no que se refere à população local. Na visão deles, dependendo do caso, 'pode' – caçar, tirar um palmito, um carrinho de areia, cortar um pau, pescar. O critério é a necessidade; a pobreza dos nativos, que 'realmente precisam' e não vão comercializar" (Prado 2000: 15).

11. Nesse sentido, é interessante observar que, por ocasião da proposta de criação de um jornal a ser feito pelos jovens do colégio local, que são nativos na sua quase totalidade, o título que os alunos escolheram para o periódico foi, significativamente, *Voz Nativa*, e várias das primeiras matérias remetem à polaridade à qual me refiro aqui, com referências aos interesses dos empresários do turismo.

convencimento e as conseqüentes censuras. Afinal, é de fatores culturais que se está falando, e a atitude dos crentes também seria um "problema cultural". Da mesma forma, as situações e os episódios relacionados a questões ambientais que envolvem esse segmento parecem ter uma repercussão mais forte. Nesse sentido, Provetá – a praia onde se encontra uma população que se considera como "uma comunidade evangélica" (que disputa com o Abraão a condição de ser a mais populosa da Ilha, com cerca de 3 mil habitantes), é um ícone nas referências negativas sobre a resistência imputada aos crentes na Ilha Grande.

Com seus membros orgulhando-se de ela ter sido fundada ali há cerca de 70 anos, antes mesmo de ter se instalado em Angra dos Reis, a Igreja da Assembléia de Deus de Provetá parece reger a vila em todos os sentidos, o que já é indicado no plano físico quando se chega ao local e se avista o enorme prédio do templo na praça central. Outro motivo de orgulho é por ser Provetá a única comunidade que conseguiu manter-se vivendo da atividade pesqueira, que foi um dia a sustentação econômica da Ilha e que hoje existe apenas residualmente. Eles se dizem privilegiados porque, diferentemente das demais praias, a sua não foi invadida por esse turismo destruidor que veio substituir a tradicional atividade da pesca. Mas, essa auto-referência positiva do povo de Provetá tem, de um modo geral, um correspondente implacavelmente negativo no olhar dos de fora, sendo eles freqüentemente alvo de atitudes discriminatórias e jocosas fundadas sobretudo numa acusação de isolamento e rigidez religiosa.

Embora a vila esteja, como qualquer parte da Ilha Grande, submetida às regras da municipalidade de Angra dos Reis, de cujos serviços públicos também usufrui, o que se diz é que "quem manda em Provetá são os pastores da Igreja". Muitas histórias são contadas sobre os comportamentos "esquisitos" da população, e que têm como pano de fundo a questão da repressão advinda da religião, como por exemplo: que eles não são nada receptivos a quem vem de fora e que os turistas não são bem vindos; que existe ali uma pequena área considerada e chamada de "lado escuro", "das trevas", "do diabo" ou "o inferno" – o único lugar da praia, uma das pontas, onde há bar e pousada e onde se pode beber e dançar; que as moças, que tomam banho de mar vestidas, chamam, por isso mesmo, mais atenção sobre seus corpos, sendo grandes provocadoras e sedutoras para os homens que chegam. Ouvi de professores que vão de fora dar aula na escola local (ensino fundamental e médio) um tom queixoso sobre as dificuldades de levar para lá "qualquer novidade" e dos cuidados que têm de ter com a postura, o vestuário ("quando você for lá pesquisar não deve usar short nem biquíni"), ou para encaminhar qualquer proposta inovadora. Ouvi igualmente de uma funcionária da Secretaria de Saúde da Prefeitura um relato, entre perplexo e zombeteiro, sobre o que ela dizia ser a quase que inutilidade de uma campanha de prevenção contra gravidez na adolescência num lugar onde – embora a ocorrência fosse considerável – isso era algo atribuído ao demônio.

Todas essas coisas são ditas assim com um tom de "não tem jeito", numa reiteração sobre o quanto "eles" são fechados e refratários. O tom dos que se dizem preocupados com a proteção ambiental não foge a essa tendência quando se manifestam sobre esse Provetá inexpugnável, impermeável a tudo, inclusive às recomendações em prol do meio ambiente. Além de ser um lugar bastante urbanizado e cheio de construções feitas sem um traçado sistemático, em Provetá existe um lixão, bastante visível para quem chega, e isso parece colaborar para que se diga que o lugar "não é bonito" – ao contrário do que se é levado a dizer em relação a qualquer ponto da Ilha Grande. Como em todas as outras localidades habitadas da Ilha, existem ali problemas graves de saneamento que demandam solução, mas quando se fala especificamente em Provetá, é como se as coisas fossem mais difíceis de serem resolvidas – por causa "deles". "É um povinho 'encardido'", ouvi também de um ambientalista. Aqui, essa expressão, embora coincidentemente remeta de imediato à idéia de sujeira, no falar regional, quer dizer "difícil", "complicado", "ruim de se lidar", o que a torna no caso bastante eloqüente como síntese do que estou querendo mostrar.

Tudo isso que é catalisado nas referências a Provetá se reproduz cotidianamente com relação aos crentes em geral. Se a propósito das questões ambientais e advindas da explosão do turismo é possível perceber essa crítica como sendo manifestada de forma exacerbada na "visão emitida sobre" os evangélicos, por outro lado, é possível também perceber na "visão emitida a partir deles próprios" alguns pontos de vista típicos dos nativos porém marcados com uma tonalidade extra e característica dos evangélicos. É, por exemplo, o caso de um tom moralista acrescido àquele comentário sobre o fato de a Ilha não ser mais a mesma, de estar cheia de gente de fora que ninguém sabe quem é – estando embutida nesse acréscimo uma preocupação maior com a má influência e os maus costumes trazidos com o assédio à Ilha, ao mesmo tempo em que se diz que a Igreja ajuda a frear e combater esses males.

Outro exemplo é relativo ao fato de os nativos acharem que devem ser poupados dos rigores da fiscalização ambiental, ilustrado com o peso extraordinário que adquiriu um caso que pode ser considerado emblemático e que foi uma verdadeira bomba, tendo repercutido como um escândalo no meio dos nativos, mas particularmente no meio dos crentes, que ficaram ultrajados com a situação que atingiu um dos "irmãos". Foi o caso, ocorrido em janeiro de 2001, de um senhor nativo/crente, morador de uma região do Abraão considerada como "área dos crentes", que foi flagrado e autuado tirando um carrinho de areia da beira do rio para usar nas obras de sua casa.

Essa área dos crentes no Abraão corresponde basicamente a duas ruas que sobem morro acima, que são a Rua das Flores e a Rua da Assembléia – esta assim denominada justamente por causa de um templo da Assembléia de Deus que se encontra na esquina com a rua principal –, nas quais boa parte dos moradores é de evangélicos, que são facilmente distinguíveis pela postura, vestuário e pela sua visibilidade na freqüentação aos cultos. Ora, esse caso de autuação adquiriu um peso enorme, gerando perplexidade e revolta em muita gente, especialmente nessa redondeza. Por tudo se julgava que aquilo não tinha razão de ser; e em tudo o episódio soou despropositado, a começar daquele argumento no sentido de serem vistas como absurdas certas punições quando dirigidas aos nativos, baseado na idéia de que a eles deveria ser dado "um desconto" – tratamento diferente porque justamente são eles que estão ali há tempo e sabem agir, "não é para abusar ou comercializar". Afinal, tratava-se de um senhor de respeito, conhecido de todos, um "irmão crente", uma pessoa de idade, que acabou passando mal (da pressão?) numa situação que foi terminar na delegacia de Angra dos Reis e que precisou da intervenção de outro irmão crente, Seu Caratinga, ex-administrador do Abraão, que foi junto até Angra para ajudar na liberação. Durante longo tempo essa história foi objeto de comentários escandalizados na vila: "Imagina que situação humilhante; atravessou como preso na lancha solicitada pela polícia." "Não precisava isso!" "Ele estava ali no acabamento da casinha dele, aí passou um dos membros da ONG, que viu ele fazer e denunciou."

Esta última fala é também a de um evangélico e note-se que é feita uma referência "à ONG", não a uma ONG que existe ali, ou ao CODIG que seria no caso a ONG que existe ali, mas à ONG, colocando a própria categoria como uma entidade que seria responsável por essas coisas. De fato, uma das conseqüências desse acontecimento foi o aumento do desgaste da imagem do CODIG na Ilha, tendo-se atribuído a essa ONG ambientalista do Abraão – como se vê aí, colocada como "a ONG" – todo o estrago do episódio. Imagine-se o quanto um tal episódio serviu para alimentar aquela visão antagônica em relação aos que são vistos como vindos de fora e querendo ditar regra, no caso especificamente equacionado com os ambientalistas.

Trata-se da queixa prosaica de que "o cara de fora não pode chegar aqui e ficar querendo ditar regra (...) chegar aqui e querer mandar em tudo – igual os PM's faziam; o povo toma isso como uma coisa contra ele". A reclamação remete a um sistema que vigorou anteriormente e que ainda guarda suas marcas na Ilha, que é o da cultura policialesca, no caso aqui, referido como algo repressivo que teria migrado para os rigores da fiscalização ambiental (cf. Gomes, 2001, e Santos, 2002). Com efeito, os nativos da Ilha Grande tiveram de fazer face a fatos e situações os mais variados, que, ao longo de um século, foram chapados em cima dos esquemas culturais locais: instituições carcerárias, que ficaram condensadas na grande referência que passou a ser "o Presídio"; depois, para a Vila Dois Rios, "a UERJ" e tudo que advém de sua presença (um *campus* universitário com um centro de pesquisa); para diferentes populações, as unidades de conservação e suas regras, e para o povo do Aventureiro em especial, a mais restritiva delas, uma reserva biológica. Cabe à população local adaptar-se a tudo isso. E no Abraão, agora, como diz um morador: "a gente pode escolher: ser empregado do empresário de turismo; ou ser empregado do empresário de turismo", o que começa a projetar-se para toda a Ilha. Essa fase do turismo é também a fase das exigências da proteção ambiental e das leis ambientais, e nesse contexto a polaridade entre "nativos" e "não-nativos" – com todas as aspas e gradações sob as quais a categoria deve ser considerada – é um eixo pelo qual parecem passar todas as questões na Ilha e pelo qual certamente terão de passar todas as soluções.

4. "Eles", com quem há que se dialogar

Segundo nos ensinam os mestres da Antropologia, a cultura de qualquer grupo social corresponde sempre a um processo histórico no qual as práticas e acontecimentos são concebidos de acordo com as experiências passadas, isto é, conforme os modelos culturais tradicionais, e são simultaneamente motivo de reinterpretação desses modelos. Marshall Sahlins (1992) nos mostra de maneira instigante como diferentes povos se apropriaram a seu modo das "imposições" do mercado, transformando-as, fazendo uso delas conforme seus valores e "interesses" demarcados culturalmente, e "devolvendo-as" – se não confrontando, afrontando o sistema do modo mais inusitado. No contexto da Vila do Abraão na Ilha Grande, é possível tomar essas lições como referência para pensar o que se chama genericamente de questões ambientais. Além de a convivência do turismo com a demanda de proteção ambiental já constituir uma situação de equilíbrio delicado, que poderia até ser vista como uma incongruência (cf. Lorenzo, 1996), vimos como o Abraão sintetiza, em termos da Ilha, toda a problemática de mudanças bruscas trazidas com a entrada não planejada do turismo e como isso implica questões a serem enfrentadas pelos diferentes segmentos sociais presentes. Todos têm algo a dizer, algo a sugerir, uma solução para dar a cada problema, além de interesses diversos igualmente relacionados a tais problemas. No fundo desse cenário, destaca-se a polaridade entre os que se consideram "nativos" e os "não-nativos", exacerbada no caso dos crentes, que ilustra de maneira clara a questão dos processos culturais lembrada acima a partir da perspectiva antropológica.

Pode-se aqui fazer uma analogia com os muitos casos de "populações tradicionais" afetadas pela transformação de seus lugares em unidades de conservação,[12]

12. Ver, por exemplo: Diegues e Nogara 2000; Ioris 2000; Queiroz 2000.

nos quais, para além da perplexidade dos habitantes originais, surge um inescapável conflito de visões e interesses entre estes e o Estado que cobra o cumprimento da legislação. Embora não se possa falar de uma "população tradicional" no Abraão – ressalvando-se também todas as dificuldades de definição do que seja afinal uma população tradicional (cf. Diegues, 1998, e Adams, 2000) –, e se encontre ali não uma população nativa compacta mas sim muitos grupos coexistindo, o que parece ocorrer é que, em face dos muitos segmentos em presença, os que se pensam como nativos assumem o lugar que seria equivalente ao de tais populações. Como costuma acontecer naqueles casos, também no Abraão, na percepção dos ambientalistas, as visões nativas em geral são consideradas como uma "não-ecologia", isto é, como uma "ausência de", ao invés de "a presença de uma ecologia nativa" (uma "etnoecologia"), ou de uma visão peculiar. Assim é que os nativos do Abraão de um modo geral também reagem, em princípio, sendo refratários "à ecologia". Estamos diante de um embate de categorias culturais, entre as quais se acha a própria idéia de "paraíso ecológico". E, na convivência e no confronto de tantos grupos e interesses, os nativos da Ilha, se são *outsiders* no sentido de excluídos do poder, exercem, por outro lado, uma posição – simbolicamente forte – de "estabelecidos", para dizer quem é que entende desse tal paraíso.

Para pensar esse caso, pode-se ainda recorrer à perspectiva do "etnodesenvolvimento" (cf. Souza Lima e Barroso-Hoffman, 2002), que, para além da idéia de desenvolvimento sustentável – fundada na preocupação com os limites dos recursos naturais –, está fundada na preocupação com as populações indígenas envolvidas, correspondendo a um desenvolvimento sustentável *para* essas populações, que estabeleça com elas um "diálogo" a propósito do que seria uma troca de saberes e não a unilateralidade que tem sido a prática da relação das sociedades abrangentes com tais populações. Se os "indígenas" deste mundo são o grande "outro", sempre considerados sob um olhar que nunca os coloca de igual para igual, e cujos saberes jamais são vistos como ciência – prerrogativa da sociedade ocidental moderna –, podemos reconhecer, em diferentes contextos, muitos "outros" que de maneira igual são (des)considerados. Segundo um sistema de valores e uma ideologia ecológica introduzidos na Ilha Grande junto com as mudanças que vimos aqui, os nativos e os crentes – esses nativos elevados ao cubo quando se trata de certas coisas – são também um "outro", que se estranha e se quer "civilizar".

"Eles", dizia outro dia uma dessas pessoas de fora, referindo-se aos evangélicos do Abraão, "a gente pensa que eles não fazem nada, são uns paradões, não participam das coisas. Que nada, eles são os que mais se divertem aqui nesse Abraão". E começou a contar da situação de uma festa de aniversário para a qual havia sido convidado como patrão de um membro da família, falando, como se tivesse feito uma descoberta, sobretudo quanto à possibilidade de "eles" se divertirem. Primeiro, porque isso foge da representação que "deles" se tem, associada apenas ao som das vozes e cantos nos seus conspícuos cultos; depois, porque, se não se divertem como nós, "eles" não se divertem. Se só entendem do paraíso divino, quem vai admitir que "eles" também sabem o que é bom para o paraíso da Ilha Grande que se quer preservar?

Referências bibliográficas

ADAMS, Cristina. *Caiçaras da Mata Atlântica*. São Paulo: Annablume, 2000.

CALVENTE, Maria Del Carmen M. H. Ilhabela: turismo e território. In: DIEGUES, Antonio Carlos (org.). *Ilhas e Sociedades*, 1997.

DIEGUES, Antonio Carlos. *O Mito Moderno da Natureza Intocada*. São Paulo: Hucitec, 1998.

DIEGUES, Antonio Carlos, NOGARA, P. *O Nosso Lugar Virou Parque*. São Paulo: NUPAUB/CEMAR/USP, 1994.

ELIAS, Norbert, SCOTSON, John L. *Os Estabelecidos e os Outsiders*. Rio de Janeiro: Jorge Zahaar Editor, 2000.

GOMES, Marcus Machado. A natureza sob vigilância: etnoecologia e ethos penitenciário na Ilha Grande. Monografia de Graduação (Ciências Sociais) – Instituto de Filosofia e Ciências Humanas / UERJ, 2001.

IORIS, Edviges. Conflitos em unidades de conservação com populações locais: o caso da Floresta Nacional de Tapajós. Brasília: XXII Reunião Brasileira de Antropologia, Fórum de Pesquisa "Conflitos Sócio-Ambientais e Unidades de Conservação", mimeo, 2000.

IPPUR/UFRJ. As potencialidades do turismo na Ilha Grande: uma análise sócio-territorial de diferentes formas de aproveitamento turístico e de suas consequências ambientais. Rio de Janeiro: IPPUR/UFRJ, mimeo, 1994.

LORENZO, Rosa Amélia Fortes Garcia. A que passos andam as tartarugas. Estudo sobre o impacto sócio-cultural do turismo em Praia do Forte. Salvador: XX Reunião Brasileira de Antropologia, GT. "Ambiente, População e Cultura: Grandes Projetos e Populações Locais", mimeo, 1996.

LUCHIARI, Ma. Tereza D. P. Turismo e cultura caiçara no litoral norte paulista. In: RODRIGUES, Adyr Balasteri (org.) *Turismo, Modernidade, Globalização*. São Paulo: Hucitec, 2000.

MARIZ, Cecília L. Perspectivas sociológicas sobre o Pentecostalismo e o Neopentecostalismo. *Revista de Cultura Teológica*, Ano III (13): 37-52 (out- dez) 1995, 1995.

MELLO, Carl E. Vieira de. *Apontamentos para Servir à História Fluminense (Ilha Grande) Angra dos Reis*. Angra dos Reis: Conselho Municipal de Cultura, 1987.

MELLO, Érika. Turismo e desenvolvimento social na Vila do Abraão: um estudo sobre a modificação na estrutura de consumo. Dissertação de mestrado. Rio de Janeiro: EICOS/Centro de Filosofia e Ciências humanas/UFRJ, 1997.

MENDONÇA, Rita. Turismo ou meio ambiente: uma falsa oposição. In: LEMOS, Amalia Ines G. de (org.). *Turismo: impactos socioambientais*. São Paulo: Hucitec, 1996.

NOVAES. Regina R. *Os Escolhidos de Deus*. Rio de Janeiro: Marco Zero/ ISER, 1985.

PMAR – PREFEITURA Municipal de Angra dos Reis. *Um Pouco da Nossa Ilha Grande*. Angra dos Reis: PMAR/ Secret. M. de Desenvolvimento Econômico, Social e Planejamento, mimeo, 1992.

PRADO, Rosane. M. A UERJ e a comunidade da Vila Dois Rios. Relatório de pesquisa. Rio de Janeiro: UERJ, mimeo, 2000.

PRADO, Rosane. M. Depois que entrou o Imbamba: concepções de preservação ambiental entre a população da Ilha Grande. Brasília: XXII Reunião Brasileira de Antropologia, Fórum de Pesquisa "Conflitos Sócio-Ambientais e Unidades de Conservação", mimeo, 2000.

PRADO, Rosane. M. Quem entende do paraíso: estudo sobre percepção e políticas ambientais num contexto de unidades de conservação. Gramado: XXIII Reunião Brasileira de Antropologia, Fórum de Pesquisa: "Processos institucionais de administração de conflitos e produção de verdades no espaço público. Abordagens interdisciplinares em uma perspectiva comparada", mimeo, 2002.

PRADO, Rosane. M. Tensão no paraíso: aspectos da intensificação do turismo na Ilha Grande. *Caderno Virtual do Turismo*, nº 7. Rio de Janeiro: Instituto Virtual do Turismo/COPPE/UFRJ, 2003.

QUEIROZ, Ruben Caixeta de. Multiculturalismo versus multinaturalismo na Estação Ecológica da Juréia. Brasília: XXII Reunião Brasileira de Antropologia, Fórum de Pesquisa" Conflitos Sócio-Ambientais e Unidades de Conservação", mimeo, 2000.

SAHLINS, Marshall. *Historical Metaphors and Mythical Realities*. Ann Arbor: University of Michigan Press, 1981.

SAHLINS, Marshall. Cosmologias do capitalismo. *Religião e Sociedade*, v. 16, nº 12. Rio de Janeiro: ISER, 1992.

SANTOS, Myrian Sepulveda dos. A construção da violência na Ilha Grande. Rio de Janeiro, mimeo, 2002.

SANTOS, Myrian Sepulveda dos. História e memória: o caso Ferrugem. Rio de Janeiro, mimeo, 2003.

SOUSA, Tatiana Caldeira de. Tão perto e tão longe: uma abordagem antropológica da relação entre a UERJ e a comunidade da Vila Dois Rios. Monografia de Graduação. Depto. de Ciências Sociais / Instituto de Filosofia e Ciências Humanas / UERJ, mimeo, 2002.

SOUZA LIMA, Antonio Carlos, BARROSO-HOFFMANN, Maria (orgs.). *Etnodesenvolvimento e Políticas Públicas: bases para uma nova política indigenista*. Rio de Janeiro: Contra Capa Livraria/LACED, 2002.

WUNDER, Sven. Big Island, green forest and backpackers, mimeo, 2000.

Parte II

Paisagens políticas e sentidos do religioso

De Imagens Religiosas a Ícones Culturais: reflexões sobre as transformações históricas de algumas festas públicas na Bahia

Roger Sansi

Algumas das festas públicas mais tradicionais e conhecidas da Bahia mudaram muito nos últimos cem anos. No fim do século XIX, muitas dessas festas tinham como foco de atenção as imagens dos santos católicos, padroeiros milagrosos; mas com o tempo, essas imagens perderam visibilidade e o centro público das festas foi ocupado por outros personagens, outras imagens, que se tornaram ícones representativos da cultura afro-brasileira, tanto no imaginário local como no global.

As transformações históricas dessas festas tiveram lugar em tempos diversos, mas seguiram sempre um padrão muito parecido que poderíamos dividir em dois momentos: um primeiro momento de crise e conflito entre os devotos das imagens e a hierarquia católica, a qual, tentando por em prática um processo de "romanização", rejeita as festas como "profanas"; e um segundo momento de recuperação e redefinição das festas, numa aliança com as novas elites culturais e políticas locais, que viram no "povo" celebrante dessas festas os ícones da cultura afro-baiana que procuravam.

Nas páginas seguintes vou tratar brevemente de duas festas: a Festa do Bonfim e a Festa da Boa Morte em Cachoeira . Essas celebrações eram, na origem, celebrações populares católicas, mas nos últimos decênios foram publicamente identificadas à cultura afro-baiana, virando atrações turísticas muito bem acompanhadas pelos meios de comunicação. Assim, o cortejo das baianas do Bonfim e as irmãs da Boa Morte ocupam as objetivas das câmeras de hoje muito mais do que as imagens do Nosso Senhor do Bonfim ou da Nossa Senhora da Boa Morte, que ficam relegadas a um segundo plano.

Como vamos ver, o argumento tradicional dos antropólogos perante essas festas é que elas sempre esconderam um fundo afro-baiano que, oculto por baixo do ritual católico, trazia uma celebração de Candomblé. Essa seria uma visão da festa como um ato de resistência cultural implícita. O meu argumento é que esse processo de "afro-baianização" não pode ser interpretado apenas como a emergência de um fundo de Candomblé escondido por trás dessas festas, como um ato de resistência, mas ao contrário, pode ser visto como uma reconstituição simbólica que tem envolvido a incorporação de significados, imagens e valores novos, como resultado do conflito e negociação entre diferentes atores sociais.

Por outro lado, seria possível também dizer que essas festas são tradições inventadas, isto é, ficções que procuram criar uma conexão imediata com um passado mítico e tradições que nunca existiram. Assim, uma certa tradição crítica nas ciências sociais poderia ver a "reinvenção" dessas festas como uma ficção de "cultura popular" manipulada pelas elites intelectuais e políticas locais para impor a sua visão hegemônica.

Contudo, não irei analisar essas festas como tradições inventadas nesses termos. Da mesma forma que não podemos ver a história dessas festas somente como um contínuo ato de resistência de um grupo social subalterno, seria precário e injusto atribuir as transformações ocorridas nas festas exclusivamente ao poder manipulador de certas elites hegemônicas. De fato, a teoria da resistência e a teoria da invenção da tradição têm em comum uma certa suspeita com relação às imagens, ao que a gente vê. Essas teorias vêem na festa uma "aparência" passageira que ocultaria uma "substância" constante. Para a teoria da resistência, as aparências da festa seriam uma "máscara" que esconde a substância da identidade; para as teorias da invenção da tradição, o povo na festa seria a "marionete" do poder. As imagens seriam, assim, máscaras ou marionetes que escondem uma realidade mais profunda, seja a resistência cultural e a afirmação da identidade, seja a tradição inventada e a imposição de uma hegemonia. A missão do cientista social, nesses termos, seria "ver claro", chegar à verdade escondida por trás das sombras e das ficções da festa: à "ordem social", à "identidade", ao "poder". Dessa forma, chega-se sempre a uma ou outra forma de funcionalismo, enquanto os eventos, rituais, imagens e festas são explicadas em função de uma ordem geral escondida, só visível aos olhos do cientista social crítico: seja um funcionalismo da identidade, seja um funcionalismo do poder.

Essas distinções funcionalistas entre "fundo" e "forma", "substância" e "aparência" do ritual, têm sido um obstáculo para desenvolver uma análise realmente histórica das festas. A suspeita das aparências é também uma suspeita dos eventos, dos acidentes, das eventualidades que não formam parte da 'tradição', do esquema ritual ortodoxo que, para o pesquisador funcionalista, traduz a verdade escondida da festa. O "conteúdo" das formas pesquisado pelo funcionalista aparece como sempiterno e digno de atenção, enquanto a "forma" pode mudar no tempo, sendo, portanto, intranscendente. Assim, parece que a cultura afro-baiana sempre foi a mesma coisa, se seguimos a lógica de uma teoria da resistência cultural; ou, do outro lado, que o poder manipulador das elites também foi sempre o mesmo, do ponto de vista das teorias da invenção da tradição. Nos mesmos termos, essas duas realidades sociais, a da identidade subalterna afro-brasileira e o poder hegemônico das elites, são analisadas em separado, como duas realidades autônomas e incomensuráveis.

Porém, uma análise histórica dessas festas mostra claramente como esse "povo" e essas "elites" nunca foram tão autônomos nem incomensuráveis: como esses atores sociais sempre foram, de fato, interdependentes e, de algum modo, mutuamente constitutivos. Se deixarmos de lado as substâncias eternas da identidade e do poder, a incomensurabilidade da elite hegemônica e do povo resistente, e concentrarmos o nosso olhar na mudança das aparências e nos eventos, no transcorrer de imagens, assistindo a como os diferentes grupos e atores sociais se relacionam com e através delas, poderemos ver precisamente que as transformações nessas festas foram enormes, tão grandes que talvez o deslizamento das imagens tenha efetuado uma transformação "substancial" nas festas e nos valores que elas incorporam. As próprias mudanças seriam um cenário privilegiado para entender as trocas entre esses grupos sociais e até as mudanças dos valores sociais e culturais em geral.

1. Nosso Senhor do Bonfim: de imagem milagrosa ao líder onipresente.

Em Salvador, diz-se que o Senhor do Bonfim é o verdadeiro governador da Bahia. A imagem do Bonfim "mora" numa igreja branca no alto de uma colina que reverbera intensamente a luz do mar que rodeia a península de Itapagipe. A imagem do Bonfim chegou na metade do século XVIII, nas mãos de Teodózio Rodrigues de Faria, capitão da armada, que fez promessa de trazê-la de Portugal após sobreviver a um naufrágio. A imagem foi muito bem recebida na Bahia e a confraria criada entorno do Bonfim construiu uma magnífica igreja para a imagem no início de 1800.

Já na sua chegada à Bahia, a imagem tinha reputação de milagrosa, que nunca deixou de crescer durante o século XIX. A imagem saiu muito pouco do santuário, umas três vezes em um século: durante a Guerra da Independência, para ajudar os patriotas; em 1842, durante uma seca terrível – a imagem do Bonfim nem havia chegado à São Joaquim e já começava a chover; e finalmente em 1855, durante uma epidemia de cólera (Guimarães 1994:55-58). A intervenção do Bonfim na eventualidade de acontecimentos críticos para a vida da cidade transformou-o em seu padroeiro "de fato".[1]

Depois de 1772, a confraria do Bonfim iniciou a celebração de sua festa no segundo domingo depois da Epifania. A festa incluía nove dias de missas à imagem, culminando no domingo, mas não tinha uma procissão pública. Contudo, bem cedo uma festa popular cresceu às portas do templo. Na segunda metade do século XIX, já se falava da Lavagem do Bonfim como de uma das grandes festas da Bahia. Bastide (1978) diz que a Lavagem começou com a promessa feita por um soldado de origem portuguesa ao senhor do Bonfim, de que se ele sobrevivesse à guerra do Paraguai, iria lavar toda a igreja. O seu gesto teve uma grande repercussão e, um ano depois, uma massa de gente foi lavar a igreja. A lavagem virou tradição. Depois da Lavagem, a festa – com barracas, bebidas e música – prolongava-se pelo dia e

1. No século XX, as saídas do Bonfim foram sempre por motivos mais políticos que miraculosos, por exemplo, para comemorar o centenário da Independência da Bahia em 1923, ou na ocasião da visita do Papa em 1980.

pela noite inteira. Membros da confraria calcularam que em 1881, cerca de 500.000 pessoas acudiram à Lavagem. Havia sido "uma orgia" e eles tinham tomado a igreja "de assalto" (Carvalho in Guimarães, 1994, p.99). Em 1888, ano da Abolição, o bispo recomendou a extinção da Lavagem. Para um jornal católico da época, a Lavagem tinha se transformado em "um Candomblé à luz do dia, e o que é pior, frente os altares".[2]

Nessa época, a Igreja Católica na Bahia e no Brasil estava iniciando um processo de "romanização". Depois do Concílio Vaticano I, a Igreja tinha se envolvido a fundo em combater as "superstições" populares e "purificar" as práticas religiosas. Azzi (1976), por exemplo, resumiu esse processo entorno de quatro pontos: primeiro, impor a autoridade dos padres, muito ausentes nas práticas populares tradicionais no Brasil; segundo, lutar contra as lendas, mitos e práticas taumatúrgicas populares; terceiro, substituir as mediações familiares e locais ao culto, pela relação individual dos fiéis ao padre; e quarto, limitar no máximo as celebrações "profanas" associadas ao culto e cultivar uma fé mais individual, privada e ascética. Em resumo, era preciso separar "folclore" e "superstição" de "religião", substituir a religiosidade popular tradicional por uma prática moderna e ortodoxa.

Para essa Igreja Romana renovada, as festas populares não eram bem religiosas, mais pelo contrário: elas eram uma ameaça a religião, possivelmente restos dos cultos pagãos. Do mesmo modo, a relação quase idólatra do povo às imagens era vista como perigosa, e os padres deveriam limitar as devoções privadas aos santos para estimular a participar nos rituais protagonizados pelos eclesiásticos, como a eucaristia ou a confissão.

Gostaria de salientar que essa interpretação das festas populares como eventos subversivos anticatólicos, como resíduos pagãos e idólatras, é perfeitamente definida pela Igreja Católica mesma, e não contra ela, uma Igreja renovada, centralizada, intelectualizada e muito longe da prática católica popular no Brasil. A Igreja do fim do século XIX no Brasil via o povo mais como inimigo temível que como

2. *O Monitor Católico*, 15 janeiro 1888, citado em Guimarães (1994:85).

parceiro. Nessa época, a Igreja na Bahia não tinha outra opção a não ser aliar-se às instituições da República recém-criada e às oligarquias que a defendiam, desprezando e temendo um povo que finalmente deixava para trás a escravidão.

A Lavagem foi interditada pelo Governador da Bahia em dezembro de 1889, junto com outras celebrações populares. Em janeiro de 1890, a polícia ocupou o largo do Bonfim e impediu a celebração da festa.

Mas a Lavagem do Bonfim voltou, inevitavelmente. Mesmo alguns membros da Confraria, de fato, não estavam contra e relativizavam o caráter "pagão" do Bonfim:

> "Se encararmos esses divertimentos (batuques e candomblés) como provindo de uma seita selvagem da religião africana, certo encontramos grande insensatez na prática de taes divertimentos em occasiões de festa da Egreja Católica. Mas se nos apercebemos de que essa pobre gente da roça, rústica, analphabeta, sem o menor desenvolvimento dos sentimentos da fina estética, a penas enxergam, por atavismo, mas que por as danças africanas e no ritmo provocante dos atabaques a sugestão e o prazer, acabaríamos por achar menos ofensivo o 'Candomblé' no Bonfim e para elle olhariamos simplesmente como para mais uma das muitas especies do povo festejar o senhor dos milagres."(Carvalho 1915:42)

Finalmente, tentou-se limitar a Lavagem ao largo e ao adro da Igreja, evitando que entrasse na Igreja (Guimarães op.cit.:80). O "sagrado", a igreja, foi então separado do "profano", o largo (na mesma época que nosso mestre Dürkheim formulava a sua teoria da religião). Esse é o primeiro momento do fechamento da imagem do Bonfim, que a partir de então estaria escondida e separada do povo na Lavagem.

Percebendo a impossibilidade de por fim à festa, a Igreja promoveu a participação das classes médias, organizando um cortejo no qual as pessoas de posses pudessem ir com as suas carroças (Guimarães: 89). A partir de 1940, o Bonfim assume o seu percurso atual, saindo da Conceição da Praia até o santuário. A Igreja começava a pensar que o Bonfim parecia mais cristã a cada ano.[3] Entretanto, nesse tempo começaram a ganhar espaço outros protagonistas, além dos estritamente católicos, no Bonfim: o elemento "folclórico" e o político. O aspecto folclórico é concretizado em figuras particulares: o cortejo das chamadas "baianas" do Bonfim, mulheres negras e mestiças, vestidas no costume tradicional, de branco e com vasilhas de água de cheiro e flores em cima da cabeça para lavar o Bonfim. As "baianas" seriam reconhecidas como parte imprescindível da festa a partir de meados dos anos quarenta, por parte das autoridades políticas locais. Na Lavagem de 1945, comemorando a vitória da II Guerra Mundial, as "baianas" trazem uma vela de mais de dois metros com as bandeiras do Brasil, Bahia e Estados Unidos e elas são recebidas oficialmente pelas autoridades da cidade.

Esse reconhecimento político das baianas integra-se num processo de grande transformação política na Bahia, no qual as elites começam a se interessar pela cultura popular local – que anteriormente tinham desprezado e até temido – e a estimular a chegada na Bahia de pesquisadores e artistas interessados nessa cultura popular. Um desses pesquisadores foi Roger Bastide, que assistiu à Lavagem de Bonfim numa das suas primeiras viagens à Salvador. Para Bastide, a festa popular é claramente uma superfície: "Por trás da fachada católica, celebra-se de fato uma cerimônia fetichista".[4] Nesse sentido, Bastide põe em relação à Lavagem do Bonfim como os rituais das Águas de Oxalá celebrados nas casas tradicionais de Candomblé na Bahia, como a Casa Branca e o Opô Afonjá.[5] De fato, o Senhor do Bonfim no Candomblé é associado a Oxalá. A sua cor é a branca, ele mora em cima de uma colina, perto do céu e ele é o rei da Bahia.

A correspondência simbólica entre o Senhor do Bonfim e Oxalá é evidente na Bahia. Mas, quer isso dizer que a Lavagem do Bonfim seja, "de fato", um ri-

3. *Jornal da Arquidiocese da Bahia*, 10 de Janeiro de 1941, citado em Guimarães (1994:18).

4. "*Derrière la façade Catholique est bien célébrée, en réalité, une cérémonie fetichiste*" (Bastide 1978:108).

5. O ritual das Águas de Oxalá inaugura o calendário de festas dessas casas. A história comemorada é bem conhecida pelos leitores de Verger: Oxalá, rei de Ifé, foi confundido com um ladrão pelos soldados do rei de Oyó, Xangô, que o mandam para a cadeia. Alguns anos mais tarde, Xangô percebeu o terrível erro e, para reparar a ofensa, envia toda a sua corte para lavar Oxalá, restituindo sua dignidade de rei. O ritual segue a história e toda a comunidade do Candomblé, vestida de branco (a cor de Oxalá) vai à fonte buscar água com uma ânfora e levá-la na casa de Oxalá (Verger, 1980). É um ritual estritamente privado, reservado ao pessoal de cada casa.

tual para Oxalá? Não pode ser simplesmente o que parece, e o que a maior parte dos participantes dizem quando interrogados pelos jornais:[6] um ato de homenagem, uma promessa pagada ao Senhor de Bonfim? Não é possível aceitar que as pessoas sejam de candomblé e católicas, ao mesmo tempo? De fato, Bastide pensando que não é possível crer numa coisa e em outra ao mesmo tempo, seguia o pensamento da Igreja, que suspeitava que sob os cultos populares, havia o fetichismo e o paganismo escondidos. Neste artigo, não analiso Catolicismo e Candomblé como uma dicotomia do mascarado e do escondido, mas como um processo de superposição e troca de imagens no qual umas perderam visibilidade, tendo seu espaço ocupado por outras: nesse caso, nos anos quarenta a imagem do Bonfim continua a perder visibilidade, para ser substituído pelas baianas como centro efetivo da festa.

A politização e a folclorização do Bonfim não passam desapercebidas à Igreja que, temendo perder o controle de novo, decide interditar a Lavagem mais uma vez em 1949. Uma grade de ferro foi construída para proteger o adro da Igreja. Entretanto, na festa de 1950, os devotos do Bonfim pularam a grade. Ainda em 1951, a polícia impediu a celebração da Lavagem (Guimarães, p. 93-94).

A situação era crítica, mas dessa vez as autoridades locais não estavam do lado da Igreja. Elas compreendiam a importância política da Lavagem como um foro de popularidade e o atrativo potencial turístico da festa. Em 1953, organizou-se uma comissão permanente para realizar uma "Lavagem simbólica", isto é, não religiosa. A comissão estava formada por jornalistas, donos de lojas da região, políticos, padres e também representantes da Febacab, a Federação de Cultos Afro-Bahianos (Guimarães, 1998). A comissão deveria assegurar a "moralidade" da festa, organizar um espetáculo agradável para os turistas, porém "autêntico": A Febacab deveria garantir que as "baianas" fossem membros respeitáveis do Candomblé e também devotas do Bonfim. Depois do início dos anos setenta, foi de fato a Emtursa, agência de turismo local, em conjunto com a FEBACAB, quem se responsabilizou pela organização do cortejo. A festa popular tornava-se, então, oficial.

6. Por exemplo, nesse mesmo ano, "pedidos de fiéis retratam contexto social do país e cotidiano da vida", *A Tarde*, 17/1/2003.

Depois do Concílio Vaticano II, a Igreja se mostra mais aberta às "celebrações populares" e, em 1976, os portões da grade do Bonfim foram abertos de novo (mas não as portas da igreja). Entretanto, é tarde demais: a festa já tem características muito diversas da celebração católica. Nos anos oitenta, diz-se que o Bonfim se "carnavaliza": os blocos afro, os Filhos de Gandhi, os trios elétricos começam a tomar parte no cortejo. O Bonfim se massifica: a Emtursa calcula uma afluência de um milhão e meio de pessoas em 2002.[7]

Essa "carnavalização" provoca um outro tipo de conflito, dessa vez não mais entre a Igreja e o cortejo das "baianas", mas entre o cortejo e os blocos. Em 1989, Emtursa e Febacab procuram separar cortejo e "Carnaval". O seu argumento é que o cortejo é sagrado e os grupos de Carnaval profanos.[8]

É interessante ver como as categorias foram transferidas: o que já foi profano, o cortejo, virou agora sagrado, e o aspecto profano da festa se trasnferiu para mais longe ainda. De fato, a "sacralidade" significa apenas que o Cortejo das Baianas virou o centro simbólico e a imagem central do Bonfim. Contudo, essa visão do cortejo como o "sagrado" não foi aceita pelas autoridades religiosas, seja do Catolicismo, seja do Candomblé. A Igreja renunciou a ter qualquer relação com a festa, que ela define como estritamente afro-brasileira. Do outro lado, casas tradicionais de Candomblé, lideradas pelo Opô Afonjá, rejeitaram o sincretismo já nos anos oitenta e indicavam, desde então, que festas como o Bonfim não têm nada a ver com o Candomblé.[9] De fato, poderíamos dizer que as mães de santo que rejeitam o sincretismo começam a se comportar como a Igreja do Concílio Vaticano I, distinguindo claramente o religioso do profano e determinando que o religioso é o patrimônio exclusivo delas...

Contudo, os organizadores do Bonfim começaram a limitar a presença de grupos de Carnaval e interditaram os trios elétricos. Por outro lado, a classe média vai encontrando alternativas ao Bonfim: o *Bonfim Light*, um festival fechado, pago

7. "Bonfim atrai 1,5 milhão em busca de paz", *A Tarde* 17/01/2002.

8. ver E.M. Guimaraes, *A Tarde* 6/1/2001.

9. Para Mãe Stella do Opô Afonjá, a relação das baianas com os terreiros é superficial: elas vão lá "por conta própria" (Guimaraes, p. 255).

e organizado para que a "gente bonita" não tenha de se misturar com o "povão", segundo os termos locais.

Aliás, a organização do Bonfim nunca impôs distância alguma, nem limitou a mistura de cortejo e políticos. Pelo contrário: o carnaval da política explorou a fundo a festa do Bonfim, como plataforma política e "banho de massas". Em 2000, a manchete do jornal informa com precisão: "Fé, religião e políticos caminharam juntos rumo à colina sagrada" (*Tribuna da Bahia* 14/1/2000).

O mais importante desses políticos na Bahia, Antônio Carlos Magalhães, sempre esteve presente no Bonfim já na sua época de prefeito de Salvador e de governador da Bahia.

A primeira vez que vi ACM foi precisamente no adro do Bonfim em 2000. A imagem foi bastante chocante. Dentro de um caos relativo, o cortejo das baianas chegou misturado com políticos e jornalistas, entre aclamações do público e das câmaras da televisão, montadas em pequenas torres de tecnologia na frente da igreja. ACM subiu as escadas e saudou o povo com uma força inusual num homem de oitenta anos, uma energia inédita num homem da sua idade. Aos seus pés, baianas e políticos tentavam roubar um pedacinho de foto. Mas ninguém roubava a centralidade dos focos a ACM.

No ano seguinte, eu tratei de seguir o cortejo desde o início, na Conceição da Praia. Ele começou de novo com ACM na cabeça, seguido de políticos, baianas e jornalistas. O cortejo fazia uns zig-zags esquisitos, seguindo o político à esquerda e à direita, seguindo a sua trajetória saudando os seus fiéis. Percebi também que as "baianas" tinham dificuldade em segurar as vasilhas. Alguns dias depois, um jornal informou que, na verdade, as "baianas" eram policiais fantasiadas, umas cem, que deveriam proteger ACM.[10]

Essa última anedota poderia sugerir uma conclusão irônica: como são fluidas as categorias do sagrado e do profano quando elas são consideradas historicamente! Vimos como o sagrado foi transferido da imagem do Bonfim ao cortejo, que deve ser protegido do Carnaval, mas não foi protegido de um outro Carnaval, o Carnaval

10. "Uso de 'pefem' [policiais femininas] no Bonfim pode ter ferido a liberdade de credo", *A Tarde*, 13/01/2001.

da Política, que assume um papel de protagonista, vira imagem dominante da festa, praticamente o centro sagrado.

Mais seria injusto dizer que o Bonfim hoje é só ACM. Ele é uma parte da festa, mas não é tudo. Ainda há a confraria celebrando a novena e as "baianas" que vêm realmente pagar promessa. Todavia, afirmar que só as formas "tradicionais" de viver o Bonfim devem ser levadas a sério pelos pesquisadores seria também injustificável e injusto: porque o Bonfim é tudo isso, a imagem, o cortejo, ACM, tudo junto.

2. Boa Morte: guerra das imagens e resistência cultural

Um segundo caso que poderíamos considerar é a festa da Boa Morte. Ela é muito diferente do Bonfim: tem lugar em Cachoeira, cidade colonial próxima a Salvador, em meados de agosto. Além disso, a afluência à festa é incomparavelmente menor e ela nunca despertou um fervor particular no povo de Cachoeira, como vamos ver. No fundo, porém, Boa Morte apresenta questões similares ao Bonfim: a negociação entre imagens católicas e de candomblé no transcurso de festas públicas, e a alteração histórica de uma celebração religiosa popular que se transforma em uma manifestação da cultura afro-brasileira.

A Irmandade da Boa Morte celebra a morte e assunção da Virgem Maria durante uma semana em agosto. Não se sabe ao certo como ela chegou à Cachoeira.[11] Alguns autores assinalam a origem da Confraria entre 1817 e 1820, mas sem documentação conclusiva.[12] Havia uma confraria em Salvador (Lody 1981:8), no bairro da Barroquinha, extinta por volta de 1930. As histórias orais, que situam o nascimento do Candomblé da Casa Branca na Barroquinha, fizeram alguns pesquisadores pensarem que sempre houve alguma conexão entre Boa Morte e Candomblé, sem que houvesse, no fundo, evidência alguma, nem histórica, nem etnográfica.

11. A devoção da Boa Morte foi instaurada pelos jesuítas em Portugal no século XVII (Nascimento, 1999).

12. Lody, Nascimento e Walker, como vamos ver.

Nesses termos, estabeleceu-se uma seqüência virtual: Casa Branca – Barroquinha – Boa Morte – Cachoeira. Alguns pesquisadores afirmam, a partir daí, a conexão entre a Boa Morte e o Candomblé.

A única coisa certa, em todo caso, é que a Boa Morte existia já no século XIX em Cachoeira, antes do fim da escravidão, e que seus membros eram mulheres negras libertas. A Boa Morte, porém, não tem um estatuto canônico (Nascimento 1999:13), como o têm outras confrarias locais, o Carmo ou o Rosário. A Igreja a considerava uma devoção popular, os padres tomavam conta das imagens e oficiavam as missas da Boa Morte no tempo da festa. Desde 1915, há dois nichos na Igreja Matriz de Cachoeira para as imagens da Confraria, Nossa Senhora da Boa Morte e Nossa Senhora da Glória.[13] Normalmente, as imagens ficavam na casa de uma das irmãs, mas depois dos anos setenta, a irmã que guardava as imagens morreu e as deixou sob os cuidados do cura de Cachoeira, padre Fernando.[14]

Boa Morte nunca foi uma festa muito popular, no sentido de concorrida: as irmãs da Boa Morte celebravam praticamente sozinhas.[15] A devoção ia se perdendo e a Irmandade, nos anos oitenta, iria provavelmente desaparecer, assim como outras devoções iam desaparecendo em Cachoeira.

Entretanto, nos anos 80, a Boa Morte começou a chamar a atenção de pesquisadores, jornalistas e turistas. Em 1981, Raul Lody publicou um pequeno livro sobre a Boa Morte, apresentando-a como uma confraria organizada para combater a escravidão e intimamente vinculada ao Candomblé. Ele sugeria que a devoção possivelmente escondia os cultos de Iemanjá e Oxum.[16] Em 1983, um longo artigo publicado num jornal da Bahia tinha como título: "Celebração da Boa Morte revive a luta dos escravos" (*A Tarde*, 7/31/1983). Nele, a Boa Morte era definida como uma manifestação concreta do culto afro. Alguns anos depois, o historiador local,

13. "Dom Lucas encerra o caso sobre a Boa Morte", *Jornal da Bahia*, 20/03/91.

14. Tudo isso segundo o depoimento de uma das irmãs da Boa Morte, Anália, julho, 2001.

15. Depoimento de Fory, morador de Cachoeira, junho, 2001.

16. "Indagamos até que ponto Iemanjá e Oxum não estariam latentes, participantes desse conjunto sincrético tão freqüente e bem a nossa maneira de interpretar e crer nos santos." (Lody 1981:7)

Cláudio Nascimento, escreveu um livro sobre a Boa Morte, no qual conectava também o culto com o Candomblé, mais específicamente, com os Orixás Nanã e Omulu (Nascimento op.cit.: 22).

Não só pesquisadores brasileiros se interessaram pela Boa Morte nessa época, foi também nos meados dos anos oitenta que turistas e pesquisadores negros dos Estados Unidos começaram a chegar à Salvador e à Cachoeira. A antropóloga Sheila Walker disse que a Boa Morte "pode ser vista como uma celebração da emancipação, a mais antiga celebração da emancipação da escravidão nas Américas, realizada pela mais antiga organização de mulheres afro-americanas nas Américas".[17] Para Walker, o Catolicismo da festa seria só um "contexto": "Um contexto para o sincretismo religioso que permitiu a africanos e afro-brasileiros manter as suas crenças numa forma fantasiada".[18]

O Catolicismo, para esses autores, seria contexto, forma, fantasia e o Candomblé verdade, conteúdo real, fundo. Seria então a Boa Morte um culto sincrético? Vamos ver, por um momento, como se desenvolve a festa. Começa na sexta-feira, com uma missa pelas irmãs mortas, seguida por um cortejo da imagem da Boa Morte, no qual as irmãs vestem branco. Depois elas fazem um jantar sem carne, apenas salada e peixe. No sábado, elas levam a imagem em procissão de novo. Nesse dia não tem jantar e as irmãs cobrem a cabeça com um pano preto em sinal de luto. O terceiro dia, o domingo, é o Dia da Assunção de Maria e nesse dia elas fazem uma procissão com a imagem da Virgem da Glória. Depois, por dois dias, celebram a festa "profana", com muita comida e samba de roda. As roupas das irmãs, os pratos que elas cozinham, podem ser associados ao Candomblé, sendo a estrutura geral da festa perceptivelmente católica. Todas elas, de fato, são pessoas do Candomblé, o que não é qualquer coisa de excepcional em Cachoeira. Elas, porém, não reconhecem que Boa Morte seja um ritual de Candomblé. De fato, elas ficaram zangadas com Nascimento quando ele

17. "*...may be viewed as an emancipation celebration – the oldest continuous celebration of emancipation from slavery in the Americas, performed by the oldest continuing Afro-American women's organization in the Americas.*" (Walker, p. 12)

18. "*A context for the religious syncretism that allowed the Africans and Afro-Brazilians to mantiain their religious belief in a disguised form.*" (Walker, p. 10)

publicou o livro, segundo ele mesmo me contou: elas se declaram católicas e devotas da "santinha". Por exemplo, Anália, uma das irmãs com mais projeção pública, falou-me que no ano em que ela foi provedora da irmandade, a "santinha" lhe tinha trazido "tudo de bom". Para as irmãs, poderíamos dizer, a santinha é uma imagem personalizada e não apenas o véu que esconde um ritual oculto.

Contudo, parece que a crescente presença pública da Boa Morte despertou as suspeitas da Igreja Católica. O novo padre de Cachoeira, Hélio Villas Boas, tentou regularizar a situação da Confraria dentro da Igreja e redigir um estatuto canônico. Mas não só isso: ele também procurava renovar a irmandade e impor o critério canônico por sobre aquele das irmãs mais velhas.[19] As irmãs decidiram resistir e escrever um estatuto da confraria com a ajuda de uma advogada.

O conflito virou "guerra santa" quando em 1989 Padre Hélio tomou as imagens da Boa Morte dizendo que "lugar para santo é na Igreja".[20] A advogada da Boa Morte denunciou o padre e, finalmente, a polícia teve de ir buscar as imagens na igreja. No processo, o bispo de Salvador tomou partido muito claramente pelo padre. A preocupação central do bispo, era que a Boa Morte estivesse se transformando numa celebração política e cultural, mais do que religiosa.[21] Encontramos, então, uma situação parecida com a do Bonfim nos anos quarenta, quando a Igreja entendia que a festa estava se transformando num evento político e cultural e, portanto, *não* religioso.

É também nesse momento, como no caso do Bonfim, que instituições políticas e culturais, o Movimento Negro, a Bahiatursa (Agência de Turismo Estadual) e o prefeito de Cachoeira oferecem sua ajuda às Irmãs da Boa Morte, face à Igreja. Em particular, alguns dos norte-americanos, que nessa época já visitavam regularmente Cachoeira, ofereceram recursos para comprar uma casa para a Irmandade.

19. "Padre Hélio preocupa as Irmãs da Boa Morte", *Correio da Bahia*, 06/03/86.

20. "Guerra santa ultrapassa fronteiras", *Correio da Bahia*, 18/11/89.

21. "Os festejos da Boa Morte (...) sem prejuízo do seu caráter cultural, artístico e folclórico, jamais deixaram de ter, na alma do povo cachoeirano e, especialmente das Irmãs da Boa Morte, um cunho profundamente religioso e espiritual", em "Arquidiocese quer paz com irmãs da Boa Morte", *A Tarde*, 17/11/89.

Nessa situação de conflito aberto, a Irmandade começou a celebrar a festa sem padre Hélio, mas ainda com um padre da Igreja Católica Brasiliera. Em 1990, os turistas norte-americanos foram particularmente numerosos (mais de 1000). As irmãs receberam as chaves da nova sede. Uma televisão americana filmou o evento.[22]

Finalmente, em 1991 a sentença foi favorável à Boa Morte. O bispo encerrou o caso. Em qualquer caso, falou, as imagens não têm importância: as verdadeiras imagens de Deus são os meninos de rua.[23] Nesses termos, pode ser que involuntariamente, o bispo tenha revelado o verdadeiro problema: o seu desprezo por um Catolicismo Popular moderadamente idólatra, já que, de fato, as imagens sim eram o que tinha muita importância para as irmãs da Boa Morte.

Apesar da ajuda dos norte-americanos, Boa Morte tinha, ainda, muitos problemas econômicos para restaurar a nova sede. Em 1995, o escritor Jorge Amado publicou uma carta nos jornais,[24] pedindo ajuda institucional para a Boa Morte, considerada como uma parte do patrimônio cultural, histórico e artístico da Bahia. Imediatamente o governador e ACM decidiram ajudar a Irmandade. Em agosto de 1995, o governador Paulo Souto, ACM e Jorge Amado assitiram à inauguração da nova casa restaurada, contendo uma capelinha com as imagens e um museu.[25] A Boa Morte se transformou, finalmente, numa instituição cultural.

No fim dos anos noventa, as relações entre a Igreja e a Boa Morte se normalizaram. Em 1999, padre Hélio pediu perdão e o novo bispo da Bahia, Gilio Benício, oficiou a missa da Boa Morte. A Irmandade voltou ao Catolicismo, mas talvez tarde demais: já é muito mais do que uma sociedade religiosa. A Boa Morte virou um grande evento cultural, turístico e midiático no curso dos últimos anos. As reportagens fotográficas sobre a Boa Morte viajaram pelo mundo inteiro como ícone de um certo exotismo afro-brasileiro.[26] É curioso ver como em torno das irmãs em

22. "A procissão da Boa Morte deixa a Igreja Matriz", *Correio da Bahia*, 31/07/90.

23. "Dom Lucas encerra o caso sobre jóias da Boa Morte", *Jornal da Bahia*, 20/03/91.

24. "A Casa da Irmandade", *A Tarde*, 31/01/95.

25. "Jorge Amado agradece a recuperação da Sede", *A Tarde*, 13/1/1995.

26. "*Hermanas de la Buena Muerte, en el corazón de la santería brasileña*", *El País*, 8/28/1998.

procissão só tem jornalista e turista estrangeiro tirando foto, e bem poucos cachoeiranos por trás.

De que tiram fotografias? Se virmos as reportagens e as páginas da web, veremos que a maioria das fotos é das irmãs. Muito poucas são das imagens: elas perderam qualquer importância. A história da Boa Morte, para jornalistas e turistas, não é a história das imagens, da ascensão da Virgem Maria, mas a história das mulheres negras que levam a imagem nas costas, Candomblé e escravidão.

Novamente em 2001, a Boa Morte teve um caráter particularmente político. ACM, no meio de uma profunda crise política, foi à Cachoeira receber uma homenagem, muito coberta pelos meios de comunicação, da Boa Morte. Nessa ocasião, eu pensei em perguntar a alguns turistas norte-americanos o que eles achavam da homenagem ao velho senador branco. Eu achava que eles não teriam gostado, como eu, reconheço, não gostei. Surpreendentemente, a resposta que eu recebi em vários casos foi indiferente. Eles interpretavam a homenagem como uma inteligente estratégia da Irmandade para obter mais verbas do poder instituído.

Essas respostas me fizeram lembrar a interpretação que Walker tinha do Catolicismo, como uma fachada, ou um contexto de ação, que escondia uma realidade mais profunda e inalterável. Seria interessante falar um pouco mais desses americanos que vêm à Cachoeira. Quem são eles? Não podem ser reduzidos a uma unidade indiferenciada: há antrópologos, lideranças políticas, pastores de igrejas negras. Mas nenhum deles é católico. E de fato, eles também não estão necessariamente interessados em "fazer o santo" no Candomblé. Quando eu perguntei a alguns qual era a razão para vir à Cachoeira numa festa católica, muitas vezes obtinha a mesma resposta: *spirituality*. Nos termos da mesma Sheila Walker:

> "O candomblé e a Irmandade da Boa Morte representam duas diferentes técnicas, usadas pelos africanos escravizados para institionalizar e manter com sucesso a realidade e integridade da "espiritualidade africana", que continua a ser a base da vida afro-brasileira, apesar dos esforços euro-brasileiros para erradicar este sistema religioso e substitui-lo por outro baseado em princípios de pensamento e ação radicalmente diferentes, e servindo a fins social e culturalmente antitéticos".[27]

Essa espiritualidade africana de que Walker fala, pode ser alguma coisa que afro-americanos e afro-brasileiros teriam em comum. Essa espiritualidade não se reduz a uma prática ou uma cultura: poderia ser definida como uma experiência pessoal que nasce de uma herança histórica comum. Uma experiência baseada em sentimentos, sensações e juízos subjetivos. Por exemplo, um velho pastor evangélico afro-americano, confrontado com uma irmã da Boa Morte, não compreendia nada do que ela falava em português. Contudo, para ele não era preciso entender o que ela falava, para ele era como se ela "falasse em línguas" (*speaking tongues*). Poderíamos dizer que o importante não é o que ela fala, literalmente, mas o sentimento que a imagem da irmã da Boa Morte produz, como uma epifania de alguma coisa transcendente que chega diretamente ao *self* do turista norte-americano.

Nesse sentido, a visão do turista procurando a espiritualidade é uma visão claramente e conscientemente subjetiva. Ele vê a festa como uma representação e escolhe as imagens mais próximas a sua espiritualidade, ou a sua sensibilidade, poderíamos dizer. Em outros termos: a experiência da festa se transforma em uma experiência estética. Nesse caso, os turistas americanos não vêm para ver nem as imagens católicas, nem os ídolos políticos, mas as irmãs da Boa Morte como ícones da cultura afro-brasileira.

3. Conclusões: imagens da festa

Com esses dois casos, vimos como algumas festas públicas se transformaram, no último século, de celebrações populares católicas em expressões da cultura afro-brasileira, ou em espetáculos midiáticos e politizados. Tentei mostrar como essas transformações ocorreram por um deslizamento das imagens, no qual os santos

27. "*the Candomblé and the Sisterhood o f Good Death represent two different techniques used by the enslaved Africans to institutionalize and successfully maintain the reality and integrity of the African spirituality that continues to be the basis of Afro-Brazilian life, in spite of Euro-Brazilian efforts to erradicate this religious system and replace it with another based on fundamentally different conceptual and behavioral foundations, and serving antagonistic social and cultural ends.*" (Walker, p.12-13).

católicos perderam a sua visibilidade para serem substituídos por ícones da cultura afro-brasileira, como as baianas do Bonfim ou as Irmãs da Boa Morte, e até por um ídolo populista, ACM. Esse processo envolveu trocas e conflitos entre diferentes atores sociais que eu dividi em dois momentos: um primeiro momento de ruptura, quando a Igreja rejeita a festa; e um segundo momento de recuperação e aliança da festa com inteletuais e políticos. Sugeri, também, que Igreja e intelectuais têm, no fundo, uma visão parecida da festa: para eles, as festas populares católicas escondem sempre uma realidade mais profunda, isto é, a religiosidade afro-brasileira. Nesse processo, assitimos ao deslizamento de um modelo cultural para outro na Bahia: de uma esfera pública dominada pelos símbolos e imagens do Catolicismo, ao novo discurso da cultura afro-brasileira. Vemos, assim, como os efeitos de uma tentativa de "romanização" culminaram numa "afro-brasileirização" das festas.

Os políticos, por sua parte, vêem nas festas uma oportunidade de promoção, identificando-se e sobrepondo-se as suas figuras centrais. Podemos nos lamentar do uso e do abuso político das festas, da exploração turística, que podem parecer negativos aos nossos olhos de intelectuais críticos. Mas é bom entender também que talvez as pessoas que participam da festa não tenham uma visão tão negativa dessas mudanças: no fim das contas, a chegada dos turistas e dos políticos permitiu à Irmandade da Boa Morte florescer, ganhar uma sede e trouxe até a possibilidade de viajar, para algumas das irmãs. O turismo e a política fazem parte dessas festas: afinal, é ingênuo pensar que elas foram uma vez "autênticas" e que agora, são "falsas". Pelo contrário, podemos apreciar a vitalidade dessas festas, dos grupos sociais e das imagens projetadas nelas, a sua capacidade de se transformar e de gerar novos valores em novos contextos históricos. Um dos princípios fundamentais de uma antropologia histórica, tal como foi formulada por Sahlins, é que as estruturas – e, portanto, as culturas, as identidades e os grupos sociais – são constantemente mudadas pela prática; mas essa mudança é estruturalmente, culturalmente organizada. Isso quer dizer que na prática, sempre há eventos que escapam aos códigos pré-establecidos culturalmente, "ritualmente". Esses eventos, essas conjunturas, contudo, são lidas de acordo com esses códigos: os novos elementos tendem a ser definidos de acordo com discursos já existentes. Essa identificação, porém, não neutraliza a influência dos novos elementos, mas antes:

"As relações geradas na ação prática, apesar de serem motivadas pelas autoconcepções tradicionais dos atores, podem de fato revalorizar o sentido dessas concepções. Nada garante que as situações encontradas na prática sigam esterotipicamente as categorias culturais a partir das quais as circunstâncias são interpretadas e encaradas. A prática, de fato, tem a sua própria dinâmica, uma estrutura da conjuntura que redefine significativamente as pessoas e os objetos que fazem parte dela. E esses valores contextuais, se são diversos das definições culturalmente pressupostas, têm então a capacidade de transformar os valores convencionais. Envolvendo relações sem precedente entre os sujeitos agentes, mutuamente e com relação aos objetos, a prática implica objetificações sem precedente das categorias que eles usam".[28]

Assim, essa série de deslizamentos das imagens e dos valores que descrevi, pode ser vista como uma sucessão de situações nas quais a "estrutura da conjuntura" se impõe aos modelos pré-estabelecidos, obrigando a mudanças que terminam por mudar os valores da festa mesmo que, aparentemente, tudo fique igual. Na verdade, a única ficção nessa história é precisamente a imutabilidade da festa. Para concluir, poderíamos aplicar a máxima de Sahlins, invertendo o dito de Lampedusa: *plus c'est la même chose, plus ça change.*

28. "*...the relationships generated in practical action, although motivated by the traditional self-conceptions of the actors, may in fact functionally revalue those conceptions. Nothing guarantees that the situations encountered in practice will stereotipically follow from the cultural categories by which the circumstances are intepreteted and acted upon. Practice, rather has its own dynamics, a 'structure of the conjuncture'– which meaningfully defines the persons and the objects that are parties of it. All these contextual values, if unlike the definitions culturally pressuposed, have the capacity then of working back on the conventional values. Entailing unprecedented relations between the acting subjects, mutually and by relation to objects, practice entails unprecedented objectifications of categories.*" (Sahlins 1981:35).

Referências bibliográficas

AZZI, Riolando. *O Catolicismo Popular no Brasil.* Petrópolis: Vozes, 1976.

ARAUJO, Ubaritan Castro de (ed.). *Salvador Era Assim: memórias da cidade.* Salvador: CEAO, 1999.

BASTIDE, Roger. *Images du Nordeste Mystique en Noir et Blanc.* Paris: Pandora Editions, 1978 (1945).

CARVALHO, Carlos Alberto de. *Tradições e Milagres do Bonfim.* Salvador: Typographica Bahiana, 1915.

GUIMARÃES, Eduardo Alfredo Morais. Religião popular, festa e o sagrado. Dissertação de Mestrado UFBA, 1994.

QUERINO, Manuel. *A Bahia de Outrora.* Salvador: Libraría Progresso. 1955.

LODY, Raul. *Devoção e Culto a Nossa Senhora de Boa Morte: pesquisa sócio-religiosa.* Rio de Janeiro: Altiva Gráfica e Editora, 1981.

NASCIMENTO, Luiz Claudio Dias do. *Candomblé e Irmandade da Boa Morte.* Cachoeira, BA: Fundação Maria Cruz, 1999.

OTT, Carlos. *Evolução das Artes Plásticas nas Igrejas do Bonfim, Boqueirão e Saúde.* Salvador: UFBA-CEB, 1979.

SAHLINS, Marshall. *Historical Metaphors and Mythical Realities.* Michigan Ann Arbor: U.P., 1981.

SERRA, Ordep. *Águas do Rei.* Rio de Janeiro: Ed. Vozes, 1994.

TAVARES, Odorico. *Bahia, Imagens da Terra e do Povo.* Rio de Janeiro: Editora Civilização Brasileira, 1964.

VERGER, Pierre. *Orixás.* Salvador: Ed. Corrupio, 1980.

WALKER, Sheila S. The feast of good death an afro-catholic emancipation celebration in Brazil. (manuscript).

Outras fontes(jornais):

A Tarde

A Tribuna da Bahia

Correio da Bahia

El País

O "Chute na Santa":

blasfêmia e pluralismo religioso no Brasil*

Emerson Giumbelli

1. O episódio, entre produção e repercussão

Doze de outubro de 1995, como em outros anos, dia consagrado a Nossa Senhora Aparecida. Enquanto em Aparecida do Norte (SP), a multidão comparecia às tradicionais devoções organizadas pela Igreja Católica em um dos maiores santuários do país, quem sintonizara os canais da Rede Record de Televisão assistia a uma cena inusitada. Apresentando um programa religioso ("Despertar da Fé"), Sérgio Von Helde, bispo da Igreja Universal do Reino de Deus, tinha ao seu lado uma imagem da mesma Nossa Senhora Aparecida, em sua habitual representação como santa de pele escura. Referindo-se à ineficácia e à futilidade da devoção à santa, Von Helde usava de mãos e pés contra a imagem. No dia seguinte, as mesmas cenas virariam destaque na edição do telejornal de mais ampla audiência da maior e mais influente rede de comunicação no Brasil, o *Jornal Nacional* da TV Globo. Repetidas dezenas de vezes durante os próximos dias nos programas dessa e de outras redes, assunto principal dos mais importantes jornais e revistas, o episódio

* Uma primeira versão deste texto foi apresentada na Reunião da ABA, realizada em Gramado, em junho de 2002, no simpósio "Política e Religião: outras realidades, novas questões". Baseia-se em pesquisa realizada no âmbito de bolsa de recém-doutor (CNPq, janeiro a dezembro de 2001). Agradeço a Patricia Birman pelos comentários que ajudaram a desenvolver alguns pontos de meu argumento.

ficaria logo conhecido como o "chute na santa".[1] Nos mesmos jornais e revistas, em inumeráveis reportagens e artigos, surgiram alertas e temores de que viveríamos no Brasil, país da "tolerância religiosa", uma "guerra santa".

É impossível exagerar o papel da mídia nesse episódio. Tão importante quanto a imagem chutada foi a imagem registrada pelas câmeras e reproduzida em reprises e fotografias. Ou seja, o "chute na santa" não começa e termina na cena original entre Von Helde e a imagem de Aparecida; ele se constitui na sua ampla divulgação, modificada pelas edições pelas quais as reportagens apresentam as notícias, que se seguiu na televisão, nos jornais e nas revistas. Foram essas notícias, e não propriamente a cena original, que serviram de referência no episódio. Daí se poder afirmar que a mídia não apenas cobriu um fato, mas participou essencialmente de sua produção. Tal foi a participação da mídia que vários comentadores preferiam falar, em vez de "guerra santa" a opor católicos e evangélicos, em "guerra de audiências" entre a Rede Globo e a Rede Record.[2] Mas então como explicar que os demais concorrentes da Rede Globo estivessem todos de acordo em reprovar, por razões semelhantes, o gesto de Von Helde e em condenar a Igreja Universal? Pois, de fato, muitas das reportagens e das análises tomam o gesto de Von Helde como parte de uma estratégia de expansão institucional ou como via de acesso para tecer um perfil geral da Igreja Universal, estratégia e perfil descritos de forma pouco abonadora. Por isso, o traço fundamental desse episódio é o modo de apresentação pública da Igreja Universal e não exatamente uma aliança da mídia com a Igreja Católica ou um embate exclusivo entre a Rede Globo e a Rede Record.[3]

---

1. Em suas edições do dia 13, os jornais *Folha de S. Paulo* (FSP) e *O Dia* (do Rio de Janeiro) noticiaram a cena, com as respectivas manchetes: "Imagem é chutada na TV" (acompanhada de fotograma) e "'Bispo' chuta imagem de Nossa Senhora". Considerando apenas os noticiários da Globo, conta-se 12 aparições até a sexta-feira seguinte, dia 20 de outubro. No dia 24, o SBT coloca no ar um programa especial sobre o tema. Do lado da imprensa escrita, a IURD será notícia todos os dias até 15 de novembro, ininterruptamente, considerando ao menos um dos quatro grandes jornais de circulação nacional (*O Globo*, *Jornal do Brasil*, *O Estado de S. Paulo*, *Folha de S. Paulo*.
2. Sobre a articulação entre as dimensões religiosas e as midiáticas, vista de maneira complexa, ver Almeida (1996).
3. *O Globo* e o *Jornal do Brasil*, no dia 22 de outubro, publicam reportagens extensas sobre a IURD.

Lembremos que o episódio se insere em um contexto mais amplo, caracterizado pelo interesse da mídia por uma Igreja em vários sentidos controversa. Impressionante por sua expansão religiosa, no interior e para além das fronteiras nacionais, a Igreja também chamava a atenção por seus empreendimentos no terreno da mídia, da política partidária e eleitoral e da assistência social – aspectos de certa maneira condensados na figura do bispo Marcelo Crivella, que hoje se projeta como principal ícone da IURD, ex-missionário na África, patrocinador de uma colônia agrícola na Bahia e recentemente eleito senador pelo Rio de Janeiro. Ao lado do ritmo e da forma de sua expansão, com seus componentes empresariais, midiáticos, políticos e assistenciais, polemizou-se também sobre seus cultos. Seja pela cobertura de manifestações em grandes espaços (como estádios nas capitais brasileiras), seja pela presença nos templos, jornalistas trouxeram a público outro dos aspectos controversos da IURD: os insistentes e explícitos pedidos de contribuição material para a Igreja e sua vinculação com promessas de prosperidade geral para os adeptos. O interesse da mídia pela Igreja Universal tem seu ápice exatamente no segundo semestre de 1995, impulsionado por três episódios: o "chute na santa"; antes dele, a exibição da minissérie "Decadência" (sobre um pastor e uma igreja calcados em Edir Macedo e na IURD); depois dele, a divulgação de vídeos mostrando membros da cúpula da IURD em cenas supostamente comprometedoras.[4]

Foi também nos cultos que se percebeu outro dos atributos dessa polêmica Igreja, manifesto igualmente nos escritos de seus líderes e nos conteúdos de seus programas radiofônicos e televisivos. Trata-se da beligerância em relação a outras

---

No mesmo dia, a *Folha de S. Paulo* faz acompanhar sua edição de domingo de um caderno especial, intitulado "Guerra Santa", contendo depoimentos de líderes religiosos e intelectuais e reportagens sobre tensões religiosas em São Paulo, Rio e Salvador, além de quadros com glossário e estatísticas. Na mesma semana, as duas principais revistas noticiosas brasileiras dedicam suas reportagens de capa ao episódio. A *Veja* enfoca a IURD e algum tempo depois obteria uma entrevista do próprio Von Helder (01.11), enquanto a *Isto É* (IE), que já publicara uma matéria na semana anterior, dá ênfase à reação católica. Registre-se ainda o considerável volume de editoriais (dois na FSP, dois no JB, dois no ESP) e artigos (computei 27, alguns dos quais assinados por intelectuais bastante conhecidos) divulgados nos jornais a propósito do assunto.

4. Para uma análise sobre a cobertura que a mídia dirigiu à IURD, desde o final dos anos 80, assim como sobre a controvérsia geral sobre a IURD no Brasil, ver Giumbelli (2002).

tradições e práticas religiosas. A expressão "guerra santa" surgira nos jornais já no final da década de 1980 para fazer referência aos ataques de certas igrejas protestantes, entre as quais a IURD, desferidos contra cultos espíritas e afro-brasileiros. Em 1995, com o "chute na santa", voltou-se a falar em "guerra santa". Agora, entretanto, não se tratava mais do enfrentamento entre dois segmentos minoritários do campo religioso, mas da provocação lançada por uma das mais ousadas e ameaçadoras expressões de um protestantismo em ascensão à religião historicamente constituidora e ainda majoritária do povo brasileiro. Daí um sentimento generalizado de apreensão diante da cena e das possíveis reações que geraria o "chute na santa". O que estava em questão era a idéia de tolerância, tradicionalmente evocada para traduzir o clima predominante nas relações inter-religiosas no Brasil, ora duplamente atingida: pela suposta agressão à santa e pelas reações que possivelmente desencadearia.

Muitas notícias utilizaram a idéia de "guerra santa" para caracterizar o episódio, dando algo de dramaticidade à cobertura. O veículo pioneiro parece ter sido a revista *Isto É* (18.10.95), que apresenta o ato de Von Helde como uma declaração de "guerra santa" por parte da IURD. Na edição seguinte (25.10.95), o mote é mantido, agora para afirmar que a Igreja Católica teria aceito a provocação. Um quadro expõe estatísticas das duas Igrejas de modo a conformá-las como forças militares, enquanto outro esquematiza as perseguições sofridas pelos protestantes até a década de 1960. Outro exemplo é a grande matéria publicada pelo *Globo* (22.10.95), na qual se percebe a diretiva de caracterizar a IURD por seus ataques sistemáticos a outras religiões; em contrapartida, pronunciamentos de lideranças religiosas de outras tradições mostram-se apaziguadoras, "tentando evitar a guerra". O editorial da *Folha de S. Paulo*, em seu caderno especial (22.10.95), procura colocar o tema em outra chave: a agressão de Von Helder levaria a questionar a imagem de tolerância religiosa que está associada ao Brasil e, portanto, a procurar pelos instrumentos que impeçam uma "guerra santa".

Em outro editorial, do *Estado de S. Paulo* (22.10.95), temos um exemplo de como a "guerra santa" aparece menos como um diagnóstico e mais como um receio. Ali está escrito: "As demonstrações dadas pelos evangélicos deixam um rastro de temor. Temor de que o zelo do fundamentalismo (...) dos evangélicos transborde a religião para trazer para o Brasil algo que nunca conhecemos: as lutas religiosas". Percebe-se aí que o tema da "guerra santa" articula-se com outros dois: o fundamentalismo por parte do representante da IURD e uma tradicional ausência de conflitos religiosos no Brasil. Eis um contraste que atravessa de modo geral o conjunto de editoriais e de artigos publicados a propósito do "chute na santa". De um lado, a caracterização do gesto de Von Helde como intransigente, fanático, grosseiro, intolerante; de outro, um clamor pela tolerância, cujo espírito estaria para muitos presente na própria sociedade ou cultura brasileiras.[5] Era justamente esta a idéia que a *Folha de S. Paulo* colocava em discussão no seu caderno especial de 22 de outubro, a ponto de perguntar se, a exemplo da "democracia racial", não se trataria de um mito.

Algumas notícias pareciam dar razão às apreensões: de um lado, novas provocações endereçadas às devoções católicas (Cf. JB e FSP 24.10.95) e, de outro, casos de invasão e de depredação de templos da IURD (diversos registros no mês de outubro). Mas esses eventos ficaram isolados e tornaram-se exceções diante do curso dos acontecimentos. A ausência de conflitos generalizados que pudessem configurar uma situação de "guerra santa", porém, não retira o interesse das reações a que assistimos. Meu objetivo aqui é problematizar uma parte dessas reações. No caso da Igreja Católica, privilegio as duas notas oficiais divulgadas pela CNBB e os pronunciamentos de alguns bispos. A IURD procurou responder utilizando principalmente os espaços em seu jornal e em programas de TV na Rede Record. Considero as declarações de lideranças católicas e iurdianas no quadro de estratégias e ações mais gerais tomadas pelas duas Igrejas.

As reações não estiveram restritas aos atores religiosos. Várias autoridades, até o presidente da República (por meio do porta-voz), pronunciaram-se publicamente, formando-se um consenso em torno da condenação à atitude do bispo da IURD.

5. São tão numerosos os registros que taxam o gesto de Von Helde como intolerante (ou algo que o valha) que me limito a citar os editoriais e artigos: editorial JB 14.10, Clóvis Rossi (FSP 14.10) e Guido Palomba (ESP 27.10). Sobre tolerância: editorial ESP 14.10, Fernando Gabeira (FSP 23.10), José Genoíno (JB 30.10), Roberto Romano (FSP 22.10) e Rubem César Fernandes (Dia 14.10).

No bojo desses pronunciamentos, houve sugestões de que a IURD perdesse a concessão que lhe garantia o controle da Rede Record, cujos estúdios constituíram o palco da suposta agressão. Mas, além disso, o episódio suscitou uma intervenção mais específica. Sérgio Von Helde, poucos dias depois do evento, é indiciado em um inquérito policial. O processo criminal que lhe deu seguimento, encerrado em 1999, desenvolveu-se em duas instâncias e baseou-se em acusações de vilipêndio a símbolo religioso, segundo as disposições de um artigo do Código Penal, e de expressão de preconceito e discriminação em meio de comunicação, de acordo com uma lei federal. Em ambas as instâncias, Von Helde foi condenado. Passo então a tratar do episódio a partir primeiramente dessa dimensão jurídica, procurando integrá-la ao quadro geral das demais reações.

2. Lei secular e proteção à religião

As acusações pelas quais Von Helde foi julgado e condenado acionam disposições legais que podem ser referidas pela idéia de "proteção ao sentimento religioso". Considerando tal enquadramento, proponho que tratemos o episódio do "chute na santa" como um caso de "blasfêmia" – ou seja, em que o objeto da ofensa é propriamente um símbolo ou uma sensibilidade de natureza religiosa. O caso Rushdie, ocorrido no final da década de 80, despertou entre cientistas sociais e historiadores o interesse pelo assunto. Além do debate acerca do próprio caso Rushdie, que envolvia as relações entre Islamismo e Ocidente, ocorreram esforços no sentido de traçar a genealogia da categoria blasfêmia na tradição judaico-cristã e de localizar outros episódios de blasfêmia que se passam no próprio Ocidente.[6] Na Inglaterra, mesmo país onde o livro de Rushdie foi publicado, na década de 1970 um escritor foi processado em razão de um poema que introduzia temas homossexuais em uma

6. Tive acesso às seguintes referências recentes que tratam do tema da blasfêmia e seus correlatos: Levy (1987), Lawton (1993) e Viswanathan (1995). Ver ainda os dossiês publicados nas revistas *Ethnologie Française*, n. 22, 1992, *Mentalités*, n.2, 1989 e *Public Culture*, nº 2 (1), 1989.

cena composta por Cristo e um centurião romano aos pés da cruz. Há notícias de um episódio legal nos Estados Unidos no ano de 1968. A recordação da forte polêmica que certos filmes (*Je Vous Salue Marie* e *A Última Tentação de Cristo*) causaram em época recente também vem bem a propósito.

No plano das genealogias históricas, um dos pontos mais interessantes é a distinção entre heresia e blasfêmia, distinção que o cristianismo tendeu a eludir ao tentar subsumir a segunda à primeira. No Antigo Testamento, a blasfêmia estava particularmente relacionada com o nome de Deus, quando este era invocado no concurso de uma ação reprovável. Com o Cristianismo, a noção passa a abarcar ofensas a Jesus e, em seguida, a designar qualquer coisa que contrariasse a autoridade eclesiástica (Levy 1987). Lawton (1993) confirma essa visão ao afirmar que no Cristianismo a blasfêmia tem como referências nodais a natureza de Deus e a instituição que regula a crença. Por essa razão, ocorre uma aproximação e uma subsunção à noção de heresia. Mesmo no interior da tradição cristã, no entanto, persistiram as nuanças entre as duas noções. Enquanto que a heresia designa uma interpretação alternativa de verdades religiosas tidas como fundamentais, a blasfêmia remete para uma ofensa verbal definida pelo caráter vil ou chocante dos termos que a expressam. A blasfêmia é retórica e verbal, mais do que intelectual; destaca-se pelo som ou pela interferência, ao passo que a heresia é puro conteúdo. Embora, como a heresia, a blasfêmia possa existir como texto, sua ofensividade se manifesta apenas quando este texto é acionado por algum enunciante. Enfim, se na heresia a referência é esse mesmo texto (e o credo que ele reifica), na blasfêmia a referência é uma comunidade e suas normas de pertencimento. É essa comunidade a ofendida com uma expressão verbal que utiliza e atinge noções consagradas em alguma ortodoxia.

Mas a diferença crucial entre as noções de heresia e de blasfêmia é que a segunda adquire um estatuto legal que, no Ocidente, falta à primeira. Na Europa, em torno do século XVII, a blasfêmia torna-se um crime definido por leis penais do Estado moderno, coisa que não ocorre com a heresia. Em um primeiro momento, essa criminalização manteve um vínculo com um conteúdo de fé – como deixa claro o caso da Inglaterra, onde o anglicanismo era religião oficial. Mas com o tempo, esse conteúdo ou foi progressivamente alargado, ou foi dispensado, de modo que as leis antiblasfêmia passaram a se pautar por uma distinção entre conteúdo e forma.

Ou seja, o que elas penalizam não é um desvio em relação a determinado(s) credo(s) religioso(s), mas a linguagem supostamente ofensiva que pode ser utilizada em relação a uma religião ou comunidade religiosa. Pode-se assim dizer que a modernidade "juridiciza" a distinção entre heresia e blasfêmia, incorporando a segunda em seu ordenamento legal. Dessa maneira, ou mantendo algum resquício de sua primeira formulação, leis antiblasfêmia ou de proteção do sentimento religioso proliferam pelos códigos penais de vários países ocidentais.

No caso do Brasil, uma disposição antiblasfêmia existe já no primeiro Código Criminal, de 1830, com uma formulação que não restringia a proteção apenas ao Catolicismo. Mas não se pode desconsiderar que ela se insere em um quadro jurídico que oficializa o Catolicismo e subordina outros cultos religiosos. Já nos códigos penais subseqüentes, a mesma formulação encontra-se no interior de um marco geral que, formalmente, desvincula Estado e religião e trata todas as instituições religiosas com isonomia. É nesse marco que a distinção entre forma e conteúdo, acima referida para separar blasfêmia e heresia, adquire validade. No texto do Código Penal de 1940, nossa lei antiblasfêmia ganha a forma seguinte:

> "Ultraje a culto e impedimento ou perturbação de ato a ele relativo
> Art. 208. Escarnecer de alguém publicamente, por motivo de crença ou função religiosa; impedir ou perturbar cerimônia ou prática de culto religioso; vilipendiar publicamente ato ou objeto de culto religioso".

A consulta a jurisprudências demonstra que na maior das vezes o artigo 208 foi acionado em casos de interrupção ou perturbação de cerimônias religiosas.[7] Referências a religião constam também em leis que punem a expressão de preconceito e a discriminação. No entanto, sua motivação e sua aplicação tendem a se concentrar em situações envolvendo relações raciais. Ambas as circunstâncias, ao conver-

7. Os registros foram encontrados a partir de comentários e de sentenças jurídicos. Perfazem 11 decisões de segunda instância (duas delas se repetem), todas ocorridas em tribunais paulistas, publicadas em um universo que cobre quatro revistas de jurisprudência. Ver também Cogan (1977).

girem quanto à raridade dos casos de vilipêndio religioso, conferem ao episódio do "chute na santa" um atrativo especial.

Interessaria discutir se as leis antiblasfêmia, em cada situação particular, seriam o produto de um resquício e de uma valorização da religião ou o produto de uma espécie de compensação diante de medidas secularizantes. Importaria também problematizar a distinção entre forma e conteúdo, tão complicada quanto aquela entre o pensamento e a sua expressão. O ponto fundamental, de toda maneira, é que tais leis antiblasfêmia permitem dois tipos de operação que envolvem a relação entre modernidade e religião. A primeira delas oferece ao Estado a possibilidade de regular as relações dos grupos religiosos, entre si e da sociedade para com eles. Nesse caso, cabe ao Estado, como agente regulador, desestimular e punir blasfêmias. A segunda operação decorre de uma suposição implícita às leis antiblasfêmia – ou seja, a suposição de que o religioso constitua um elemento capaz de discriminar disposições jurídicas. Isso se evidencia quando notamos que é a natureza "religiosa" seja da ofensa, seja da prática, do objeto, do símbolo ou dos sentimentos atingidos que permite diferenciar leis antiblasfêmia de outras disposições penais mais gerais. Ambas as operações convergem no sentido de erigir o "religioso" como uma esfera específica de nossas sociedades e trazem consigo um impulso no sentido da delimitação e estipulação daquilo que define esse "religioso".

3. Justiça e pluralismo religioso

Observemos agora alguns dos argumentos acionados no processo contra Von Helde. O processo no qual Von Helde figura como réu transcorreu na Justiça de São Paulo, arrastando-se por pouco mais de quatro anos, desde a abertura do inquérito até a decisão final em segunda instância. O inquérito foi instaurado no dia 16 de outubro e durou 15 dias. Dele faz parte um laudo, que consiste na transcrição e registro fotográfico de trechos do programa "Despertar da Fé".[8] A denúncia é apresentada

8. Inquérito 825/25, da 27ª Delegacia Policial de São Paulo, capital.

em sete de novembro por dois procuradores. Além de confirmar o enquadramento proposto no relatório do delegado (Artigo 208), acrescentam outra disposição penal, a lei 7716 em seu artigo 20, esta dirigida a atos de discriminação e preconceito.[9] A sentença é pronunciada em 30 de abril de 1997 e condena Von Helde a um mês e dez dias (pelo art.208) e mais dois anos (pelo art.20) de reclusão em regime aberto.[10] Tanto a defesa, quanto a promotoria recorrem da decisão, a primeira pedindo a absolvição do réu, a segunda solicitando maior rigor na pena. Após novo debate entre os advogados e promotores e um parecer da Procuradoria da Justiça, o Acórdão final vem a público em 20 de dezembro de 1999. A pena relativa ao artigo 208 é julgada prescrita, mas confirma-se a condenação pelo artigo 20, aliviando-se a punição com a concessão de *sursis* por dois anos.[11]

Note-se, de início, que a reprovação ao gesto de Von Helde é generalizada. Está presente nas acusações da promotoria e nas sentenças dos juízes, que levam em conta não apenas a agressão à imagem, mas as palavras do réu, em suas referências não apenas a práticas católicas, mas também a cultos afros. Com base nisso, consideram o gesto de Von Helde intolerante, preconceituoso, discriminatório. Os promotores, levando em conta as entrevistas concedidas por fiéis durante o programa "Palavra de Vida", afirmam que Von Helde "denegriu a imagem da Igreja Católica e de outras seitas como a Umbanda, o Candomblé e o Espiritismo, com o propósito de combater suas práticas religiosas e ferir os sentimentos religiosos daquelas pessoas que professam referidas seitas" (fl.3). Para demonstrar seus argumentos, destacam partes da narrativa de Von Helde, que, para eles, aviltam a basílica de Aparecida, que atribuem conhecimento e prática de depravações e perversões sexuais por parte de padres e freiras e de dirigentes de cultos

9. Eis a redação do Art. 20 da lei 7716: "Praticar, induzir ou incitar, pelos meios de comunicação social ou por publicação de qualquer natureza, a discriminação ou preconceito de raça, por religião, etnia ou procedência nacional. Pena: reclusão de dois a cinco anos." Essa lei foi atualizada por outra, a Lei 9459, de 13 de maio de 1997, que ratifica a punição, com penas de até cinco anos de reclusão, além das multas, aos crimes resultantes de discriminação ou preconceito de raça, de cor, etnia, religião ou procedência nacional.

10. Processo 630/95, 12ª Vara Criminal, Justiça de São Paulo.

11. Apelação 238.705.3/0, Tribunal de Justiça do Estado de São Paulo, seção criminal.

de origem africana, que culpam as demais religiões de demonismo e causadoras de desgraça.

No que diz respeito às acusações da promotoria, a ofensa à imagem de diversas religiões e os golpes contra os sentimentos religiosos dos fiéis se confundem nesses argumentos, articulando os dois dispositivos que fundamentam a denúncia. É verdade que esta, ao caracterizar o ato de Von Helde, até por necessidades processuais, distingue preconceito – "praticou, induziu e incitou, por esse meio de comunicação social [Rede Record], a discriminação e o preconceito de religião" – e vilipêndio – "vilipendiou publicamente objeto de culto religioso, desferindo vários socos e ponta-pés contra uma imagem de Nossa Senhora Aparecida, bem como também aviltou aquele símbolo religioso, por meio de palavras e gestos" (fls.2-3). Mas não se tem claramente dois núcleos de acusações, uma para cada figura legal. Elabora-se, ao contrário, um discurso que articula os dois motivos, como fica demonstrado pela menção conjunta ao ataque a certas religiões e à ofensa a seus fiéis. A conjunção é também sugerida nesse trecho: "Sua falta de respeito e consideração às crenças e instituições alheias, além de ferir o sentimento de outrem, constituem manifestações de intolerância e preconceito religioso" (fl.11).

Na decisão de primeira instância, o vilipêndio estaria caracterizado pelos fotogramas que registram os chutes e pela ofensa contida nas palavras do bispo (com destaque para aquelas nas quais se refere à imagem como um "boneco feio, horrível e desgraçado"). Em seguida, analisa o crime de preconceito, sublinhando trechos nos quais Von Helde fala da "patifaria" na Igreja Católica (para designar as práticas sexuais que existiriam entre os religiosos) e de "pai-de-santo homossexual" e "mãe-de-santo lésbica". Disso conclui: "Dirigindo afirmações no que respeita ao comportamento moral de pessoas, associando isso de forma intrínseca com a religião que professam, ou identificam, demonstrou intuito de trazer uma barreira discriminatória sobre aquelas pessoas, e religião que professam" (fl. 682). Vê-se aqui que o que se esboçava como uma caracterização do vilipêndio serve para argumentar que Von Helde incitou os ouvintes a "adotarem procedimento diferente quanto àquelas pessoas, todos generalizados como participando em uma forma de religião que era perniciosa aos costumes" (fl.687). Segundo o acórdão final, a agressão à imagem veio acompanhada de um discurso que manifesta "aversão a outros credos, no ânimo de atingir a dignidade de seus membros" (fl.973).

Mas a reprovação não aparece apenas no discurso de seus acusadores. Dois dias depois que o caso ganhara a pauta de todos os noticiários e jornais, em um pronunciamento transmitido pela Rede Record, Edir Macedo qualificou o gesto como uma "atitude impensada e insensata", de "atos inconseqüentes e desastrosos", e pediu perdão aos católicos de todo o Brasil (FSP 16.10.95). Após, em entrevista à *Folha Universal*, Edir Macedo admite que Von Helde "errou" e ratifica seu perdão a quem se sentira ofendido (FU 187, 05.11.95). Na semana seguinte, o bispo Rodrigues, outra figura de proa da IURD, publica um artigo intitulado "O erro do bispo Von Helde". Afirma que Von Helde "imprudentemente 'chutou' a imagem, ofendendo os que a adoram" e reconhece que foi uma atitude "infeliz" e que melhor teria sido se utilizar do "diálogo", das "idéias" e do "bom senso" para transmitir as mensagens bíblicas (FU 188, 12.11.95). O próprio Von Helde reconheceu que cometeu um "erro" e que seu ato foi "desastroso" (Von Helde 1999). Mesmo o pastor Didini, âncora do programa de debates "25ª Hora", que segundo reportagens teria apoiado o colega, desmentiu ou minimizou esse apoio. Isso não impediu que ambos tenham sido afastados de suas funções de então. Durante o processo, até os advogados que defendiam Von Helde admitiram que seu cliente demonstrou um "comportamento reprovável", talvez até "imoral".

Resta que a defesa advogava que o gesto não constituiria crime – ou pelo menos o crime que lhe era imputado, preferindo caracterizar o gesto como "atitude isolada e episódica", um "episódio jocoso, quase hilário" – e sua divergência crucial com as acusações dos promotores e juízes é revelada pelo debate que se trava em torno da idéia de "liberdade religiosa". Os advogados argumentam que a imagem de Aparecida foi "tocada" no contexto de uma pregação religiosa. Von Helde, ainda que de modo impulsivo, não fazia senão cumprir um dever pastoral: "Após explanar o que está escrito na Bíblia, livro sagrado para os evangélicos, acerca da adoração a imagens de santos, concluiu o acusado que se deve venerar a Maria, mãe de Jesus e não imagem de gesso. Nesse contexto, o objeto (...) foi tocado" (fl.648). Dentro desse raciocínio, os ataques a um símbolo católico "decorrem da exteriorização da doutrina de outra religião" (fl.623), sendo natural, lógico e corriqueiro que "todas as religiões [façam] críticas entre si" (fl.800). Ou seja, não haveria a intenção de ofender o sentimento religioso e sim de expor crenças baseadas na palavra bíblica. Completa a defesa: "Nada é gratuito, divorciado de um sentido lógico, de uma pretensão legítima. Sua conduta insere-se dentro da mesma liberdade de culto que nestes autos se diz ferida" (fl.649).

Em outro plano, complementar, os advogados de defesa apóiam a tese de que o mero preconceito (ou a opinião) não é o verdadeiro objeto de punição pelas leis correspondentes, mas sim a "efetiva execução de atos discriminatórios" (fl.631). Seguindo esse entendimento, sustentam que Von Helde não adotou tratamento desigual contra qualquer fiel de outra religião, nem se julgou superior a ninguém. Notam ainda que não instigou telespectadores a atentarem contra as liberdades fundamentais dos católicos. E que, por parte do réu, nenhuma conduta de isolamento, marginalização ou exclusão foi demonstrada. Os advogados procuram circunscrever sua análise ao comportamento do réu, argumentando que se algum fiel da IURD agiu de maneira discriminatória, o nexo com o gesto de Von Helde deveria estar demonstrado pela denúncia. Ao mesmo tempo, destacam nos depoimentos de testemunhas trechos nos quais elas afirmam que na IURD, na Rede Record ou em outros organismos ligados à Igreja, não ocorrem discriminações atingindo pessoas de outras religiões. Assim, ao adotarem essa interpretação estrita da legislação contra o preconceito, os advogados procuram livrar seu cliente da acusação relativa à lei 7.716.

De sua parte, o argumento dos acusadores consiste em afirmar que Von Helde ora ele mesmo ultrapassou os limites da liberdade religiosa a que tem direito, ora perturbou a liberdade religiosa dos crentes que confessam as religiões atacadas. A primeira formulação surge de maneira implícita no texto que expressa o voto do relator, que serviu de base para o acórdão final: pelas "ferozes invectivas contra adeptos de outras religiões", Von Helde "extrapolou os limites da crítica e da pregação religiosa" (fl.974). E, antes, aparecera nas alegações finais dos promotores: Von Helde "ultrapassou os limites de sua liberdade religiosa e de manifestação de pensamento" (fl.571). A segunda forma pela qual o tema da liberdade religiosa aparece tem sua formulação mais clara na sentença de primeira instância. Lembremos que seu argumento é o de que Von Helde, ao atribuir certos comportamentos reprováveis ao fato de um indivíduo pertencer a tal ou qual religião, elevou uma barreira discriminatória contra essas pessoas e a religião que professam. Assim o argumento se desenrola: "Ao apresentar o réu situações individuais, das pessoas que ali expuseram como identificativas de todo um segmento religioso, por certo que invadiu a convicção dos demais que professam aquele credo, ou fé." (fl.684). Nas duas formulações, os dispositivos antiblasfêmia serviriam exatamente para evitar que esses limites da liberdade religiosa fossem ultrapassados ou feridos. Assim, se para os defensores de Von Helde, o compromisso com o princípio da liberdade religiosa nos obrigaria a suportar gestos que eles mesmos qualificam de destemperados e impulsivos, para os seus acusadores a defesa da liberdade religiosa tem como contrapartida um ideal de harmonia natural no campo religioso, um clima de serenidade e uma postura de respeito mútuo.[12]

Um dos pontos que ressalta nos raciocínios de promotores e juízes é a quase ausência de argumentos que servissem para fundamentar, no sentido próprio do termo, a acusação. Essa ausência se confirma nas duas vias exploradas pela acusação para caracterizar o crime de Von Helde. Na primeira delas, o gesto de Von Helde seria considerado em si mesmo ofensivo e discriminatório.[13] No entanto, não ocorre propriamente uma discussão que considere a lógica ou o gênero do discurso supostamente ofensivo. Passa-se diretamente do registro para a condenação, descrevendo-se a cena com os mesmos termos que definem literalmente o crime. Encontra-se um exemplo nas contra-razões da apelação: a discriminação, que não precisaria atingir pessoas específicas, atingiria grupos religiosos determinados, "dirigiu-se aos católicos e praticantes de seitas de origem africana, achincalhando-os e zombando de seus ritos" (fl.843). O apelo aos termos da lei e aos das suas exegeses permite contornar uma discussão sobre a validade da zombaria ou do achincalhe.

12. O artigo de Kramer (2001) já nota a presença desse pressuposto a articular os argumentos de condenação.

13. Pode-se associar a essa visão objetivista o fato de que os promotores tenham indicado como testemunhas de acusação pessoas ligadas à própria IURD – o ato, em sua ilicitude, teria um caráter auto-evidente. Depois, em suas alegações finais, os mesmos promotores salientam ser irrelevante a quantidade e a natureza das pessoas que assistiam ao programa, pois isso não tornava o ato menos criminoso.

Em outros trechos, o promotor procura traçar distinções. Não haveria problema se Von Helde apenas afirmasse que a adoração de imagens é condenada por sua religião, mas foi além, atacando outras religiões e seitas. Ele também não teria se limitado a esclarecer sua platéia, pois, fosse assim, não precisaria ter levado a imagem ao estúdio para lá sofrer de zombaria. Essas distinções são problemáticas. A primeira porque não deixa clara a fronteira entre a crítica legítima e a ilegítima a religiões alheias. A outra porque parece fazer da presença do símbolo religioso, suporte das críticas de um credo a outro, o critério da ilegalidade.

Na segunda trilha, o gesto de Von Helde tem sua ilicitude ligada à sua repercussão ou ao seu impacto. A denúncia afirma que o bispo chocou as "milhares de testemunhas" de seu gesto. As alegações finais destacam a "indignação generalizada". Nas razões da apelação, o Ministério Público refere-se à "causação ao menos celularmente de lutas religiosas no país" (fl.707). O parecer da Procuradoria que instruiu o acórdão final sustenta que a pregação, ao dizer que apenas uma seita teria a verdade, visava cultivar intolerância (fl.947). No acórdão, os juízes lamentam que o ato de Von Helde fosse semeador de intolerância, ódio, desprezo, discriminação e preconceito e fosse "potencialmente capaz de induzir os espectadores a sentimentos discriminatórios e preconceituosos" (fl.974-5). O parecer da Procuradoria vai mais longe, condenando o gesto de Von Helde por sua capacidade de criar conflitos religiosos e gerar instabilidade social (fl.945). Algo semelhante já havia aparecido na denúncia inicial, que acusa o bispo da IURD de ter comprometido a convivência respeitosa entre os vários segmentos religiosos (fl.11). Em todas as vezes, o que fazem as acusações é tomar a repercussão do caso – inclusive as represálias perpetradas contra templos da Igreja Universal – como demonstração da culpa de Von Helde. Ou seja, os argumentos da acusação não convivem comodamente com situações de confronto religioso: na sociedade ideal, elas não deveriam ocorrer; na sociedade real, não se sabe muito bem como distinguir entre a polêmica religiosa e o vilipêndio a uma religião.

Dificuldade semelhante pode ser observada entre alguns comentaristas da legislação, quando se preocupam, na exegese do artigo 208, em diferenciar entre, de um lado, "escárnio" e "vilipêndio" e, de outro, a mera manifestação de opinião. Frisa-se sempre que a lei tem em mira um modo desrespeitoso de se referir à crença de outrem ou aos atos e objetos de culto de uma religião. O problema é que essa distinção quase sempre não é fácil de fazer. Alguns autores, referindo-se ao vilipêndio, procuram destacar nuances. Jesus (1999) contenta-se em mencionar desprezo, menoscabo, tratamento vil (coisa parecida fazem Franco e Stocco 2001; Delmanto *et al.* 2000; Costa Jr. 1997). Hungria (1947) define vilipêndio como "ultraje, ludibrio aviltante, desdém injurioso", coisas que considera serem "mais do que falta de respeito". Já Fragoso (1989) tem para si que vilipendiar é mais do que ultrajar, ofender, injuriar ou difamar. E Noronha (1954) opina que vilipêndio ocorre quando um objeto é destruído, danificado ou atingido por ato obsceno. O problema, contudo, vai além das nuances. Como na maior parte das vezes, em se tratando seja de "escárnio", seja de "vilipêndio", estamos no terreno das opiniões (como evidenciam as comparações com os "crimes de honra") e considerando que a própria crença religiosa não deixa de ser também ela uma "opinião", a distinção em si é sempre problemática. Enquanto tal, está fadada a se fazer caso a caso, considerando a especificidade das situações.

Prova disso é o desenlace de outro processo criminal, baseado no mesmo artigo 208 do Código Penal e que também envolveu a IURD – nesse caso, a figura de seu principal líder, Edir Macedo. A denúncia, apresentada em maio de 1992, acusa Macedo de vilipendiar atos e objetos de cultos afro-brasileiros por meio de textos publicados em revistas e livros ("dizendo que os praticantes de tais cultos vivem com espíritos satânicos, causam perversões") e de incitar os fiéis da IURD à invasão de terreiros, à destruição de símbolos religiosos e à agressão de pessoas. A sentença em primeira instância refuta ambas acusações, negando que esteja demonstrada a incitação precisa por parte de Edir Macedo e ponderando que os "ensinamentos contidos nos escritos do acusado pouco diferem de obras outras, de membros de outras religiões, que também fazem comentários semelhantes aos feitos por ele". Lembrando o princípio da liberdade religiosa, a sentença considera que o acusado manteve-se nos limites de seu "razoável exercício". Houve recurso, mas a decisão foi mantida e consolidada em acórdão de junho de 1994. Segundo o seu cabeçalho, "a assertiva de que determinadas religiões traduzem 'possessões demoníacas' ou 'espíritos imundos', espelha tão-somente, posição ideológica, dogmática, de crença religiosa".[14]

Voltando ao processo aqui analisado, pode-se agora afirmar que a condenação não ocorreu devido à natureza intrínseca do gesto de Von Helde, embora não a deixe de considerar. Três circunstâncias parecem ter sido fundamentais para tal desfecho. Contou, primeiramente, o fato de Von Helde ser pastor da IURD. Mas isso não é determinante, como demonstram o caso de Edir Macedo acima mencionado e a presença da IURD como vítima em um processo que condenou o réu por perturbação de culto. De todo modo, não se pode desconsiderar um clamor generalizado pela tomada de providências contra uma instituição que desconcerta por suas formas de culto, sua doutrina e sua expansão. É preciso lembrar, em segundo lugar, que o símbolo agredido era católico e que até então a IURD só havia chamado atenção por suas invectivas contra os cultos afro-brasileiros. Além desta, outra circunstância determinante parece ter sido a presença intrínseca da mídia, fundamental tanto em termos da repercussão, quanto em termos do registro do fato. Vale repetir que a mídia desempenhou um papel constitutivo no episódio – e acrescentar que isso pode ser estendido para a condenação de Von Helde.

Seguindo um padrão aparentemente casuístico, os argumentos e as decisões dos operadores jurídicos pautam-se na verdade pelas relações de força que percorrem o campo religioso e a sociedade brasileira. E isso é tanto mais significativo quanto é visando a sociedade como um todo que se evoca a lei. Em sua denúncia inicial contra Von Helde, os promotores concluem que "restou evidenciado o aviltamento, o desprezo e o menoscabo à imagem de N. S. Aparecida, (...) testemunhado por milhares de brasileiros (...) e chocando não só os devotos do Catolicismo, mas também os praticantes de diversas outras religiões, inclusive os evangélicos" (fl.13). Embora haja passagens em que as acusações prefiram focar sobre a comunidade católica, a tônica geral elege a totalidade da sociedade brasileira como a verdadeira vítima da agressão de Von Helde. Isso converge com a opinião de vários dos juristas que tecem exegeses doutrinárias sobre a natureza do artigo 208, inclusive a opinião

14. As razões dos promotores, dos advogados de defesa e a sentença em primeira instância estão publicadas na seção de "trabalhos forenses" da *Revista Brasileira de Ciências Criminais*, n. 6, abril/junho de 1994. O acórdão está publicado na *Revista de Julgados e Doutrina do Tribunal de Alçada Criminal do Estado de São Paulo*, n.23, p.374.

do jurista que foi o principal responsável pela elaboração do Código Penal de 1940. Segundo essa opinião, não é a pessoa ou a coletividade religiosa especificamente atingidas que devem constar como vítimas do crime visado pelo artigo 208, mas o "corpo social".[15] É também comum entre juristas a posição de que o objetivo desse artigo é defender não direitos individuais, mas interesses coletivos ou gerais que a religião atenderia. Retornando ao caso Von Helde, noto que apesar dos reclames da Igreja Católica, a iniciativa da investigação coube ao próprio delegado de polícia e os promotores formulam sua denúncia visando o interesse do Estado. A questão que fica é se esse Estado dispõe dos critérios e abraça os compromissos que lhe permitiriam zelar pela boa convivência entre as religiões.

4. Católicos, universais e o campo religioso brasileiro

Em artigo já clássico, Luiz Eduardo Soares (1993) – tomando como foco de reflexão os ataques de certas igrejas pentecostais, entre elas a IURD, aos cultos afro-brasileiros –, destaca o que considera como as "dimensões democráticas" desse conflito religioso. Viveríamos, sugere ele, a crise de uma estrutura de articulação de forças sociais, estrutura hierarquizadora e estamental, cujo traço central seria a posição hegemônica da Igreja Católica e seu estatuto oficioso diante do Estado brasileiro. Frente a isso, a beligerância demonstrada por igrejas como a IURD representaria a afirmação de um certo "igualitarismo": porque envolve segmentos minoritários do campo religioso; porque se faz por meio de uma espécie de cumplicidade ontológica (os pentecostais não duvidam da realidade das entidades afro-brasileiras; demonizam-nas); porque não apela para o Estado. O episódio do "chute na santa" talvez ofereça uma boa oportunidade para retomar essa discussão e com ela pensarmos as transformações do campo religioso, e de um modo que consiga

15. Trata-se de Nelson Hungria: "ao interesse individual da liberdade religiosa sobreleva o interesse coletivo ou geral de preservar a religião como um elemento de cultura ético-social (...); é relevantemente útil à função cultural do Estado que os indivíduos sejam religiosos" (1947:56).

contornar o recurso geralmente reducionista ao conceito de mercado. Afinal, e apesar de toda a sua carga polêmica (ou talvez por causa dela), o gesto de Von Helde, ao atingir um símbolo ao mesmo tempo político e religioso, não significaria uma extensão desse "igualitarismo" de que nos fala Soares?

Um aspecto surpreendente é a ausência de uma discussão generalizada acerca da relação entre um símbolo católico e o Estado brasileiro, relação que no caso de Aparecida culmina na criação em 1980 do feriado oficial de 12 de outubro, quando da primeira visita do Papa ao Brasil, consagrando-a como padroeira nacional.[16] Embora o assunto tenha surgido nas declarações de alguns intelectuais na imprensa,[17] não conquistou um foco maior. Mais surpreendente foi a própria Igreja Universal ter permanecido relativamente circunspecta. E aparentemente contra todas as expectativas, já que a IURD se celebrizara por constantes protestos contra o que considerava serem privilégios da Igreja Católica no Brasil. No decorrer dos anos 80, outras igrejas evangélicas já haviam protestado contra a existência do feriado de 12 de outubro. À época do episódio do "chute na santa", um deputado ligado à IURD apresentara um projeto de lei visando a revogação desse feriado. E a existência do feriado foi citada, por bispos seus colegas, como uma das motivações para o gesto de Von Helde.[18] No entanto, a contradição entre a laicidade do Estado e a existência de feriados religiosos oficiais esteve longe de ser o ponto de maior saliência na reação da IURD. No processo contra Von Helde, o tema não aparece – e isso vale inclusive para os argumentos da defesa. De seu lado, bispos católicos, diante da agressão à imagem da santa, reclamavam providências do Estado sem se preocupar com o estatuto oficial desse símbolo.

Sugiro, de minha parte, que a ausência dessa discussão é reveladora da dificuldade em colocar tais questões no Brasil, mas também efeito das estratégias privilegiadas tanto pela Igreja Universal quanto pela Igreja Católica no decorrer do episódio.

---

16. Sobre o estatuto de Aparecida nas relações entre a Igreja Católica e a sociedade brasileira, ver Fernandes (1985).

17. Ver o artigo de Roberto Romano, publicado no caderno especial da *Folha de S. Paulo* (22.10.95), assim como parte do programa "SBT Repórter" dedicado ao episódio do "chute na santa" e exibido em 24.10.95.

18. Ver, por exemplo, FU 188, 12.11.95.

Proponho, então, uma breve análise das reações tomadas pela Igreja Católica e pela Igreja Universal do Reino de Deus em seguida ao ocorrido. Não há qualquer pretensão de cobrir com exaustividade cada um dos dois universos. O objetivo, além de estender a análise a outras arenas do episódio, é esclarecer os posicionamentos e, sobretudo, iluminar certos contrastes entre as duas Igrejas. À medida que esses contrastes podem revelar algo mais geral sobre a Igreja Católica e a Igreja Universal do Reino de Deus, e não apenas constituem a expressão de suas reações episódicas, creio que encontramos uma pista interessante para refletir acerca do campo religioso no Brasil contemporâneo, em suas configurações e suas transformações, oferecendo assim a chance para retomarmos as questões lançadas por Luiz Eduardo Soares.

Comecemos pela Igreja Universal, distribuindo suas reações em dois planos. Em um primeiro plano, destaco uma certa característica de retórica, que aparece na própria pregação em meio à qual ocorreu o "chute na santa" e reaparece no livro que o mesmo Von Helde publicou depois sobre o assunto (Von Helde 1999). Em termos gerais, o tema do livro é a "idolatria", o mesmo tema da pregação que ocorria no programa de 12 de outubro de 1995. O próprio título joga com isso: *Um Chute na Idolatria*. As figuras dos santos e de Maria ficam associadas à idolatria e críticas são dirigidas a dogmas e pontos da doutrina católica, como a transubstanciação, a infalibilidade papal, o purgatório, o batismo infantil e a penitência. A Bíblia é constantemente citada e transcrita, sendo que o autor a contrapõe ao que teria resultado de concílios e deliberações papais. Questiona-se as distinções entre adoração e veneração e entre realidade e símbolo, que serão acionadas pelos expoentes da Igreja Católica. O problema condensa-se na proibição dirigida a representações de Deus ou de Cristo e no deslocamento que essas representações provocam no objeto apropriado de devoção cristã. Mas o problema não é apenas teológico. Segundo o livro, e aí Von Helde retoma um argumento que utilizou no programa de 12 de outubro, a devoção aos santos ou a Virgem Maria não apresenta eficácia, não traz aos fiéis o que eles desejam.

Von Helde assume no texto um tom provocativo, interpelando o leitor a cada instante com a suposição de que se trata ele mesmo de um "idólatra". Ou seja, o leitor ocupa a mesma posição atribuída ao telespectador que assistia ao programa de 12 de outubro, quando Von Helde se dirigia a "você que está arrumando a bagagem para ir numa caravana até Aparecida do Norte".[19] Essa retórica parece caracterizar a forma predominante que assume o discurso da IURD: mesmo quando o pastor prega nos templos da Igreja, fala freqüentemente "para fora", com a visada da conquista de um novo fiel. A contrapartida do tom provocatório é uma formulação que está sempre buscando lançar pontes entre as visões atuais do interlocutor e aquelas que são apresentadas pela Igreja. A questão da eficácia toca exatamente nessa tecla. As orações feitas aos santos, diz Von Helde, de nada adiantam; "Se, porém, você faz orações a Deus em nome do Senhor Jesus, Ele concederá o que deseja" (:55). O discurso da IURD parece procurar exatamente tirar o interlocutor do lugar onde está oferecendo-lhe por outros meios aquilo que ele já procurava. Sendo assim, a agressividade do apelo que visa uma adesão exclusiva pode se articular com uma postura que reconhece a realidade de aflições e anseios manifestados pelos potenciais fiéis.

Em um outro plano, nos deparamos com as reações da IURD tendo por referência as disputas no campo evangélico. Não cabe aqui percorrer os meandros dessas disputas e tudo o que colocam em jogo;[20] basta assinalar que elas envolvem a definição e os limites do Protestantismo brasileiro e os mecanismos institucionais capazes de fazer valer tais definições e limites. O segundo semestre de 1995 marca justamente o ápice de um conflito que opunha, de um lado, a IURD e seus aliados e, de outro, o Reverendo Caio Fábio, então presidente da Associação Evangélica Brasileira (AEVB). A AEVB divulgou uma nota condenando o gesto de Von Helde (ver GB 15.10.95) e Caio Fábio apareceu na reportagem do "Jornal Nacional" que apresentou originalmente as imagens do "chute na santa" no dia 13. Na imprensa, o pronunciamento de lideranças de várias igrejas protestantes concordando em condenar Von Helde tinha como efeito produzir um certo isolamento da IURD. No entanto, não deixa de ser curioso que não ocorra, por parte de Caio Fábio e de outras lideranças e expoentes, discordância em relação propriamente à substância da crítica elaborada por Von Helde à adoração católica de imagens. Daí a necessidade de recorrer a valores e argumentos mais gerais (ou seja, não especificamente religiosos) para

19. Cf. laudo anexo ao processo 630/95, fl.408.

20. Para isso, ver Giumbelli (2002).

justificar a condenação a Von Helde. A nota da AEVB fala no respeito que os evangélicos têm ao direito de culto e expressão religiosa "segundo os limites da lei"; um artigo de Francisco Rossi (FSP 30.10.95), político evangélico, adota linha semelhante, defendendo que os cristãos devem obediência à Constituição, que por sua vez protege a liturgia católica como manifestação específica de uma liberdade religiosa genérica.

A IURD, de seu lado, vai fazer um esforço para romper o isolamento, acionando, como em outras ocasiões, uma retórica persecutória (Mafra 1999). Com isso, busca colocar em um único bloco de inimigos todos os que a criticam, inclusive as lideranças evangélicas. A lógica subjacente é a seguinte: se há evangélicos que se misturam com os que atacam outros evangélicos, falta autenticidade aos primeiros e resta aos últimos defender a causa de sua religião. A IURD procurou assim reunir em torno de si algumas lideranças eclesiais, seja franqueando espaço em seus órgãos de imprensa, seja demonstrando performativamente essa coalizão em programas de televisão. Mas há também uma dimensão discursiva, que consiste em apontar o bloco dos inimigos. A Rede Globo é o principal deles, mas a ela se junta a Igreja Católica e o Reverendo Caio Fábio. Resultados disso são: a charge mostrando uma imagem de Nossa Senhora carregada por Roberto Marinho e Caio Fábio (FU 186, 29.10.95); outra charge com Roberto Marinho chutando a logomarca da IURD (FU 188, 12.11.95) e ainda outra em que o diabo diante de um templo da IURD segura uma bomba que é a logomarca da Rede Globo (FU 191, 03.12.95); matéria sobre os projetos de expansão da Igreja Católica no Brasil (idem) e sobre a "união de católicos e espíritas" nas reações ao "chute" (FU 187, 05.11.95); denúncias sobre reportagens supostamente "armadas" pela Rede Globo (FU 190, 26.11.95; 191, 03.12.95). E vemos os bispos Macedo e Rodrigues, os mesmos que haviam apontado o erro de Von Helde, afirmarem que a Globo "armou" a divulgação das imagens e incita agressões contra a IURD e que a Igreja Católica recusa o perdão e procura tirar proveito da situação (FU 187, 05.11.95; 190, 26.11.95). A idéia geral é a de que a IURD sofre uma perseguição por parte de um bloco de inimigos poderosos, devendo na sua reação se transformar em baluarte e figura de proa dos evangélicos no Brasil.

Passemos à Igreja Católica, tentando preservar uma distinção de planos semelhante. No plano retórico, as respostas dos bispos católicos assumiram uma postura que servia ao mesmo tempo para lamentar o ataque à imagem e para relembrar aos católicos a forma mais adequada do culto aos santos. A reação conjuga a desconsideração da Igreja Universal como interlocutor legítimo com um esforço pedagógico dirigido aos próprios fiéis católicos. Ao responder aos ataques de Von Helde, os expoentes da Igreja Católica estão também, e talvez principalmente, pastoreando seu rebanho. Essa interpretação ganha pertinência se consideramos que os argumentos acionados ora perdem sentido do ponto de vista do destinatário do enunciado, ora se apropriam a seu modo de princípios que são caros ao adversário. Ou seja, o principal interlocutor das manifestações católicas não é Von Helde ou sua Igreja, mas sim os próprios devotos marianos. Vejamos como isso se configura nas notas oficiais apresentadas pela CNBB e em alguns artigos publicados na grande imprensa por eclesiásticos do primeiro escalão da Igreja Católica no Brasil.[21]

A forma premente de que se revestiram esses esclarecimentos foi a distinção entre "veneração" e "adoração". Segundo os eclesiásticos, a adoração é algo que a doutrina católica reserva para Deus e suas expressões trinitárias. Os santos e a Virgem Maria não são adorados, mas venerados, conforme a primeira nota da CNBB, como testemunhos de vida e modelos de fé – Maria é exemplo para todos, segundo D. Lucas ("Tuas imagens são um convite a nos sentirmos mais teus filhos e a imitar tua vida evangélica e santa"); a Virgem Maria como modelo de santidade, argumenta D. Luciano. Ao mesmo tempo, procura-se mostrar que, seja pela Bíblia, seja pela história do Cristianismo, seja pela doutrina da Igreja, Maria sempre esteve presente e sempre recebeu um culto especial. D. Eugênio, D. José Fernandes Veloso e D. Luciano – todos alimentam esse argumento. Mas é D. Lucas Neves quem se detém mais nele. Em seu primeiro artigo, já se dedicara a mostrar como Maria estaria presente do começo ao fim da Bíblia, como é exaltada por várias das grandes

21. A primeira nota da CNBB foi publicada em vários jornais no dia 14.10.95; a segunda foi publicada em 26.10.95. A relação dos artigos consultados é a seguinte: D. Eugênio Sales, GB 04.11, "Reação sem fanatismo"; D. José Fernandes Veloso (bispo de Petrópolis), JB 23.10, "Veneração de imagens"; D. Lourenço de Almeida Prado (reitor do Colégio São Bento), GB 13.11, "A Mãe e sua imagem"; D. Lucas Moreira Neves, ESP 25.10, "A Mãe de Jesus Messias"; ESP 08.11, "Oração de amor e desagravo"; e ESP 15.11, "Imagens sacras – como e por quê"; D. Luciano Mendes de Almeida, FSP 21.10, "Nossa Senhora Aparecida".

religiões, como sua devoção inspirou inúmeras e extraordinárias obras de arte. Em outro, tratando do tema das imagens sagradas, refere-se à sua presença na Bíblia e nos primórdios do Cristianismo e à sua consagração no Concílio de Nicéia, cujas determinações são aceitas pelas Igrejas Católica e Ortodoxas, mas negadas pelas Protestantes.

Outro argumento presente nos artigos se utiliza das noções de símbolo e de representação para explicar o mecanismo de devoção às imagens católicas. D. José Veloso fala na veneração de imagens dirigida a uma representação. D. Lucas no desejo de tornar mais próximo dos sentidos a invisível figura de uma mãe. Três artigos traçam analogias entre as imagens de Maria e fotografias de uma mãe, para explicar a distinção entre a pessoa e a sua representação. A primeira nota da CNBB adota a categoria representação e a segunda, a de sinais visíveis – referências à imagem de Maria. Quem desenvolve mais esse argumento é o artigo de D. Lourenço Prado, que se sustenta sobre a noção de sinal. Toda a vida depende de sinais, de acordo com o artigo, e o culto mariano se dirige em última instância a Deus: a imagem sinala a Mãe de Deus – pela imagem chega-se à Virgem, pela Virgem a Deus. Note-se que os argumentos da distinção entre adoração e veneração e da presença extensiva do culto mariano mantêm uma relação eminentemente negativa com o Protestantismo, o qual não reconhece a primeira distinção e nega a segunda constatação. Já no caso das noções de símbolo e representação, ocorre uma espécie de apropriação de idéias tipicamente protestantes, desenvolvidas em especial a propósito da eucaristia. Como já foi assinalado, isso é possível desde que se conceba que a própria massa católica apareça como destinatária desses enunciados eclesiásticos.

É por aí que podemos perceber o contraste com as manifestações expressas em nome da IURD. Se essas procuram atingir "os de fora", os pronunciamentos católicos são dirigidos "para dentro". Mesmo quando esse interior não se resume à massa católica, é sempre para um universo próprio que a Igreja Católica lança suas palavras. Passo necessário para isso é a desqualificação de seu interlocutor explícito – no caso, a IURD ou o bispo Von Helde. A IURD, uma Igreja em que se usa "o poder mágico do dinheiro para curar doenças" (artigo de D. Almeida Prado); Von Helde, cujas críticas revelam ou ignorância ou má fé (mesmo artigo e artigo de D.

Veloso). O outro elemento desse padrão manifesta-se no fato de que a Igreja Católica, ao se pronunciar, parece falar menos sobre si (como um segmento da sociedade) do que em nome de outrem (no limite, de toda a sociedade). Na entrevista coletiva concedida no mesmo dia em que Von Helde protagonizava o "chute na santa", D. Aloísio, em Aparecida do Norte, criticava a IURD por se aproveitar de "pessoas menos esclarecidas", explorando a sua fé (FSP 13.10.95; ver também Pe. Cipriani em FSP 22.10.95). Percebe-se que a crítica não é direta e frontal, mas mediada por uma avaliação sobre as pessoas que supostamente formam o público da IURD, em relação às quais a Igreja Católica se coloca na posição de defensora.

No outro plano das reações católicas, o episódio serviu para que os bispos reafirmassem a catolicidade do Brasil, ainda que essa ratificação tenha seguido caminhos aparentemente contraditórios. Pois a reação da Igreja Católica procurou articular o incentivo, dirigido a seus fiéis, a uma postura mais afirmativa quanto a seu pertencimento confessional com o convite, aberto às demais religiões, a uma convivência harmoniosa. Quanto à idéia de um reavivamento da fé católica, ela aparece nas opiniões de D. Eugênio, que diz perceber um "afervoramento do amor a Maria" e reconhece que a agressão teria se transformado em "impulso à vivência de nossa fé". D. Lucas é outro que se refere a um novo vigor do culto mariano. E a segunda nota da CNBB afirma que a agressão provocou "um forte aumento da devoção a Maria". Em relação ao segundo aspecto, aparece mais claramente na primeira nota da CNBB, a qual toma o episódio como obstáculo à convivência geral e ao ecumenismo cristão; mas também é premente na oposição entre intolerância, fanatismo e destempero, por um lado, e, por outro, perdão, humildade, amor à justiça e à paz – oposição que aparece nos artigos de vários bispos. Dessa maneira, a Igreja Católica procurava confirmar os laços que a ligavam à totalidade dos brasileiros, seja como representante da fé majoritária, seja como ponto de junção entre os grupos interessados na coexistência tolerante.

Consideradas as reações católicas e iurdianas e contemplando já a uma certa distância a seqüência dos acontecimentos, é possível apontar algumas das resultantes do episódio do "chute na santa". Sua principal vítima não parece ter sido a santa católica, uma vez que o incidente converteu-se em oportunidade de incitamento a uma devoção mais intensa ou mais clara. O interessante é que esse impulso acabou estimulando planos e ações que implicam em uma maior presença no espaço público por parte da Igreja Católica no Brasil – tais como a realização de grandes concentrações por ocasião de eventos religiosos e um maior investimento na mídia eletrônica. Não por acaso, os três traços – devoção mariana, espetáculos religiosos e incursões midiáticas – estão associados com a Renovação Carismática, que de certo modo se tornou, na década de 90, o centro da dinâmica católica no Brasil. Tampouco a IURD parece ter sido a principal vítima, já que conseguiu assimilar os golpes desferidos na reação, mantendo sua importância no panorama religioso e seu protagonismo entre os evangélicos. A retórica persecutória ensejou, de seu lado, um investimento continuado e firme na mídia, na política e na assistência social como campos de expansão e legitimação, garantindo-lhe presença também no espaço público.

Ao fim e ao cabo, a principal vítima parecem ter sido os cultos afro-brasileiros e o que representam quanto a formas de ocupação do espaço público por uma religião. De certo modo, esses cultos foram "assimilados" pelos protagonistas do episódio. No caso da IURD, isso se realiza por uma demonização que reconhece a realidade e os nomes associados ao universo afro-brasileiro, tornando-o objeto de um combate. No caso da Igreja Católica, ocorre pela ênfase na negritude da santa, que desloca o lugar da africanidade para o interior do próprio cristianismo.[22] O que há de comum entre o combate e a disposição para o diálogo em relação aos cultos afro é uma operação que os neutraliza como interlocutor paritário no campo religioso. A assimilação dos cultos afro, no sentido indicado, corresponderia, no contexto de um episódio, ao processo de marginalização que os mesmos cultos sofrem no contexto mais amplo da sociedade brasileira recente. Afinal, parece correto dizer que esses cultos, hoje, em relação a outras religiões, dispõem de menos visibilidade e de menor representação institucional, assim como não manifestam projetos semelhantes quanto à mídia, política e assistência social.

---

22. Note-se que um mês após o episódio uma Missa dos Quilombos foi realizada em plena Basílica de Aparecida. O artigo de Johnson (1997) explora bastante esse aspecto do episódio, que, lembremos, não pode ser desvinculado dos debates em torno da noção de "inculturação".

O que encontramos, face a essa marginalização e em contraste com ela, são dois projetos de hegemonia. De fato, mais do que um igualitarismo generalizado no campo religioso, o que temos são planos e ações que partem da Igreja Católica (que identifica institucionalmente a fé majoritária) e da Igreja Universal (que pretende falar em nome dos evangélicos em ascensão), e que parecem colocar as principais linhas de força nesse campo religioso. Esses projetos de hegemonia assumem estilos diferenciados. De um lado, uma instituição que, embora se sinta atacada, cultiva ainda o ideário da catolicidade, buscando abarcar no seu interior ou ao seu redor todas as forças sociais que avalia como legítimas e genuínas. De outro, uma instituição que assume uma postura de enfrentamento, desafiando frontalmente seus concorrentes (sempre legião a formar um bloco de perseguidores) e procurando se comunicar com pessoas que em princípio habitam um mundo outro. Resta que há um ponto em comum entre esses estilos e que consiste na aposta que conjuga o fortalecimento religioso com o avanço sobre esferas não religiosas – como são a mídia, a política, a assistência social.

O quadro geral a que chegamos tem algo de inusitado. Vimos que a noção de blasfêmia serviria tanto para delimitar o espaço do religioso em uma sociedade como para proporcionar ao Estado um instrumento de regulação envolvendo tal espaço. O episódio do "chute na santa" certamente permite colocar tais questões para o Brasil. Mas as reações que suscitou não apenas relegaram à periferia a discussão da relação entre Estado e religião, como também estimularam projetos de hegemonia que não se restringem à esfera religiosa. Isso não torna o Brasil "menos moderno" do que países nos quais as relações entre Estado, sociedade e religião estão "mais" delimitadas. O que caracteriza a modernidade é exatamente um conjunto de variáveis que podem gerar resultantes bastante diferenciadas. Sendo assim, nenhuma configuração nacional esgota essas possibilidades ou (apesar de pretensões ou pressupostos) pode ocupar o lugar de modelo ou de ideal. Torna-se então mais pertinente perguntar que variante da modernidade se realiza no Brasil e também o que o Brasil revela sobre a modernidade de uma forma que é menos clara quando se observa outros países.

5. Religião e política em outra chave

Gostaria, por fim, de tecer algumas considerações que serviriam para situar a abordagem sobre o episódio do "chute na santa" dentro de um certo entendimento da relação entre religião e política – reconhecendo que vivemos em um momento em que essa relação é crucial para se vislumbrar as transformações no campo religioso. No Brasil, creio que não estaria enganado ao afirmar que, entre cientistas sociais e historiadores, a discussão da relação entre religião e política concentrou-se sobre a seguinte problemática (retenho sua formulação original, dos anos 70): a política da e na Igreja Católica e seu papel na construção de uma sociedade democrática. Desde então, vários pesquisadores dedicaram-se a acompanhar formas de ativismo social vinculadas a uma igreja que, impulsionada pela Teologia da Libertação e "de costas para o Estado", assumia feições politicamente progressistas e eclesiasticamente horizontais. Ao longo dessas três décadas, formulou-se uma agenda de questões que também passou a ser aplicada aos evangélicos, acompanhando o seu movimento de expansão. O par conscientização / alienação, em suas conotações políticas, é uma das chaves desse tipo de abordagem, utilizado para interpretar ora as atitudes, ora os efeitos de engajamentos e mobilizações religiosas. Se inicialmente essa abordagem serviu para pensar tanto situações microssociais quanto o processo geral de redemocratização no Brasil, mais recentemente ela vem servindo para acompanhar o jogo das identidades religiosas em espaços como as favelas e as incursões de agentes e elementos religiosos na mídia e na política partidária.

Não tenho dúvidas acerca do rendimento e da adequação desse tipo de abordagem sobre as relações entre religião e política no Brasil. Mas talvez fosse o momento de nos esforçarmos por fundamentar uma outra possibilidade, que se somaria à primeira. Assim, se recorro a um contraste para apresentar essa outra abordagem, não pretendo alimentar incompatibilidades, e sim delineá-la com mais clareza. Toco em três pontos. Em primeiro lugar, se podemos dizer que a perspectiva mais consagrada tem como foco a sociedade, a abordagem que me preocupo em fundamentar procura, na análise das relações entre religião e política, incluir o Estado. Mas não é exatamente o Estado em seus agentes empíricos que interessa e sim as bases de construção e sustentação do que se pode chamar de espaço público.

Isso – e já formulo o segundo contraste – levaria a abandonar o pressuposto de que religião e política são domínios externos um ao outro e a adotar a concepção de que esses planos são constituídos na própria relação (embora, evidentemente, não apenas por essa relação). Há uma diferença entre se perguntar pelo papel da religião na política ou pela política da religião e buscar como política e religião, em certos contextos, se constituem mutuamente.

A inclusão do Estado e a relação constitutiva entre política e religião como princípios analíticos esbarram em idéias consagradas a propósito do lugar da religião na modernidade. Afinal, uma das interpretações mais comuns acerca da modernidade enfatiza exatamente a separação entre Estado e Igrejas e a marginalização social da religião. No entanto, noções como a de blasfêmia, à medida que são validadas por meio de dispositivos jurídicos, demonstram que existem dimensões nas quais a relação entre modernidade e religião se elabora em termos positivos. Mesmo que a sociedade efetivamente se apresente como secularizada e que o Estado se identifique como laico, a religião permanece sendo um foco de discursos, de elaborações, de delimitações. Na Europa e na América do Norte, geralmente apontadas como "modelos" de modernidade, uma série de controvérsias mobiliza nas últimas décadas vários atores sociais em torno da condição de grupos que reivindicam ou são identificados como "religiosos" (caso de comunidades islâmicas e de organizações como a Cientologia). Os temas dessas controvérsias estão longe de se restringirem à esfera religiosa. O que as torna tão interessantes é exatamente o que revelam a respeito de sociedade, Estado e espaço público em diversos contextos nacionais, de como essas esferas se constituem na relação com a religião, historicamente, no passado e no presente.

Por fim, creio que uma das implicações da abordagem mais consagrada foi restringir o campo comparativo, pois as questões pertinentes tinham sua formulação muito informada pela agenda brasileira pós-anos 70. Na abordagem que informa minha análise, torna-se necessário colocar o Brasil efetivamente como um caso entre outros – pressupondo-se, reciprocamente, que outras configurações nacionais sejam outros tantos casos como é o Brasil. Isso abriria comparações em pelo menos dois planos. Primeiro, entre situações e episódios circunscritos – como possibilitaria a noção de blasfêmia. Segundo, entre configurações nacionais de articulação entre religião e política – e nesse plano poderíamos pensar na idéia de modos de pluralismo. No caso do Brasil, então, talvez houvesse lugar para contemplar a noção de tolerância não como um descritor da realidade, tampouco como um mito (no sentido de algo que não corresponde à realidade), mas como parte de discursos que são, ao mesmo tempo, constitutivos de uma configuração nacional e acionados em situações e episódios circunscritos.

Referências bibliográficas

ALMEIDA, Ronaldo. A universalização do Reino de Deus. Campinas, Dissertação de mestrado, Departamento de Antropologia Social, IFCH/Unicamp, 1996.

COGAN, Arthur. Crimes contra o sentimento religioso. *Justitia*, 96, 1977. p. 99-100.

COSTA Jr., Paulo José da. *Comentários ao Código Penal*. São Paulo: Saraiva, 1997, 5ª. edição.

DELMANTO, Celso et alli. *Código Penal Comentado*. Rio de Janeiro: Ed. Renovar, 2000, 5ª. edição.

FERNANDES, Rubem César. Aparecida: Nossa Rainha, Senhora e Mãe, Saravá! *Ciência Hoje*, 21, 1985. p. 24-31.

FRAGOSO, Heleno Cláudio. *Lições de Direito Penal* (edição universitária, vol.1). Rio de Janeiro: Forense, 1989.

FRANCO, Alberto Silva e STOCCO, Rui (coord.). *Código Penal e sua Interpretação Jurisprudencial*. São Paulo: Ed. Revista dos Tribunais, 2001, 7ª. edição.

GIUMBELLI, Emerson. *O Fim da Religião: dilemas da liberdade religiosa no Brasil e na França*. São Paulo: Attar Editorial, 2002.

HUNGRIA, Nelson. *Comentários ao Código Penal* (vol. 8). Rio de Janeiro: Rev. Forense, 1947.

JESUS, Damásio de. *Direito Penal* (Vol. 3). São Paulo: Saraiva, 1999, 13ª. edição.

JOHNSON, Paul C. Kicking. Striping, and re-dressing a saint in black: visions of public space in Brazil's recent holy war. *History of Religions*, 37 (2), 1997. p. 122-40.

KRAMER, Eric. Law and the image of a nation: religious conflict and religious freedom in a Brazilian criminal case. *Law and Social Inquiry*, 26 (1), 2001. p. 35-62.

LAWTON, David. *Blasphemy*. Philadelphia: University of Pennsylvania Press, 1993.

LEVY, Leonard. Blasphemy: judeo-christian concept. In: ELIADE, Mircea (ed.). *The International Enciclopedia of Religions*. Nova Iorque: Macmillan Pub., 1987. p. 238-242.

MAFRA, Clara. Na posse da palavra: religião, conversão religiosa e liberdade pessoal em dois contextos nacionais. Rio de Janeiro: Tese de doutorado, Programa de Pós-Graduação em Antropologia Social, MN/UFRJ, 1999.

MAGALHÃES NORONHA, Edgard. Artigo 208. In: CASTIGLIONE, T. (orientação geral). *Código Penal Brasileiro Comentado*. São Paulo: Saraiva, 1954.

MIRABETE, Julio. *Manual de Direito Penal*. São Paulo: Ed. Atlas, 2000, 16ª edição.

SIQUEIRA, Galdino. *Direito Penal Brasileiro*. Rio de Janeiro: Livraria Jacintho, 1932.

SOARES, Luiz Eduardo. Dimensões democráticas do conflito religioso no Brasil: a guerra dos pentecostais contra o afro-brasileiro. In: *Os Dois Corpos do Presidente e Outros Ensaios*. Rio de Janeiro: Relume Dumará/ISER, 1993.

VISWANATHAN, Gauri. Blasphemy and heresy: the modernist challenge. A review article. *Comparative Studies in Society and History*, 37 (2), 1995. p. 399-412.

VON HELDE, Sérgio [Bispo]. *Um Chute na Idolatria*. Rio de Janeiro: Ed. Universal, 1999.

A Habitação do Morro:

impressões de moradores de duas favelas do Rio de Janeiro sobre religião e espaço público

Clara Mafra

1. Introdução

Durante um ano e meio, uma equipe de pesquisadores da UERJ[1] acompanhou o dia-a-dia de alguns moradores das comunidades Pavão-Pavãozinho e Cantagalo – comunidades situadas em uma das regiões mais nobres da cidade do Rio de Janeiro, na embocadura dos morros entre Copacabana, Ipanema e Lagoa. Desde o início, fomos surpreendidos pela quantidade e multiplicidade de organizações, igrejas, projetos e iniciativas da sociedade civil voltadas para o atendimento da população local. Em um primeiro levantamento, realizado entre fevereiro e março de 2001, tivemos notícia de 33 entidades ativas. Como ali estava sendo implantado um projeto piloto

1. Este artigo é resultado do projeto integrado "Violência, Sociabilidade e Espaço Público: comparando percepções e práticas de grupos socialmente vulneráveis" financiado pela FAPERJ. A equipe da UERJ ficou sob coordenação de Clara Mafra (DCS/UERJ) e a coordenação geral Regina Novaes (IFCH/UFRJ). Marcus Cardoso contou com bolsa de iniciação da Faperj, Robson de Paula e Raíza Sá Siqueira com bolsa Pibic/UERJ. Uma versão preliminar deste artigo foi apresentada no seminário "Religião e Espaço Público", organizado pela linha Religião e Movimentos Sociais em Perspectiva, DPCS/UERJ. Agradeço a colaboração de Marcus Cardoso, Robson de Paula e Raiza Siqueira e os comentários críticos de Patrícia Birman. Contei com a bolsa de pós-doutorado da CAPES para a redação deste artigo

de policiamento comunitário (o GPAE, Grupamento de Policiamento em Áreas Especiais), dois ou três meses depois do levantamento, já tínhamos notícias de várias novas iniciativas na região.

Ao contrário da década de oitenta, quando a maioria das organizações que subiam os morros ou eram extensões da Igreja Católica ou extensões de partidos de esquerda, muitas das iniciativas que encontramos em 2001 eram o resultado direto da paixão e insistência de uma ou duas pessoas do asfalto, articulando-se em rede com "cidadãos do morro".[2] Assim foi criado o grupo de balé "Bobeou, Dançou", a Academia de Boxe "Nobre Arte" e o "Planeta Golfinhos da Guanabara". De outra forma, mas também em função de um ritmo imposto por uma disposição voluntária local, havia uma enorme multiplicação de pequenas igrejas pentecostais.

No início de 2002, portanto, um ano depois de iniciado nosso acompanhamento, a mídia passou a divulgar notícias positivas sobre o lugar, em especial, a boa nova de que o número de jovens mortos na guerra do narcotráfico caíra drasticamente (*Caderno Especial de Segurança Pública & Direitos Humanos do Jornal do Brasil*, 28/02/2002). As reportagens anunciavam que se antes da implantação do GPAE os jovens do lugar morriam às dezenas, em uma disputa armada pelas ruas e vielas, agora se sabia de uns poucos casos de mortes, envolvendo jovens já imersos na vida

2. Esta cronologia, que nos referimos um tanto esquematicamente, foi indicada pela primeira vez por Leilah Landin, em sua tese de doutorado (1993) e faz hoje parte de uma memória compartilhada no mundo das ONGs no Rio de Janeiro. Regina Novaes sintetiza a cronologia nos seguintes termos "...as primeiras ONGs no Brasil... nasceram nos anos 60/70 em um berço religioso (católico ou ligadas ao movimento ecumênico internacional) e de costas para o Estado autoritário. A abertura política no início dos anos 80 produziu uma outra onda de ONGs – muitas vezes resultantes de iniciativas de profissionais que voltavam do exílio – que se envolveram no processo de democratização do país. Na segunda metade da década de 80, seja como desdobramentos daquelas organizações que tinham surgido anteriormente, seja como resultado de novas demandas dos movimentos sociais das chamadas minorias, proliferaram as ONGs voltadas para as questões raciais, de gênero, para afirmação de opção sexual, para proteção do meio ambiente e para a comunicação popular. Por fim, já no decorrer dos anos 90, surgiram outras organizações sociais que podemos classificar como ONGs comunitárias, assim como, também de ONGs de cultura. Esta quarta geração de ONGs pode ser diferenciada das precedentes pelo foco na ação local e pela produção de gestores locais" (Novaes, 2002:13).

do crime. No contraponto às notícias positivas e espetaculares do lugar divulgadas pela mídia, andando pelas ruas e vielas, conversando com alguns líderes comunitários e moradores, era perceptível uma sensação de fracasso, de desassossego, de perda e de vulnerabilidade gerais.

Neste artigo, queremos levar a sério esta avaliação negativa dos acontecimentos anunciada pelos moradores, examinando um aspecto que nos parece central: o desgaste de uma proposta de mediação social realizada a partir da noção da "cidade partida".

A noção de "cidade partida" não é nova. Guia a atuação de boa parte da esquerda desde a formação dos primeiros movimentos sociais no capitalismo. No nosso contexto, foi retomada e amplamente difundida a partir do livro de Zuenir Ventura com o mesmo nome, *A Cidade Partida* (1994). Neste livro o jornalista narra, em estilo *noir*, a história da cidade do Rio de Janeiro a partir de diferentes lógicas de reposição da desigualdade e da separação. De um lado a classe média e média alta, os moradores do asfalto, cidadãos que têm acesso às benesses do Estado, em termos de infra-estrutura urbana, segurança pública, rede estatal e privada de educação e saúde e complexo e sofisticado sistema comercial. Ao lado desta cidade, temos a cidade vulnerável: os moradores que têm uma infra-estrutura precária, sem acesso ao aparato de segurança do Estado, submetidos ao poder paralelo, em áreas onde os jovens negros e pobres entre 15 a 25 anos morrem em multidão.

Se, como anuncia a tese, estamos falando de uma mesma cidade que tem uma parte privilegiada outra miserável e invisível, a resposta está na formulação do problema: a prioridade é garantir o acesso do que é tido como privilégio para a parte que não se vê alijada. A resposta está em estabelecer mediações que ajudem a redistribuir "o cobertor", ou como afirmou o próprio Zuenir Ventura, dez anos depois, a descoberta é a criação de "políticas de inclusão" (Jornal *O Globo*, Prosa e Verso, 30/08/2003).

Porém, um acompanhamento um pouco mais detido, ao longo de 12 meses, do cotidiano nas favelas, evidencia que as intervenções sociais desenvolvidas com o objetivo da inclusão, ainda que bem intencionadas, rotineiramente, tornam-se intermitentes ou meros auxílios laterais e/ou pontuais. O fôlego das ações sociais é mais curto que a contrapressão adversa. Qual o ponto frágil da resposta ao problema da desigualdade na formulação da cidade partida?

A noção da cidade partida ajuda a criar mobilização porque situa o problema da desigualdade no cotidiano, na geografia da cidade, nas pessoas que conhecemos, nos dramas sociais compartilhados. Ela dá fôlego aos mediadores porque retira o drama humano, social e político do plano metafísico. Neste sentido, ela confirma e mobiliza o senso comum e o bom senso, aquele nosso sentido mais básico que nos diz que a ordenação desigual de bens, valores, saberes, riquezas, cultura, têm conseqüências violentas e é, por si só, uma violência. Porém, acompanhando o dia-a-dia das pessoas que se dispõem a enfrentar o fosso entre as duas metades da cidade, torna-se patente que as distâncias e as separações são mais complexas e profundas, e que, contra toda crença, continuam amplamente desconhecidas.

2. As duas fundações

Foi um mal-entendido que nos chamou atenção para a pertinência da divisão entre as duas cidades, mesmo depois de ter notícia dos vários esforços dos mediadores para alterar as fronteiras, mesmo depois de reconhecer que as redes entre morro e asfalto são várias, ainda que concordássemos em que os indivíduos das cidades modernas pertencem e participam de vários mundos sociais, e que as circunstâncias da vida os levam a transitar por diferentes grupos e domínios sociais. Surpreendeu-nos que, mesmo ocupando o mesmo espaço, circulando pelos mesmos caminhos, compartilhando a história da cidade em vários pontos, a diferença e a distância entre as duas cidades se repusesse com tamanha premência e naturalidade. Transcrevo abaixo o fragmento da entrevista em que ocorreu um mal-entendido, indício da atualidade da separação social:

PESQUISADOR: "Na construção da sua casa, você levou em conta a questão da segurança?"

MORADOR: "Como assim? A segurança da estrutura da casa?"

PESQUISADOR: "Não. A segurança com relação ao perigo de assalto ou roubo".

MORADOR: "Não. Porque no morro não costumam roubar morador. O vizinho às vezes rouba uma tábua, um saco de areia. Mas isto é besteira. A segurança mesmo, que eu pensei, foi fazer uma boa estrutura, fazer uma casa segura".

O mal-entendido é revelador de um descompasso de sentido que envolve duas cadeias associativas. O pesquisador associa a questão da segurança ao tema da invasão e defesa da propriedade privada, que quase automaticamente se liga a uma certa tematização da violência no meio urbano, que tem como efeito social, mais evidente em termos da arquitetura urbana, a construção de casas e prédios com muros altos, grades, interfones, alarmes, guardas particulares bem como a multiplicação dos condomínios (ver por exemplo, Caldeira 2001). O morador do morro do Cantagalo não vê sentido nesta cadeia associativa. Surpreendentemente, pois residente na Zona Sul do Rio de Janeiro, uma das áreas com os mais altos índices de violência de uma das cidades mais violentas da América Latina, o morador da favela não se sente próximo ao risco de invasão e de apropriação indevida de seus bens. O evento que porventura ocorra neste sentido, pondera ele, será irrelevante ("o roubo de um saco de areia, de uma tábua") e com autor certo ("algum vizinho que também está construindo").

Isto não significa que a palavra segurança seja indiferente para Lourival, o morador do diálogo. Como vários outros moradores do morro entrevistados, ele associa a palavra segurança quase que automaticamente com o tema da firmeza e profundidade da estrutura da sua casa. Não é para menos, uma vez que os moradores do Pavão-Pavãozinho e Cantagalo moram em um terreno íngreme, com fundo de pedra e já sofreram ao menos uma grande tragédia em função de desabamento de uma caixa d'água (no Natal de 1983). Ocupando as margens das matas do morro, em um terreno íngreme e com uma camada superficial de terra, o perigo do deslizamento e de desabamento das casas – sua ou dos vizinhos – é uma constante no dia-a-dia.

Por isto, quando se fala em segurança no morro, os moradores tendem a lembrar o nome do Seu Salvador, um senhor que ganha alguns trocados alugando sua britadeira para furar alguns metros de pedra para a fundação, lembram dos sacos de areia e cimento que carregaram morro acima nas costas, das negociações com o pedreiro de fim-de-semana, com o marido, os filhos, os vizinhos, os patrões. Neste sentido, a cadeia associativa é outra, ao invés da primeira alternativa:

1) segurança da habitação/ perigo da invasão e destruição da propriedade por outras pessoas/ relativa indiferença com relação ao meio ambiente próximo (o

entorno da habitação)/ preocupação em tornar a habitação inacessível para o outro (muros, grades, alarmes);

Os moradores do morro acionam a seguinte cadeia associativa:

2) segurança da habitação/ risco de fragilidade e destruição da propriedade por elementos da "natureza" / relativa confiança no outro próximo / preocupação na construção de uma habitação que responda adequadamente às forças da "natureza";

Ora, na base de cada uma destas séries podemos distinguir dois modos diferentes de tornar habitável a cidade e a casa de cada um. Enquanto a primeira série tende a estar associada à ocupação do urbano acessível à classe média da zona sul, ao morador do asfalto, onde o novo morador compra ou aluga um lugar, o qual pode ser preenchido com certas variações estéticas, usufruindo de uma certa infra-estrutura urbana e estatal do entorno, a segunda série tende a estar associada ao dia-a-dia dos moradores dos morros e favelas da zona sul, das periferias urbanas, das zonas de meio ambiente limítrofe (margens de rios, da baia da Guanabara, zonas pantanosas). Mais explicitamente, não se trata de um divisão social determinada pela paisagem natural – num retorno extemporâneo do naturalismo nas ciências sociais -, mas do reconhecimento que, para além de um problema de desigualdade social mais genérica, é perceptível um modo distinto de se relacionar com a paisagem e os outros moradores do entorno. Neste sentido, se temos uma parte dos moradores da cidade operando segundo um eixo organizado em torno dos termos planejamento/ ocupação/ intervenção, da primeira série, e uma outra parte operando no registro da relação processual/ familiarização com o entorno/ renovação contínua da habitação da segunda série, teremos duas propostas de cidade convivendo em justaposição e interdependência, e no reverso, em disputa em termos de auto-afirmação e de poder.

3. "Cheio de mérito, poeticamente o homem habita a terra"

A oposição entre as duas séries nos remete a uma oposição de mais longo curso, entre cidade planejada e cidade nômade. Esta segunda oposição, que acompanha a humanidade para além dos séculos, assume, no âmbito do capitalismo, uma configuração específica. Foi um poeta, Holderlin, quem chamou atenção para a atualização moderna do velho tema da habitação do mundo, sejamos modernos ou não: trata-se de uma habitação em função do mérito ou em função da poesia? Em uma passagem preciosa, ele ordenou os termos:

"Cheio de mérito, poeticamente o homem habita a terra".

Em 1951, Martin Heidegger retomou o poema pronunciando uma palestra que estabeleceu de modo mais sistemático a distinção anunciada pelo poeta, entre o habitar e o construir, e chamou atenção para uma valorização invertida dos termos no capitalismo.

Estranho que, justo em uma época de renovação técnica, de enorme progresso científico, de esforço gigantesco na reconstrução da Europa, no pós-guerra, um poeta e um filósofo tenham suas palavras unidas no anúncio do valor da poesia na habitação do mundo. Seria fantasia ou mera fabulação?

Hoje, podemos afirmar que ambos foram profetas, uma vez que, em seu duo, anunciaram o perigo de uma inversão que já ganhava moto contínuo no limiar do horizonte de seu tempo: do apequenamento da experiência em função do elogio rasgado da técnica, do poder de edificação artificial dos homens, da crença no seu próprio mérito. Naquele fragmento, juntos, o poeta e o filósofo, admoestavam que não se deve subordinar o habitar ao construir, mas o inverso. Qual o sentido deste aviso?

Em termos do desenvolvimento da linguagem, o verbo construir [do latim *construere*] está ligado a um desenvolvimento artificial das capacidades humanas. Com uma alavanca, um homem pode movimentar um objeto muito mais pesado que sua própria potência. Apoiado em uma medida apreendida em outro lugar, uma estrutura herdada de outras experiências, os homens podem produzir um sem número de tendas, casas, apartamentos, mansões. A edificação depende, portanto, do acesso a uma medida que é transparente, artificialmente projetada, mas que é útil na multiplicação de um bem e um valor previamente concebido.

Há, entretanto, uma medida que é anterior à medida padrão. Que surge no exato instante que a própria questão da dimensão emerge como tal. O habitar [do latim *habitare*] se refere a esta medida primordial, que fala da medida com que o homem se quer medir, ou seja, da instauração da concepção de espaço no homem e, sem a qual, a medida utilitária não tem pertinência.

"Como o homem conquista a medida com que se há de medir?", pergunta o poeta. Para responder a questão, Holderlin encaminha o leitor para os longos tempos da história da humanidade: "O homem mede a sua dimensão em se medindo com o celestial" (2002:172). O filósofo, em seguida, explica que o celestial a que Holderlin se refere, não é o do conjunto de normas institucionais religiosas, mas é o celestial no seu sentido mais prosaico, aquele que faz o homem levantar os olhos para o horizonte entre os céus e a terra e perguntar da sua existência. Neste sentido, esse celestial não se disponibiliza como uma medida transparente, mas tal como o céu, "resguarda o que se encobre em seu encobrir-se" (174). Nesta condição de mistério e de ocultamento, o homem se descobre no levantamento da sua medida, sempre tendo que re-fazer o caminho da integração, pois ele "sempre, de novo, tem de ir ao encontro de toda a dimensão" (175).

Por isto, conclui Heidegger na releitura do poema, seria mais apropriada uma outra subordinação dos termos: "O homem só é capaz de construir porque já constrói no sentido de tomar poeticamente uma medida"(178). No nosso tempo, advertem ambos, ao apostarmos nas contagens e medidas do método e da técnica, desaprendemos a poesia da medida e a terra se torna árida para nosso habitar.

4. Cidade planejada e cidade negociada: uma fronteira virtual

Em uma leitura superficial, podemos estabelecer uma correspondência entre habitar e construir e as metades da cidade partida. Poderíamos, inclusive, garantir assim um sobrevalor de resistência ao modo como os moradores do morro realizam sua inserção na cidade, uma vez que eles resguardariam um sentido mais abrangente e generoso do seu habitar.

Mas não podemos, se queremos refletir apoiados em uma experiência social efetiva, ir adiante no exame da adequação ou não desta correspondência sem antes "escutar" alguns dos moradores do Pavão-Pavãozinho e Cantagalo.

Muitos dos moradores que entrevistamos[3] vieram do interior, em diferentes levas de migrantes, e acabaram se inserindo nos mercado de trabalho como trabalhadores manuais: os homens, como serventes, ajudantes de obra e pedreiros nas construções da cidade. Alguns outros se tornaram artistas, zeladores, funcionários de serviço. Muitas das mulheres trabalham como empregadas, faxineiras e copeiras em casas de família dos bairros vizinhos: Ipanema, Lagoa, Copacabana. Ainda assim, inserindo-se nas faixas mais baixas do mercado de trabalho da região, raros são os que não investem na autoconstrução da casa ou melhoramento de uma casa adquirida. Para isto não medem sacrifícios:

> "Prá construir isto aqui foi uma dificuldade" conta seu Antônio. "Isto tudo foi carregado em saco lá da rua" – completa apontando para sua casa de três andares. "Não é dessa rua aqui não. É lá de baixo. É uma boa caminhada. Tinha que dar a volta por lá embaixo, passar pela Associação, bem no meio da favela e vir por fora. Passar pela igreja que tinha aqui embaixo, que atravessava a estrada que subia aqui".

Dona Juliana conta que, mesmo usando bengala, recebendo aposentadoria por invalidez, trabalhava em casa de família e, no retorno do trabalho, à noite, sentava rotineiramente algumas horas num banquinho para quebrar o fundo rochoso que inibia a expansão da sua construção.

Para esses entrevistados, a opção da vida no morro não decorre apenas da localização privilegiada na cidade (em especial, para esta população de baixa renda e saúde precária, o acesso a quatro hospitais diferentes), mas porque eles, trabalhadores de baixa renda, poderão construir, ali, sua moradia.

Na maioria dos casos, a construção da habitação demora anos, numa construção e reconstrução interminável. Justamente porque cada detalhe envolve uma negociação, se não com o meio, com os recursos, com os vizinhos, com o chefe do morro, com os agentes do Estado. Por exemplo, seu Antônio explica a delicada negociação em torno das janelas.

3. Ao longo da pesquisa, foram entrevistados um total de 41 moradores dos morros Pavão-Pavãozinho e Cantagalo. Utilizo codinomes para apresentar as falas dos entrevistados, guardando assim o seu anonimato.

> "Eu não posso botar janela pra lá, [diz] isso é mais do que regra. Pra cá, eu posso, porque a área é minha. Eu tenho, daqui naquela telha, eu posso, se quiser, colocar uma janela na parede. Mas ali eu não posso. Se o cara levantar ali, eu vou ficar sem visão nenhuma. Às vezes não adianta você botar. Aqui tem várias pessoas que já quebraram beirada de laje, laje pronta de barraco, porque fez fora do limite dele. Você coloca, faz distante. Aí ele vai fazendo. Ele vem, faz um pedaço, daqui a pouco você faz outro. E vão construindo o modo do possível. O cara quer ter de alugar: 'Eu vou fazer um cômodo porque prá mim faturar um dinheiro'. Aí ele vai e fecha uma janela. Aqui é assim, você tem um barraco, você procura fazer o máximo. Se ninguém fala nada, você não liga. O outro do lado, o vizinho não reclamou nada, eu furo lá, boto o meu concretinho e dispenso. Entendeu? Agora se o cara. 'Ah!! Vamos conversar.' Ou eu entro em um acordo de fazer, ou eu entro num acordo de não fazer."

Assim, como muitos moradores nunca terminam a construção da casa porque sempre surgem novas necessidades (construir um puxado para abrigar o avô doente, fazer do térreo uma nova casa para alugar, aumentando o orçamento doméstico, mudar de lugar a porta da frente porque a circulação externa mudou de circuito) é fundamental o investimento com os interlocutores – os vizinhos, o presidente da Associação de Moradores, o dono da boca de fumo –, realizando-se, a partir daí uma negociação cheia de idas e vindas em torno das janelas, do acesso à vista, do tamanho do terreno, da altura da casa.

Em contraste com uma habitação no asfalto, que pode se dar na pura ocupação de um espaço já definido, com regras estabelecidas – se não pelo plano diretor da cidade, no conhecimento técnico do engenheiro e do arquiteto –, orientados por um princípio universalizante, a fixação do morador no morro depende do investimento de cada um em uma postura de negociação, na sua adesão a um certo acordo de fundo de que todos os âmbitos da vida estão permanentemente submetidos à reavaliação.

Claro que este acordo de fundo não se realiza no vazio. Diferenças culturais anteriores, acessos diferenciados aos meios e aos bens da cidade mais ampla, gênero, geração e etnias diferentes, dão motes variados para a recriação dos termos da negociação. Vale sublinhar que um dos parâmetros mais candentes na vida pública local, privilegiado na circulação das dinâmicas de negociação, é a religião. Especialmente a religião como sistema de apoio e relacionamento com instâncias externas.

O universo católico local tem um núcleo firme, denso e visível, para dentro e para fora das comunidades. Trata-se do trabalho de três irmãs da Ordem Carmelita *Domum Dei*. Elas são estrangeiras e residem na favela há mais de dez anos, sendo responsáveis por um complexo organizacional em que fica sua residência, a igreja, um ambulatório e três salas de aula (Cardoso 2002).

Neste pequeno nicho, as irmãs mantém uma rotina de missas diárias e semanais, os sacramentos e alguns dos ritos consagrados pela tradição católica popular – como a festa de São João, de Cosme e Damião, a Páscoa e o Natal, e romarias ocasionais para Aparecida. Também mantém uma rede de ação social complexa: no ambulatório, os moradores do morro recebem atendimentos esporádicos de enfermeiros e dentistas. As salas de aula, – que no curso de crisma do sábado ficam absolutamente abarrotadas –, são cedidas para entidades parceiras durante a semana, seja para cursos de alfabetização de adultos, encontros de oração, ou cursos de qualificação ocasionais. Ao mesmo tempo, as irmãs circulam pelo morro, seja no trabalho da Pastoral da Criança, visitando as casas, pesando as crianças, acompanhando seu desenvolvimento, seja na avaliação das demandas de distribuição da cesta básica, com visitas regulares às casas dos assistidos ou dos que reclamam a assistência.

Mas se este núcleo católico tem a qualidade de ser uma referência constante, regular e permanente para as famílias do lugar e para a rede católica externa, ele tem se fechado para os acontecimentos públicos locais dos últimos tempos. As próprias irmãs reconhecem que estão assistindo às últimas mudanças "de fora", uma vez que, acusam elas, os evangélicos têm tomado os centros de poder – como a Associação de Moradores, a mediação com o comandante do GPAE (Grupamento de Policiamento de Áreas Especiais), a mediação com os representantes do Favela-Bairro. Quando os evangélicos tomam a frente, insinuam, eles não perdem de vista seu interesse particular. Ao contrário delas, que se dizem "atentas às necessidades da comunidade".

Esse apego a um ideal de comunidade e a recusa de negociar dentro das condições atuais também está presente, de uma forma difusa, na cultura católica local dispersa. Foi assim que, nas entrevistas, soubemos que, ainda que o sistema de mutirão estivesse na rotina da construção da laje de boa parte das casas dos entrevistados, eram os católicos entrevistados que tendiam a menosprezar a ajuda que tinham efetivamente recebido, para afirmar que tinham construído a casa "tudo sozinho, eu e Deus". Isto porque, já faz tempo, as práticas de mutirão, além de se relacionarem com sistema de obrigação e contraprestação, estão imbricadas com a lógica monetária. São lógicas que se alternam e se complementam. No entanto, ao idealizar uma "comunidade" solidária avessa ao mercado, esses católicos tendem a esquecer a ajuda recebida quando se realiza junto com o trabalho pago.

Os evangélicos entrevistados não apenas vêem com naturalidade este imbricamento entre relações de solidariedade e mercantilização das relações, como criaram dinâmicas sociais específicas, que ajudam a respeitar a margem de autonomia que os habitantes das metrópoles modernas demandam. Daí que, é comum ouvir de um evangélico que ao precisar de um "favor", pediu a Deus para "que Ele fizesse com que um parente ou um vizinho se dispusesse ao serviço". Esta forma indireta de formulação da necessidade da ajuda do Outro parece criar um acolchoado entre as relações, estabelecendo um espaço de indeterminação entre os envolvidos, que leva em conta, de forma mais cabal, o campo de autonomia e determinação do outro, condição atual das relações de interdependência entre os indivíduos.

Os católicos parecem não ter recursos culturais para lidar com esse tipo de relação, o que os leva a uma alternação, de forma quase abrupta, entre o elogio de um passado ideal no qual todos se ajudavam solidariamente, e um presente, em que só valem as relações mercantis.

Observa-se então, que ser católico ou evangélico no Pavão-Pavãozinho e Cantagalo diz respeito não apenas ao pertencimento a circuitos religiosos diferentes, mas a modos diferentes de inserção e negociação com os outros do entorno. As características de cada circuito são, porém, contrastantes: se o núcleo católico local é situado em um lugar geográfico visível, no trabalho de profissionais qualificadas, na reposição constante e permanente de um modo de ação tradicional; os evangélicos têm muitos núcleos – localizamos quatro igrejas pentecostais no lugar –, com líderes com as formações mais variadas, com responsáveis nem sempre acessíveis ou visíveis, com igrejas que se confundem com a sala de visitas da casa da liderança, com um trabalho com ritmos alternados, que vai de uma produção diversa, criativa e exaustiva até o fechamento intempestivo das atividades.

Exatamente por estas características, que indicam uma maior abertura para a negociação e a re-consideração de si a partir das condições presentes, são os evangélicos que estão ajudando a recriar e a ocupar a vida pública local pós-implantação do projeto de Policiamento Comunitário.[4] Tanto é assim que o líder da Associação de Moradores do Pavão-Pavãozinho e Cantagalo, interlocutor mais direto do comandante das operações policiais, era evangélico; o Conselho de Líderes Comunitários conta com a presença de vários líderes evangélicos e apenas uns poucos leigos católicos; e ainda, alguns pastores se reuniram criando o Conselho de Pastores. Os dois conselhos são canais de articulação e promoção de planos de melhoria do lugar, ponto de interconexão com as várias iniciativas e recursos que chegam no morro a partir das ONGs de fora e do Estado.

Além dessa ocupação dos novos lugares sociais que se apresentam como possibilidade, há cerca de sete meses, o Conselho de Pastores "inaugurou" um novo lugar social na região: o Monte da Fé, que fica um pouco acima do Monte do Concerto. Neste Monte, de onde se pode abraçar com o olhar os bairros do entorno – Copacabana, Ipanema e o Jardim Botânico – e as montanhas no horizonte à oeste e o mar à leste, os evangélicos usam pedir perdão uns aos outros, pedir pela vida do morro e pela vida da cidade.

Porém, observando estas mesmas redes de pertencimento sob outro ângulo, as posições se invertem. Pois na relação asfalto/morro, são os católicos do Cantagalo que com suas festas, procissões, redes de solidariedade, aulas de catecismo, pastorais, abrem para espaços lúdicos, amplos e informais, em que os vizinhos do asfalto, para além dos mundos desiguais e separados, podem ser incluídos. Os evangélicos, em especial os pentecostais, ao colocarem a relação com os "de fora"

4. Noto que esta configuração social, na qual os evangélicos são o braço mais ativo da vida pública local e os católicos se mantém ativos apenas em um nicho circunscrito, é resultado da história das duas favelas estudadas. Outra história, outro contexto, outros arranjos, a configuração do espaço público certamente será outra. De modo mais explícito: não há uma determinação genérica entre as condições dadas pelo religioso e a configuração do espaço público nas favelas.

subordinada a uma declaração de pertencimento a mesma missão ou a um chamado, desvalorizam ou até mesmo recusam o estabelecimento de relações sociais informais com outros que não fazem parte de seu vínculo religioso.

Enfim, ao aproximarmos o foco de análise para o cotidiano, para as redes de sociabilidade e para as experiências concretas, retornamos ao impasse inicial: ao mesmo tempo em que vemos que o registro das duas cidades se repõe, somos obrigados a aceitar, diante das evidências, que não há um ponto de apoio permanente e estável nesta atualização. Os agentes se distinguem por negociar ou planejar, por habitar ou construir, por ser nômade ou fixar-se, conforme a situação. Mas se é assim, se as duas possibilidades de constituição das cidades são tão relativas e imbricadas uma na outra, por que manter o dualismo? Não seria melhor parar de recorrer ao dualismo e nos relacionarmos diretamente com a multiplicidade dos vários planos da agência?

5. A tensão vivida pelos mediadores

Não estou postulando, neste artigo, que o dualismo entre cidade negociada e cidade planejada se reponha porque seja um operador lógico, algo que se apresente na ação dos homens e mulheres independentemente de sua história. Por outro lado, também não concordo com os autores que descartam o dualismo, em favor de um reconhecimento da diversidade e multiplicidade dos mundos. Não se trata de não aceitar a pluralidade, mas de assumir que são muitos os indícios que esta pluralidade se realiza a partir de um dualismo motivacional, social, material e econômico, que se ratifica a cada nova ação. Mais que isto, ignorar o risco e a tendência da atualização da cidade partida a cada nova ação faz com que vários impasses vividos, especialmente pelos mediadores, permaneçam na obscuridade e na incompreensão.

Basta lembrar algumas das situações vividas pelos mediadores para que se perceba que o referencial vago, simples e básico da busca de pontes entre dois, é o que garante a consistência, a coerência e a continuidade da mediação proposta, ainda que a experiência vivida seja mais complexa e problemática. A não atenção consciente na divisão, argumento, inibe uma recriação do dualismo com fins de aproximação e formação de pontes e, por outro lado, tende a intensificar sua reposição inconsciente e descontroladamente. Para desenvolver este ponto, nada mais apropriado do que acompanhar alguns casos concretos. É isto que farei nos próximos parágrafos.

O fato de que até mesmo um projeto proposto pela Secretaria de Segurança Pública, em um setor formulador do conhecimento técnico-militar, tenha se aberto para a necessidade da interlocução com o público que atende, no projeto piloto de policiamento comunitário realizado no Pavão-Pavãozinho e Cantagalo, é um sinalizador forte de uma nova tendência nas ações sociais nas áreas socialmente vulneráveis da cidade do Rio de Janeiro. A nova tendência defende a conjugação das decisões técnicas com a interlocução humana como resposta necessária aos desafios atuais. Isto não quer dizer que tal tendência seja hegemônica, muito menos consensual, especialmente quando falamos de Segurança Pública. Por isto, é fundamental um monitoramento sério das experiências já realizadas, justamente para que as falhas e enganos do que já foi feito sejam matéria de reflexão para aqueles que defendem a inter-relação entre método e utopia, e não para os que a rejeitam.

Se estamos falando de projetos que têm no seu bojo a defesa da interlocução com a população assistida, é fundamental que antes da instalação física do projeto a concepção técnica do projeto seja apresentada e debatida entre profissionais e a "população alvo". No caso do projeto do GPAE, as primeiras reuniões exigiram do major Antônio Carlos Carballo uma enorme disposição. Localizar as diferentes lideranças, ativas e inativas, sentar com elas, reativar fóruns que estavam pouco ativos – como a Associação de Moradores do Cantagalo. Logo nos primeiros meses, essa interlocução mobilizou as atenções produzindo impactos fortes na distribuição dos poderes locais, como a reativação do Conselho de Lideranças e a incorporação da Associação de Moradores do Cantagalo pelo presidente da Associação de Moradores do Pavão-Pavãozinho.

Nestas primeiras reuniões, o comandante das operações apresentou o plano geral do policiamento no local, deixando bem claro a base de suas ações: "1. Tomada de espaço físico nas duas favelas; 2. Repressão ao uso de armamento de fogo por parte dos 'soldados'do tráfico; 3. Proibição expressa de 'recrutamento'de crianças para atuação no tráfico; 4. Punição de policiais que apresentarem desvio de conduta" (*Encarte Especial Jornal do Brasil*, 28/02/2002).

Essas regras tinham sido exaustivamente estudadas, eram recomendações de projetos semelhantes realizados nos Estados Unidos, e tinham o intuito de marcar posição: o monopólio de força física, explícito, no local, seria, como o previsto pela Constituição, de um poder instituído pelo Estado. Para sustentar esta posição, os primeiros meses exigiram um trabalho contínuo da equipe de policiais – cerca de 100 – nos principais acessos da favela, revistando suspeitos, circulando ostensivamente pelo interior da favela, desmontando "bocas de fumo", afastando para a mata os envolvidos no narcotráfico. Inusitadamente, mas demonstrando uma atitude ética e de interlocução, o comandante ouviu e acatou as denúncias de moradores sobre possíveis policiais corruptos, o que o fez afastar quase um terço dos seus homens.

Um ano e meio depois, o otimismo estampado nas páginas dos jornais, do resultado positivo do policiamento comunitário no morro, não ressoa amplamente entre os moradores. Todos concordam que diminuíram as mortes dos rapazes e adolescentes do lugar, uma vez que, nos últimos meses, raros são os tiroteios. Mas o depoimento que uma mãe nos deu sobre a morte de seu filho seguida do sumiço do corpo, é revelador da transferência, impossível de justificar, de um tipo de morte cruel por outra. Agora os rapazes do morro não morrem tanto em multidão, mas de forma seletiva em ritos com requintes de crueldade, sem que os parentes e próximos possam ver o corpo, celebrar o enterro e o luto.

Por outro lado, os policiais relaxaram a postura de imposição de seu método e sua autoridade, abandonando a severidade e o rigor da circulação dos primeiros tempos. Segundo observação participante, nos últimos meses os policiais diminuíram seus postos de observação e esquivam-se de uma atuação mais disciplinada.

Daí ouvirmos tantas vezes as acusações de que policiais e rapazes do movimento, agora, estão falando a mesma língua. Pois, ainda que os rapazes do tráfico afirmem que herdaram o morro por que nasceram nele, eles importam um braço poderoso do setor de consumo de armas e drogas para o interior de suas vielas. Neste sentido, eles mantêm uma relação de exterioridade com esta chave que descrevemos de habitação da cidade segundo os moradores do morro, da postura da negociação. Ao trocarem a postura de negociação pela eficácia da arma e do dinheiro, a tendência mais forte é que estes rapazes experimentem uma metamorfose do seu entorno, na transformação do morro em local de cativeiro e labirinto de fuga. Os policiais, por sua vez, parecem anunciar que, se estão no morro, é porque esta é a sua obrigação. Quem os observa caminhando pelas vielas e becos, percebe que o medo continua a ser o conselheiro mais rotineiro de suas ações.

Mas as críticas dos nossos entrevistados não se dirigem apenas a este projeto. Projetos criados com o intuito da alfabetização de jovens em situação de risco, também são avaliados negativamente. Arnaldo, que tinha um sobrinho com esse perfil, inscreveu-o, obrigando-o a participar de um desses projetos. Monitorando o sobrinho de perto, soube que os professores faltavam muito e, mais grave, quando em sala, não cumpriam o papel de educadores. Sob o álibi que não poderiam admoestar alunos que poderiam responder com o poder das armas, vários mestres passavam as tardes na conversa solta. No caso da turma do sobrinho de Arnaldo, depois de seis meses, como a maioria dos alunos não teve o desempenho mínimo nas provas de corte, a turma não cedeu lugar para os novos da lista de espera. Projetos que seriam extensões dos cursos de direito, projetos educativos e técnicos, também são forte alvo de crítica: não têm horários regulares e respondem aos interesses de um grupo pequeno de moradores do morro, privatizando o serviço.

Sendo ou não consistentes as denúncias dos moradores – pois é importante lembrar que as críticas que estamos examinando são aquelas que os moradores indicaram em situação de entrevista e não resultam de um monitoramento nosso dos projetos citados – há um fundo comum na base de sua formulação. Policiais que anunciam uma nova lei no morro para depois ceder território para os criminosos; educadores que anunciam alfabetizar estudantes para depois passar o tempo a conversar; advogados que anunciam novas formas de implementação da lei para depois privatizar sua implementação. Trata-se, em todos os casos, de profissionais que se mobilizaram em função de um ideal de redistribuição de seu capital técnico para habitantes da cidade que não têm acesso a este capital, mas que, seja por se verem seduzidos pela novidade e efervescência deste outro mundo da favela, seja por se verem comprimidos pela contrapressão adversa – "eles, os moradores da favela, nunca aprenderão" –, esses mediadores não se realizam enquanto mediadores no sentido amplo. Em poucas palavras: esses profissionais-mediadores, na favela, se deixam embriagar pelo que é abundante no lugar.

Ainda que iniciando o trabalho com as melhores das intenções, uma certa cegueira toma conta dos mediadores ao longo do tempo, imobilizando-os no esforço de construção da mediação. O que os imobiliza?

Depreende-se dos casos citados anteriormente que os mediadores do asfalto, ao se encaminharem para a favela com a tarefa de aproximar as duas metades de uma mesma cidade, têm muito pouca defesa quando percebem a capacidade de reprodução autônoma de cada uma das supostas "partes". Sob o impacto da intensidade de vida que o morro lhes revela ou se deixam seduzir pela negociação, embriagando-se com ela, ou fecham as portas para aquela sua atitude voluntária, pois, cientes da enorme distância entre as duas cidades, caem no ceticismo quanto uma apropriação mais humana do seu capital técnico.

6. O desafio da mediação como o desafio de documentar a situação presente

A tese da cidade partida tem o mérito de ultrapassar uma visão apocalíptica das divisões sociais, abrindo o olhar para além de uma leitura estrutural da sociedade baseada em grandes divisores, como natureza / cultura, emoção / razão, improviso / planejamento, animismo / racionalidade técnica. Ela nos permite reconhecer a nossa realidade, a metrópole urbana, como algo complexo, articulado por múltiplos agentes, que transitam de modos variados entre fronteiras diversas (Velho e Kurshnir 2001). Mas reconhecer essa multiplicidade de planos e de trajetórias dos agentes implica em negar a pertinência da fronteira entre as duas cidades?

No nosso campo do Pavão-Pavãozinho e Cantagalo, vimos como as tentativas de mediação no sentido de alterar fronteiras muito facilmente redundam em histórias de fracasso pois, inusitadamente, as divisões e separações sociais voltam a ser repostas, sendo que a violência crescente na sociedade abrangente e, na cidade do Rio de Janeiro em especial, explicita o impasse. Se a divisão não se repõe por uma ordem metafísica, como então estaria se recolocando?

O problema maior é que as situações bem sucedidas de mediação rara ou dificilmente são documentadas o suficiente para produzir "novos mundos de mediação".

Muito facilmente, a "situação presente" é subsumida nos discursos construídos antes ou depois, corroborando as tradições diferenciadas e duais de interpretação do mundo. Mais explicitamente, o problema maior não está em duas ordens metafísicas que não se encontram, muito menos na busca do melhor lugar em que se deveria colocar a porta de entrada que permitiria a mediação e a inclusão. Do nosso ponto de vista, ganharíamos muito se aproveitássemos estas várias tentativas de mediação, focando na "situação presente", documentando-a e aprendendo com ela.

Em uma descrição esquemática, podemos dizer que o engano atual está no ocultamento ou na não problematização da situação bem sucedida de mediação, quando o evento se realiza fazendo uma revisão de todos os pontos de apoio intermediários – conhecimentos anteriores, procedimentos técnicos, apoios materiais, indicações de intenção. É esta "improvisação cultural na situação em ato" que garante a coerência da ação, levando em conta que os agentes vêm de tradições sociais diferentes e têm perspectivas diferentes sobre o que esta sendo mediado. Porém, mesmo que usualmente todos os pontos de apoio intermediários sejam revistos na situação [todo mundo improvisa na ação, o policial, o advogado, o professor, o gerente do tráfico, o morador, a benzedeira, o católico, o evangélico etc.], este improviso não é respeitado nos relatos anteriores ou posteriores a ação. Em função disto, a concorrência entre as duas cidades se repõe no exato instante em que se quer representar o ocorrido, na violentação do discurso, nos distintos modos de ver o que foi vivido compartilhadamente.

Se a inadequação entre discurso e ação é própria a toda agência humana, pois, para ilustrar, realizar a descida de uma corredeira em um barco é diferente de planejar ou relatar o evento, este descompasso é especialmente candente quando lidamos com uma sociedade marcada pela divisão e desigualdade. Diante disto, como esta cidade já partida se cinde a cada novo gesto dos seus cidadãos, a resposta mais ousada e adequadamente moderna é aprender com as situações vividas, documentando como esta nossa "objetividade" do mundo é gradual e mutuamente alcançada.

Referências Bibliográficas

CALDEIRA, Teresa. *Cidade de Muros: crime, segregação e cidadania em São Paulo*. São Paulo: Editora 34/Edusp, 2002.

CARDOSO, Marcus. Eu finjo que não te vi e você finge que não me vê: o espaço como campo de negociação, apropriação e ressignificação nas favelas do Cantagalo e Pavão-Pavãozinho. Monografia apresentada em setembro/2002. IFCS/UERJ, 2002.

HEIDDEGER, Martin. ...poeticamente o homem habita... In: *Ensaios e Conferências*. Petrópolis: Vozes, 2002.

HEIDDEGER, Martin. Construir, habitar, pensar. In: *Ensaios e Conferências*. Petrópolis: Vozes, 2002.

HOLDERLIN, F. No azul sereno. In: HEIDDEGER, Martin. *Ensaios e Conferências*. Petrópolis: Vozes, 2002.

INGOLD, Tim. Building, dwelling, living: how animals and people make themselves at home in the world. In: *The Perception of the Environment*. London and New York: Routledge, 2000.

LEITE, Márcia. Entre o individualismo e a solidariedade: dilemas da política e cidadania no Rio de Janeiro. *Revista Brasileira de Ciências Sociais*, 15 (44), 2000.

MAFRA, Clara. Drogas e símbolos em contextos de violência. In: ZALUAR, Alba e ALVITO, Marcos (orgs). *Um século de favela*. Rio de Janeiro: FGV, 1998.

MAFRA, Clara. *Na Posse da Palavra: religião, conversão e liberdade pessoal em dois contextos nacionais*. Lisboa: ICS, 2002.

NOVAES, Regina. Introdução. In: NOVAES, R., PORTO, M. e HENRIQUES, R. *Juventude, cultura e cidadania*. Comunicações do ISER, ano 21, edição especial, 2002.

SOARES, Luiz Eduardo. *Meu Casaco de General: quinhentos dias no front de segurança pública do Rio de Janeiro*. São Paulo: Campanhia das Letras, 2000.

VALLADARES, Lícia. A gênese da favela carioca: a produção anterior às ciências sociais. *Revista Brasileira de Ciências Sociais* 15 (44), 2000. p. 5-34.

VELHO, Gilberto e KUSCHNIR, Karina. Apresentação. *Mediação, Cultura e Política*. Rio de Janeiro: Aeroplano, 2001.

VELHO, Otávio. De Bateson a Ingold: passos na constituição de um paradigma ecológico. *Mana* 7(2), 2001. p. 133-140.

VENTURA, Zuenir. *Cidade Partida*. São Paulo: Companhia das Letras, 1994.

Espaço, Religião e Etnicidade:
um estudo comparativo sobre as representações do Espírito Santo no Catolicismo Popular e no Pentecostalismo

Marcia Contins

> "Mais les temps et les espaces sacrés dans lequels se réalisent les rites et les mythes sont qualifiés pour les récevoir. Les espaces sont toujours de véritables temples. Les temps sont dês fêtes".
> *Marcel Mauss*

Meu objetivo aqui é discutir os usos da categoria "Espírito Santo", focalizando, comparativamente, as representações elaboradas pelos pentecostais e por imigrantes açorianos católicos que realizam, no Rio de Janeiro, as festas do Divino Espírito Santo. Focalizarei o lugar que essas festas ocupam em determinados espaços da cidade, ao longo do tempo de sua realização: os meses de abril e maio de cada ano. Em contraste com o significado desta categoria para os pentecostais,[1] cabe destacar o fato dessa categoria estar articulada, entre os católicos devotos do Espírito

---

1. Em estudos anteriores sobre pentecostais negros nos Estados Unidos e no Brasil (Contins, 1992; 1997; 2002) discuti os processos sociais e simbólicos de construção da subjetividade étnico-religiosa desse grupo. Mostrei que essa subjetividade estrutura-se pelas diferenças simbolicamente valorizadas entre diversos grupos pentecostais e, simultaneamente, em relação a outras religiões. Particularmente no caso dos pentecostais norte americanos, essa última relação se define em contraposição aos batistas; e no caso brasileiro em contraposição aos integrantes das religiões afro-brasileiras.

Santo, em rituais anuais cíclicos de troca em devoção à terceira pessoa da trindade; no caso dos pentecostais, essa mesma categoria é percebida de uma forma individualizante e privada. Um dos alvos dessa comparação é perceber as concepções de tempo e espaço que estão embutidas nos usos sociais e simbólicos dessa categoria.[2]

1. As Festas do Divino Espírito Santo

É vasta a literatura produzida sobre as festas do Divino Espírito Santo entre folcloristas (Van Gennep 1947; 1949; Cascudo 1962), historiadores (Melo e Souza 1994; Abreu 1999) e antropólogos (Brandão, 1978; Leal, 1994; Gonçalves, 2002) que têm produzido uma extensa bibliografia sobre a ocorrência dessas festas na Europa, no Arquipélago dos Açores, na Ilha da Madeira, no Brasil, nos Estados Unidos e no Canadá.

Além de sua dimensão transcontinental, a festa possui também uma dimensão trans-histórica, uma vez que sua ocorrência em continente europeu tem registro desde o século XIV. Enquanto fenômeno sociocultural, a festa do Espírito Santo não se restringe a uma determinada sociedade ou grupo social: ela ultrapassa os limites de diversas sociedades e grupos, constituindo-se em experiência comum a um conjunto de populações mais ou menos próximas no tempo e no espaço (Gonçalves, 2002).

Em uma das versões sobre as origens das Festas do Divino Espírito Santo, elas aparecem relacionadas a alguns movimentos messiânicos na Europa da Idade Média (Alemanha, França, Itália e Portugal no século XIV). Essas festas estão relacionadas basicamente à arrecadação e distribuição de comida e dinheiro em devoção

2 O material de campo relativo à Festa do Divino Espírito Santo apresentado neste texto faz parte de uma pesquisa que venho realizando junto com José Reginaldo Santos Gonçalves da UFRJ sobre as festas do Divino Espírito Santo no Brasil e nos Estados Unidos. Iniciamos a pesquisa entre 1999 e 2000, na região da Nova Inglaterra, onde há forte concentração de imigrantes açorianos. Em nossos primeiros contatos pude perceber que esses açorianos falavam espontânea e intensamente sobre o "Espírito Santo" e sobre as festas que realizavam. Tendo trabalhado com os pentecostais negros no Brasil e nos Estados Unidos e sabendo da importância desta categoria no universo simbólico pentecostal, percebi então a possibilidade de analisar comparativamente essa categoria neste universo e no Catolicismo Popular.

à Terceira Pessoa da Santíssima. A origem da festa é, em geral, situada no século XIV, associada à Rainha Santa Izabel (1271-1336), esposa de Dom Diniz (Cascudo 1962:281-282). Alguns estudiosos apontam para a ligação entre a festa e a ideologia milenarista do abade calabrês Joaquim de Fiore, elaborada a partir da chegada de uma "idade do Espírito Santo", que sucederia as idades do "Pai" e do "Filho" (Cortesão, 1980; Leal, 1994; Gonçalves, 2002).

As Festas do Divino Espírito Santo, no Brasil, tiveram início com a imigração açoriana no sul. No entanto, registra-se a presença dessas festas no século XVIII na cidade do Rio de Janeiro. A Festa do Divino Espírito Santo é móvel e relaciona-se ao dia de Pentecostes, que acontece sempre 50 dias depois do domingo de Páscoa. Durante a quaresma até o dia de Pentecostes e mesmo depois disso realizam-se as comemorações ao Divino. Existem sete irmandades do Divino Espírito Santo no Rio de Janeiro: a Irmandade do Catumbi; a de Vila Isabel; a da Casa dos Açores, na Tijuca; a do Encantado; a de Niterói; Outeiro, Engenho de Dentro; e uma outra na Baixada Fluminense.

Cada irmandade possui objetos relacionados ao Divino Espírito Santo. Entre os objetos mais importantes estão a coroa e o cetro de prata. A coroa, assim como o cetro, serve simbolicamente para coroar os devotos que fazem promessas ao divino. Essas promessas estão relacionadas principalmente a curas de doenças, e também a necessidades econômicas. Além da coroa e do cetro, as irmandades possuem bandeiras do Divino Espírito Santo e dos Açores e de Portugal, imagens de vários santos católicos, principalmente Nossa Senhora da Aparecida e São Sebastião e várias imagens da pomba branca simbolizando o Espírito Santo.

As irmandades do divino no Rio de Janeiro têm geralmente uma sede própria com um "provedor" ou presidente e sua esposa; um vice-presidente; membros da diretoria, que se dividem entre a organização religiosa da irmandade, a parte administrativa; a organização das mulheres (que geralmente cozinham a comida do Espírito Santo) ; e os irmãos que, para pertencerem à irmandade, pagam uma anuidade.

Levarei em conta para esse trabalho os dados que reuni junto à Irmandade do Catumbi na Zona Norte do Rio de Janeiro e que se localiza no lado direito do elevado do túnel Santa Bárbara (sentido zona norte) numa rua que dá acesso ao Morro de Santa Teresa. A casa da irmandade (fundada em 1937) tem o formato de outras irmandades nos Açores e é a segunda casa em que eles se instalaram, desde a sua fundação, neste mesmo bairro. A primeira casa foi abaixo para a construção do túnel Santa Bárbara. A irmandade é composta por imigrantes açorianos e suas famílias e também por muitos brasileiros.

São poucos os açorianos que fazem parte da Irmandade do Catumbi. No entanto, todos ocupam papéis de relativa importância. Além do presidente e de sua esposa, os outros açorianos são todos membros da diretoria da irmandade. O presidente atual chegou ao Rio de Janeiro ainda jovem na década de 60. Outros presidentes que o antecederam chegaram ainda na primeira metade do século passado. Alguns deles ainda moram no Catumbi, mas o atual presidente e sua esposa moram na Zona Sul do Rio de Janeiro. Tanto o presidente quanto os outros açorianos desta irmandade, assim como das outras seis irmandades existentes nesta cidade, possuem ou possuíram açougues. O açougue é uma das formas mais tradicionais de trabalho dos açorianos nesta cidade, como empregadores ou como empregados. É também uma instituição familiar, já que todos da mesma família lá trabalham. Quando algum açoriano chegava no Rio de Janeiro, vinha direto trabalhar em um dos açougues de seus parentes. Segundo esses açorianos, o número hoje em dia de açougues diminuiu muito, devido ao aumento do número de supermercados que vendem carnes. Além de açougues, alguns açorianos vivem do pequeno comércio lá mesmo no bairro do Catumbi, como é o caso de um antigo presidente e atual membro da diretoria desta Irmandade.

Os outros membros são cariocas e moradores do bairro do Catumbi e se relacionam há muito tempo com a irmandade. Os coordenadores da parte religiosa da irmandade, um homem e uma mulher, são moradores tradicionais do bairro. Os dois integram a irmandade há muitos anos e são também bastantes próximos da Igreja Católica local, a Igreja de Nossa Senhora da Salete. Eles são responsáveis pelos rituais relacionados às festas do Divino Espírito Santo tais como missas, rezas, novenas e a procissão do divino pelo bairro.

Outros membros da irmandade são, em sua maioria, moradores do bairro: senhoras de idade e pessoas de camadas médias. Durante as festas, um grande número de pessoas visitam a Irmandade, especialmente os membros das outras irmandades localizadas em vários outros bairros do Rio de Janeiro. Outros moradores do bairro, que não são filiados a esta irmandade, relacionam-se com esses irmãos por meio da Festa do Divino Espírito Santo. No dia da festa, moradores do bairro e de favelas próximas, procuram a irmandade para receber a "sopa do Espírito Santo" e para a tradicional distribuição da alcatra. O que aproxima socialmente todas essas pessoas (açorianos e membros da irmandade em geral e moradores do Catumbi) é a festa anual do divino que faz parte da história do bairro.

Durante sete semanas, a partir do domingo de Páscoa, sete irmãos e suas famílias irão permanecer com a coroa do Espírito Santo (em prata e com a figura de uma pomba) e com o cetro. Durante essas semanas a família sorteada irá receber em sua casa outros "irmãos" da sua irmandade bem como de outras irmandades, para rezar o terço ou novenas em homenagem ao divino Espírito Santo.

Esse ritual é bastante complexo e durante o ano todo os devotos se preparam para sua semana (os que tiraram a coroa num sorteio ainda no ano anterior) e de um modo geral participam das semanas de seus "irmãos". Todo esse ritual é realizado pelo dispêndio de muito dinheiro e quanto mais você gasta na sua semana mais prestígio você consegue obter diante da sua comunidade. O dinheiro é gasto com a compra ou na preparação da massa sovada (pão típico que se faz nos Açores), nos lanches que se oferecem aos convidados da sua reza, nas ornamentações de sua casa etc. A irmandade oferece no domingo seguinte ao dia do pentecostes a tradicional sopa do Espírito Santo a toda a comunidade de irmãos e a toda a comunidade do bairro. No sábado anterior há a distribuição das carnes (também uma tradição açoriana junto com a distribuição dos pães e do vinho) numa quantidade muito grande a toda comunidade pobre da região (de uma a cinco toneladas). Neste dia da distribuição, a calçada junto à Irmandade do Catumbi fica repleta de pessoas que ficam na fila esperando pela carne que é distribuída.

À frente de cada festa realizada está um personagem identificado como "mordomo". A ele cabem as responsabilidades sociais, financeiras e organizacionais pela preparação e realização da festa. Sua posição hierárquica é a mais alta dentre todos aqueles personagens necessários à condução das celebrações. Há uma série de personagens ritualmente definidos e situados numa relação hierarquicamente dependente em relação ao "mordomo". É por seu intermédio que, não apenas ele, enquanto indivíduo, mas todo o conjunto de pessoas a ele relacionadas por meio do parentesco, da vizinhança, da amizade, do compadrio, da patronagem, enfim um amplo círculo social estabelece as relações de dádiva e contradádiva entre os seres humanos e o Espírito Santo (Gonçalves, 2001). Especialmente a carne, o pão e o vinho constituem a principal moeda no fluxo de trocas. Um dos objetivos centrais dessas festas é distribuir gratuitamente comida aos pobres. Além da redistribuição de alimentos aos pobres e ao longo do período de preparação da festa, especialmente no período de quarenta dias que antecedem domingo de Pentecostes, uma série de "jantares" e "almoços" são oferecidos pelos "mordomos", que ficam responsáveis pela festa em cada um dos sete domingos anteriores ao domingo de Pentecostes.

Além dos jantares, dos lanches, das rezas e das missas que são realizadas na capela da irmandade e na casa dos irmãos, a procissão é parte importante nos rituais do divino. É neste momento que a irmandade caminha por todo o bairro levando à frente uma cruz representando Jesus Cristo; em seguida, as crianças que foram coroadas caminham com as coroas. As coroas são carregadas por outros irmãos que trazem também as bandeiras do Espírito Santo (uma bandeira vermelha tendo ao centro uma pomba dourada em meio a raios dourados), dos Açores, de Portugal, da Casa dos Açores e do Brasil. No alto do mastro da bandeira do Espírito Santo existe também uma esfera dourada tendo em cima uma pomba branca. Depois das crianças e dos irmãos que seguram as bandeiras vêm outros irmãos acompanhados pela banda de música.

O trajeto da procissão até a igreja da Salete, no Catumbi, leva aproximadamente 20 minutos, em passo lento. Ao chegar à porta da igreja, ao som do hino do Espírito Santo, o provedor ou presidente, sua esposa e parentes, ladeados por outros irmãos, colocam-se de frente para a rua. A coroa do Espírito Santo é elevada, como que exibida diante das pessoas que assistem: é o tempo do império do Divino Espírito Santo. Rezam ave-marias por todo o trajeto e são acompanhados pelos moradores do bairro. Muitos vêm à janela de suas casas e ficam olhando a procissão, outros cantam e rezam juntos. Alguns homens da irmandade comandam o trânsito das ruas para que a procissão possa passar. Todos que ficam pelo caminho por onde passa a procissão parecem conhecer a irmandade. Depois que passa pela igreja principal do bairro, entra por algumas ruas dando a volta inteira e retornando à irmandade do outro lado do elevado do túnel Santa Bárbara. No caminho da procissão se reza o rosário e às vezes se dá "viva o Espírito Santo!" e continua o caminho de volta à irmandade. Ao chegarem na sede da irmandade, a procissão segue mais adiante na rua para todos saudarem o Espírito Santo.

Um dos pontos centrais para a discussão do lugar da irmandade neste bairro é a sua permanência. Em todas as entrevistas que realizamos com os "irmãos" mais antigos, a experiência de ter participado em algum momento da irmandade foi por meio das festas que eram realizadas na rua (com barraquinhas, brincadeiras etc) e participando também das procissões do Divino Espírito Santo. Os devotos do Espírito Santo possuem uma quantidade enorme de santos e objetos que lembram o Espírito Santo, além da coroa e do cetro. Esses últimos são os mais importantes à medida que esses são levados para as novenas e, após a reza do rosário, a dona da casa passa por todos os irmãos e convidados para que cada um beije a pomba que se encontra na ponta do cetro. Logo atrás da dona da casa com o cetro, vem uma irmã ou irmão da irmandade recolhendo dinheiro para o divino. Às quintas feiras, dia mais importante na semana para os devotos, além de se passar o cetro por todas as pessoas, são distribuídas massas sovadas benzidas pelo padre local. Essas novenas são disputadas por todos os irmãos e a família que tiver conseguido mais dinheiro durante a sua semana é muito bem vista pela comunidade.

2. Pentecostais e o Espírito Santo

Entre os pentecostais, o "testemunho" é muito importante. É quando o crente revela aos outros, incluindo-se mesmo os "não-salvos", seu comprometimento com Deus e com a congregação. Pelo testemunho, o crente se converte e ao mesmo tempo espera convencer os outros de sua crença. Segundo Susan Harding (1987), o testemunho é um dos momentos em que a conversão ritualmente ocorre. A verdadeira questão sobre a conversão, segundo esta autora, é de como a ordem sobrenatural (a existência de Deus, a experiência do Espírito Santo etc.) se torna "real", "conhecida", "experimentada" por pessoas. Segundo Harding, "é a 'palavra do Espírito Santo', falada, escrita, ouvida e lida, que converte os protestantes ortodoxos (fundamentalistas)". Eu acrescentaria ainda a expressão corporal e a música que são fatores muito importantes no processo ritual da conversão dos crentes. É pelo testemunho e pelo sermão que os crentes "falam os ensinamentos". Para chegar a perceber "o verdadeiro significado do espírito de Deus" é um caminho muito longo a ser conquistado e requer o abandono da vida que se levava anteriormente.

A relação entre os pentecostais e o Espírito Santo é individualizante. O fiel fala diretamente com o Espírito Santo sobre seus dramas pessoais que aparecem no testemunho que vai dar no processo de conversão. A conversão ao Pentecostalismo depende basicamente de um movimento interior, pessoal, daquele que quer se converter. Depende de um encontro do "não salvo" com Deus, de uma conversa com Deus. Segundo um fiel da Igreja Pentecostal, receber o Espírito Santo é um presente, significa muita paz e sabe-se quando se está "recebendo" o Espírito Santo, porque se ouve uma voz. "O espírito repleto com o Espírito Santo".

Segundo os pentecostais, "deus vem viver em nós na forma do Espírito Santo". Como alguns dizem, "eu nunca o vi, mas posso senti-lo". Segundo um pentecostal que entrevistei nos Estados Unidos, a Bíblia afirma que o Espírito Santo é uma pessoa real, e se você é sensível a ele e também se você deseja tê-lo por perto, ele pode tornar-se o seu tutor, "é Deus vivendo conosco". Segundo Harding, "o Espírito Santo é a 'palavra' que trabalha no inconsciente para trazer a convicção ao consciente" (1988:174). Isso repercute na modalidade de prece. Fortalecimento do indivíduo pela conversão. É um drama permanente de retirar o diabo de si que pode estar sempre presente.

A ação do Espírito Santo, para os adeptos da igreja da Nova Vida, por exemplo, divide-se em dois momentos distintos e complementares: a primeira acontece com o "batismo do Espírito Santo", que consiste em convencer o homem da "justiça e do juízo de Deus", isto é, que ele reconheça no "sacrifício de Jesus o caminho para a salvação de sua alma"; a segunda ação é quando o Espírito Santo distribui um ou mais, de acordo com as circunstâncias, dos "seus nove dons": é o "batismo no ou com o Espírito Santo". Segundo os adeptos da igreja da Nova Vida, os fiéis ignoram a segunda versão pelo seu caráter "místico", à medida que acreditam que o Espírito Santo está sujeito a sua vontade, e que é sempre "suave". Assim, os estados de "histeria", ou de transe, que cercam este evento, são desmistificados pelos pentecostais ligados a igreja de Nova Vida, ao contrário de outras igrejas pentecostais que os enfatizam positivamente. Para esses, "o Espírito Santo não toma ninguém, ele só se manifesta, se o crente assim o desejar, na maioria dos casos apenas proferindo línguas estranhas ou sentindo uma alegria muitas vezes decorrente do clima de excitação do batismo". O debate fica por conta de verificar se uma ação foi produzida por "obra do Espírito Santo" ou por "obra do diabo". Pode ser também "obra da carne", ou seja, algo realizado por conta de uma pessoa, embora esta diga que foi Deus quem mandou.

Para estes pentecostais, é difícil distinguir se foi obra do diabo ou obra do Espírito Santo, a não ser que se tenha o dom do Espírito Santo. O Espírito Santo se manifesta por línguas estranhas durante os serviços nas igrejas. Não há adoração ao "Espírito Santo" por imagens e objetos como a coroa. Ele é individualizante se manifesta em cada um dos fiéis. Não existe um dia específico ritualmente comemorado relativo ao Espírito Santo. Ele não está nas coisas mas se manifesta através das pessoas. Existe atualmente um movimento de "revivamento no Espírito Santo" de algumas igrejas como por exemplo, da Metodista Renovada que vem tomando uma postura de busca aos poderes e dons do Espírito Santo.

Na relação que as igrejas pentecostais no Brasil estabelecem com as religiões afro-brasileiras, os demônios aparecem, são exorcizados, mas geralmente no final do "serviço", e não necessariamente remetem diretamente a "exus", "pombasgiras" ou outras "entidades" da Umbanda (Contins, 2002). Desse modo, as demonstrações de poder do "Espírito Santo contra o demônio" estão sempre presentes nos cultos pentecostais e têm um espaço privilegiado nas chamadas igrejas neopentecostais. As igrejas neopentecostais resgatam esse confronto direto, entre o bem e o mal.[3] A diferença entre as igrejas "históricas" e as igrejas neopentecostais está no fato de que, para as últimas, não existe de maneira muito marcada a diferença entre o bem e o mal, e o nome do "demônio", por exemplo, é tão citado quanto o de Jesus. As manifestações do Espírito Santo acontecem no espaço das igrejas e não na relação com a comunidade como é o caso do culto ao Divino Espírito Santo pelos católicos.

3. Para a discussão sobre Neopentecostalismo ver Birman, P. (1997); e Giumbelli,E. (2002).

3. O Espírito Santo entre católicos e pentecostais: uma comparação

Max Weber considera a importância e a relevância do ritual na relação com as divindades a questão mais importante na diferença entre cristãos católicos e protestantes (Weber 1980). Protestantes rejeitam a idéia de que existe um valor inerente às ações rituais ou que é somente pelos sacramentos (como dizem os católicos) que os homens entram em contato com os deuses e recebem suas graças. A necessidade de um mediador entre deuses e homens ainda está muito presente no Catolicismo e principalmente no Catolicismo Popular.

No caso da festa do Espírito Santo que estou analisando, não existe uma conversão: todos já são católicos, uma vez que submetidos aos ritos do batismo e da primeira comunhão. Muitos afirmam ser católicos em função de sua "família".

Assinale-se que a categoria "família" desempenha um papel crucial em todo o processo de preparação e realização das festas. Os açorianos participam dessas festas enquanto membros de famílias e redes de parentes, de vizinhos e amigos, nunca como indivíduos isolados. A relação com o Divino Espírito Santo é realizada por meio das festas que acontecem ritualmente todos os anos. A ligação com os cosmos no Catolicismo Popular é pelo chamado "tempo do Império", "tempo de renovação", das festas. O tempo é cíclico e construído através de uma visão messiânica do espaço, isto é, no momento da festa estão impondo, pela procissão, o Império do Divino sobre aquele espaço. Estão tomando aquele lugar quando passam rezando em louvor ao "Espírito Santo". O espaço da rua, normalmente profano, torna-se sagrado quando a procissão passa a ocupá-lo ritualmente.

O bairro, que habitualmente é local de transações profanas, de ordem comercial, o tráfego de automóveis e ônibus, modifica-se nos dias de procissão. No contexto da festa, as relações que se estabelecem nesses dias no espaço do bairro são relações totais. Pessoas de outras irmandades vêm prestigiar a festa. O espaço físico da rua também se modifica para a passagem da procissão e as casas onde são realizadas as novenas enfeitam-se para receberem o Espírito Santo.[4]

Nesta festa há claramente uma relação de conflito com a Igreja Católica oficial porque a festa é corpo e é espírito, isto é, uma relação complementar e hierárquica com o divino. É o "Senhor Espírito Santo" que fala através do ritual, na festa. Para os imigrantes açorianos e para os brasileiros que tomam parte da festa deve-se agradar ao "Espírito Santo" que pode ser visto como fazendo a relação entre a divindade e as pessoas, seus parentes, vizinhos etc. A coroa do Espírito Santo, nesse contexto ritual local, é a própria presença mesma do Espírito Santo com seus poderes e virtudes (Gonçalves, 2001; 2002).

Já no plano da "identidade étnica" dos açorianos, as festividades do Espírito Santo vão aparecer como uma "representação" (no sentido moderno do termo) da chamada "açorianidade", das "tradições açorianas". Nesse contexto, a cultura açoriana (assim como a festa do Espírito Santo como parte dela) tende a aparecer de forma objetificada, como um objeto a ser exibido e contemplado, na forma de um "patrimônio" (Gonçalves, 2003). A coroa, assim como os demais equipamentos rituais, nesse contexto são efetivamente "objetos". No sentido moderno da "representação", as festividades, assim como todos os objetos que a acompanham, na verdade, substituem uma entidade ausente, a "açorianidade" (Gonçalves, 2001).

Podemos pensar as festas do Divino Espírito Santo como uma espécie de *potlatch*, uma modalidade de troca agonística, distribuição generosa de bens (dinheiro e comida) por parte dos "irmãos" à comunidade em que vivem. A troca é feita ritualmente e na frente de toda a comunidade do Espírito Santo e no espaço de cada bairro. As irmandades do Divino Espírito Santo do Rio de Janeiro levam o nome dos bairros onde estão localizadas. Todos sabem quem pertence à comunidade do Espírito Santo, quem ofereceu mais e quem também recebeu mais do divino. É uma festa de bairro, e segundo os irmãos da Irmandade do Catumbi, no passado a festa era muito maior.

Desse modo, a relação com o Espírito Santo, que é fundamental nesses rituais, se realiza por meio dessas redes de relações. É por intermédio dos irmãos que se

4 No "Ensaio sobre as variações sazoneiras das sociedades esquimós" (1974), Mauss analisa a "dupla morfologia" da sociedade esquimó, dividida entre uma sociedade de inverno e uma sociedade de verão. O inverno é marcado por inúmeras festas e por cerimônias religiosas que expressam um conjunto de representações coletivas claramente distintas daquelas expressas no verão. As festas do Espírito Santo estabelecem também uma visão distinta acerca da vida das pessoas e das relações entre elas que, nesse tempo, em oposição ao tempo do cotidiano, são marcadas por um "estado de exaltação religiosa contínua" (Mauss,1974).

vai encontrar apoio material e moral para realizar a festa. Essa festa é sempre realizada a partir de uma relação de promessa entre um devoto e o Espírito Santo. Em troca de um pedido, o devoto se oferece para realizar uma dessas festas na condição de obter a coroa do Divino Espírito Santo por uma semana. No entanto, isso não depende inteiramente de sua vontade, já que ele deve ser sorteado para que então possa vir a realizar essa festa. E só concorrem aquelas pessoas que se encontram em condições financeiras minimamente suficientes para arcar com as despesas. Isso significa que, ao pagar a promessa, o devoto de algum modo já está sob as graças do Espírito Santo, uma vez que sorteado para fazer a festa e assim podendo "agradar o Espírito Santo".

É possível dizer que a relação dos pentecostais com o Espírito Santo se processa por intermédio do indivíduo (o sujeito da relação é o indivíduo). O espaço, no sentido total (espaço do corpo, espaço moral, espaço físico etc.), é definido, entre os pentecostais, a partir de um drama individual e permanente entre o Espírito Santo e o demônio (Contins, 1992; 1995).

Por outro lado, para os devotos do divino, o espaço é definido a partir de trocas complementares entre o Espírito Santo e os homens.[5] A categoria nativa "promessa" é, nesse contexto, fundamental para se entender a Festa do Divino. É por meio das promessas que as relações entre os seres humanos e o Espírito Santo são articuladas, num processo de dádiva e contradádiva (Mauss 1974). Essas relações envolvem simultaneamente tanto as relações de troca entre seres humanos quanto entre estes e o Espírito Santo (Leal 1994). Em outras palavras, a festa é realizada com o propósito de "pagar" uma promessa feita ao Espírito Santo.

Podemos pensar então em duas lógicas para percebermos as diferenças entre uma e outra experiência: no caso das festas do Divino, uma lógica da conjunção, na

5. Como sugere Marcel Mauss: "Um dos primeiros grupos de seres com os quais os homens tiveram que contratar e que, por definição, ali estavam para contratar com eles foi, antes de tudo, o dos espíritos dos mortos e os deuses. Com efeito, são eles os verdadeiros proprietários das coisas e dos bens do mundo. Era com eles que era mais necessário trocar e mais perigoso não trocar. Inversamente, porém, era com eles que era mais fácil e mais seguro trocar. A destruição sacrificial tem precisamente por fim ser uma doação que seja necessariamente retribuída" (Marcel Mauss, *O Ensaio sobre a Dádiva*, p. 63).

qual tudo está interligado de modo complementar (homens e deuses, vivos e mortos, homens e mulheres, ricos e pobres etc.). No caso dos pentecostais, uma lógica individualizante, na qual se configura uma autoconsciência definida a partir de uma relação não ritualizada com o Espírito Santo.

Tempo e espaço são vistos diferentemente para cada um dos dois grupos analisados. No caso do Catolicismo Popular, o tempo é cíclico, todos os anos a Festa do Divino Espírito Santo toma o espaço do bairro e hierarquicamente submete todos ao império do divino. Homens, mulheres, ricos e pobres estão sobre o poder do divino. Para os pentecostais a relação com o Espírito Santo se dá diretamente, sem data marcada no espaço da Igreja.

Referências bibliográficas

ABREU, Martha. O império do divino: festas religiosas e cultura popular no Rio de Janeiro: 1830-1900. Rio de Janeiro: Record, 1999.

BIRMAN, Patrícia. Males e malefícios no discurso neopentecostal. In: *O mal à Brasileira.* Rio de Janeiro: Eduerj, 1997. p. 62-80.

BRANDÃO, C.R. *O Divino, o Santo e a Senhora.* Rio de Janeiro: Funarte, 1978.

CASCUDO, Luis da Câmara. Divino (verbete) In: *Dicionário do Folclore Brasileiro*, INL, 1962. p. 281-282.

CONTINS, Marcia. Narrativas pentecostais: estudo antropológico de grupos pentecostais negros nos Estados Unidos. *Papéis Avulsos*, nº 39. Rio de Janeiro: CIEC/ECO/UFRJ, 1992.

CONTINS, Marcia. Tornando-se pentecostal: um estudo comparativo sobre pentecostais negros nos Estados Unidos e no Brasil. Tese de Doutorado. ECO/UFRJ, 1995.

CONTINS, Marcia. Pentecostalismo e umbanda: identidade étnica e religião entre pentecostais negros no Rio de Janeiro. *Interseções*. nº 2, 2002. p. 83-98.

CORTESÃO, Jaime. *Os Descobrimentos Portugueses*, vol I. Lisboa: Livros Horizonte, 1980.

GIUMBELLI, Emerson. *O Fim da Religião: dilemas da liberdade religiosa no Brasil e na França.* São Paulo: Attar Editorial, 2002. 456p.

GONÇALVES, José Reginaldo Santos. As festas do Divino Espírito Santo entre açorianos na Nova Inglaterra. Rio, mimeo. IFCS / UFRJ, 2001.

GONÇALVES, José Reginaldo Santos. As Festas do Divino Espírito Santo: um estudo comparativo sobre categorias cosmológicas e rituais. Projeto de Pesquisa apresentado ao CNPq, 2002.

GONÇALVES, José Reginaldo Santos. O espírito e a matéria: o patrimônio cultural como categoria de pensamento. In: *Um século de Lucio Costa*. Cosac & Naif, 2003.

HARDING, Susan. Convicted by the holy spirit: the rhetoric of fundamental Baptist conversion. In: *American Ethnologist*, 1987. v.14:1.

LEAL, João. *As Festas do Espírito Santo nos Açores: um estudo de antropologia social*. Lisboa: Publicações Dom Quixote, 1994. 319p.

MAUSS, Marcel. *Sociologia e Antropologia*. Vol. 2. São Paulo: Edusp, 1974.

MAUSS, Marcel. Ensaio sobre as variações sazoneiras as sociedades esquimós. In: *Sociologia e Antropologia*. V.2. São Paulo: Edusp, 1992. p. 237-320.

MELO E SOUZA, M. de. *Parati: a cidade e as festas*. Rio, Ed. da UFRJ, 1994.

VAN GENNEP, Arnold. *Manuel de Folklore Français Contemporain: cérémonies périodoques, cycliques et saisonnières*. 1. Caranaval/Carême-Pâques. Vol. 3. Paris: Picard, 1947.

VAN GENNEP, Arnold. *Manuel de Folklore Français Contemporain: cérémonies périodoques, cycliques et saisonnières*. 2. Cycle de Mai-La Saint Jean. Vol. 4. Paris: Picard, 1949.

WEBER, Max. *From Max Weber: essays in sociology*. Trad. H. H. Gerth; Wright Mills. New York: Oxford Univ. Press, 1980.

Imagens Religiosas e Projetos para o Futuro[1]

Patricia Birman

Quando pela primeira vez, o maior estádio de futebol do mundo, situado no Rio de Janeiro, o Maracanã, orgulho de seus habitantes, foi ocupado por uma manifestação religiosa "não católica"nos idos da década de 80, estava dado o sinal de que algo importante acontecia na prática religiosa habitual da cidade. No entanto, somente alguns anos depois esta ocupação do estádio por um grupo religioso minoritário e de pouca visibilidade, a Igreja Universal do Reino de Deus, virou uma prática corrente e se somou a um conjunto de atividades políticas e religiosas cujos sentidos são indissociáveis da relação estabelecida com os meios de comunicação. Em 1990, começa a operar o primeiro canal de televisão "evangélico" do país, comandado por esta Igreja.[2] Hoje, esta cena do estádio de futebol ocupado por rituais religiosos e grande público banalizou-se e ampliou o seu alcance. Estádios do mundo inteiro aparecem em reportagens sobre espetáculos religiosos cuja grandiosidade é constantemente destacada. A vocação para o espetáculo presente nas concepções religiosas, sociais e políticas do Pentecostalismo no Brasil afirmou-se, de início, pela preferência nunca desmentida em fazer de antigos cinemas, teatros e casas de shows

1. Uma primeira versão deste texto foi originalmente apresentada no colóquio "Media, Religion and the Public Sphere, organizado por Birgit Meyer e Annelies Moors na Universidade de Amsterdam, em dezembro de 2001.
2. Cf. Mariz, Cecília, 1995, para uma análise dos canais religiosos católicos e evangélicos que se desenvolveram neste período.

espaços religiosos e ganhou mais alcance quando a conexão entre o palco, o púlpito e o espaço virtual se transformou definitivamente no seu modelo de atuação.[3]

Duas décadas depois, verificamos, com efeito, que são múltiplas as imagens que fazem de rituais religiosos no espaço público uma expressão espetacularizada da importância social, política e religiosa que esta nova Igreja passou a deter no país. Há uma imensa proliferação de imagens que, entre outras coisas, comunicam a nova realidade da nação: há muito mais "evangélicos" do que se supunha no "maior país católico do mundo". Os "evangélicos" não somente crescem em número mas crescem em visibilidade pelo modo como exercem a sua fé. Estão assim visíveis e performaticamente presentes na política, nas manifestações musicais, nos espetáculos religiosos e, por isto tudo, se encontram também na televisão e nos jornais laicos e religiosos do país. Ocupam, com os seus eventos e seus atores públicos, lugares de grande poder comunicativo na sociedade. Emergem assim personagens e espetáculos político-religiosos marcados por uma íntima conexão com a mídia.

Foi entre a década de oitenta e noventa que a naturalização do Brasil como uma nação essencialmente católica veio a sofrer fraturas expressivas e abalos constantes. A presença dessa religiosidade espetacularizada na mídia cresce continuamente e tem resultado numa percepção nova e generalizada sobre quem "somos nós", "os brasileiros", historicamente considerados em narrativas que privilegiam a nossa catolicidade essencial. A paulatina inclusão desse grupo que se exibe como um "grande grupo" exterior à imagem nacional dominante, vem pois alterando a consciência religiosa do país e o imaginário da nação.[4] Este artigo versa sobre algumas estratégias religiosas, sobretudo aquelas que envolvem a mídia pentecostal, que têm alterado o lugar desses cultos na sociedade brasileira. Queremos valorizar neste artigo as estratégicas rituais e mediáticas da Igreja Universal cujas orientações apontam para a construção paulatina de um novo imaginário nacional dissociado daquele cultivado pelo Catolicismo e em concorrência direta

---

3. Para uma análise das atividades da Igreja como "palco", ver Leonildo Campos.
4. Refiro-me aqui a noção de imaginário tal como foi trabalhada por Benedict Anderson e também Arjun Appadurai.

com este. Neste imaginário, emerge uma nação violenta, atravessada por conflitos sociais e morais cuja pacificação se fará pela integração progressiva de todos num projeto de base igualitária que tem na mobilidade ascendente dos "homens de Deus" o seu valor maior. Uma nação de empreendedores, de "vencedores", de "cristãos" é assim projetada para o futuro.

1. Os evangélicos e a mídia

As referências constantes na mídia a personagens evangélicos nos sugerem que o crescimento de suas presenças está circularmente vinculado ao enfraquecimento das crenças unificadoras e totalizantes da sociedade nacional. Parecem causa e efeito de um relativo esfacelamento das bases religiosas em que se apoiava o projeto hegemônico que se realizava no "maior país católico do mundo". A visibilidade que veio ganhando o Pentecostalismo se relaciona com a instabilidade que se produziu neste processo de fragmentação e de perda progressiva de espaço da Igreja Católica.

Percebemos que a mídia, junto a correntes de pensamento desenvolvidas na elite brasileira, cujo *ethos* católico é fortemente naturalizado, reagiu inicialmente ao crescimento pentecostal através de um combate feroz a este. No entanto, por ter adotado as "armas" do inimigo, a Igreja Católica em parte reconheceu suas perdas e assim o advento de novos tempos.[5] Não é raro na atualidade vermos setores da imprensa e da televisão se aliarem a algumas igrejas pentecostais em conflitos e controvérsias político-religiosas. O interesse atual da mídia em registrar as referências identitárias ligadas à religião é também efeito das estratégias organizadas pelos grupos evangélicos e também católicos.

---

5. Ver por exemplo o combate da mídia nacional à IURD nos anos 94 e 95 (cf. Birman e Lehmann, 1998 e Giumbelli, 2000, 2003). Para uma interpretação do sentido deste conflito, ver o texto já clássico de Luiz Eduardo Soares (1993) que aponta para a dimensão social e política igualitária desenvolvida pelo Pentecostalismo em conflito com a tradicional verticalidade que sempre organizou a participação das minorias religiosas no grande campo de hegemonia católica.

Um dos mais claros sinais dessa transformação religiosa na sociedade – e de seus impactos nos meios de comunicação – é a importância que hoje se concede à qualificação religiosa dos atores sociais nos espaços públicos. Tem aumentado em freqüência e em importância as menções, feitas pela mídia, aos atributos religiosos dos personagens nos eventos que ela enfoca. Virou mesmo uma forma de identificação corrente quando os personagens mencionados pertencem ao universo "evangélico". Desta forma, a referência insistente a "evangélicos" como atores sociais afirma e constrói valores, o que não é absolutamente inócuo nos processos de interação político-religiosas em curso. Constrói-se, então, por intermédio da mídia, formas de identificação e atributos identitários que geram orientações e instituem certos modos de intervenção social.

Há, certamente, várias leituras sobre o significado de ser evangélico hoje no Brasil que são veiculadas pela mídia: nesta não há unanimidade, como sabemos, mas não devemos ignorar certas orientações e tendências que se mostram mais ou menos hegemônicas. *Grosso modo*, podemos considerar que nos momentos iniciais de irrupção dos "evangélicos" da IURD no espaço público, estes foram objeto de discursos estigmatizantes, e assim rapidamente identificados como uma presença diruptiva, provocadora de conflitos e de desordem. As imagens produzidas pelas redes de televisão (sobretudo a rede Globo) buscavam descrevê-los como indivíduos fanáticos, movidos pela ignorância e que promoviam a intolerância e o conflito religioso no país.[6]

As marcas identitárias atribuídas aos "evangélicos", no entanto, foram progressivamente se transformando. Não somente por efeito das estratégias da IURD e das outras igrejas, mas certamente como efeito de um reconhecimento social mais amplo a respeito da importância que adquiriram. Voltemos, contudo, um pouco a estes momentos iniciais de combate.

Com efeito, há alguns anos, assistimos ao crescimento do tema da "violência" que adquiriu uma enorme importância social e política por meio de uma associação reiterada das práticas sociais "violentas" às antigamente chamadas "classes perigosas".

6. Cf. neste livro o texto de Emerson Giumbelli.

Por um momento, os pentecostais, identificados sobretudo como parte de segmentos populares, eram os atores responsáveis pela intolerância religiosa que emergia nas periferias e favelas da cidade. A mídia, nas suas vertentes mais importantes no Rio de Janeiro, incluindo o maior canal de televisão do país, produziu um discurso sobre a "violência", nos anos de 1993 e 1994, que incidiu fortemente sobre os "crentes" (entre outros personagens) como os responsáveis na sociedade por uma fratura interna à população dos desfavorecidos até então jamais vista. Por meio de uma "guerra santa" contra a religiosidade tradicional e popular, sobretudo aos cultos afro-brasileiros, produziam intolerância e conflitos religiosos onde sempre teria reinado a paz.[7] A imagem de uma sociedade sem conflitos – que de certa forma coincide com a predominância do discurso católico sobre a unidade harmônica do povo brasileiro –, parece ter perdido grande parte da sua importância no discurso mediático em prol de outra mais conflituosa e diruptiva que explora a idéia de que o país se encontra permanentemente ameaçado por um estado generalizado e latente de violência.[8] A intolerância religiosa de proveniência pentecostal fez parte num certo momento deste cenário.

Os pentecostais iurdianos, que de início eram o exemplo máximo da intolerância, foram paulatinamente excluídos desse lugar estigmatizado e, pouco a pouco, os discursos dominantes na mídia passaram a dar a estes um papel social oposto ao que antes sugeriam. De modo geral, têm sido apontados como parte dos segmentos sociais mais capacitados a apaziguar as forças diruptivas da sociedade, de reconduzirem os indivíduos para as formas básicas e necessárias de sociabilidade, em contraste e antagonismo ao crime e à violência do tráfico de drogas. Os pentecostais não seriam os únicos detentores deste papel, mas os "religiosos" ou a "religiosidade" de forma

7. Há vários artigos interessantes sobre a chamada "guerra santa" neste período, alguns se inscrevem do lado dos que "combatem" o Pentecostalismo por um viés sociológico que não disfarça a disposição militante de seus autores. Outros buscam compreender a polêmica social que se criou, analisando-a criticamente, e contextualizando a "guerra santa" nos processos sociais correntes. Ver neste sentido, os já citados Soares e Giumbelli, além de Sanchis, Mariano e Pierucci, entre outros.

8. Cf. o trabalho de Micael Herschman sobre a desaparição progressiva dessa imagem do país sem conflito e o papel da mídia nas representações e imagens da violência.

geral têm sido reiteradamente alocados junto às forças do "bem", de restauração ou de criação de elos sociais. Os grupos "evangélicos",[9] que reúnem os pentecostalismos mais populares com aqueles de forte predominância das camadas médias, têm reivindicado este lugar político específico, qual seja, de construtores sociais do bem, da exclusão do mal e recuperação dos maus numa sociedade atravessada por conflitos e pela violência.

Um exemplo recente de grande repercussão produzido pela mídia juntou um enorme evento-espetáculo transmitido em tempo real – as cenas de um retorno à casa da família de uma jovem, filha de um rico empresário do setor de comunicações, dono da segunda rede de televisões do país, o *showman* Sílvio Santos – com a sua continuidade na imprensa durante, ao menos, duas semanas, reverberando o acontecimento.[10] A importância que adquiriu este espetáculo não se deveu somente às emoções do reencontro familiar e sua exploração sentimental pela televisão, mas o impacto que causou o discurso da jovem, que relacionou o final feliz da ação violenta ao uso que fez da palavra evangélica que apazigou seus seqüestradores. Assim, a sua libertação foi apresentada ao vivo como um testemunho do valor moral e pragmático da fé, capaz de interferir no curso dos acontecimentos sociais, e assim alterar os rumos de uma situação violenta.[11]

---

9. A categoria "evangélico" ganhou um uso genérico entre todos os grupos de procedência protestante o que tem para os grupos pentecostais um efeito de "limpeza" social em relação ao estigma de que são objeto enquanto "pobres" e "crentes".

10. Cf. Birman, 2002.

11. A manchete no *Jornal do Brasil*, cujo título foi "Nasce uma estrela", continua com o seguinte texto: "As imagens eram típicas de último capítulo de uma novela exibida pelo SBT, sempre fiel ao estilo dos dramalhões mexicanos: a moça rica, na sacada da mansão, com a multidão a registrar um final feliz. A mocinha consegue sair de um seqüestro ilesa, diz perdoar seus malfeitores e atribui a ação deles a um sistema econômico injusto e corrupto. Afirma que seu drama terminou por interferência divina e repreende o pai milionário, por não ter fé em Deus em seu coração. Foi um fenômeno: 3,7 milhões de espectadores, apenas em São Paulo, acompanharam, mesmerizados, ontem à tarde, a transmissão do final feliz do seqüestro de Patrícia Abravanel, 23 anos, filha do apresentador Sílvio Santos" (*Jornal do Brasil*, 29 de agosto de 2001:1). A reportagem continua, diz a jovem: "meu pai precisa de Deus. E quem tem Deus não sofre"... (idem, p. 3)

A visibilidade que alcançam hoje os grupos pentecostais se deve pois a conjugação de todos estes fatores e também ao fato de existirem entre estes grupos aqueles que se dedicam com afinco a gerar imagens e produzir eventos político-religiosos que valorizam a presença evangélica como a alternativa para a gestão social e moral da sociedade. Não precisamos insistir na importância do testemunho da fé, que faz parte das formas básicas de ser religioso nestes grupos, o que, neste contexto, multiplica a sua importância pelos efeitos políticos que engendra. Reforça a imagem reivindicada por esses religiosos de se constituírem como um instrumento de reunificação moral da nação capaz de promover um reencontro ainda possível e desejável entre seus ricos e pobres. Insiste-se que os evangélicos, com diferentes nuances, seriam os atores sociais mais claramente qualificados para realizar um trabalho de mediação pelo "bem" e pelo exorcismo do "mal" do quadro de conflitos e de violência em que submergiram os espaços urbanos das grandes cidades brasileiras.[12]

A IURD, como parte deste movimento evangélico, faz da mídia um lugar fundamental de promoção e de integração ritual dos seus fiéis no mundo e na sociedade. Assim, torna mais visível e factível um outro projeto de unificação nacional.

2. Imagem e tradição

Um "estilo" novo de presença na sociedade se revela no comportamento dos seus pastores e também nos eventos rituais e mediáticos que a Universal produz. A sua mídia participa da elaboração de um imenso repertório de imagens rituais e cerimônias político-religiosas que oferece ao seu público fiel novos lugares sociais de existência e também novas formas de integração num espaço transnacional.

Os eventos produzidos pela sua mídia político-religiosa nos impactam sobretudo quando os comparamos com aqueles outros, dos antigos "crentes", marcados pela

12. A atribuição de um caráter demoníaco aos cultos afro-brasileiros não foi objeto de controvérsias importantes. Os integrantes destes cultos foram os que, de fato, perderam a "guerra" mediática cujos adversários principais eram católicos e evangélicos. Cf. o artigo de Emerson Giumbelli nesta coletânea.

autocontenção e sem qualquer viés triunfalista e pretensão hegemônica. Com efeito, o crescimento da mídia e da Igreja, supomos, estaria intimamente relacionado à transformação das imagens associadas às religiões freqüentadas pelos pobres urbanos. A marca do "popular", tal como foi até pouco tempo atrás cultivada pelo Pentecostalismo na década de 50 e os cultos católicos populares e afro-brasileiros até os anos 80, de certo modo era sinônimo de "tradicional" e de "raízes" rurais no mundo urbano, proveniente de um repertório católico e de origem africana que não era posto em questão.[13] Fazia parte desse repertório um certo localismo: as representações do popular promovem uma imagem "limpa" de uma ordem simbólica em que elementos aparentemente díspares se encontram relacionados por traços de união provenientes de um território embebido em tradicionalidade.

A IURD tem elaborado uma representação religiosa de seus fiéis enquanto integrantes da nação que nasce pois em oposição ao *ethos* católico. Constrói uma imagem de religião associada à riqueza, à opulência, ao cosmopolitismo e à globalização. Esta imagem também oferece elementos de combate e de não aceitação pelos segmentos populares de um lugar social que os vincula a um lugar hieráquico inferior do ponto de vista social e simbólico bem como ao tradicionalismo religioso que ele destila.[14]

O que quero valorizar neste texto é o fato de que a construção dessa nova imagem tem dependido em grande medida dos eventos espetacularizados que esta Igreja veio promovendo na última década. Esses, ao longo dos anos 90, geraram um impacto não desprezível na sociedade da mesma forma como forneceram os meios sociais e simbólicos para os fiéis da Igreja se fazerem cada vez mais presentes nos espaços públicos em muitas de suas dimensões "locais" e "globais". Criou imagens "não tradicionalistas" de uma religião freqüentada pelos pobres urbanos e os seus fiéis nos seus espetáculos, definitivamente desvinculadas dos estereótipos associados ao "povo brasileiro", enquanto povo sofrido segundo as lentes do paternalismo longamente cultivado da Igreja Católica.[15]

---

13. O clássico "Os Escolhidos de Deus", de Regina Novaes, apresenta uma ruptura dos "crentes" com o *ethos* católico sem que, no entanto, houvesse da parte deste um projeto de hegemonia nacional.

14. Cf. Soares, op. cit., 1993.

3. As correntes da fé e seus espetáculos

Durante vários anos, a Universal promoveu uma cerimônia e espetáculo designado como "Fogueira de Israel". Este ritual se realizou (como outros, aliás) pela integração progressiva e contínua dos freqüentadores permanentes e eventuais da Igreja numa "corrente". Com efeito, a realização de "correntes" faz parte das atividades centrais e cotidianas desenvolvidas pela Igreja em todas as suas filiais. A maior parte delas se estrutura como um espetáculo que percorre circuitos que conectam de alguma maneira diferentes espaços de circulação de seus fiéis ou, ao menos, de suas dádivas, realizando assim o que podemos chamar de uma apropriação político-religiosa do mundo. Uma "corrente" nada mais é do que uma cadeia de pedidos de milagres e de exorcismo que vincula pessoas de dentro e de fora da Igreja, bem como pessoas de territórios estigmatizados a espaços públicos "centrais" e transnacionais. Neste circuito vai se produzindo conexões progressivas entre atividades rituais "locais" e outras que saem das igrejas, para ocuparem áreas públicas, como estádios de futebol e que "viajam" pelo mundo até alcançarem seu destino final, em rituais realizados por bispos da Igreja, a serem transmitidos pela mídia. Estes eventos mediáticos maiores são parte das atividades periódicas da Igreja: designados como "correntes" ou "campanhas" mobilizam esforços e dinheiro de seus fiéis para promover um ritual que é ao mesmo tempo uma cerimônia religiosa, um espetáculo mediático, um momento final de uma peregrinação e a realização de uma espécie de *potlach* por meios reais e virtuais.[16]

A "fogueira de Israel" se realizou, *grosso modo*, segundo este modelo. A participação dos fiéis se fazia mediante uma dádiva em dinheiro contra um envelope com pedidos de milagres, que era levado em peregrinação pelos bispos da Igreja à Terra

15. Esta Igreja explora as possibilidades abertas pelos meios eletrônicos para realizar o que Appadurai (1996) designou como um "trabalho de imaginação" que abre "novas possibilidades e novos campos onde construir os *selfs* e os mundos imaginados. Ver também para uma discussão sobre mídia e religião Bréchon, P. and Willaime, 1999.

16. Cf. a interpretação de Daniel Daian (2001) sobre os rituais religiosos que envolvem uma dimensão mediática numa escala global.

Santa para finalmente ser "queimado" numa cerimônia ritual, feita pelos dignatários da Igreja. Por intermédio desta fogueira, arderam envelopes (sem o dinheiro, suponho) com pedidos de fiéis, resultado do esforço somado, envelope por envelope, de milhares de fiéis numa cerimônia realizada em Jerusalém, centro de peregrinação mundial. Assim, a "Fogueira de Israel" promoveu, por um lado, o vínculo da Igreja com o território sagrado do Cristianismo, por outro, nas suas peregrinações à "Terra Santa" criou formas de reunir em viagens, simultaneamente religiosas e turísticas, fiéis de sua Igreja, de várias partes do mundo. A sua mídia divulgou uma imagem da Igreja "universal" "ocupando" o centro sagrado do mundo. Uma das manchetes dessas peregrinações foi: "Universal ocupa Israel". Segundo Edileuma Campos, "Esta reportagem cobria a peregrinação de cerca de 1.300 fiéis da IURD de vários países (brasileiros, portugueses, argentinos, paraguaios, mexicanos, belgas, franceses, africanos e ingleses) à Terra Santa, ressaltando que o sonho de todo cristão é conhecer Israel... Naquele momento, o Bispo Macedo era recebido pelo então ministro de Turismo de Israel, demonstrando sua intenção de levar "dezenas de milhares de pessoas" para Israel, anualmente... Na comemoração de seus vinte anos, em 1997, a IURD levou 2.300 fiéis de todo mundo a Jerusalém". (Campos Gomes, E. 2001:23)

As atividades rituais da Igreja não são, no entanto, monopólio de seus pastores. Eles dividem esta competência com os membros da Igreja que se transformam em pessoas que conectam, por intermédio da oferta de rituais, seus próximos à igreja. Estas conexões produzidas por mediações "locais" de certa maneira recuperam repertórios religiosos "tradicionais", transformando-os no percurso que vai desse pequeno mediador até a Igreja e dessa até seus espetáculos. Esses espetáculos, portanto, não se constituem como eventos sem importância: são eles que recebem as demandas mediadas por seus membros e as integram num circuito que é também de natureza mediática. Os rituais, que se encadearam até a apoteose final da queima dos envelopes em Israel, fazem da mídia um elemento entre outros para sua realização bem sucedida. O seu efeito buscado é a criação daquilo que Appadurai designa como uma "comunidade afetiva", cuja abrangência pretende ultrapassar por suas conexões sucessivas o plano local, na qual estão situados os seus fiéis.

4. A ocupação de espaços públicos: as multidões como imagem

"A IURD em Lisboa reúne mais de 60 mil pessoas" diz a manchete de 29 de julho da *Folha Universal*, na sua primeira página, apresentando várias fotos de um estádio de futebol nesta cidade, lotado de fiéis. E assim descreve o jornal:

> "O estádio de futebol do Belenenses, em Lisboa, capital portuguesa, ficou pequeno para tantos interessados em participar da concentração de fé 'A família ao pé da cruz', promovida pela Igreja Universal do Reino de Deus. Mais de 60 mil pessoas lotaram as arquibancadas e as cadeiras, num evento em que a imprensa daquele país reconheceu: a IURD ganhou o coração dos portugueses".

Embora não tenha tido acesso aos jornais portugueses, não duvido que estes tenham dado lugar a este evento aumentando o impacto do espetáculo pela presença na mídia internacional. No Brasil, sobretudo nas capitais, a ocupação de estádios, a organização de eventos vem sendo realizadas com uma relativa freqüência e são sempre noticiados.[17] Faz parte da estratégia da Igreja fazer estes espetáculos de forma tal que se transformem em eventos para a mídia secular e também religiosa, como uma "prova" da importância da Igreja na sociedade. Como foi o caso da notícia acima, a ocupação de espaços públicos que informa a presença transnacional da Igreja é sempre alvo da mídia religiosa, que por sua vez cita a mídia secular, amplificando as conexões entre estes mundos. É difícil considerar que estes eventos-espetáculos são simplesmente "transmitidos" pelas diferentes mídias con-

17. Em certos momentos vemos uma disputa pública entre a Universal e a Igreja Católica pela ocupação mais grandiosa, pelo espetáculo mais bem sucedido em termos de público e de repercussão social. Por exemplo, podemos ler no jornal *O Globo*: "Culto da Igreja Universal lota o Maracanã". A vigília da Igreja Universal do Reino de Deus, "A noite de Abraão" lotou o Maracanã e o Maracanãzinho com cerca de 175 mil pessoas, segundo a Superintendência de Desportos do Estado do Rio de Janeiro (Suderj). O culto, que começou às 20 horas, não tinha hora para terminar e atraiu caravanas até do Chile. O encontro de padres cantores da Igreja Católica, no feriado de 12 de outubro, dia de Nossa Senhora de Aparecida, reuniu 161.722 pessoas...".

troladas pela Igreja. Há um esforço permanente para criar rituais que coloquem a Igreja "no mundo" de modo espetacularizado, gerando eventos e buscando efeitos mediáticos através destes.

Podemos ler no jornal da Universal de 19 de agosto as manchetes e ver as imagens que invariavelmente acompanham a descrição desses eventos: "A IURD faz crescer o cristianismo no Japão", a "IURD lota estádio em Cabo Verde", "Louvor ao Espírito Santo reúne multidão", "Tarde das Canções reúne mais de 40 mil pessoas no Amazonas". Todas estas notícias são acompanhadas de fotos apresentando as "multidões" envolvidas e a ocupação de espaços públicos em diferentes regiões do mundo. Há, como podemos observar, uma ênfase nas reportagens feitas pela Igreja, como estas citadas da *Folha Universal*, em noticiar eventos por meio de textos e fotos que valorizem a dimensão espetacular dos seus rituais. Estes são imageticamente produzidos como uma série inesgotável de ocupações de espaços públicos por multidões que pertencem a diferentes territórios em escala mundial: cenas e mais cenas de rituais em que o personagem principal é "uma multidão unida numa só fé", seja onde for, na África, na Bahia ou em Portugal, para citar exemplos recentes.[18]

O mundo, em decorrência dessa estratégia, se apresenta nas imagens produzidas pela Igreja que reverberam em todas as mídias, como um espaço de circulação disponível para a Igreja e seus fiéis: esta se promove em conexão com os circuitos importantes da vida social em escala mundial. Os pastores são representados pela Igreja como aqueles que podem freqüentar esta extensão do mundo: são personagens que agem no interior de um mapa que está longe de ser "local" ou mesmo nacional, cuja imagem é oferecida através dos territórios conquistados pela Igreja, ou em vias de conquista, onde terá novas filiais. Numa reportagem cuja chamada de capa é "Brasil exporta pastores" lemos:

---

18. É interessante observar que a IURD começou na década de 90 a construir imensas "catedrais da fé", espaços que podem abrigar públicos gigantescos, que equivalem a enormes estádios esportivos, como muitos que temos no Brasil. Nas fotos dos eventos enfatizados pela mídia, estas catedrais se confundem com estágios dando a perceber que o primeiro tem sido o modelo de construção da segunda. A representação de um espaço de multidão e de expressão de fé em multidão parece ter um grande valor.

> "Alguém já imaginou um brasileiro evangelizando em russo, africâner, japonês ou qualquer um dos inúmeros dialetos existentes no planeta, como por exemplo o africano zulu? Convivendo entre povos cujos costumes sejam completamente diferentes, com hábitos de higiene quase pré-históricos? Enfrentando a segregação racial ou regimes totalitários?" A esposa de um pastor dá o seu depoimento na mesma reportagem: "Pensei que iríamos para o interior do país, mas quando ele me disse que era para a África, eu nem sabia que tipo de cultura encontraria. Meus filhos estavam pequenos, com 6 e 8 anos. Fiquei atônita. Como ir para uma terra desconhecida, longe da família e dos amigos? Mas em seguida veio uma palavra ao meu coração: deixe sua parentela e vá para esta terra que você não conhece, que eu lhe farei vencedora" (*Plenitude*, 2000:33).

Assim, as imagens transnacionais da Igreja, bem como de diferentes povos do mundo na Igreja, são constantemente apresentadas como locais de ocupação por seus missionários que voltam à terra natal como "vencedores". Há pois uma intencionalidade na elaboração dessas imagens que associa por meio destes eventos-espetáculos a Igreja com o mundo e os fiéis com um e outro. Estes passam a integrar nas imagens dos rituais "locais" as dimensões mais mediatizadas e mais globalizadas que lhes são apresentadas na televisão e também em seus jornais. Com o nome sugestivo de "corrente", a Igreja une, como parte de um mesmo movimento, todas essas atividades que terão mais de um momento de espetáculo, que geralmente reverbera nos seus rituais, nos meios de comunicação da Igreja e, de preferência, também fora dela enquanto espetáculo no mundo.

5. Um pastor exemplar

Como sabemos, o Rio de Janeiro acabou de eleger o primeiro senador da República pertencente à Igreja Universal. Trata-se do bispo Marcelo Crivella, sobrinho do mandatário supremo desta Igreja, o bispo Macedo. A sua imagem pública ressalta traços que indicam uma apropriação exemplar de recursos transnacionais como parte de um projeto que transformou a si próprio, fez crescer a sua Igreja ao mesmo tempo que é destinado a oferecer uma via de mudança para o país.

Na sua biografia (apresentada no curso da campanha eleitoral), publicada num panfleto de propaganda política de sua candidatura, lemos que o bispo Crivella começou a trabalhar com oito anos de idade como "office boy" e, segundo ele, "aos dezoito anos já dirigia um táxi para custear meus estudos de engenharia civil".[19] Viveu como missionário durante oito anos na África. Com o mesmo tom, a *Folha Universal* (jornal semanal da Igreja) dá relevo a certos traços biográficos que condensam idealmente a imagem do fiel e da Igreja no mundo:

> "Desde os sete anos de idade, quando conheceu a Bíblia, que o bispo Marcelo Crivella tem vontade de pregar o Evangelho. Formado em engenharia civil e membro desde o início da IURD, coordenou obras da Igreja no Brasil e no exterior, incluindo a Catedral Mundial da Fé no Rio de Janeiro, com mais de 55 mil metros quadrados de construção. Como pastor, apresentou o programa Vigésima Quinta Hora da rede Record de Televisão por mais de três anos. Quando os trabalhos da Igreja Universal se iniciavam na África, há sete anos, o então pastor Marcelo Crivella foi mandado para lá com sua esposa, Silvia Jane e três filhos. A África é constituída de países com costumes tribais, onde os pais vendem legalmente suas filhas e os homens podem ter várias esposas. Existem 34 milhões de pessoas infectadas com o vírus HIV (dados da OMS) e é gigantesca a influência de curandeiros, pajés, seitas e até da magia negra. E foi naquele ambiente adverso, cheio de preconceitos, guerras e misérias, que o bispo Marcelo viveu pregando a igualdade entre os homens, abrindo igreja para negros, levando a palavra de Deus a lugares onde os brancos não iam, como o bairro Soweto, em Johanesburgo, na África do Sul... A Igreja Universal cresceu e se espalhou por todo o continente africano, estabelecendo centenas de centros de ajuda aos necessitados, fornecendo refeições, serviços

19. Panfleto de propaganda eleitoral, agosto de 2002.

médicos e de higiene, além de orientação espiritual. Hoje existem 700 IURDS em 23 países".[20]

O trabalho missionário assim descrito se faz num continente, "A África", que sempre habitou o imaginário cultural e religioso brasileiro relacionado à origem dos descendentes dos escravos africanos, os detentores de uma cultura tradicional autêntica, que teria "contribuído" para a "formação da cultura brasileira", como diz um dos mais persistentes mitos de fundação da nacionalidade.[21] Viria dos africanos (em menor escala dos índios) aquilo que poderia ser identificado como um elemento ao mesmo tempo positivo e não-europeu. A África como lugar da tradicionalidade sagrada, que forneceria legitimidade aos centros de Candomblé no país como parte da cultura e identidade nacional, é apresentada na vida missionária do bispo Crivella como fonte do mal moral e de um primitivismo a ser transformado por meio de um trabalho missionário.

Enquanto muitas mães-de-santo, santeros e membros de movimentos negros dos Estados Unidos, do Brasil e de Cuba tentam cultivar um circuito de relações que valoriza trocas religiosas com esta África mítica, o Pentecostalismo da igreja Universal reconstrói a África como alvo de seu trabalho missionário. A "tradicionalidade" africana passa a ser sinônimo de um retardo civilizacional em todos os planos e o Brasil passa a ser a nação capaz, pela sua Igreja, de contribuir para o seu progresso espiritual e material. De objeto de missões desenvolvidas pelas igrejas cristãs européias e americanas, religiosos brasileiros, pela primeira vez, se atribuem a condição de missionários. O redirecionamento do fluxo entre doadores e recebedores de dádivas espirituais por intermédio da atuação da IURD permite assim constituir uma outra imagem do país – ao invés deste ser tributário de um tradicionalismo

20. *Folha Universal*, domingo, 19 de agosto de 2001, p. 7A.

21. A versão literária e antropológica da fundação do país foi escrita pela primeira vez por Gilberto Freyre. Este texto, cuja importância é amplamente reconhecida, e cujo sentido tem sido amplamente explorado pela sociologia brasileira tem gerado muitas interpretações e também muitos pontos de vista críticos que não pretendo explorar aqui. Cf. Da Matta, R., Benzaquém de Araujo, R. Soares, L. E. e outros.

africano na elaboração positiva de sua imagem, volta-se para se constituir como fonte do progresso moral e material de um continente "atrasado" graças ao efeito civilizatório dessa sua igreja evangélica. O investimento missionário e colonizador na África está se fazendo em grande medida com pastores brasileiros, pertencentes a grupos sociais subalternos.

No entanto, em conseqüência de sua missão no país, a Igreja exigiu de um de seus pastores mais brilhantes o trabalho também missionário e inovador nas nossas zonas de miséria mais reconhecidas. Criou na campanha eleitoral uma equivalência entre o rebanho africano e primitivo e o brasileiro das zonas rurais, novo lugar da atividade civilizatória da Igreja:

> "Apesar do bispo Crivella estar adaptado e empenhado no trabalho que vinha desenvolvendo naquele continente", continua a sua biografia, "em 1999, o bispo Macedo mandou chamá-lo, pois tinha uma importante missão para ele: coordenar um *kibutz* agroindustrial, em Irecê, sertão da Bahia, que contribuisse para melhorar a qualidade de vida do nordestino. Nesta região do país, a miséria destrói famílias e crianças morrem diariamente de fome, conseqüência do clima e da falta de políticas voltadas para amenizar os problemas trazidos pela seca. Tinha início o Projeto Nordeste, uma idéia revolucionária cujo primeiro pólo, a Fazenda Nova Canaã, está provando que se for utilizada a água do subsolo a terra sertaneja se torna muito próspera...".

O bispo Crivella é apresentado na mídia religiosa e também secular[22] como o criador e o responsável pela realização de um projeto que é ofertado como o horizonte maior de transformação do país: a Fazenda Nova Canaã, obra do Projeto Nordeste. Segundo as informações veiculadas pela mídia e também pelo vídeo vendido e exibido na igreja, o Projeto Nordeste realiza o sonho maior, historicamente

22. No período da campanha eleitoral, a propaganda do Bispo Crivella como candidato ao senado se baseou sobretudo na exibição do Projeto Nordeste e nas imagens da Fazenda Canaã.

associado aos movimentos pela reforma agrária: a transformação de um lugar assolado pela seca e pela miséria numa fazenda próspera, com campos verdejantes, com maquinário moderno e um sistema de irrigação de tecnologia israelense. No vídeo, pessoas miseráveis são apresentadas em cenas melodramáticas, em preto e branco, numa versão popular da estética da fome para, em seguida, serem vistas integradas e felizes a uma comunidade próspera que mora e trabalha nesta fazenda.

O bispo Crivella traria de Israel um aprendizado social e econômico – como se organiza um *kibutz* – e a tecnologia de irrigação para tornar realidade este sonho. As ressonâncias comunitárias e religiosas facilmente despertadas por estas imagens ganham mais força quando aplicadas ao símbolo maior da pobreza neste país: o "nordeste", lugar da seca e da fome, dos índices mais altos de anafalbetismo e de mortandade infantil. O sonho de "dar terra a quem trabalha" profundamente ancorado no ideário político e religioso dos movimentos camponeses é assim reorientado nos seus contornos como projeto político-religioso desenvolvido pela IURD.[23]

Foi do bispo Crivella, diz o vídeo, amplamente veiculado na campanha eleitoral, a iniciativa de criar a Fazenda Canaã, como também foi ele que saiu do Brasil e foi aprender a tecnologia israelense de como organizar um *kibutz* e como construir um sistema de irrigação. Israel, cujo território fundado num deserto, prosperou pela ação de um povo eleito, "o povo de Israel" pode agora oferecer, no Brasil, aos que integram a mesma comunidade bíblica, o seu modelo de trabalho e sociabilidade e também a sua tecnologia.

O bispo Crivella conseguiu os recursos, segundo o mesmo vídeo, para comprar hectares neste deserto miserável nordestino como "cantor evangélico": fez um CD

---

23. Agradeço a Regina Novaes a indicação do caráter católico e mítico da questão da terra como uma presença não mencionada na forma pela qual a Igreja Universal se apropria do tema. Com efeito, os movimentos de camponeses e trabalhadores rurais se alimentam deste ideário mítico e católico para reivindicar o direito à terra. Otávio Velho, nesta mesma direção, aponta a importância de uma cultura bíblica nos movimentos camponeses em que a noção de "cativeiro" e de "Besta Fera" se encontram presentes e constantemente em transformação. A "libertação" das terras do "cativeiro" é pois um tema clássico que tem um enorme poder de evocação político e religioso. O que parece ocorrer, portanto, é um redirecionamento desta libertação para um ideário associado a atividades religiosas cujo sentido empresarial é valorizado como o instrumento maior de integração e transformação da nação.

que vendeu milhões de cópias. A compra do CD, um "*gospel* romântico" também é indicada como uma forma de participar do desenvolvimento do projeto.

No entanto, a ação do bispo não reverte o fluxo das doações fazendo dos seus fiéis os recebedores deste dom missionário. A campanha em prol do Projeto Nordeste recorre à integração de todos os fiéis numa vasta comunidade de participantes cujo ato de adesão se faz por meio de uma dádiva, também numa "corrente". Por intermédio de uma carteira de aderente apresentada no supermercado, os membros da IURD podem, no momento de pagar suas compras mensais de alimentos, oferecer um percentual de um suposto desconto (cujo montante não lhes é revelado) do pagamento de suas compras ao projeto. O ato de participar desta campanha é pois uma forma de se integrar como doador numa comunidade mais ampla voltada para a realização de um projeto de redistribuição de renda em escala nacional.

6. Para concluir

A imagem da Fazenda Nova Canaã, associada ao bispo, é também aquela de um país sem miséria e com prosperidade, construído pela ação da Igreja e sobretudo por aqueles com senso empresarial e iniciativa evangélica. Assim, a biografia do bispo Crivella constrói também a imagem de um empresário bem sucedido. O "homem de negócios" vem se constituindo como um certo tipo ideal oferecido pela Igreja Universal a todos que se "libertam" e que alcançam a prosperidade por intermédio da participação ativa nos seus rituais. Os conversos, enquanto homens de Deus, têm como horizonte um lugar social cujo valor máximo é dado pela tripla condição de empresário, pastor e benfeitor da nação. Com efeito, o sucesso da IURD está associado a inúmeros signos que pertencem ao mundo dos negócios e dos valores globais. Em lugar de cultivar os vínculos entre pobreza, religião e tradicionalidade busca, ao contrário, desfazê-los. Ao invés de associar os seus fiéis à condição de humildes devotos de santos locais, de mães-de-santo em bairros pobres das favelas e periferias, de rituais católicos tradicionais como folias de Reis e festas do Divino em áreas rurais, irrompe nos espaços públicos por meio de uma modalidade de participação religiosa que remete os pastores e os fiéis da Igreja a uma outra condição social.

Oferece um projeto de integração social baseado num outro imaginário nacional no qual o valor da igualdade e do individualismo se fazem presentes.

Nesta sociedade do futuro que se realiza em parte com o concurso da Igreja, o esforço do cristão é recompensado pela ascensão social: os que a ele aderem passam de indivíduos pobres "territorializados", submetidos à exclusão social e a todas as formas de violência, a personagens adequados ao mundo até então reservado aos ricos e remediados. O fiel projetado pela IURD é aquele que não somente se encontra "no mundo" mas passou a fazer parte dele de uma outra maneira: por intermédio da Igreja, a sua presença ganha formas que contrastam com as marcas relacionadas à pobreza, sobretudo aquelas marcas territoriais, que possuem um enorme poder de evocação, direcionadas por uma perspectiva estigmatizante: os pobres enquanto moradores das "favelas" e das "periferias". Deslocalizados desses espaços da tradicionalidade comunitária, o fiel exemplar da IURD passou a freqüentar circuitos transnacionais de um lado, e espaços públicos de grande visibilidade social e política, de outro.

A Igreja Universal tem buscado orientar a população pertencente aos extratos mais pobres da sociedade e, em muitos casos, jovens saídos diretamente dos espaços urbanos periféricos a uma outra forma de ser "religioso". Busca negar a equação católica que vincula o pertencimento religioso à pobreza e à tradicionalidade, de um lado, e de outro, tenta oferecer um "caminho" em oposição ao pertencimento comunitário submetido às regras de um gueto violento cerceado pelo crime e pelo tráfico de drogas.[24]

A construção de eventos-espetáculos por parte da Igreja se associa a uma prática religiosa em que a transformação dos indivíduos implica para estes uma mudança de perspectiva relativa à inserção social que possuem. O seu espaço mediático fornece aos fiéis meios reais e imaginários para se conectarem com uma outra fonte de pertencimento identitário, cujos emblemas se relacionam a um mundo ao mesmo tempo cristão, individualista e liberal.

---

24. O "caminho" evangélico que, aliás, não é monopólio da IURD, sofre muitas interpelações por parte de outros atores de grande presença local e transnacional, como os grupos de *rap*, como podemos ler no artigo de Regina Novaes nesta coletânea.

Atualmente, a articulação entre o religioso e a política nos meios urbanos inclui "ofertas" variadas de pertencimento identitário, voltadas para uma "saída" do campo diruptivo e violento em que se encontra a grande maioria, esta, aliás, em parte atenta e vigilante às diferentes formas de exclusão social e política embutidas na cordialidade da grande nação católica. O projeto de futuro posto em prática pela Universal certamente não é o único que emerge nos meios urbanos conflagrados, embora tenha se imposto pela sua visibilidade e capacidade de integração ritual e mediática, em antagonismo permanente com o universo católico até recentemente pouco questionado.

Referência bibliográficas

APPADURAI, Arjun. *Après le Colonialisme: les conséquences culturelles de la globalisation*. Paris: Payot, 2001.

BIRMAN, Patricia. Cultos de possessão e pentecostalismo no Brasil: passagens. Rio de Janeiro, *Religião e Sociedade*, 17/1-2, 1994.

BIRMAN, Patricia e Leite, Marcia Pereira. O que aconteceu com o antigo maior país católico do mundo? In: BETHEL, Leslie (org.). *Fardo do Passado, Promessa do Futuro*. Rio de Janeiro: Editora Civilização Brasileira, 2002.

BIRMAN, Patricia, LEHMANN, David. Religion and the media in a battle for ideological hegemony: the Universal Church of the Kingdom of God and the TV Globo in Brazil. *Bulletin of Latin American Research*, Manchester, v. 18 n°2, April 1999.

BRECHON, Pierre. Médias et religions: une question trop occultée, des problématiques en débat. In: BRÉCHON, Pierre e WILLAIME, Jean Paul (orgs). *Médias et Religions en Miroir*. Paris: PUF, 2000.

CRIVELLA, Marcelo. Golpe baixo. *Plenitude*, n°75, ano 21, 2001.

DAYAN, Daniel. Les grands évenements médiatiques au miroir du rituel. In: *Médias et Religions en Miroir*, op. cit.

FONSECA, Alexandre. Imagens da fé: formatos e características dos programas evangélicos de televisão. *Cadernos de Antropologia e Imagem*. Rio de Janeiro, vol. 10, 2000.

GIUMBELLI, Emerson. *O Fim da Religião: dilemas da liberdade religiosa no Brasil e na*

França. São Paulo: Attar Editorial, 2002.

MAFRA, Clara. Drogas e símbolos: redes de solidariedade em contextos de violência. In: ZALUAR, Alba e ALVITO, Marcos. *Um Século de Favelas*. Rio de Janeiro: Ed. Fundação Getúlio Vargas, 1998.

MAFRA, Clara. Na posse da palavra: religião, conversão e liberdade pessoal em dois contextos nacionais. Rio de Janeiro: PPGAS, Tese de doutorado, 1999.

MARIZ, Cecília. A teologia da batalha espiritual: uma revisão da bibliografia. *Revista Brasileira de Informação Bibiográfica em Ciências Sociais (BIB)*, Rio de Janeiro, n°47, 1° semestre de 1999.

MARIZ, Cecília, MACHADO, Maria das Dores. Sincretismo e trânsito religioso: comparando carismáticos e pentecostais. *Comunicações do Iser*, 45, 1994.

MARIANO, Ricardo Os neo-pentecostais e a teologia da prosperidade. *Novos Estudos*, n° 44, São Paulo, 1996.

NOVAES, Regina. Os escolhidos de Deus: pentecostais, trabalhadores e cidadania. *Cadernos do Iser*, n°19, 1985.

PIERUCCI, Antonio Flávio. Liberdade de cultos na sociedade de serviços. *Novos Estudos*, op. cit.

SANCHIS, Pierre. O repto pentecostal à cultura católica brasileira. In: ANTONIAZZI, A. et all. *Nem Anjos nem Demônios*. Petrópolis: Vozes, 1994.

SOARES, Luiz Eduardo. A guerra dos pentecostais contra o afro-brasileiro: dimensões democráticas do conflito religioso no Brasil. In: *Os Dois Corpos do Presidente*. Rio de Janeiro: Relume Dumará, 1993.

Parte III

Questões de estilo: percursos, trocas e linguagens

Caminho de Santiago de Compostela:

percurso, identidade e passagens

Sandra M. C. de Sá Carneiro

Desde os anos 90, a peregrinação a Santiago de Compostela vem ganhando visibilidade no Brasil.[1] Para isto, têm contribuído os mais de sessenta livros escritos sobre o assunto por brasileiros (a maioria constituída por relatos sobre as suas experiências pessoais), da produção de vários *sites*, vídeos e programas de televisão e, também, da criação da Associação Brasileira de Amigos do Caminho de Santiago do Brasil (AACS), que congrega pessoas que já fizeram e/ou desejam realizar a peregrinação.[2]

---

1. Neste artigo, apresento alguns aspectos desenvolvidos em minha tese de doutorado sobre a peregrinação a Santiago de Compostela, que compreendo como um mito que, desde o século IX, vem sendo continuamente "reinventado". Ao invés de procurar apreender esta peregrinação como uma antiga tradição que teria resistido às mudanças, acompanho o viés analítico desenvolvido por Hobsbawm (1997) e Ranger (1997) a partir da idéia de "invenção da tradição". Para o autor, "tradição inventada" designa um conjunto de práticas de natureza ritual ou simbólica, reguladas por regras tácita ou abertamente aceitas e que visam inculcar certos valores e normas de comportamento através da repetição. Implicam, portanto, continuidades em relação ao passado. Sobre o tema, é oportuno destacar a pertinente ressalva de Gonçalves (1996): todas as tradições são inventadas, não por serem "artificiais" ou "inautênticas", mas porque não existe significado sem mediações e, portanto, qualquer significado original que possa ser resgatado.
2. A maioria de meus entrevistados conheceu o Caminho através de livros (especialmente *O diário de um mago*, de Paulo Coelho, publicado no Brasil em 1987) e/ou da televisão, incluindo reportagens e programas de entrevistas com divulgação de livros com relatos da peregrinação. Nos últimos cinco anos, pelo menos seis programas foram produzidos pela televisão brasileira sobre o tema: dois para o *Globo Repórter* (TV Globo), um para o *Alternativa Saúde* (GNT) e os outros três exibidos, respectivamente, pelo SBT, pelo canal religioso Rede Vida e pela CNT.

É crescente e bastante expressivo o número de peregrinos brasileiros que vão a Santiago de Compostela. Segundo dados da Oficina de Peregrinos da Catedral de Santiago, o Brasil já ocupava, em 2000, o terceiro lugar entre os países estrangeiros presentes na peregrinação, ultrapassado somente pela França e Alemanha, vizinhos à Espanha. Calcula-se que cerca de dez mil brasileiros tenham feito a peregrinação, de 1990 até os dias atuais.

Mas, o que leva determinados brasileiros (católicos ou não) a realizar esta peregrinação milenar? Que valores, crenças e representações estão associados ao Caminho e que significações a realização deste percurso agrega ou introduz na vida dos peregrinos? Penso que um processo específico de conversão ocupa um lugar central neste fenômeno. Trata-se de uma conversão que, a partir de uma experiência religiosa individual abre caminho para uma expressão coletiva de valores em todos os planos: sociais, políticos e econômicos.[3] Desse ângulo, e considerando as redes de significados e de relações sociais tecidas em torno do Caminho,[4] a peregrinação pode ser considerada como um momento especial de construção identitária para seus participantes.

Com base no meu material,[5] procurei compreender e interpretar os diferentes sentidos e motivações investidos no ritual da peregrinação. Se valorizarmos o que os peregrinos fazem, dizem e sentem a respeito da peregrinação veremos que esta é vivenciada como uma "transformação" sobretudo "pessoal". Aquilo que os peregrinos brasileiros designam pelo termo "Caminho" possui o sentido de uma "jornada" ao mesmo tempo "interior" e "exterior". Aqui pretendo explorar os valores e significados – permeados de emoções – que esta "jornada" adquire. Moeda corrente

3. Vale lembrar que qualquer evento se desdobra simultaneamente em ação individual e representação coletiva, ou, na formulação de Sahlins (1994), como a relação entre certas histórias de vida e uma história acima e além dessas.

4. A peregrinação à Catedral de Santiago de Compostela, localizada na Galícia, noroeste da Espanha, que envolve diversas rotas e compreende um percurso de cerca de 800 km, é nomeada como Caminho de Santiago de Compostela ou simplesmente o Caminho; uso que mantenho neste artigo. Adotei sempre que possível a terminologia corrente: Santiago (ao invés de São Tiago) e jacobeo ou compostelano, para o universo cuja referência é o Caminho.

5. Nos dois anos de trabalho de campo, desenvolvi as seguintes atividades: participei das reuniões mensais da AACS; acompanhei um grupo de discussão dedicado ao assunto na internet

em seus discursos, o "Caminho" refere-se a uma experiência, a uma vivência cujo sentido religioso (ou não) buscaremos valorizar neste texto.

Antes, porém, apresentarei brevemente as origens do mito, indicando os múltiplos aspectos – sagrados e profanos, de natureza privada e pública – que se articulam na emergência e na reprodução do movimento de peregrinação a Santiago de Compostela.

1. Mito e cenário da peregrinação

As três grandes rotas de peregrinação da cristandade são o Caminho de Roma, que leva ao mausoléu de São Pedro naquela cidade, percorrido pelos romeiros; o Caminho de Jerusalém, que conduz a lugares sagrados da vida de Jesus, realizado pelos palmeiros; e o Caminho de Santiago de Compostela, trilhado pelos peregrinos ou concheiros,[6] que conduz às relíquias de São Tiago, o Maior, um dos doze apóstolos de Cristo, padroeiro da Espanha e primeiro mensageiro do Cristianismo naquela região da Europa.

Sabe-se muito pouco sobre o que aconteceu aos apóstolos após a crucificação de Jesus Cristo. Mas, segundo a tradição oral, proveniente de relatos entre a Cristandade da Alta Idade Média, Tiago, o Maior, desembarcou na Galícia e seguiu pelas calçadas romanas até Zaragoza, onde deu início à devoção à Virgem Pilar. Não tendo conseguido converter muitas pessoas, após sete anos de pregação, teria decidido voltar à Terra Santa acompanhado de dois discípulos, Teodoro e Atanásio. Ao regressar, Tiago foi preso e decapitado por ordem do Rei Herodes Agripa,

(santiago@yahoogrupos.com.br), freqüentado por mais de seiscentas pessoas; sistematizei o conteúdo de trinta livros escritos por brasileiros sobre a peregrinação; formulei um questionário que foi respondido por vinte e cinco pessoas via internet; analisei dois programas de televisão sobre o tema e fiz o Caminho durante trinta e cinco dias, em três dos quais desempenhei a função de hospitaleira. Tive, assim, a oportunidade de entrevistar pessoas que já haviam feito a peregrinação e pessoas que a estavam realizando, além de hospitaleiros, integrantes do clero espanhol, diretores e membros da AACS. Estas entrevistas em profundidade se somaram aos questionários respondidos via internet e aos depoimentos disponíveis nos *sites* sobre o tema, totalizando sessenta depoimentos.

6. Cf. Dante Alighieri, *Vita Nuova,* 1293, cap. XL *apud* Singul (1999:57).

tornando-se o primeiro dos apóstolos de Cristo a morrer martirizado. Seu corpo, atirado fora dos muros da cidade, foi recolhido por Teodoro e Atanásio, que o transportaram à Espanha, onde o enterraram.

Entre 820-830, o sepulcro de Tiago, o Maior, foi encontrado por um ermitão de nome Pelayo, no bosque Libredón, na diocese de Iria Flavia, a mais ocidental e periférica do reino das Astúrias. No relato do descobrimento da tumba do santo ao bispo de Iria, registrado em vários textos medievais, Pelayo conta ter tido uma visão: uma espécie de chuva de estrelas, durante várias noites, lhe indicara o local exato do túmulo. O prelado também vê as luzes do "milagre" e encontra, no local, um sepulcro com restos mortais identificados logo depois como os do apóstolo. Faz, então, a notícia chegar a Afonso II, rei das Astúrias, que acorre a Iria para constatar a "milagrosa revelação", já pressagiada pelos textos de Beda.[7] O rei Afonso II manda construir no local uma capela de pedras e um monastério para doze monges agostinos. Nascia, assim, um dos mais importantes centros de peregrinação da cristandade.[8]

Desde então, para visitar o túmulo do apóstolo, as pessoas partem de vários pontos da Europa, percorrendo um longo caminho,[9] que ficou conhecido como o Caminho de Santiago do Campo da Estrela ou de Compostela, em uma referência às luzes vistas por Pelayo e à Via Láctea.

A descoberta do túmulo de Santiago, no século IX, teve fortes implicações políticas, econômicas e religiosas. Pois, na época em que "as luzes foram vistas", Astúrias era a última defesa cristã da Península Ibérica. As relíquias do santo logo se transformaram em um símbolo de forte apelo para o enfrentamento com os muçulmanos, que combatiam pelas relíquias sagradas de Maomé. Reza a lenda que, já em 844, em uma batalha em que os cristãos de Astúrias se encontravam em clara desvantagem contra

---

7. Dois importantes clérigos deixaram textos sobre a pregação de São Tiago Maior na Hispania. Um deles foi o inglês Beda, o Venerável, que escreveu em finais do século VII e início do século VIII. O outro é um asturiano, o monge Beato de Liébana, cujos textos são do final do século VIII. A mais importante das notícias de Beda é a referência, nada menos que um século antes do descobrimento do sarcófago apostólico, à localização, na Galícia, da tumba de São Tiago.

8. Como V. Turner e E. Turner ressaltam "*all sites of pilgrimage have this in common: they are believed to be places where miracles once happened, still happen, and may happen again*" (1978:6).

9. Na verdade, não existe apenas um caminho, pois são várias as rotas que levam ao sepulcro.

as tropas do emir de Córdoba, uma notícia correu nas fileiras católicas, levando-as a lutar com ânimo renovado: o próprio Santiago guerreava a seu lado.

A imagem de Santiago vestido como um cavaleiro medieval – montado em um cavalo branco e submetendo mulçumanos sob suas patas –, conhecida como *Santiago Matamoros*, tornou-se venerada nas igrejas católicas. Santiago foi transformado no santo patrono da Espanha, o defensor do povo cristão, general de seus exércitos. Conduziria os hispano-cristãos à vitória contra seus inimigos: na Idade Média, os mouros; no séc. XVI, os protestantes europeus. Assim, Santiago passou a ser símbolo da resistência católica.

O mito adquiriu, então, fama mundial e crescente.[10] O movimento de peregrinação e de culto aos restos do apóstolo estendeu-se por todo o Ocidente, embora enfrentando períodos de ascensão e declínio de acordo com os conflitos e guerras que atingiram aquela região da Europa.

Assim, desde a sua origem o Caminho funcionou como catalizador de culturas, transmissor de idéias e promotor do encontro de povos e línguas, características que se acentuaram no século XX e pelas quais obteve, em 1993, da Unesco, o estatuto de patrimônio da humanidade.[11] O que evidencia, como destaco a seguir, que a peregrinação a Santiago de Compostela sempre representou muito mais que um fenômeno religioso.

---

10. Aproximadamente em 1135, surgiu a primeira obra sobre o Caminho, atribuída ao padre francês Aymeric Picaud. Contendo informações detalhadas sobre a rota de peregrinação, tornou-se um guia para os peregrinos, sendo hoje considerada o protótipo dos modernos guias de viagem. Ir em peregrinação a um lugar sagrado, prática imensamente popular durante a Idade Média, também era, a seu modo, uma antecipação do turismo moderno.

11. O projeto de revitalização da Galícia por meio do turismo e, especialmente através do incentivo à peregrinação jacobea, ocorreu principalmente a partir de 1993, por ocasião do penúltimo Ano Santo do século XX, quando foi elaborado um plano de desenvolvimento articulado ao redor do Caminho de Santiago, conhecido como Plano Jacobeu. Constituído quase como um projeto de Estado para o norte da Espanha, com atuação prevista para as oito comunidades autônomas atravessadas pelo Caminho, este plano contou com o apoio das administrações central, autônoma e local, da Igreja Católica e da Comunidade Européia. Como conseqüência, aumentou de modo significativo e continuado o número de peregrinos que chegam à catedral de Santiago de Compostela: de 4.918, em 1990, para 61.418, em 2001. Vale notar, também, o volume de peregrinos nos Anos Santos da década: 99.436, em 1993, e 154.613, em 1999.

2. Para além da dimensão religiosa

Ainda que se possa dizer que a peregrinação a Santiago constitui-se em um fenômeno religioso, ela está tão impregnada pela "mentalidade da época", pelos objetivos e instrumentos de poder "profano" que não é possível compreender um sem entender o outro. Este aspecto é ressaltado por Barreiro[12] (1998), que estabelece uma importante diferenciação entre os termos "peregrinação" e "caminho" ou "rota de peregrinação": a primeira seria um ato individualizado e suscetível de ser classificado metodologicamente em função, especialmente, das diversas motivações que o produzem. Já o "caminho de peregrinação" seria uma tradição coletiva de motivações individuais mediante a qual se unificam suas razões, seus sentidos e suas linhas de influência sobre os valores de toda a comunidade.

De acordo com essa perspectiva, não existe contradição alguma em afirmar, como o faz Barreiro, que, a partir do século IX, uma grande corrente de fé moveu muitos peregrinos a visitar o túmulo do apóstolo Santiago e que a eleição de Compostela como meta universal deve-se, sobretudo, à sua posição estratégica para o reino de Astúrias e à organização geral do Império cristão propagada pelo papa e pelos poderes políticos do Império. Desse ângulo, não seriam estritamente religiosas, mas também políticas as razões pelas quais se potencializou a rota jacobéia, criando-se infra-estruturas viárias e assistenciais, que a dotaram de grande segurança, oferecendo privilégios e abrigos a seus usuários e garantindo a liberdade de movimentos das pessoas que transitavam em seus espaços, numa época de fragmentação política dos grandes territórios.

Compartilhando essa perspectiva, acredito ser impossível e teoricamente improdutivo procurar compreender os diferentes sentidos de uma peregrinação, separando as motivações individuais dos peregrinos do contexto social mais amplo.

12. José Luis Barreiro Rivas, professor titular de ciência política da Universidade de Santiago de Compostela, auxiliou-me especialmente na pesquisa bibliográfica que realizei por ocasião de minha estadia na cidade, com sugestões de textos, particularmente os referentes aos aspectos políticos do fenômeno.

Pois, ainda que a experiência seja única e intransferível, ela é fortemente informada e condicionada por fatores que a ultrapassam.

No contexto atual, quero ressaltar que o *revival* da peregrinação compostelana, sobretudo a partir do final da década de oitenta, coincide e se articula com dois movimentos importantes: o da Nova Era[13] e o da formação da Nova Europa. O primeiro movimento propicia e estimula a "reinvenção" do Caminho como parte de um percurso literal e metafórico (enquanto processo de "transformação pessoal e social") de "busca" de um novo sentido para a vida. O segundo movimento deixa claro que, mais uma vez na história do Caminho, a confluência de fatores políticos, econômicos e culturais, leva a distintas agências (no caso, a Igreja Católica, o Governo da Espanha e a Comunidade Européia) a recorrerem ao poder simbólico do universo jacobeu para valorizar e ressignificar um projeto profano. Examinarei brevemente, em seguida, esses movimentos, procurando indicar como se entrelaçam na atribuição de significações ao Caminho de Santiago, nesta virada de século.

3. A revitalização do Caminho

Diferentemente dos principais locais de peregrinação católica, que, em sua maioria, têm por centro as aparições marianas, a devoção à virgem e os milagres (como Lourdes, Fátima, Guadalupe e Medjugorje), os atos rituais essenciais da peregrinação atual a Santiago não têm os milagres como elementos aglutinadores dos peregrinos, não envolvem exclusivamente católicos, nem estão inscritos apenas dentro das fronteiras sagradas da Igreja ou em seu contorno. Ao contrário das outras peregrinações, normalmente quem vai a Santiago não pretende o cumprimento de uma promessa, o alcance de uma graça ou a ocorrência de um

13. Na tentativa de demarcar o momento histórico do aparecimento do chamado movimento Nova Era, seus estudiosos têm sugerido a década de setenta, época a partir da qual se tornou visível um movimento social e religioso cujos simpatizantes pareciam demonstrar uma grande busca espiritual, ao mesmo tempo em que se contrapunham ao domínio eclesiástico e institucional e denunciavam o enfraquecimento das religiões ditas tradicionais.

milagre.[14] "Fazer o Caminho", "realizar a peregrinação" parecem ser vividos como um ato que tem um propósito em si mesmo. Por isso, a ênfase principal dos peregrinos recai na viagem, no percurso, e em como se alcança a catedral. A longa jornada assume um duplo aspecto – exterior e interior – em estreita relação.

Como toda peregrinação, o Caminho de Santiago também recobre um amplo campo de possibilidades. Sua especificidade, contudo, encontra-se na maneira como combina e articula elementos de tempos históricos definidos por suas diferenças: pré-modernidade, modernidade e pós-modernidade. Buscar apreender a peregrinação desse ângulo permitiu-me repensar e redimensionar o significado de uma experiência que a princípio pode ser definida como eminentemente religiosa ou, melhor dito, fundamentalmente católica, mas que condensa em torno de si diversos aspectos, mitos, crenças e valores vinculados a uma tradição de longa duração. Permitiu-me também ter acesso a um universo de representações, que parece relacionado ao que se convencionou denominar de movimento Nova Era[15] e que vem ganhando visibilidade, especialmente nas últimas duas décadas.

A idéia de transformação pessoal e social, central no movimento Nova Era, disseminou-se, nos últimos anos, para além de suas fronteiras. Tornou-se, a meu ver, um importante recurso simbólico para se viver e sobreviver no mundo moderno face à questão da crise real ou aparente de sistemas, instituições e agências tradicionais produtoras de sentido. Não desenvolverei, contudo, este tema aqui. Meu enfoque incide antes, seguindo a indicação de Brandão (1996), no que vem ocorrendo no campo das reciprocidades sociais e simbólicas nas quais aquelas instituições e agências se articulam.

---

14. Assim, se um "milagre" (as luzes) deu origem ao centro de peregrinação, o que o peregrino pode esperar do Caminho, como se verá adiante, não depende exclusivamente de intervenção do divino no humano ou na natureza (o que caracterizaria um milagre), mas de uma ativa ação humana em se abrir ao sagrado e com ele se conectar.

15. Gordon Melton e outros, em *New Age Encyclopedia*, designam como característica distintiva do movimento Nova Era "sua experiência da transformação": "*New Agers* têm experimentado ou estão diligentemente procurando uma profunda transformação pessoal, de uma vida antiga e não aceitável para um novo e interessante futuro.(...) Tendo experimentado uma transformação pessoal, *New Agers* projetam a possibilidade de transformação não somente para um grupo de indivíduos, mas para a cultura e toda a humanidade" (citado por Amaral, Lewis *apud* Melton, 1992:7).

No entanto, para além de processos culturais mais amplos, não podemos nos esquecer, ao apontar para a difusão dessa idéia entre os peregrinos à Santiago de Compostela, os contatos cada vez mais freqüentes entre os peregrinos ou futuros peregrinos de todo o mundo através de diversos *sites* e *homepages*.

Deste ângulo, podemos afirmar que a peregrinação estudada envolve significações que ultrapassam uma renovação da linguagem católica, conectando-se com redes de significados[16] que transitam no espaço público, através de uma conexão nacional e transnacional que une peregrinos de todo o mundo e, em particular, de todo o Brasil. Esses peregrinos entendem (e pregam) a universalização da peregrinação compostelana, apresentando-a como um importante "caminho de autoconhecimento", bem como um "caminho espiritual".

A designação do Caminho como símbolo da União Européia fundamenta-se também nesta representação e permite aproximar os valores atribuídos à própria peregrinação (a solidariedade, a fraternidade e o companheirismo, que seriam atualizados durante a experiência de fazer o Caminho) do núcleo central da proposta de reorganização da Europa através da União Européia. Dentro desta perspectiva, caberia ao principal ator social deste cenário, o peregrino – considerado, nesta virada de século e especialmente no contexto da Nova Europa, um "cidadão do mundo" –, difundir o universo jacobeu, propagando os valores vivenciados durante a peregrinação em sua volta ao trabalho, à escola ou universidade, à família, enfim, a seu cotidiano em seu país.

A importância atribuída à "missão" do peregrino e a possibilidade de multiplicar sua ação através dos modernos meios de comunicação levaram o governo espanhol e, particularmente, a Junta de Galícia a um grande investimento econômico, político e cultural na sua formação (especialmente do peregrino europeu), de modo a garantir que o "espírito peregrino" se realize dentro de alguns parâmetros. Para além da construção de novos albergues, da formação de hospitaleiros de todas as

---

16. Utilizo aqui a noção de rede tal como definida por Michael York (1975) para analisar a "nebulosa do *New Age*". Uma das características desse modelo seria a sua essência fortemente segmentada, com múltiplos centros ligados por uma terminologia comum e um mesmo núcleo de idéias básicas.

nacionalidades, da manutenção das vias que ligam as diferentes rotas do Caminho, da propaganda, da criação de novas Associações de Amigos do Caminho, investem fortemente na construção social do peregrino.

É importante ressaltar aqui a atuação das Associações de Amigos do Caminho de Santiago, da Igreja Católica, do governo da Galícia e do governo espanhol na promoção do que, na qualidade de "especialistas" no/do Caminho, definem como os valores e princípios básicos da peregrinação e que se traduziriam em um "*ethos* peregrino". Essas agências empreendem, assim, todo um trabalho de construção de um novo ator social.

Nesse sentido, a "Compostela",[17] prova de cumprimento da peregrinação, dentro dos princípios ditados pela Igreja Católica, parece adquirir hoje o valor de um diploma, atestando a conclusão de uma experiência formativa, representada como um "verdadeiro aprendizado". Ou seja, comprovaria a participação em um verdadeiro curso de formação cultural e espiritual, que deveria se traduzir em empenho contínuo de viver e difundir os valores experimentados ao longo do Caminho, como uma contraprestação do "dom" recebido (a experimentação realizada durante o percurso e o aprendizado/transformação propiciado pelo Caminho).

A expectativa da Igreja Católica e do governo espanhol, como indicado em várias de suas publicações sobre o Caminho, é que, ao se reintroduzir em seu cotidiano e transmitir os valores vivenciados na peregrinação, o peregrino contribua para a construção de uma nova Europa, que recuperaria uma Europa "mítica", isto é, aquela que teria sua espiritualidade, seus princípios morais e sociais, sua cultura, arte e sensibilidade, "suas raízes" – como disse o papa João Paulo II em um de seus discursos – articuladas e sedimentadas por um substrato cristão.

Sem dúvida, um dos reconhecimentos mais profundos e significativos do valor universal da peregrinação a Santiago e de sua relação com a Europa encontra-se expresso nos discursos pronunciados em diversas ocasiões pelo papa João Paulo II. Em sua primeira visita à Santiago, o Sumo Pontífice declarou:

---

17. Documento emitido pela Oficina do Peregrino, Catedral de Santiago, que atesta que a pessoa realmente fez o Caminho. O que envolve percorrer, se a pé, os últimos 100 quilômetros; se de bicicleta ou a cavalo, os últimos 200 quilômetros.

Yo, bispo de Roma y Pastor de la Iglesia Universal, desde Santiago te lanzo, vieja Europa, un grito lleno de amor: vuelve a encontrarte. Sé tu misma, descubre tus orígenes, aviva tus raíces, revive aquellos valores autenticos que hicieron gloriosa tu historia benéfica tu presencia en los demás continentes (...) Mi mirada se extiende sobre a inmensa red de vías de comunicación que unen entre sí a las ciudades y naciones que componen o continente europeo, y vuelvo a ver aquellos caminos que, ya desde la Edad Media, han conducido y conducen a Santiago de Compostela". ("Ato Europeísta", Catedral de Santiago, 9 de dezembro de 1982)

Assim, a peregrinação a Santiago de Compostela não seria só uma viagem (turística ou não) ao longo de uma rota que atravessa uma das terras mais bonitas da Europa, nem apenas um ritual religioso ou uma busca de auto-aperfeiçoamento (ou transformação) interior e espiritual. Seu sentido atual também está profundamente atrelado à utopia de uma Europa na qual se anulariam ou, pelo menos, se amenizariam os grandes conflitos entre nações.

4. Caminho, ritual e *performance*

Sempre sonhei em fazer o Caminho de Santiago. Não era um sonho nítido, nem sequer conhecido em toda a sua extensão. Não era andar pelo Caminho, nem cruzar as cidades, tampouco esquadrinhar os vales e as montanhas da Espanha. Não era rezar nas igrejas, nem me penitenciar nas trilhas, muito menos me consolar nos desvios do percurso. Não era reverenciar Santiago, nem conversar com ele. Não era observar cada canto e recanto do Caminho, a me extasiar com a paisagem deslumbrante. Era estar, um tempo qualquer desta vida, em contato direto, intenso e por um longo período com a natureza, viver outra parte da realidade, sem pessoas e situações conhecidas e rotineiras, nem falas e escutas familiares e habituais. Era estar, um dia, num lugar desconhecido, em busca do não sabido, andar por direções nunca antes imaginadas, para cansar o corpo e clarear a mente. Era de repente abrir os olhos e enxergar o não visto, estender as mãos inesperadamente e alcançar o intangível. Era me colocar em contato estreito e profundo comigo mesmo, dizer-me o que sempre escondera de mim, escutar o que preferira deixar de lado como se não estivesse, nem

> fizesse parte de minha constituição como indivíduo. Era fazer uma avaliação verdadeira, ainda que dolorosa, da minha vida e da forma como a vinha vivendo. Era vivenciar mais minha religiosidade e procurar me aproximar de Deus. Era falar com ele. Ouvi-lo no íntimo do meu ser. Era conversar com meu Santiago particular, conhecê-lo melhor e amá-lo, aproximando-me, assim, da minha capacidade de amar (brasileiro, engenheiro químico, 53 anos, trabalhando atualmente na área ambiental).

Uma das condições básicas para ser reconhecido ou reconhecer-se como peregrino é adquirir ou partilhar do "*ethos* peregrino". O longo depoimento em epígrafe nos revela as significações investidas no Caminho por um peregrino imerso nesse *ethos*. Tal qual a maioria de meus informantes, sua motivação para a viagem é iniciar-se e o Caminho é entendido e valorizado como um processo ritual que envolve uma pedagogia e propicia a transformação tanto espiritual (ou interior) quanto social (ou exterior).[18]

Como se sabe, a linguagem ou gramática própria do ritual para ser eficaz tem de ser percebida e compreendida pelos participantes.[19] Daí o caráter redundante do ritual, a repetição, a observação de uma gestualidade própria, a inscrição em um calendário específico e a observação de uma mesma oralidade. É nesta medida que podemos falar de uma gramática e de uma semântica do ritual, ou seja, de um conjunto de regras que o articulam para a produção de um sentido específico. O ritual, nesses termos, se constitui em estratégia analítica e instrumento de cognição para o entendimento de processos amplos da vida social.

18. Para além da "compostela", muitos distinguem o "verdadeiro" ou "autêntico" do "falso peregrino", tendo como critério a profundidade desse aprendizado, que irá distinguir aqueles que "realmente fizeram o Caminho" daqueles que simplesmente "andaram ou percorreram o Caminho".

19. Procurando analisar a peregrinação compostelana como um processo ritual, inspirei-me em Tambiah, para quem um ritual é uma atividade simbólica que envolve concepções, um ato expressivo cujos significados se tornam gestos, em um ensaio disciplinado de atitudes corretas (1985:84). Nesse sentido, o ritual envolve uma *performance*, que rearticula os elementos do mundo social em uma nova gramática capaz de ser entendida e percebida por todo o corpo social participante do rito.

Como um processo ritual, o Caminho se apresenta também como um sistema culturalizado de simplificações, comportamentos padrões nos quais efetivamente as emoções humanas são orientadas em direção a algum propósito. E tal orientação é possível na medida em que o "mundo do ritual consiste em que é efetivamente arbitrário". Ou melhor, no processo ritual operam as categorias da significação e dos atributos valorativos, decisivos para a própria sociedade, ou considerados como tais pela totalidade ou por grupos distintos dessa mesma sociedade.

Durante o percurso "iniciático", os aspectos de igualdade e/ou diferenciação, ordem e/ou desordem, de observância de etiquetas formais e/ou informalidade emergem como opostos complementares e possíveis em tais ocasiões. Desta maneira, podemos falar num momento extraordinário que articula de maneira diferente os momentos da rotina cotidiana e, além de torná-la inteligível, institui uma outra rotina para que os indivíduos participantes compreendam as diferenças entre o natural e o cultural, o natural, o social e o sobrenatural, entre as hierarquias sociais, as regras de poder etc.

Essa compreensão exige um sistema codificado capaz de comunicar o significado dos fatos narrados e/ou vividos, os dramas representados, os acontecimentos atualizados, bem como o valor simbólico dos instrumentos e agentes em ação.

Neste contexto, é interessante perceber como, no Caminho, os peregrinos experimentam um sentido transformado de comunhão. Para além de um significado comum partilhado, seu sentido de comunhão faz transparecer a idéia de uma "comunidade ampliada", capaz de congregar e unir pessoas, tradições culturais, religiosas e lingüísticas diferentes. É interessante ressaltar em relação a esse aspecto que os peregrinos se vinculam por meio de uma experiência comum (a peregrinação), que é representada, ao mesmo tempo, como absolutamente individualizada (uma "jornada interior") e partilhada em temporalidades diversas (no encontro com o outro no Caminho e no encontro entre aqueles que, em momentos diversos, realizaram o Caminho), como veremos adiante.

Ao iniciar o Caminho, o peregrino penetra em um espaço com uma qualidade de vida diferenciada, em uma utopia realizada, no sentido de *communitas*, tal como é empregado por Turner (1974). Deixa o seu mundo cotidiano, seu país, seu trabalho, sua família, no qual há pouco espaço para o "sagrado", para entrar ou penetrar num mundo no qual o tempo e o espaço históricos são qualificados e significados pelo tempo e espaço sagrados. Há uma seqüência ritual que é seguida pela maioria dos peregrinos. Inicia-se com a decisão de fazer o Caminho (ou, como dizem os informantes de "receber um chamado"),[20] requer uma preparação (na Idade Média, antes de iniciá-lo devia-se fazer testamento e reconciliar-se com os inimigos), seguida de uma partida e implica um trajeto em que se abandona o próprio entorno vital. A chegada à meta final, a catedral de Santiago de Compostela está, por sua vez, associada à esperança de um renascimento, um metafórico começo de uma nova etapa de vida.

O Caminho se constitui, assim, em um verdadeiro "trânsito iniciático". Por isso, apesar de muitas vezes aproximado de uma "terapia"[21] pelo ângulo de que apenas o ator pode passar pela experiência e compreender o que ela lhe revela, o Caminho é representado também como ultrapassando-a largamente, uma vez que se acredita que a força motriz de toda transformação, seja pessoal e social, é a "fé". Daí, a popularidade entre os peregrinos da inversão da máxima de São Tomé: ao invés de "ver para crer", é preciso acreditar, ter fé (e o primeiro ato de fé seria atender ao "chamado" recebido), para então experimentar e/ou vivenciar o divino. É preciso saber ler as coincidências da vida, sob o signo da sincronicidade, "abrindo-se" ao transcendente. E este contato é pessoal, intransferível, prescindindo da mediação de qualquer santo ou padre, mago ou bruxo. Como dizem os peregrinos, "o Caminho se faz a pé e com fé".

De outro ângulo, o Caminho enquanto ritual opera com categorias do coletivo e do individual e celebra mudanças individuais que, no entanto, dizem respeito às expectativas do corpo social como um todo. Sem dúvida, a experiência da peregrinação, ao colocar os peregrinos em contato com um universo discursivo e ritual específico e testar seus valores, suas crenças e certezas, oferece-lhes a oportunidade de substanciar, confirmar, inventar e construir seu mundo. Num certo sentido, o peregrino tem a oportunidade e a motivação para encenar, durante a peregrinação,

20. Essa formulação é recorrente no discurso dos entrevistados: "ninguém faz o Caminho impunemente"; "nada ocorre por acaso"; ao fazer o Caminho, você estaria "atendendo a um chamado, consciente ou inconscientemente".

21. "Fazer o Caminho é como fazer uma terapia, você tem que enfrentar seus desafios internos e externos e só você pode viver esta experiência".

os valores fundantes da vida social e relativos ao desempenho de determinados papéis sociais, sobretudo, aqueles capazes de operar passagens e trânsitos entre crenças e práticas de distintos espaços da vida social.

A compreensão das peregrinações como rituais de legitimação ou de transformação de processos sociais amplos e de afirmação do lugar da religião ganhou sentido na análise de casos particulares, que apontam para os laços estreitos entre valores culturais, símbolos religiosos e pressupostos políticos. Entendidas assim, as peregrinações são rituais que ultrapassam a função restrita de marcar simplesmente as etapas da vida de uma pessoa, ou de colocá-la em uma situação liminar.

A peregrinação é organizada de modo a propiciar, de um lado, uma experiência liminar. De outro, o encontro com pessoas e grupos de pessoas de culturas diversas e com concepções, práticas e ideais muitas vezes contrastantes. Nos quase trinta dias do percurso, os peregrinos redimensionam as noções de tempo e espaço com que estão acostumados, colocando em suspenso o "corre-corre" da vida cotidiana e submetendo-se a uma lógica relacionada à necessidade de cumprir as etapas do percurso durante a luz do dia, a tempo de encontrar um abrigo etc. Defrontam-se criticamente com sua noção de necessidades básicas, ao passarem por experiências distantes de seu cotidiano de membros de camadas médias ou altas (fome, sede, frio, exaustão etc.) e na escolha do que levar em suas mochilas (cujo peso não deve ultrapassar 10% do peso do peregrino). Assim, distanciam-se da relativa segurança de seu cotidiano, dos hábitos da "vida comum", abraçando o imprevisto e permanecendo em um período à margem, da partida ao regresso. Submetidos todos aos mesmos limites e necessidades, defrontam-se com, sob as diferenças sociais, culturais, étnicas, uma mesma humanidade. Esses aspectos foram ressaltados pela grande maioria dos entrevistados, como ilustram os depoimentos abaixo:

> "Durante o percurso se tem uma relação diferente com o tempo, uma liberdade de pensamento que não se tem em casa. Ou que não se permite em casa, onde somos sobrecarregados de relações e responsabilidades.

> "(...) estar, um tempo qualquer desta vida, em contato direto, intenso e por um longo período com a natureza, viver outra parte da realidade, sem pessoas e situações conhecidas e rotineiras, nem falas e escutas familiares e habituais.

"[A dor, o cansaço físico e a exaustão] nos colocam frente às nossas próprias limitações levando a um maior senso de humildade".

5. Emoções do Caminho e valores reconquistados

Ao longo do Caminho, os peregrinos realizam uma *performance* temporal e espacial de algumas concepções fundamentais que compõem a sua cultura e que são, *grosso modo*, englobadas pelo drama do Caminho. O ato de peregrinação é marcado por sentimentos e valores performaticamente vivenciados (paz, medo, fome, angústia, amizade, solidariedade, humildade, companherismo, paz etc.), pela solidão e pelo encontro com o "outro". No Caminho, os peregrinos desenvolvem amizades com pessoas que, em outras circunstâncias, jamais conheceriam. Seguindo o "*ethos* peregrino" recebem (e dão) auxílio de (a) pessoas que nunca viram antes. O sentido da dádiva está sempre presente, sendo interpretado como uma lição de generosidade e maior fé nas relações solidárias, como frisam meus informantes, destacando as inúmeras manifestações de solidariedade e de comunhão com o próximo, "com pessoas que nunca haviam visto antes e que possivelmente nunca mais veriam". Afirmam ainda que, ao fazerem o percurso, se sentiram reconectados a valores que consideram fundamentais para a atuação na vida cotidiana, experimentando-os como uma base ética para o futuro.

"Aprende-se a habilidade de se compartilhar tudo, no mais puro sentido de fraternidade.

"O respeito entre os peregrinos é um ponto de honra, é uma das coisas mais bonitas do Caminho.

"Éramos como irmãos, todos filhos do Caminho de Santiago de Compostela."

Em suas críticas à sociedade moderna, ao consumo desenfreado, à indiferença aparentemente crescente diante da vida e dos direitos do próximo, à violência em todos os níveis, os peregrinos contrapõem o contato com a natureza, a solidariedade e a comunhão com o próximo, a segurança do trajeto, o companheirismo e a fraternidade, o contato com o "eu interior", com o silêncio e a solidão, a possibilidade de enfrentar os próprios medos, os desafios pessoais, físicos e mentais, a liberdade de ali "ser você mesmo".

É nesse sentido que, na concepção dos peregrinos, como também de outros atores concernidos na promoção dessa peregrinação, o Caminho representa uma aprendizagem relacional, aonde a transação cultural com o outro permite estabelecer uma melhor definição de si.

> "[Sonhar em fazer o Caminho,] era estar, um dia, num lugar desconhecido, em busca do não sabido, andar por direções nunca antes imaginadas, para cansar o corpo e clarear a mente. (...) Era me colocar em contato estreito e profundo comigo mesmo, dizer-me o que sempre escondera de mim, escutar o que preferira deixar de lado como se não estivesse, nem fizesse parte de minha constituição como indivíduo. Era fazer uma avaliação verdadeira, ainda que dolorosa, da minha vida e da forma como a vinha vivendo."

Mas, ao mesmo tempo, apontam que o percurso, ao lhes permitir compreender a si próprios, lhes possibilita compreender e religar-se ao outro e ao todo. Nesse sentido, compartilham o sentimento de pertencer a uma comunidade e experimentam um distanciamento simbólico daqueles que não integram esse grupo (a "comunidade ampliada" dos peregrinos que, em momentos diversos, fizeram o Caminho).

> "A gente vai revendo a vida como num filme, o que nos leva a um exame de consciência. A gente vai refletindo sobre muitas coisas e entendendo que a vida pode ser muito mais simples. A gente aprende a ser solidário. A solidariedade é a marca do Caminho. (...) aprende que a arrogância e o sentimento de competição não levam a nada. (...) aprende a humildade. Você encontra diariamente com pessoas vindo de outros países, de outras culturas, com línguas distintas. Mas ali nada disso importa. Nem raça, nem religião e nem posição social. Todos estão passando pela mesma experiência, não importando tanto os motivos que levam a pessoa a caminhar. E isto as une, faz com que se aproximem. Ali todos são simplesmente peregrinos."

Um dos aspectos mais ressaltados pelos peregrinos brasileiros foram as "descobertas" que fizeram sobre si mesmos e sobre a sociedade, durante o Caminho. Seus relatos enfatizam a relativização do tempo, dos valores materiais, das convenções e a percepção do quanto eles eram escravos. De suas motivações para realizar a peregrinação, a maioria enfatiza que buscava o "autoconhecimento", uma "transformação interna", associando-a ao processo de vivências que experimentaram durante o percurso. Julgam ter levado para o Caminho os seus conflitos pessoais e representam os desafios que enfrentaram como os "demônios pessoais" que precisavam exorcizar para levar uma vida "mais consciente". Por isso, acreditam que aqueles que fazem o trajeto de ônibus ou de carro, não são "autênticos peregrinos", uma vez que não podem vivenciar as emoções e os sentimentos necessários a uma reflexão sobre suas vidas. Mais do que reprová-los, entretanto, lamentam que, assim procedendo, tenham perdido a "essência da estrada" ou o "espírito do Caminho": "andaram no percurso, mas não fizeram o Caminho". Em suma, na peregrinação as pessoas organizam e constroem suas subjetividades, projetando luz e sentido sobre sua experiência existencial e seu convívio social.

Ao contrário dos tipos mais conhecidos de peregrinação, a centralidade do Caminho está sedimentada em dois aspectos estreitamente relacionados. De um lado, a ênfase está na própria viagem, na realização do percurso, na exterioridade. De outro, na "jornada interior", no "encontro consigo mesmo", na "busca" de sentido para a vida. Por isso, nesta peregrinação, o Caminho é o fim em si mesmo (e não a chegada à meta final, a Catedral de Santiago de Compostela). Uma viagem em que é preciso acreditar em sua missão de fé, não de fé religiosa no sentido estrito, mas no sentido amplo de acreditar na vida, na capacidade de renovação e de transformação dos seres humanos.

É por estas razões que Frey (1999) relaciona a moderna peregrinação a Santiago com uma "jornada da alma em sofrimento" ao invés de a uma "jornada do corpo em sofrimento", como parece ser a característica principal das peregrinações a igrejas católicas populares associadas a curas milagrosas como Lourdes, Guadalupe ou Fátima.

A chegada a Santiago representa o fim dessa experiência, que pode ser posteriormente recuperada através da memória e da reprodução daquela vivência, da atualização dos sentimentos, valores e condutas então experimentados no cotidiano de cada um. Todos os entrevistados concordam que o Caminho funciona como uma ajuda para o rompimento individual de padrões de comportamento, como ocasião e estímulo de provar coisas novas, arriscar-se, enfrentar desafios etc. Uma questão que permanece, no entanto, é: até que ponto essas "mudanças" ou esses novos valores, crenças e condutas são de fato colocados em prática quando os peregrinos retornam à vida cotidiana? Não por acaso o retorno ao cotidiano, depois de alcançada a meta, é uma parte dolorosa do processo. Muitos se sentem despreparados.

A ritualização do Caminho envolve, também, o ambiente e as categorias para uma experimentação do sagrado através de uma "comunhão" ou "celebração com a/da natureza" representada como uma "religação do indivíduo às forças universais da vida", não na tradição, mas através das tradições. Nas palavras de um entrevistado:

> "(...) era assim que eu me sentia, em completa harmonia e comunhão com a natureza. Eu começava a enxergá-la com o olhar encantado das civilizações antigas e com o respeito e amor que lhe devotavam. (...) Seguia encantado e, como por encanto, cheguei ao Cebreiro[22] e quase não acreditei: êxtase puro, um coro de anjos recebendo o felizardo que chegava ao lugar onde a natureza com a ajuda de Deus, vivia um momento de clímax completo e eu com ela".

Através da intensificação das emoções individuais e de sua sintonização com o "sagrado" como fonte natural e inesgotável da vida, dramatiza-se o encontro do ego com o *self*, com uma dimensão interior que pode ter várias denominações: Deus, eu, mestre interior etc. Muitos relatam ter sentido a presença de Deus ou do divino no contato com a natureza, com as flores, com os animais, com o pôr-do-sol, experimentando uma emoção profunda que os teria levado a redimensionarem a sua religiosidade. Todos os meus entrevistados mencionaram, ainda, a forte emoção que sentiram durante o trajeto. A grande maioria disse que "nunca havia chorado tanto", pelos motivos aparentemente mais "sem sentido", como admirar um pôr-do-sol, flores, animais, encontrar amigos feitos no Caminho etc. Sobre essas sensações e as reflexões que despertaram nos peregrinos, transcrevo algumas passagens dos depoimentos:

> "A menos que você deixe espaço para o imprevisto, como pode o divino entrar em você?

22. Cebreiro é uma vila, na Galícia, situada em um dos lugares mais altos do Caminho.

"Encontrar a si mesmo está em perder o caminho".

"(...) de repente abrir os olhos e enxergar o não visto, estender as mãos inesperadamente e alcançar o intangível. (...) vivenciar mais minha religiosidade e procurar me aproximar de deus. Era falar com ele. Ouvi-lo no íntimo do meu ser. Era conversar com meu Santiago particular, conhecê-lo melhor e amá-lo, aproximando-me, assim, da minha capacidade de amar".

O sagrado e o profano, assim, longe de serem opostos absolutos, constituem-se categorias que operam simultaneamente. A um só tempo estamos diante de um conjunto de atos que celebram a dominação cristã e também de atos de encontros, de solidariedade, de neutralização de diferenças. No Caminho, a relação com o sagrado parece tornar-se mais fundamental que a religião, através de um formalismo que não obedece, prioritariamente, a um recorte substantivo. Neste caso, importa menos a religião ou a crença e mais o modo específico de relacionar elementos e rituais (Soares, 1989). Esses elementos são extraídos do repertório de recursos culturais socialmente disponível, a partir de um conjunto de métodos e técnicas de aprimoramento pessoal. O que reforça a aproximação desses peregrinos com o movimento Nova Era, ou melhor, com o que Amaral (2000) designou como "estilo Nova Era de lidar com o sagrado". Este estilo tornaria possível aos adeptos e/ou às pessoas influenciadas pelo Movimento a realização de uma espécie de bricolagem, combinando e incorporando elementos provenientes, inclusive, de matrizes religiosas tidas como discrepantes até mesmo com relação à própria cosmovisão Nova Era.

Os peregrinos de modo geral não se preocupam em diferenciar as devoções e práticas tradicionais das modernas. Transitam entre elas tendo presente uma representação do Caminho que engloba todas as manifestações possíveis do sagrado. Este processo permanente de reapropriações dos valores antigos cria um complexo campo polissêmico que envolve contradições e diferentes percepções. A diversidade marca, assim, o Caminho, que conecta conteúdos do Catolicismo aos muitos mitos e lendas (sobre pessoas, locais, fatos) que circulam pelo percurso. A geografia do Caminho ganha uma função metafórica e se apresenta como uma linguagem, ou melhor, um "texto" que possibilita o acesso às múltiplas interpretações sobre as quais se funda este universo em que distintos personagens (homens, padres, bruxos e santos) se encontram diretamente envolvidos, nas diferentes formas de troca e convivência.

Vários informantes comentaram ter sentido, no Caminho, uma espécie de "ruptura com as formas normais de percepção", que lhes teria permitido começar a interpretar suas experiências e contatos de formas diferentes. Alguns afirmaram ter experimentado "uma união mística com Deus", outros, com a natureza e, outros ainda "uma união com o todo, em que o todo está na pessoa ao mesmo tempo em que a pessoa faz parte do todo".

Estamos, portanto, nos referindo a uma experiência que tem um propósito em si mesma e, simultaneamente, propicia aos participantes a apropriação e recriação dos sentidos, dos símbolos e crenças de universos religiosos distintos. Aqui parece operar a plasticidade do universo Nova Era, abrindo espaços, ampliando ou criando um novo campo de possibilidades que permite combinações que não se prendem a qualquer sistematicidade. O critério de adesão está na própria busca de sentido que pode não se substancializar nunca, mas que permite aos "buscadores", ainda que temporariamente, encontrar um sentido para suas principais indagações frente aos "mistérios da vida".

Desafiando e contradizendo os rótulos, os peregrinos trazem à tona as ambigüidades das tendências, em suas combinações e encontros provisórios, efêmeros e transitórios, além do que pode ser compreendido como uma irreverência espiritual (por exemplo, chamar o Santo de "Santiaguinho", abraçá-lo). Tudo isso parece apontar para a porosidade das fronteiras entre fundamentalmente o Catolicismo e a magia, dois modelos cambiavéis, duas ordens múltiplas, transformáveis uma na outra, portanto, abertas a vários campos de sentido que podem ser experimentados e contestados, sincrônica e diacronicamente, na trajetória dos peregrinos. Não há uma preocupação com a síntese, bem como não há a pretensão de encontrar uma "verdade", seja ela religiosa ou não. Desse ângulo, o que é valorizado é a própria multiplicidade, a polissemia de sentidos que permite aos peregrinos, na qualidade de "buscadores", vivenciar controvérsias, que desafiam o sentido usual das categorias que imperam em todas as esferas culturais. Assim, os peregrinos operam em um limiar no qual opostos se relacionam, entram em intercâmbio, coexistem.

Para concluir, gostaria de destacar que o Caminho é um fenômeno que chama a atenção não apenas por sua "multidimensionalidade", mas também por sua capacidade de responder à pluralidade de demandas e acomodar distintos significados e práticas em seu espaço ritual.[23] Desta maneira, coloca os peregrinos diante de algo que se diferencia de uma unificação de discursos, no contexto de identidades contrastivas, abrindo espaço para o cruzamento e a junção de domínios variados e permitindo repensar as dualidades.

Desse ângulo, é possível afirmar que a principal força de atração do Caminho está em sua permanente "recriação" e "reinvenção", capaz de incorporar não só a diversidade do campo católico e de ressignificá-lo, como também de responder a outras demandas, religiosas ou não, de diferentes agentes e instituições, que o transformaram no símbolo máximo de comunhão e de encontro entre diferentes culturas. Por outro lado, a multiplicidade dos discursos em torno do Caminho é condição de sua própria existência. Acredito que é justamente tal possibilidade de compatibilizar diferenças e de responder a demandas diversas que torna o Caminho acolhedor e com abrangência internacional.

Em suma, o Caminho pode ser entendido como uma excelente metáfora de uma das novas condições da experiência espiritual, no início deste novo milênio: uma religiosidade ancorada em um *ethos* e em uma visão de mundo em que predominam as fontes morais como referência na construção de uma nova subjetividade (Taylor, 1997). Remete, portanto, a um processo interior em que seriam abolidas as possíveis incongruências cognitivas, que valoriza (a) e aposta na liberdade das experimentações e por meio do qual se busca sempre, ao invés de uma síntese, novos arranjos que possam tornar, a juízo do "buscador", "a vida digna de ser vivida".

23. Eade e Sallnow (1991)sugerem uma nova agenda para os estudos das peregrinações, em que uma das idéias centrais é que estas, particularmente nas sociedades complexas, se apresentam como arenas onde competem simultaneamente diferentes discursos e sentidos. Este viés interpretativo foi utilizado por Steil (1996) no seu estudo sobre as romarias de Bom Jesus da Lapa.

Referências bibliográficas

AMARAL, L. *Carnaval da Alma: comunidade, essência e sincretismo na Nova Era*. Petrópolis:Vozes, 2000.

BARREIRO RIVAS, J. L. *La Función Política de los Caminos de Peregrinación en la Europa Medieval*. Madrid: Tecnos, 1997.

BRANDÃO, C. R. El yo místico: tradición e innovación entre sistemas de sentido en el Brasil. In: GEIST, I. (org.) *Procesos de Escenificacion y Contextos Rituales*. Mexico: Plaza y Valdés, 1996.

FREY, Nancy Louise. *Pilgrim Stories: on and off the road do Santiago*. California: University of California Press, 1999.

GONÇALVES, José Reginaldo S. *A retórica da perda: os discursos do patrimônio cultural no Brasil*. Rio de Janeiro: Editora UFRJ; IPHAN, 1996

HOBSBAWM, E. & RANGER, T. *A Invenção das Tradições*. 2ª edição, Rio de Janeiro:Paz e Terra, 1997.

SAHLINS, Marshall. *Ilhas de História*. Rio de Janeiro: Zahar, 1994.

SINGUL, Francisco. *O Caminho de Santiago: a peregrinação ocidental na Idade Média*. Rio de Janeiro: EdUERJ, 1999.

SOARES, L. E. Religioso por natureza: cultura alternativa e misticismo ecológico no Brasil. In: LANDIM, L. *Sinais dos Tempos: tradições religiosas no Brasil*. Rio de Janeiro: ISER, 1989.

STEIL, Carlos Alberto. *O Sertão das romarias: um estudo antropológico sobre o santuário de Bom Jesus da Lapa* – Bahia. Petrópolis: Vozes, 1996.

TAMBIAH, Stanley J. Culture, *Thought and Social Action*. Harvard University Press, 1985.

TAYLOR, C. *As Fontes do Self: a construção da identidade moderna*. São Paulo: Loyola,1997.

TURNER, Victor. *O Processo Ritual*. Petropólis: Vozes, 1974.

TURNER, Victor & TURNER, Edith. *Image and Pilgrimage in Christian Culture*. New York: Columbia University Press, 1978.

YORK, Michael. *The Emerging Network: a sociology of the new age and neo-pagan movements*. London: Rowman & Little Field, 1975.

Existe um Estilo Evangélico de Fazer Política?[1]

Maria das Dores Campos Machado

"O Brasil vai às urnas este ano e precisamos nos unir para que os governantes escolhidos sejam homens de Deus. É por isso que você está convocado a participar da Campanha Nacional de Oração, que durará até as eleições. Diariamente, cristãos de todas as denominações estarão orando para que Deus coloque no poder homens compromissados com o Senhor Jesus. Inclua seu nome no Livro de Intercessão pela nação. Mobilize seus amigos, parentes e vizinhos e participe desta grande corrente". Texto de Divulgação da Campanha Nacional de Oração (*Folha Universal*, de 19 a 25 de maio de 2002).

"Temos uma guerra declarada contra o pecado e contra o satanás e agora vamos para uma guerra política. [...] Não temos eleitores, temos ovelhas. Mas somos pastores e queremos despertar o povo para exercer a cidadania. Pagamos impostos e queremos decidir o futuro político do Brasil". José Wellington Bezerra da Costa, Presidente da Convenção Geral das Assembléias de Deus do Brasil (*Folha de S. Paulo*, 15/06/2002).

1. Introdução

No ano vigente, o Brasil se descobriu menos católico e se viu obrigado a reconhecer a importância política de novos atores individuais e coletivos do espectro

1. Esse artigo é resultado de pesquisas financiadas pelo CNPq e FAPERJ nos dois últimos anos. Agradeço a colaboração das bolsistas Elaine Pires Claro, Fernanda Collopy, Fabiana Figueiredo e Christiane Passos Guimarães.

protestante. Nesse sentido, a divulgação atrasada dos dados do Censo de 2000 durante o primeiro semestre serviu para antecipar a apreensão da elite econômica e cultural com a acentuada expansão dos evangélicos[2] e, mais precisamente, com o fortalecimento político de lideranças religiosas e estruturas eclesiásticas até então associadas aos acordos fisiológicos com o grupo dirigente. Se por um lado o processo eleitoral desencadeado na virada do ano confirma a crescente capacidade de influência e mobilização dos sujeitos coletivos e o carisma de novas lideranças religiosas, por outro, revelou um deslocamento de alguns grupos religiosos em direção ao espectro centro-esquerda. Basta lembrar a expressiva votação de Anthonny Garotinho e Rosinha Matheus no primeiro turno das eleições, ambos disputando pelo Partido Socialista Brasileiro.[3] Ou ainda, a negociação do Partido dos Trabalhadores com a direção da Igreja Universal do Reino de Deus em torno do apoio a Luís Inácio Lula da Silva nessa segunda fase da disputa eleitoral.

A bibliografia mais recente sobre as incursões dos evangélicos na política brasileira demonstra o fortalecimento dos grupos pentecostais, especialmente da Igreja Universal do Reino de Deus em relação aos protestantes históricos (Freston, 1994; Piquet, 1998; Oro, 2001; Machado, 2001a) e associa esse fortalecimento à adoção de práticas clientelísticas por parte das lideranças religiosas que se aventuram pela política (Conrado, 2000; Machado, 2001. b). Sugerem ainda que o comportamento parlamentar dos políticos desta tradição religiosa segue a lógica corporativista identificada em outros setores sociais de nosso país, embora introduza algumas novidades ao modelo de corporativismo predominante na cultura brasileira. Nesse sentido, Regina Novaes afirma que:

> "A Universal inaugurou um novo estilo de fazer política nas igrejas. Tratase de um específico 'corporativismo de viés religioso', que explica as mudanças nos apoios dados/recebidos pela Igreja Universal do Reino de Deus

2. Em números absolutos a população evangélica entre 1990 e 2000 saltou de 13,3 milhões para 26,1 milhões, o que significa uma taxa de quase 100% de crescimento (Censo do IBGE 2002).
3. O primeiro recebeu 15.175.729 votos (17,87% dos votos para presidência). Já sua esposa, recebeu 4.101.423 votos (51, 30% dos votos para o executivo do Estado do Rio de Janeiro).

e dificulta o enquadramento definitivo da Igreja no espectro ideológico do quadro partidário" (Novaes, 2002:84).

No caso específico da IURD, algumas análises indicam uma relação entre as crescentes iniciativas assistencialistas e o interesse dessa estrutura eclesiástica em ampliar a capacidade de influência na esfera pública (Conrado, 2000; Machado, 2001b e 2002; Semán, 2001). A recente eleição e a surpreendente votação do Bispo Marcelo Crivella[4] para a representação no senado brasileiro confirmam a pertinência dessas interpretações e o sucesso da intensa divulgação das ações sociais da IURD, uma vez que se trata de uma liderança política forjada nos últimos três anos a partir dos vínculos seminais com o Projeto Nordeste.

Já analisamos as incursões da IURD no campo da assistência social e a transformação da experiência da Fazenda Canaã no carro chefe do assistencialismo iurdiano (Machado, 2003). Restaria lembrar que o engajamento em ações sociais e o uso político de tais iniciativas extrapolam em muito os limites do neopentecostalismo. Basta lembrar a presença marcante da Assembléia de Deus na implementação do Projeto Cheque-Cidadão nos últimos dois anos e a ampliação da força política desse grupo no estado do Rio de Janeiro, como veremos mais adiante. (Machado, 2001a).

Por outro lado, pesquisas recentes sobre o poder legislativo no Rio de Janeiro (Kuschini, 2000 e 1993) indicam que as práticas "assistencialistas" são muito valorizadas entre os vereadores da capital do estado, extrapolando os limites dos grupos religiosos e ideologicamente mais conservadores. Entretanto, o fato do engajamento em atividades sociais não ser uma prerrogativa dos atores religiosos não impede uma forte associação entre o assistencialismo e a visão de mundo religiosa dos políticos. Em uma análise das candidaturas evangélicas no Rio Grande do Sul, Coradini (2001: 125), por exemplo, demonstra a existência de um entrecruzamento entre a prática da benemerência e a identidade religiosa dos políticos. Segundo esse autor, é possível identificar na cultura política dos atores evangélicos a transposição de uma ética...

4. O Bispo Crivella recebeu 3.243.289 votos, ou 21,6% dos votos válidos para o Senado

> "... com base nas relações familiares para a esfera religiosa e, dessa para a política. Porém, trata-se de bem mais que uma mera transposição de princípios de interpretação, visto que tanto os trajetos sociais como as práticas políticas também obedecem a essa concepção de sociedade e de ação política a partir de uma visão de pobreza e necessidade ou, mais especificamente, de ajuda aos necessitados. Como conseqüência, configura-se uma concepção e um conjunto de práticas políticas com base na 'urgência', ou conforme a categoria mais comumente utilizada por esse tipo de candidato, em busca de resultados práticos e na recusa da aceitação de polêmicas de ordem mais explicitamente ideológica".

Assim, diferenciando-se dos atores políticos mais comprometidos com as ideologias de esquerda e os movimentos sociais, que tendem "a conceber o conjunto de relações e práticas sociais como sendo intrinsecamente políticas", a maioria dos candidatos evangélicos parece menos preocupada "em 'politizar' determinadas esferas e questões sociais" do que em se apropriar dos cargos políticos e colocá-los "a serviço da religião e da filantropia" (Coradini, 2001:125).

Com intuito de verificar a plausibilidade dessas teses para os atores políticos evangélicos atuando no poder legislativo fluminense, apresentamos nessa comunicação os resultados do estudo da atuação dos eleitos no pleito de 2000 na Câmara Municipal, comparando essa atuação com o comportamento parlamentar dos deputados estaduais que exerceram mandato na Assembléia Legislativa do Estado (legislatura de 1999-2002). Iniciaremos pela análise da participação dos atores pentecostais e neopentecostais nos trabalhos internos no poder legislativo municipal, lembrando que os dados aqui apresentados resultam: a) de entrevistas com os políticos;[5] b) do levantamento do Diário da Câmara de Vereadores; c) das consultas sistemáticas ao *site* daquela casa; d) do monitoramento da *Folha Universal do Reino de Deus*; e) bem como da leitura regular dos principais jornais do Rio de Janeiro.

---

5. Foram entrevistados quatro vereadores: Paulo Melo, Aloísio Freitas, Monteiro Castro e Edmilson Dias.

2. Pentecostais e neopentecostais na Câmara Municipal

Antes de analisar atuação dos evangélicos eleitos no pleito de 2000, gostaríamos de apresentar algumas informações sobre esses novos atores políticos. Como indica a tabela abaixo, todos vereadores pertencem ao ramo pentecostal do protestantismo brasileiro: um é pastor da Assembléia de Deus e todos os demais estavam direta ou indiretamente vinculados à Igreja Universal do Reino de Deus no período da campanha eleitoral (Machado, 2001a). O único que já tinha exercido mandato naquela casa é o vereador Aloísio Freitas, que participou das legislaturas de 1993-1996 e de 1997-2000, e que, apesar do apoio da IURD nos pleitos passados, vem se distanciando dos dirigentes dessa denominação religiosa.

Dissensões confessionais também foram detectadas entre os evangélicos atuando na ALERJ, como veremos posteriormente. Entretanto, os vínculos dos vereadores com os seus grupos religiosos parecem mais fortes do que com as agremiações partidárias. Afinal, pelo menos três desses políticos abandonaram os partidos pelos quais foram eleitos. Ainda no primeiro ano do mandato, Aloísio Freitas deixou o PTB e se filiou ao PFL. No ano vigente, Paulo Melo trocou o PMDB pelo PPB, e o vereador Jorge Braz abandonou o PPB sem se filiar a outra agremiação.

TABELA I. Vereadores evangélicos da atual legislatura segundo partido político
denominação religiosa número de votos, 2001-2004

Vereador	Partido*	Igreja	Votos
Aloísio Freitas	PTB	IURD	25.446
Pastor Edmilson Dias	PT	AD	13.063
Bispo Jorge Brás	PPB	IURD	29.275
Obreira Lília Sá	PL	IURD	26.081
Pastor Paulo Melo	PMDB	IURD	21.271
Pastor Monteiro de Castro	PPB	IURD	20.983
Verônica Costa**	PL	IURD	36.961

[*] Partido pelo qual disputou as eleições

[**] Embora a hierarquia da IURD não tenha assumido publicamente a candidatura de Verônica Costa, ela participa dessa denominação na qualidade de fiel (Ver Machado, 2002a).

TABELA II. Vereadores evangélicos da cidade do Rio de Janeiro segundo idade, estado civil, instrução e profissão, legislatura 2001-2004

Nome	Idade	Estado Civil	Instrução	Profissão
Aloísio Freitas	54	casado	3º grau	Dentista
Edmilson Dias	35	casado	3º grau	Pastor
Jorge Braz	47	casado	3º incomp.	Bispo
Lilia Sá	42	casada	3º incomp.	Empresária
Monteiro de Castro	67	casado	3º grau	Médico - Pastor
Paulo Melo	32	casado	2º grau	Radialista - Pastor
Verônica Costa	28	casada	2º grau	Comunicadora

Outro dado interessante é o que se refere ao nível de escolaridade. Cinco passaram por universidades antes de se aventurarem na política, dois desistiram e três declaram ser portadores de diploma do terceiro grau. De qualquer modo, pelo menos dois vereadores retomaram os estudos depois da eleição e estão matriculados em cursos noturnos de Universidades pagas da cidade do Rio: Verônica Costa e Paulo Melo. Mas vejamos a contribuição desses atores políticos para os trabalhos na Câmara Municipal analisando a participação nas comissões e os Projetos de Lei apresentados.

No período de janeiro de 2001 a julho de 2002, foram instaladas quatorze comissões permanentes, cinco comissões de inquérito e quatro comissões especiais no poder legislativo do município do Rio. Os evangélicos participam de apenas seis comissões permanentes, duas especiais e uma CPI, como se pode observar na tabela seguinte.

TABELA III. Participação dos evangélicos nas comissões da câmara de vereadores da cidade do Rio de Janeiro janeiro 2001 a agosto 2002

Vereador	Permanente	Especial	Inquérito	Total
Aloísio Freitas	1	-	-	1
Edmilson Dias	2	-	2	4
Jorge Braz	2	-	2	4
Lilia Sá	-	1	-	1
Monteiro de Castro	2	-	1	3
Paulo Melo	1	1	-	2
Verônica Costa	-	-	-	0

Verônica Costa[6] é a única representante evangélica que não se engajou em nenhuma comissão. Aliás, ela e Aloísio Freitas estão na lista divulgada pelo jornal *O Globo* (02/06/2002) dos dez vereadores mais ausentes nas sessões daquela casa nesse primeiro ano de legislatura.[7] O débil desempenho de Verônica Costa fica mais evidente quando lembramos que ela se coloca também na penúltima posição no *ranking* dos evangélicos que apresentaram propostas de leis, só superando o vereador Jorge Braz que aparece como autor de apenas doze Projetos de Lei no período da pesquisa. Nesse sentido, cabe registrar que o vereador mais ativo e atento aos interesses públicos foi o pastor Paulo Melo, que aparece como autor de 61 propostas nas áreas de segurança pública, fiscal, ambiental, educacional, esporte e lazer, saúde, direito do consumidor e das minorias etc.

TABELA IV. Número de projetos apresentados e leis aprovadas pelos vereadores evangélicos janeiro 2001 a agosto 2002

Vereador	Partido	Igreja	Nº de Projetos	Leis aprovadas
Aloísio Freitas	PTB	IURD	33	1
Edmilson Dias	PT	Assembléia	34	6
Jorge Braz	PPB	IURD	12	5
Lília Sá	PL	IURD	29	6
Monteiro de Castro	PPB	IURD	31	4
Paulo Melo	PMDB	IURD	61	2
Verônica Costa	PL	IURD	23	1

O exame dos duzentos e vinte e três (223) Projetos de Lei apresentados pelos parlamentares evangélicos no período de 01/2001 a 08/2002 sugere uma concentração em torno dos problemas de saúde pública, urbanismo e assistência social que

6. Essa vereadora participou do pleito de 2002, concorrendo a uma cadeira na Assembléia Legislativa do estado do Rio, mas foi derrotada nas urnas.

7. Segundo a matéria jornalística "Vereadores assinam ponto, mas não votam" (*O Globo* de 02/06/2002, p. 27), das setenta e cinco chamadas realizadas no mês de maio de 2002, Verônica Costa só respondeu a dezessete e Aloísio Freitas a vinte e sete.

somados perfazem 46% dos projetos apresentados. Já as propostas de caráter corporativo, beneficiando explicitamente o segmento evangélico, ficam na quarta posição no *ranking* da natureza dos projetos com um índice de 7% de toda amostra. Lembramos que só foram computados nessa categoria os projetos diretamente relacionados aos interesses dos segmentos religiosos, ou seja, aqueles cuja redação explicitava a vinculação com essa parte da população fluminense.

Assim, o vereador que apresentou o maior número de propostas beneficiando os segmentos religiosos foi o petista e assembleiano Edmilson Dias, que aparece como autor de cinco Projetos de Leis. Entre suas propostas encontram-se a alteração da lei do silêncio que reviu os índices dos decibéis tolerados nos cultos (Projeto de Lei nº 219/2001) e o projeto que dispõe sobre anistia e remissão de multas aos templos religiosos (Projeto de Lei nº 188/2001). Em seguida, aparecem Monteiro de Castro e Aloísio Freitas, com quatro e três projetos respectivamente. Esse último, além de atento aos interesses de várias denominações religiosas, aparece também como autor do maior número de projetos na área de assistência social nesses dezoito meses de mandato: cinco projetos.[8]

E aqui retomamos as relações entre o corporativismo religioso e o clientelismo político que certamente encontram na filantropia uma forte base de sustentação. É o próprio vereador Aloísio Freitas quem nos indica a importância das ações sociais na trajetória política dos legisladores evangélicos do Rio e como a defesa dos interesses dos grupos religiosos na Câmara Municipal pode seguir a lógica da formação e manutenção de clientelas.

> "Os eleitores são aquelas pessoas que você ajudou. Essas pessoas, sim, são os eleitores em potencial. Digo sempre para meus colegas do PTB – Ficar fazendo discurso na Câmara não dá voto. A discussão no plenário não leva a nada... Essa casa é muito complicada, são quarenta e duas pessoas com cabeças totalmente diferentes. Eu não faço política assim. O que dá voto é

8. Lilia Sá apresentou quatro projetos; Verônica Costa apresentou três, Monteiro Castro e Paulo Melo foram autores de dois.

ajudar as pessoas. E claro, algumas delas esquecem e na hora da eleição não votam na gente, mas a maioria é agradecida e pede à família toda para votar naquele que a ajudou. Há poucas horas, recebi um telefonema de um portador de câncer, agradecendo o meu empenho em marcar uma perícia médica para ele e dizendo que posso contar com ele e sua família em qualquer eleição ou situação [...] Trânsito e jogo de influência: isso sim é muito importante na política. Não tenha dúvida: o que garantiu minha reeleição foi o trabalho assistencial. Se tivesse ficado discutindo no plenário, certamente não teria o número de votos que tive."

No caso desse vereador, a filantropia não está embasada somente na ética religiosa; sua profissão, dentista, também ajudou no engajamento em ações sociais. Nesse sentido, argumenta ter defendido os interesses da Associação Beneficente Cristã e ter atuado em obras assistencialistas da entidade da IURD e mostra-se ressentido com as lideranças dessa denominação que o preteriram em favor de outras candidaturas nas disputas eleitorais de 2000.

"Ajudei muito a ABC, mas o empenho dessa entidade e mesmo da IURD não foi muito grande em minha campanha. Fiz atendimento em praças públicas e participei de várias campanhas, mas a recíproca não é verdadeira. Nos anos de 1997 e 1998, montei uma estrutura para atender a população nas ruas, arrumei ambulância, fiz aplicação de flúor com o pessoal da ABC, mas não acho que eles deram a contrapartida na hora da eleição. Alguns pastores da IURD pediram votos para mim, mas a direção da Igreja privilegiou a candidatura de outras pessoas..."

As palavras acima indicam um círculo vicioso em que o ator religioso utiliza o engajamento em atividades sociais da Igreja como atributo político para conseguir votos e uma vez eleito privilegia as questões religiosas e assistenciais. Nesse período inicial da legislatura de 2001-2004, entretanto, não identificamos nenhum Projeto de Lei desse vereador em favor, seja da IURD, seja de sua entidade filantrópica: a ABC.É importante também, que se registre a recente reaproximação desse legislador com a Igreja Batista, grupo confessional em que atuou antes da vinculação com a IURD.

Embora a legislatura esteja longe de terminar, é interessante observar a natureza das matérias que esses atores evangélicos conseguiram aprovar nos primeiros dezoito meses de mandato.

TABELA V. Natureza das matérias aprovadas por iniciativa do poder legislativo do município do Rio de Janeiro janeiro 2001 a agosto 2002

Natureza	Número
Saúde	5
Homenagem	3
Utilidade Pública	3
Direitos de Minoria	3
Interesses corporativos	0
Outros [*]	11
Total	25

[*] Os projetos aprovados designados como "outros" referem-se a leis que revogam ou alteram leis antigas, leis que autorizam o Poder Executivo a medidas meramente administrativas, ou leis de natureza desconhecida.

Das vinte e cinco propostas de lei sancionadas, cinco se referem à área da saúde pública, três podem ser classificadas como de direitos das minorias, mas outras três homenageavam membros do exército brasileiro e da IURD, e igual número concedia o título de utilidade pública a entidades assistenciais. Assim, ainda que não tenha sido sancionada nenhuma lei de caráter explicitamente corporativo, não podemos deixar de indicar que uma parcela das leis sancionadas está de alguma forma relacionada com a comunidade evangélica. E isso, não só porque entre os homenageados encontra-se o bispo Marcelo Crivella, mas principalmente porque as concessões de utilidade pública expressam atividades de cunho clientelista, na medida em que implicam em alguma forma de anistia fiscal para as instituições evangélicas de assistência social.[9]

3. Os evangélicos na ALERJ e as novas formas de clientelismo político

O objetivo dessa sessão é trazer alguns elementos que permitam comparações sobre a atuação dos evangélicos no exercício do poder legislativo nas esferas municipal e estadual, lembrando que enquanto os vereadores evangélicos estariam na primeira metade de seus respectivos mandatos, os deputados estaduais dessa tradição religiosa estavam prestes a deixar aquela casa, ou disputaram a reeleição no pleito de 2002. Se, por um lado, essa diferença temporal exige cuidados na análise do engajamento dos atores políticos nos trabalhos internos de cada uma daquelas casas, por outro, permitirá identificar as continuidades e descontinuidades nas estratégias políticas do grupo hegemônico na IURD. Como não exploramos anteriormente a composição da bancada evangélica na Assembléia Legislativa do Rio de Janeiro, traçaremos, ainda que rapidamente, o perfil dos deputados que apresentam essa identidade religiosa.

Alberto Brizola é membro da Igreja Presbiteriana e exerce o seu 3º mandato como deputado estadual do Partido da Frente Liberal. Foi presidente da Comissão de Direitos Humanos no mandato anterior, mas na 7º legislatura demonstra pouca disposição para os debates e trabalhos internos na ALERJ e integrou apenas uma Comissão Parlamentar de Inquérito, como veremos posteriormente. Pertence aos quadros do PFL e foi reeleito no primeiro turno das eleições de 2002 para a Assembléia Legislativa do Estado do Rio, com 45.183 votos.

9. A Lei nº 3320/2001, sancionada em 10/12/2001, considera de utilidade pública o Centro Educacional do Menor para Assistência e Reintegração – CEMEAR. Já as leis de números 3334/2001 e 3364/2002, sancionadas em 14/03/2002, concedem o mesmo título para a Associação Missionária Infanto Juvenil de Recuperação e a Junta de Ação Social da Convenção Batista Carioca.

TABELA VI. Deputados estaduais, segundo idade, estado civil, instrução e profissão

Nome	Idade	Estado civil	Instrução	Profissão
Alberto Brizola da Silva	43	Casado	3º incomp.	Radialista
(Pastor) Armando José	51	Casado	3º grau	Psicólogo
Blandino do Amaral	43	Casado	2º grau	Comerciante
Edson Albertassi	33	Casado	N/ inform.	N/ inform.
Eduardo Consentino Cunha	44	N/ inform.	3ºgrau	Economista
Eraldo Macedo	61	Casado	3º grau	Advogado
(Pastor) José Divino	38	Casado	3º incomp.	Pastor
Magaly Machado	61	Casada	3º grau	Advogada
(Pastor) Mario Luiz	52	Casado	3º grau	Dentista
(Pastor) Laprovita Vieira	64	Casado	2º grau	Comerciante
Walney da Rocha Carvalho	43	Casado	2º incomp.	Deputado
Washington Reis de Oliveira	35	Casado	2º incomp.	Deputado

Armando José é pastor da IURD, dirigiu a sede estadual da Associação Beneficente Cristã do Rio de Janeiro e posteriormente respondeu pela presidência dessa entidade filantrópica no plano nacional. Exerce seu primeiro mandato e, uma vez eleito, trocou o PFL pelo PL para em seguida migrar para o PSB. Embora tenha tido uma atuação parlamentar fraca, participou de apenas duas comissões internas e só aprovou oito leis durante esses três anos e meio da 7ª legislatura, disputou o último pleito, recebeu 47.928 votos e foi reeleito deputado estadual.

Blandino do Amaral é filiado à Igreja Batista, exerce seu segundo mandato, e foi apontado pelo Jornal *O Globo* (01/09/2002) como o campeão de faltas nos anos de 1999 e 2001. Pertence ao PRONA e foi o deputado com os menores índices de projetos apresentados (25) e aprovados nessa legislatura (6). Disputou as últimas eleições, mas os 15.777 votos recebidos não foram suficientes para reconduzi-lo à ALERJ.

Edson Albertassi, diácono da Assembléia de Deus, é proprietário de uma rádio FM com programação evangélica desde 1994. Em 1996, elegeu-se vereador da Câmara Municipal de Volta Redonda e, em 1998, disputou com sucesso as eleições para Assembléia Legislativa do Estado do Rio de Janeiro pelo PSB. Reelegeu-se no pleito de 2002 pelo mesmo partido com o montante de 47.648 votos.

Eduardo Consentino da Cunha é membro da Congregação Cristã do Brasil. Foi presidente da TELERJ entre 1991 e 1993, Subsecretário de Habitação e presidente da CEHAB no Governo Garotinho. Exerce seu primeiro mandato e participou do processo eleitoral de 2002, disputando uma cadeira na Câmara Federal pelo PPB e encontra-se entre os fluminenses empossados no mês de janeiro de 2003.[10]

Eraldo Macedo é irmão do fundador e dirigente máximo da Igreja Universal do Reino de Deus e disputou sua primeira eleição política no pleito de 1986 quando foi eleito para o cargo de deputado estadual. Está no seu terceiro mandato e embora tenha integrado o PMDB nas legislaturas passadas, encontra-se atualmente filiado ao Partido Liberal, agremiação partidária pela qual se apresentou como 1º suplente do candidato ao senado Marcelo Crivella na disputa de 2002.

O Deputado José Divino de Souza é pastor da IURD e disputou a sua primeira eleição em 1998, ocasião em que foi eleito deputado estadual pelo PMDB. No último pleito foi indicado pelo Conselho de Bispos da IURD para disputar uma cadeira na Câmara Federal e foi eleito com 77.489 votos.

A deputada Magaly Machado foi filiada à Igreja Universal do Reino de Deus durante vários anos e só recentemente se desligou dessa denominação. De qualquer maneira foi com o apoio da IURD que essa parlamentar começou a sua carreira política em 1988, quando foi candidata a vereadora no município de Duque de Caxias, pelo PMDB. Já em 1992 apresentou-se pelo PFL e obteve a quarta maior votação entre os vereadores daquele município. Está na sua 2º legislatura como deputada estadual e nesse mandato trocou o PFL pelo PL e posteriormente migrou para o PSB. No último pleito apresentou-se como candidata desse partido a uma cadeira no congresso nacional, mas não conseguiu se eleger.

O deputado Mário Luiz atuou vários anos como pastor da IURD, mas depois de eleito a trocou pela Igreja Metodista e hoje pertence ao corpo eclesiástico da Comunidade Sara Nossa Terra. Foi presidente fundador da Associação Beneficente Cristã,[11] braço social da IURD, cargo que serviu de trampolim para a presidência

10. Foi o segundo representante evangélico do Rio de Janeiro mais votado para a Câmara Federal, obtendo 101.495 votos.

11. Em 1994, dirigiu a Regional do Rio de Janeiro e em 1997 foi presidente nacional dessa entidade.

da Fundação Leão XIII durante o ano de 1996.[12] Está no seu primeiro mandato como deputado estadual e entre as suas filiações partidárias podemos destacar PFL e PMDB. No pleito de 2002, Mário Luiz também tentou uma vaga na Câmara Federal, mas, assim como Magaly Machado, foi derrotado nas urnas.

Odenir Laprovita Vieira é pastor e com o apoio da IURD já exerceu três mandatos eletivos, sendo os dois primeiros como deputado federal e o terceiro como deputado estadual. Ao longo de sua trajetória política passou pelo PMDB, PP e PPB antes de se filiar ao PL. No último processo eleitoral, tentou reeleger-se para ALERJ, entretanto, encontra-se entre aqueles que deverão deixar o legislativo estadual na 8ª Legislatura.

Walney Rocha Carvalho é presbiteriano e iniciou sua vida política em 1988, quando foi eleito vereador de Nova Iguaçu pelo PDT. Exerceu dois mandatos no poder legislativo municipal e, em 1994, pelo mesmo partido, foi eleito deputado estadual com 32 mil votos, metade dos quais oriundos de Nova Iguaçu. Em 1998, embora tenha recebido um número inferior de votos, se reelegeu pelo PMDB, agremiação em que se encontra até hoje. Disputou as eleições de 2002, mas não conseguiu garantir seu retorno para ALERJ.

Washington Reis de Oliveira é membro da Assembléia de Deus e disputou sua primeira eleição em 1992, ocasião em que foi eleito vereador de Duque de Caxias pelo PSDB. Em 1994, foi eleito para seu primeiro mandato de deputado estadual pelo PSC, mas retornou ao PSDB em 1998, quando se reelegeu para uma cadeira na ALERJ. Atualmente encontra-se no PMDB, partido pelo qual disputou a reeleição em 2002.[13]

Embora cinco parlamentares não fizessem referência a sua identidade religiosa no *site* oficial da ALERJ, nós obtivemos informações sobre a comunidade religiosa de todos e constatamos que alguns migraram para outras denominações durante a última legislatura. De qualquer maneira, dos doze deputados estaduais,

12. Conforme já discutimos em artigo anterior (2001) "o apoio da IURD ao governo Marcelo Alencar nas eleições de 1994 abriu as portas da Fundação Leão XIII para os pastores da IURD, que assumiram a coordenação dos trabalhos desenvolvidos pelos médicos e assistentes sociais em 90 unidades espalhadas pelo estado. Na esteira dessa conquista – a presidência da Fundação – viriam as parcerias com a sede estadual da Associação Beneficente Cristã."

13. Recebeu 664.778 votos.

seis eram ligados à IURD no período de sua eleição para a legislatura de 1999-2002, o que demonstra a supremacia política desta denominação em relação às outras comunidades evangélicas já no pleito de 1998.

Nesse sentido, é importante assinalar que vários deputados vinculados à IURD tornaram-se conhecidos e foram eleitos a partir do engajamento nas ações sociais desenvolvidas pela Associação Beneficente Cristã. Estudos anteriores (Conrado, 2000; Machado, 2003) já sugeriram que essa entidade estaria introduzindo o "clientelismo corporativo" no universo pentecostal e seria um dos fatores responsáveis da crescente capacidade de influência da IURD no jogo político regional. Isso porque as obras assistenciais permitiriam a constituição de uma base eleitoral por parte da Igreja, que através de seus representantes pode barganhar apoios e fazer alianças políticas.

A mediação desse sujeito coletivo não impediu, contudo, que alguns atores políticos ligados à Igreja apelassem também para a fórmula tradicional da relação patrão-cliente. A criação do Centro Social Maria José Machado, por parte da deputada estadual Magaly Machado (PL) na Baixada Fluminense durante o ano de 1995 indica que a fórmula do político-benemérito também é empregada pelos que foram indicados pela hierarquia religiosa para representar a IURD na política regional. Voltaremos a esse ponto mais adiante quando analisarmos os projetos de lei apresentados pelos parlamentares bem como o fracasso eleitoral de Magaly Machado, Mário Luiz e Laprovita Vieira no último pleito.

Por ora, gostaríamos de reforçar o argumento de que as dissensões confessionais, da mesma forma que na Câmara Municipal, não foram maiores que as partidárias. Afinal, excetuando os deputados José Divino, Alberto Brizola, Edson Albertassi, Walney Rocha e Eduardo Cunha, todos os demais mudaram de partido político pelo menos uma vez na última legislatura. Armando José e Magaly Machado foram os campeões no troca-troca de partidos, uma vez que cada um deles passou por três agremiações nesse curto período de tempo. Ambos estão hoje no PSB, partido de Anthony Garotinho. Entretanto, caberia lembrar que essa não é uma especificidade dos parlamentares de identidade evangélica e nem dos legisladores fluminenses. Afinal, já há alguns anos percebemos os esforços de vários segmentos políticos brasileiros para mudar a legislação e aumentar a fidelidade partidária.

No que se refere aos trabalhos nas comissões, verificamos a participação de deputados evangélicos em mais de vinte das cinqüenta e sete comissões instaladas no período de 1999 a 2002. Washington Reis, Edson Albertassi e Magaly Machado se destacam como os mais indicados pelas lideranças partidárias para compor as comissões parlamentares e integraram vinte e quatro, dezenove e dezoito dessas comissões, respectivamente. Já o parlamentar Eraldo Macedo permaneceu totalmente à margem dos trabalhos e debates nas comissões, como se pode ver na tabela abaixo.

TABELA VII. Participação dos parlamentares evangélicos nas comissões

legislatura 1999-2002

Deputado	Permanente	Especial	Inquérito	Total
Alberto Brizola	-	-	1	1
Armando José Ferreira	-	1	1	2
Blandino do Amaral	1	-	-	1
Edson Albertassi	15	2	2	19
Eduardo Cunha	4	5	4	13
Eraldo Macedo	-	-	-	0
José Divino	4	-	1	5
Magaly Machado	9	8	2	18
Mario Luiz de Souza	6	1	3	10
Odenir Laprovita Vieira	5	-	1	6
Walney Rocha Carvalho	7	-	-	7
Washington Reis de Oliveira	18	1	5	24

Quando confrontamos os projetos apresentados com aqueles sancionados em lei por iniciativas dos evangélicos é que temos uma visão mais apurada do tipo de atuação que esses parlamentares tiveram na 7ª legislatura (Tabela VII). Em primeiro lugar, cabe informar que o grupo evangélico é responsável por duzentos e trinta e uma leis sancionadas no período de janeiro de 1999 a outubro de 2002 e que esse montante representa aproximadamente um quarto das propostas apresentadas. Na Tabela VIII, podemos acompanhar a distribuição dos projetos e das leis sancionadas entre os doze parlamentares evangélicos. Estes dados devem ser interpretados com cuidado, lembrando sempre que propostas e leis aprovadas podem ser de iniciativas coletivas envolvendo mais de um legislador. De qualquer maneira, oferece parâmetros que, combinados com outros elementos, nos ajudam na avaliação da atuação parlamentar dos evangélicos na ALERJ.

TABELA VIII. Número de projetos apresentados e leis aprovadas pelos deputados evangélicos janeiro 1999 a outubro 2002

Deputados	Projetos Apresentados	Leis Aprovadas
Alberto Brizola	33	16
Pastor Armando José	48	8
Blandino do Amaral	25	6
Edson Albertassi	40	15
Eduardo Consentino Cunha	66	14
Eraldo Macedo	65	14
Pastor José Divino	143	16
Pastor Laprovita Vieira	73	28
Magaly Machado	103	56*
Pastor Mário Luiz	88	35
Walney Rocha Carvalho	28	11
Washington Reis de Oliveira	193	13

Antes de examinar a natureza dessas leis, vejamos os tipos de propostas encaminhadas pelos deputados nos primeiros três anos e 10 meses da 7ª legislatura. A grande maioria das proposições legislativas foi encaminhada individualmente como Projeto de Lei Ordinária e revela uma certa preocupação dos parlamentares evangélicos com serviços básicos como saúde, educação, segurança pública que são de responsabilidade do poder público. Nesse sentido é interessante destacar que percebemos uma tendência de diversificação das áreas temáticas ao longo da legislatura 1999-2002, sugerindo-nos a hipótese de uma maior atenção aos interesses públicos por parte dos representantes evangélicos à medida que se avançava o mandato.

A concentração, ainda no primeiro ano da legislatura, de um grande número de Projetos de Lei classificados como corporativos, também pode ser interpretada como um sinal de ampliação e revisão da agenda dos parlamentares evangélicos ao longo do mandato. Tais projetos expressavam, por um lado, um esforço de fortalecer a tradição evangélica na sociedade fluminense, por outro, uma tentativa de criar direitos para os agentes religiosos. Só para exemplificar, identificamos desde propostas de instituição do dia estadual da consciência evangélica (Projeto de Lei nº 591/99 de Magaly Machado), ou da criação da semana protestante, até projetos criando o passe livre para os agentes religiosos nas redes de ônibus intermunicipais, ou ainda dispondo sobre a garantia de vagas nas escolas públicas para os filhos de bispos, pastores e missionários e sacerdotes de qualquer culto religioso.

Os parlamentares que apresentaram o maior número de propostas dessa natureza foram, em ordem decrescente, Edson Albertassi, Odenir Laprovita Vieira,[14] José Divino e Alberto Brizola, que aparecem como autores de sete, cinco e quatro projetos, respectivamente. O vínculo entre esses parlamentares, com diferentes denominações evangélicas, indica que o espírito de corpo não pode ser atribuído a um grupo específico da tradição protestante e nem mesmo ao neopentecostalismo.

Verificou-se também que, assim como os vereadores, os parlamentares da tradição evangélica na ALERJ demonstram preocupação com a saúde pública do estado e que foi esse o tema que mais suscitou propostas legislativas. Depois da saúde pública, a área que mereceu maior atenção dos deputados foi a da assistência social, predominando as propostas de ações sociais direcionadas às crianças e/ou adolescentes. Magaly Machado e Alberto Brizola foram os parlamentares evangélicos que apresentaram o maior número de propostas nessa área.

Vejamos agora a natureza das matérias aprovadas por iniciativa dos deputados evangélicos. Como indica a Tabela IX, embora tenham apresentado projetos dos

14. Esse parlamentar apresentou, por exemplo, propostas dispondo "sobre a garantia de vagas nas escolas públicas estaduais de ensino fundamental e médio para os filhos de Bispos, Pastores, Missionários e Sacerdotes de qualquer credo religioso" (P. L. nº1274/2000); sobre a inscrição da expressão 'Deus seja Louvado' nos vales transportes emitidos no Estado do Rio de Janeiro (P. L. nº1766/2000); e sobre a "inserção e o exercício dos templos de qualquer culto no contexto cultural do Rio de Janeiro (2550/2001)".

mais diferenciados temas, os deputados evangélicos destacaram-se pelas homenagens que perfazem 63,3% das leis sancionadas. Se não tivéssemos examinado os projetos apresentados poderíamos interpretar essa grande quantidade de homenagens no total de leis aprovadas como um sinal de que os parlamentares evangélicos estão preocupados com questões sem a menor relevância e impacto social efetivo. Entretanto, verificamos nas ditas propostas a incorporação gradativa ao longo dos anos de temas da área econômica e social que sugerem uma certa sensibilidade com as demandas populares. Como explicar que isso não se reflita nas leis sancionadas?

Sabemos que, entre a apresentação e a aprovação, existe uma tramitação pelas comissões que julgam a constitucionalidade e a pertinência das propostas e que este processo tem que ser acompanhado de forma cuidadosa e sistemática pelos parlamentares que estiverem realmente interessados em sancioná-las. Assim, entende-se que os mais faltosos e menos envolvidos nas comissões sejam também os que enfrentam maiores dificuldades na aprovação de seus projetos. Sem dúvida alguma, este é o caso dos deputados Blandino do Amaral e Armando José. Feitas essas ponderações, restaria-nos a hipótese de que, em se tratando de uma tendência recente, a ampliação da pauta política dos políticos evangélicos se fará sentir a médio e longo prazo nas leis de iniciativa dos parlamentares dessa tradição religiosa.

Tabela IX. Natureza das matérias aprovadas por iniciativa do poder legislativo do Estado do Rio de Janeiro janeiro 1999 a outubro 2002

Natureza	Número	Porcentagem
Utilidade Pública	6	2,60%
Homenagem	147	63,60%
Saúde	6	2,60%
Direitos de Minoria	1	0,40%
Interesse da comunidade evangélica	7	3,00%
Outros [*]	64	27,70%
Total	231	100%

[*] Os projetos aprovados designados como "outros" referem-se a leis que revogam ou alteram leis antigas, leis que autorizam o Poder Executivo a medidas meramente administrativas, ou leis de natureza desconhecida.

Além disso, devemos evitar as generalizações e considerar a distribuição desigual desse tipo de proposição entre os legisladores evangélicos. Magaly Machado bateu o recorde nesse quesito, aparecendo como responsável por quarenta e sete das homenagens prestadas pelos integrantes do grupo evangélico. Em seguida, aparecem Mário Luiz, Laprovita Vieira e Edson Albertassi com 23, 17 e 12 homenagens. Esses quatro deputados foram responsáveis, então, por mais de 70% desse tipo de deferência parlamentar.

Um outro dado importante é o que se refere aos interesses corporativos. Identificamos sete leis direcionadas aos segmentos religiosos, três delas aprovadas por iniciativa do deputado Alberto Brizola. Se acrescentarmos a esse conjunto as seis leis que concedem o título de utilidade pública às entidades assistenciais, perceberemos que é grande o esforço desses parlamentares em reduzir os encargos tributários das instituições evangélicas e que esse corporativismo religioso encontra-se associado às atividades clientelistas. Afinal, a soma desses dois tipos de leis (13) é quase o dobro das matérias classificadas como de saúde pública e de direitos de minoria em conjunto (7).

4. Considerações finais

Os resultados de nossa pesquisa indicam continuidades e mudanças nas relações dos grupos religiosos com a política, sugerindo uma diversidade das práticas assistencialistas por parte dos sujeitos individuais e coletivos, bem como o surgimento de novas formas de mediação política entre os grupos carentes da população e a elite carioca. Assim, mais do que reforçar a forma tradicional do clientelismo brasileiro, a relação diádica entre patrão-cliente, a crescente presença dos evangélicos na política local tem promovido uma combinação de diversas expressões de clientelismo, e os impactos dessa combinação sobre as instituições formais da sociedade precisam ser melhor analisados.

A importância da IURD como mediadora entre os atores políticos e os eleitores pode ser constatada quando comparamos as votações recebidas pelos deputados Magaly Machado, Mário Luiz e Laprovita Vieira nas duas últimas disputas eleitorais para o poder legislativo. A primeira, que em 1998 havia recebido 33.678 votos, no primeiro turno desse ano obteve apenas 9.414 votos, ou seja, menos de um terço da votação anterior. O segundo, que fora eleito com 30.851 votos para a 7ª Legislatura da ALERJ, recebeu 11.478 votos no dia 6 de outubro de 2002, não conseguindo chegar nem à metade da votação de 1998. Ambos se desentenderam com as lideranças da IURD e seus nomes figuraram numa nota de primeira página do jornal *Folha Universal* com objetivo de esclarecer aos fiéis e aos eleitores de que as suas candidaturas não eram referendadas pela Igreja. Já o deputado Laprovita, que com o apoio da IURD conquistara 35.958 votos nas disputas eleitorais de 1998, recebeu 15.110 votos no pleito de 2002, quando foi apoiado pela Igreja Internacional da Graça de Deus, não conseguindo reeleger-se.

Na explicação para a derrota desses parlamentares também temos que considerar a alta taxa de competitividade nas eleições estaduais,[15] a participação crescente dos evangélicos nesses processos eleitorais e o apoio cada vez mais explícito das estruturas eclesiásticas aos candidatos de suas fileiras. Verificou-se nas disputas eleitorais de 2002 uma maior diversidade de vínculos denominacionais entre os candidatos, o que nos sugere uma reação dos grupos evangélicos às estratégias bem sucedidas da IURD para ampliar sua capacidade de influência na esfera pública. Afinal, no processo proporcional, identificamos candidaturas associadas há pelo menos outras quinze denominações, além da neopentecostal citada acima. Essa diversidade revela que o interesse pela política não se circunscreve aos neopentecostais, como repetidamente sugere a mídia, e que a competição interna está estimulando a participação mais efetiva de vários segmentos na política partidária. Nesse sentido, cabe lembrar que visitamos templos de várias denominações[16] no período pré-eleitoral e constatamos as mais distintas formas de engajamento na campanha política dos seus membros.

15. Segundo Santos (2001), o Rio de Janeiro é a unidade da federação com a maior taxa de competitividade nas eleições estaduais (18,3% em 1998).

16. IURD, AD, Batista, Presbiteriana, Maranata, Renascer, Comunidade Evangélica Zona Sul, Metodista, Casa da Benção, Sara Nossa Terra, Nova Vida, Igreja da Graça, Evangelho Quadrangular.

As estratégias da IURD iam das matérias na mídia eletrônica e impressa, que associavam as candidaturas com as ações sociais da Igreja, até o corpo-a-corpo nas ruas, passando pelos discursos calorosos em defesa dos pastores e bispos candidatos e a distribuição de camisetas, adesivos, livros e fitas do vídeo do Projeto Nordeste durante os cultos. Entretanto, constatamos existência de material de campanha em templos da maioria das denominações visitadas, bem como registramos a indicação de nomes de candidatos na maior parcela das igrejas visitadas. Quando o material não estava exposto nas paredes ou mesas na entrada do templo, encontrava-se nos bolsos dos pastores e obreiros que prontamente os distribuíam quando questionados sobre eventuais apoios políticos aos candidatos aos cargos no executivo e no legislativo.

Só para exemplificar, Raul Soares, líder religioso da Igreja da Graça, defendeu veemente no púlpito as candidaturas de Almir Moura e Laprovita Vieira; e Silas Malafaia, pastor da Assembléia de Deus, fez uma verdadeira peregrinação pelos templos de várias denominações na capital e interior do Estado em favor de seu irmão, o também pastor, Samuel Malafaia. Por outro lado, periódicos como *Avante*, pertencente à Igreja Metodista ou *Mensagem*, pertencente à Casa da Benção, divulgaram os nomes dos candidatos ligados a essas igrejas e reportagens sobre a importância da participação dos evangélicos nas eleições de 2002.

A incidência de candidaturas vinculadas às igrejas Assembléia de Deus na disputa pelo legislativo estadual também merece registro. Constatamos que vinte e quatro candidatos ao cargo de deputado estadual apresentam vínculos com essa Igreja. Em seguida vinham os atores religiosos associados à Igreja Batista (18) e a IURD (17). Esses dados são importantes, pois refletem não só uma participação mais efetiva dessa comunidade religiosa no processo eleitoral, como também o seu fortalecimento na política regional. Afinal, o grupo da AD elegeu em 2000 um vereador diretamente relacionado com o grupo que comandava o projeto Cheque-Cidadão, o petista e pastor Edmilson Dias, e nas disputas de 2002 conseguiu ampliar

17. Além de reeleger Edson Albertassi (PSB) e Washington Reis (PMDB), o grupo elegeu Samuel Malafaia (PSB), Aurélio Gonçalves Marques (PL), e Edino Fialho Fonseca (PRONA).

sua representação na Assembléia Legislativa do Rio de Janeiro de dois para cinco deputados estaduais.[17] Sinteticamente, estamos sugerindo que a reação da AD ao crescimento político da IURD em nosso Estado passa pela aproximação de seus dirigentes com o grupo do ex-governador Garotinho e o engajamento das igrejas dessa denominação no projeto Cheque-Cidadão.

Para finalizar, queríamos lembrar que, se desde o início do processo eleitoral, as ações sociais, especialmente aquelas relacionadas ao Projeto Nordeste, serviram de mote para a divulgação da candidatura de Marcelo Crivella ao Senado, Manoel Ferreira, pastor da Assembléia de Deus, embora não tenha obtido o mesmo sucesso do bispo iurdiano, também tentou convencer os eleitores de que vem atuando em obras assistencialistas, como se esse fosse um atributo indispensável aos postulantes a uma cadeira no Senado Federal.

Referências bibliográficas

BIRMAN, P. Conexões políticas e bricolagens religiosas: questões sobre o Pentecostalismo a partir de alguns contrapontos. In: SANCHIS, P. (org.) *Fiéis e Cidadãos: percursos de sincretismos no Brasil.* Rio de Janeiro, 2002. p. 59-86.

CONRADO, F.C.S. Cidadãos do Reino de Deus: representações, práticas e estratégias eleitorais. Tese de Mestrado. Programa de Pós-graduação em Sociologia e Antropologia, IFCS. Rio de Janeiro, 2000.

CORADINI, O L. *Em Nome de Quem? Recursos sociais no recrutamento de elites políticas".* UFRJ – Núcleo de Antropologia Política. Coleção Antropologia da Política 11. Rio de Janeiro: Relume Dumará, 2000.

DINIZ, E. *Voto e Máquina Política: patronagem e clientelismo no Rio de Janeiro.* Rio de Janeiro: Paz e Terra, 1982.

FERNANDES, R.C. *Novo Nascimento.* Rio de Janeiro: ISER/ Mauad, 1998.

FONSECA, A. B. O poder eleitoral da mídia evangélica. Trabalho apresentado no XXI Congresso da Associação Latino-Americana de Sociologia. São Paulo, setembro 1997.

FRESTON, P. Protestantes e política no Brasil: da constituinte ao impeachment. Tese de Doutorado apresentado ao Departamento de Ciências Sociais do Instituto de Filosofia e Ciências Humanas da Universidade Estadual de Campinas, 1993.

GIUMBELLI, E. A presença da Igreja Universal do Reino de Deus no espaço público brasileiro: liberdade religiosa fora do lugar? Paper apresentado na XXVI Conferência Internacional da SISR, Ixtapan de la Sal (México), 2001.

KUSCHNIR, K. *Eleições e Representação no Rio de Janeiro*. Coleção Antropologia da Política – Núcleo de Antropologia Política. Rio de Janeiro: Relume Dumará, 2000.

KUSCHNIR, K. Política e mediação cultural: um estudo na Câmara Municipal do Rio de Janeiro. Dissertação de Mestrado. Rio de Janeiro: PPGAS/MN/UFRJ, 1993.

LANDÉ, C. The dyadic basis of clientelism. In: SCHMIDT, S.et.al (eds). *Friends, Follower and Factions: a reader in political clientelism*. Berkley: UCP, 1977.

MACHADO, M. Religião, gênero e política: as evangélicas nas disputas eleitorais do Rio de Janeiro. *Religião e Ciências Sociais*. v. 4, 2002a. p. 125-148.

MACHADO, M. Igreja Universal: uma organização providência. In: ORO, A. et. al *A Igreja Universal do Reino de Deus: os novos conquistadores da fé*. São Paulo: Paulinas, 2003. p. 303-320.

MACHADO, M. Religião e política: evangélicos na disputa eleitoral do Rio de Janeiro. Trabalho apresentado no X Encontro da Sociedade Brasileira de Sociologia. Fortaleza, 2001.

MACHADO, M. Além da Religião. *Cadernos CERU*. Série 2, nº 12. São Paulo: USP, 2001.

MAFRA, C. *Os Evangélicos*. Rio de Janeiro: Jorge Zahar Editor, 2001.

MARIANO, R. Neopentecostalismo: os pentecostais estão mudando. Dissertação de Mestrado da USP. São Paulo, 1995.

NOVAES, R. Crenças religiosas e convicções políticas: fronteiras e passagens. In: FRIDMAN, *Política e Cultura: século XXI*. Rio de Janeiro: Relume Dumará, 2002. p. 63-97.

NOVAES, R. Pentecostalismo, política e mídia. In: VALLA, V. *Religião e Cultura Popular*. Rio de Janeiro: DPA & editora, 2001. p. 41-74.

ORO, A. Religião e política nas eleições 2000 em Porto Alegre. *Debates do NER: religião e eleições 2000 em Porto Alegre*. Ano 2, nº 3, 2001. p. 87-97.

ORO, A., SEMÁN, P. Neopentecostalismo e conflitos éticos. *Revista Religião e Sociedade*, Vol. 20, nº 1, 1999. p. 39-54.

PIQUETE, L. Cultura cívica e participação política entre os evangélicos. In: FERNANDES, R.C. *Novo Nascimento*. Rio de Janeiro: ISER/ Mauad, 1998.

PIQUETE, L. A igreja como contexto político: cultura cívica e participação política entre evangélicos. Trabalho apresentado no 20° Encontro Internacional. Gadalajara, México, abril 1997.

PIERUCCI, A. F. Os representantes de Deus em Brasília: a bancada evangélica na constituinte. *Ciências Sociais Hoje*, 1989.

PIERUCCI, A. F. & PRANDI, R. Religiões e voto no Brasil: a eleição presidencial de 1994. In: *A Realidade Social das Religiões no Brasil: religião, sociedade e política*. São Paulo: Hucitec, 1996.

SANTOS, F. A dinâmica legislativa no Estado do Rio de Janeiro: análise de uma legislatura. In: SANTOS, F (org.) *O Poder Legislativo nos Estados: diversidade e convergência*. Rio de Janeiro, FGV Editoras, 2001. p.163-167.

SEMÁN, P. A Igreja Universal do Reino de Deus: um ator e suas costuras na sociedade brasileira contemporânea. *Debates do NER: religião e eleições 2000 em Porto Alegre*. Ano 2, nº 3, 2001. p. 87-97.

SORJ, B. *A Nova Sociedade Brasileira*. Rio de Janeiro: Jorge Zahar Editor, 2000.

O Comércio e o Consumo de Artigos Religiosos no Espaço Público de Porto Alegre – RS

Ari Pedro Oro e Carlos Alberto Steil

Artigos e objetos religiosos sempre constaram no rol dos itens de consumo dos fiéis ou simpatizantes das instituições religiosas, sendo este um fato observável nas diferentes tradições e nos distintos meios sociais e regiões dos países. No entanto, se historicamente a oferta desses objetos ocorria sobretudo nos espaços sagrados e sob a hegemonia das instituições religiosas, nos últimos anos constatamos o aumento da presença de artigos e símbolos religiosos no espaço comercial secularizado, no qual eles aparecem como um item a mais a ser selecionado dentre uma variedade de bens e serviços triviais e prosaicos do consumo cotidiano. Observa-se, assim, um deslocamento do comércio de bens e artigos religiosos dos ambientes sacralizados, dos quais retiravam, em grande medida, a sua aura, para os ambientes comerciais, onde a sua oferta em lojas situadas nos centros das grandes e médias cidades ou nos *shopping centers* se confunde com a oferta de outros bens de consumo diário. Isto significa, portanto, que os bens sagrados, que em outros momentos da história foram colocados no pólo oposto das coisas profanas – associadas nas mais das vezes ao econômico e ao material – neste momento se apresenta como mais um bem de consumo ao alcance de todos aqueles que podem arcar com os custos. Se ainda faz sentido se falar de uma lógica religiosa e tradicional em oposição a uma lógica de mercado e moderna, deveríamos reconhecer que esta tende a estender suas fronteiras para dentro do campo religioso, diminuindo o controle das instituições religiosas tradicionais sobre o comércio de bens e artigos religiosos, ao mesmo tempo em que incorpora funções e papéis desempenhados tradicionalmente pelas instituições religiosas. Assim, ao mesmo tempo em que assistimos a uma diminuição da hegemonia das religiões institucionais sobre o comércio religioso na sociedade de consumo moderna, também podemos observar a exacerbação da oferta de bens religiosos, o que estaria atestando um redobrado interesse pelas coisas "sagradas" fora dos limites estabelecidos pelas instituições religiosas na contemporaneidade.[1]

Tendo este contexto como pano de fundo, efetuamos uma pesquisa sobre lojas de artigos e bens religiosos situadas em espaços comerciais existentes na capital gaúcha.[2] O objetivo da investigação consistia em entender as mudanças que estão ocorrendo no campo religioso contemporâneo a partir da oferta e aquisição dos bens religiosos fora dos espaços tradicionalmente identificados como sagrados. Ao mesmo tempo, buscamos estabelecer comparações entre as diferentes expressões religiosas que oferecem seus bens no espaço público porto-alegrense, procurando, assim, apreender a dinâmica e os sentidos que presidem essa prática para além das particularidades de cada tradição religiosa. Ou seja, acreditamos que existe um movimento mais geral que impulsiona as religiões a assumirem uma lógica de mercado, própria dos espaços profanos de consumo de massa, na sua reprodução e concorrência na produção de sentidos e na conquista de novos fiéis.

Nosso argumento é de que a oferta crescente de objetos religiosos nos espaços comerciais cotidianos ao mesmo tempo em que colabora para inscrever a religião na lógica do mercado, também revela uma aproximação entre religião e consumo. Desse modo, pode-se falar tanto de uma expansão da religião para o domínio do consumo de massa – com a conseqüente redução das fronteiras entre ambas as

1. Esta consideração guarda relação com a seguinte frase de Moreira e Zicman: "O que desconcerta não é a falta de religião, o ateísmo e o secularismo mas, ao contrário, a superoferta de sentido religioso que nos acomete por todos os lados" (Moreira, A. e Zicman, R, 1994:11).

2. A pesquisa de campo foi realizada nos meses de outubro e novembro de 2002 e foi conduzida por estudantes e bolsistas do Curso de Ciências Sociais da Universidade Federal do Rio Grande do Sul. São eles: Nair Negrão Cauduro, João Antonio da Costa Lagranha, Carolina dos Santos Grimm, Juceli da Silva, César Alessandro Figueiredo e Cíntia Avila. Agradecemos a inestimável colaboração prestada por estes dedicados estudantes.

esferas – quanto de uma perda do controle sobre o consumo de bens religiosos pelas religiões tradicionais institucionalizadas na modernidade.[3] Em outras palavras, o comércio e consumo crescente de artigos e símbolos religiosos, mediante a constituição de casas de comércio religioso, seria um elemento de corroboração da destradicionalização religiosa, na medida em que a lógica do consumo, imposta pela demanda individualizada de bens e objetos sagrados, parece se impor sobre a lógica da produção de sentidos e valores que as tradições religiosas buscam associar a estes mesmos bens e objetos. Na medida em que esta lógica se impõe, instaura-se uma situação em que a produção do consumo religioso tende a se tornar mais importante do que o consumo da produção religiosa.

1. A diversidade de artigos religiosos

No espaço público porto-alegrense existe uma variedade de lojas comerciais que oferecem ao público em geral uma multiplicidade de bens e artigos religiosos. A rigor, em Porto Alegre, como em outras grandes cidades certamente, as principais expressões religiosas que compõem o pluralismo religioso local[4] participam do mercado de bens e artigos religiosos, esta terminologia podendo, neste caso, ser entendida no seu sentido literal. Ou seja, uma constatação é de que as lojas de artigos religiosos, mesmo assumindo uma lógica secular de consumo, guardam uma

3. Convém aqui referir-se à teoria de Veblen sobre o comportamento do consumidor, a qual se baseia numa percepção de que o ato de consumo tem profunda significação sociocultural e não deve ser examinada em termos meramente econômicos, já que as mercadorias adquirem importância como sinais e símbolos e não tão-somente pela satisfação intrínseca que elas podem trazer. Nesse sentido, Veblen sugere que o problema fundamental na compreensão das sociedades industriais não é o de como os bens vêm a ser feitos, mas de como eles assumem significado (Veblen, 1994).

4. Recordamos que os dados do último Recenseamento de 2000 relativos ao Rio Grande do Sul revelam que 76,6% das pessoas se dizem católicas, 13,0% evangélicas, 2,1% espíritas, 1,6% umbandistas e batuqueiros, 1,6% outras religiões, 0,1% religião judáica, 0,07% orientais, 4,3% sem religião e 0,19% não determinada.

afinidade com suas expressões religiosas de origem tanto em termos de uma tendência à especialização em artigos e objetos religiosos que possuem maior identificação com uma determinada tradição religiosa[5], quanto na apresentação do ambiente e nos serviços religiosos que muitas dessas lojas oferecem aos seus clientes.

Passemos, então, aos dados e à análise dos estabelecimentos de comercialização de artigos religiosos da capital gaúcha.

1.1. Católicos

A oferta de bens religiosos católicos tem se modificado ao longo dos anos, acompanhando as transformações que ocorreram no próprio Catolicismo em termos internacionais e nacionais. Nesse sentido, é possível identificar ao menos quatro formas de comércio de bens e artigos religiosos que se associam às diversas maneiras pelas quais o Catolicismo tem se expressado no país. Essas formas não se sucedem no tempo, mas vão se acumulando, embora em cada momento uma delas pareça adquirir maior visibilidade e ênfase. A primeira, refere-se ao comércio de bens e artigos religiosos vinculados à rede de santuários e locais de peregrinação que compõe a paisagem religiosa do Catolicismo brasileiro. Os locais de devoção, devido seu *status* intersticial, sempre foram também locais de comércio, "conciliando uma dupla ética transacional, onde o santo e o mercado se sobrepõem como mediadores de bens espirituais e materiais" (Steil, 1996:83). A segunda, vincula-se à rede de paróquias e comunidades católicas que costumam disponibilizar um reduzido número de itens religiosos em suas dependências, junto às secretarias e sacristias, para atender a demanda dos seus fiéis. São sobretudo objetos de devoção, como terços, imagens, medalhas, bíblias, missais, hinários etc., sob o controle e a censura do clero. A terceira forma inclui as lojas de objetos de culto, geralmente mantidas pelas ordens e congregações religiosas, localizadas fora dos espaços paroquiais, e que serão objeto

5. Imagens de santos e terços são objetos católicos, CDs e bíblias identificam mais os protestantes, livros psicografados estão mais associados ao espiritismo, objetos orientais e pré-cristãos à nova era, imagens de entidades africanas e artigos para oferendas são próprias das religiões afro-brasileiras etc.

de nossa análise. Uma quarta e última forma, que poderíamos apresentar como uma tendência contemporânea de caráter inovador, são as lojas associadas ao Movimento de Renovação Carismática Católica, que diferem das modalidades anteriores em relação aos locais em que são abertas. No caso que vamos analisar em seguida, a loja está situada no principal *shopping center* de Porto Alegre. Além disso, ela está nas mãos de leigos e não mais de membros do clero ou das ordens e congregações religiosas.

Nos ateremos, em primeiro lugar, às lojas confessionais. Neste âmbito destacam-se 4 estabelecimentos, denominados livrarias, a saber: Vozes, Paulinas, Paulus e Sociedade Beneficente Padre Réus, e um estabelecimento de artigos religiosos, não tido como livraria, denominado Apostolado Litúrgico. Enquanto a Vozes é de propriedade dos freis franciscanos, tendo sede em Petrópolis, as livrarias Paulinas e Paulus pertencem à Congregação Pia Sociedade, ambas com sede em São Paulo. A Sociedade Beneficente Padre Réus pertence à Ordem dos Jesuítas, cuja sede regional está em São Leopoldo, enquanto que o Apostolado Litúrgico é de propriedade da Congregação das Irmãs do Divino Mestre.

Todos estes estabelecimentos estão localizados em pleno centro da cidade e são constituídos enquanto casas de comércio que seguem todas as exigências legais e fiscais de qualquer loja comercial. No entanto, segundo a fala dos seus gerentes entrevistados, além do interesse econômico há um sentido simbólico embutido na atividade comercial, ou seja, "transmitir a filosofia franciscana", na livraria Vozes; "divulgar a mensagem de Deus", nas Paulinas; "divulgar o Evangelho", no Apostolado Litúrgico; "evangelizar", na Padre Réus; e "difundir a verdade", na Paulus.

A mais antiga em Porto Alegre, entre as lojas referidas, é a Paulinas, que abriu suas portas há 66 anos (1936), seguida da Livraria Padre Réus, fundada há 40 anos (1963), e da Vozes e do Apostolado Litúrgico, ambas com 30 anos de existência (1973). A mais recente é a Paulus, inaugurada há 9 meses (2002).

A maior entre as lojas, em termos de área ocupada, é a Paulinas, cujo complexo se distribui num edifício de 6 andares, totalizando 2.880 metros quadrados. A loja propriamente dita se situa no andar térreo, composto de 144 metros quadrados. Como veremos mais à frente, os demais andares são ocupados para estocar produtos e neles funcionam auditórios, salas e capela. A livraria Paulus conta com 4 andares amplos, cada um contendo aproximadamente 150 metros quadrados. A livraria Vozes expõe os seus produtos num edifício de 2 andares, o mesmo ocorrendo com o Apostolado Litúrgico, onde, porém, a loja propriamente dita situa-se no térreo. Enfim, a Padre Réus ocupa um amplo espaço na parte térrea de um edifício.

O número de funcionários é variado. São 30 na Paulus, 29 na Paulinas, 10 na Vozes, 6 no Apostolado Litúrgico, 5 na Padre Réus. Uma particularidade é que os funcionários, se não são todos declarada e obrigatoriamente católicos, precisam ser ao menos indivíduos que expressem alguma espiritualidade.[6] Vale salientar, porém, que certos estabelecimentos como a Paulinas e o Apostolado Litúrgico são gerenciados diretamente por religiosas. Elas são 4 nas Paulinas e 3 no Apostolado Litúrgico.

Em todos os estabelecimentos mencionados é grande a quantidade de itens religiosos colocados à venda. Um vista rápida do que pudemos observar em exposição inclui: Bíblias, terços, *bottons*, pulseiras, chaveiros, santinhos, imagens, crucifixos, medalinhas, agendas litúrgicas, CDs e DVDs, etc. São cerca de 3.000 itens expostos na livraria Paulus, 2.450 na Padre Réus e cerca de 2.000 na livraria Vozes. Todos os estabelecimentos referidos, por sua vez, também comercializam livros e material impresso ao lado dos objetos e artigos religiosos, mas em grandeza variada, segundo eles. Enquanto no Apostolado Litúrgico predomina objetos e artigos religiosos, nas demais lojas católicas observa-se que o espaço é predominantemente ocupado com a exposição de livros e impressos de cunho religioso, mas também acadêmico, didático e infantil. A rigor, na loja Apostolado Litúrgico, embora comercialize livros, agendas litúrgicas, santinhos, cerâmicas, serigrafia e imagens, os seus produtos mais vendidos são os paramentos e os artigos litúrgicos como cálices, patenas, castiçais e missais, ou seja, objetos de uso do clero. Segundo as informações obtidas, em torno de 20 modelos de cada um dos produtos referidos são comercializados todos os meses.

6. Na Livraria Paulinas, por exemplo, todas as manhãs os funcionários fazem uma oração de dez minutos e são orientados a ler uma revista de formação pessoal, religiosa e humana, editada pela própria congregação.

Nas demais lojas, os produtos mais vendidos são a Bíblia e o terço. Nas Paulinas, ocorre uma venda média de 60.000 volumes da Bíblia ao mês. Na Sociedade Beneficente Padre Réus o carro-chefe das vendas são os terços, em média de 3 a 4.000 ao mês. Também na Livraria Paulus o produto mais vendido é o terço, numa média de 5.000 todos os meses.

Pode-se avançar a hipótese de que o incremento da venda do terço nos últimos anos mantém relação tanto com a expansão do Movimento da Renovação Carismática Católica, uma vez que o culto a Maria constitui um dos elementos centrais do devocionalismo carismático, quanto com o incentivo e importância que esta prática religiosa tem adquirido no pontificado do atual Papa. Quanto à venda de Bíblias, ela mantém uma regularidade, sendo vendida, segundo informações colhidas nas mencionadas lojas, não somente para pessoas que se dizem católicas mas também evangélicas.

Como qualquer outro estabelecimento comercial, as lojas em questão também distribuem no seu interior os seus produtos por itens aproximativos. Assim, há as prateleiras dos livros religiosos, dos livros didáticos e dos livros infantis, o setor de multimídia, das imagens, a área dos cartões, lembranças e presentes, o setor de material litúrgico etc. Mas, a distribuição espacial dos diferentes produtos no interior das lojas obedece a uma lógica que privilegia os livros e material impresso, geralmente localizados na parte frontal das lojas, enquanto que os artigos religiosos propriamente ditos são encontrados nas laterais e sobretudo nos fundos das lojas. Isto ocorre nos estabelecimentos chamados livrarias. Já na Padre Réus, bem como no Apostolado Litúrgico, os objetos e símbolos religiosos podem ser vistos nas vitrines e em lugares mais nobres. Em determinados momentos do calendário litúrgico, porém, como Páscoa e Natal, artigos religiosos são expostos nas vitrines de todos os estabelecimentos mencionados.

No entanto, diferentemente dos demais estabelecimentos comerciais em geral, nas 5 lojas mencionadas, nota-se no seu interior um ambiente diferenciado, em razão do constante fundo musical nelas existente – geralmente músicas religiosas – dos símbolos, cartazes e outros elementos visuais expostos, e do atendimento acolhedor reservado aos fregueses por parte dos funcionários. Além disso, 3 estabelecimentos dispõem de um espaço para cursos, palestras e conferências, sempre de caráter religioso, que oferecem aos interessados. É o caso da Paulus, Paulinas e Apostolado Litúrgico. As duas últimas dispõem também de um espaço para a oração, chamada de capela ou oratório. Este lugar ocupa todo um andar em cada uma das lojas mencionadas. No Apostolado Litúrgico há, inclusive, uma irmã que atende as pessoas, dando-lhes orientação e suporte espiritual. Segundo informações colhidas, trata-se de uma espécie de "plantão espiritual".

Como se vê, se não todas ao menos algumas das lojas referidas não se circunscrevem a meras casas de comércio. Ou seja, além de se constituírem enquanto lugares de mediação religiosa, tendem a ser espaços sagrados onde as pessoas podem expressar a sua fé religiosa. Neste caso, tais estabelecimentos seriam lojas comerciais e, em certo sentido, também "templos", propiciando às pessoas que se coloquem nelas tanto como consumidores quanto como fiéis. De modo que se, por um lado, pode-se observar uma sacralização do espaço comercial, por outro, constata-se uma absorção da lógica do consumo pelo religioso. Um movimento que aponta para a autonomia dos consumidores religiosos em relação às instituições tradicionais.

A mais recente modalidade de casas de comércio católico parece reforçar esta tendência a aprofundar a autonomia das práticas e mediações do culto católico em relação à instituição e aos seus mediadores convencionais. Um exemplo desta modalidade é a loja Água Viva, localizada no Shopping Iguatemi. Esta loja, diferentemente das anteriores, não pertence a uma ordem ou congregação religiosa, mas foi estabelecida e vem sendo explorada por uma senhora do Movimento da Renovação Carismática Católica. Alem dela, o estabelecimento conta com 2 outros funcionários. São 36 metros quadrados onde estão distribuídas estantes e prateleiras que expõem uma grande variedade de produtos religiosos, desde cartões e medalhas até imagens e jóias importadas. Entre os produtos importados vê-se peças em prata italiana, murano veneziano, artesanato espanhol e tapeçaria francesa, todos com motivos religiosos. Não faltam também objetos produzidos na China e em Taiwan. Os produtos mais vendidos na loja são imagens do Sagrado Coração de Jesus, encontrado em dois modelos, bem como pulseiras de Nossa Senhora Desatadora dos Nós e escapulários. O que mostra uma convivência no Catolicismo de devoções mais tradicionais, como o Coração de Jesus, com novas devoções que surgem como "modismos", respondendo a necessidades específicas e circunstanciais no cotidiano dos católicos. Estas devoções geralmente se difundem à margem do sistema do Catolicismo oficial com uma abrangência muito maior, embora nas mais das vezes efêmera, do que aquela que o clero consegue em sua pregação e apostolado. Estas lojas que surgem fora do sistema oficial acabam sendo um espaço privilegiado para a difusão dessas devoções que têm mais a ver com o Catolicismo Popular e devocional do que com o Catolicismo clerical e sacramental.

A loja Água Viva foi inaugurada há 4 anos e, segundo informações colhidas, além de casa de comércio, que segue as regras do mercado, foi pensada como um local de evangelização. Embora a intenção da proprietária seja prestar um serviço de atendimento espiritual mais efetivo no próprio local, por enquanto os fregueses são orientados pelos funcionários sobre os produtos, informações sobre a vida dos santos, datas litúrgicas e objetos adequados às festividades específicas como batizados, primeira comunhão, crisma etc. Além disso, fornecem informações acerca de horários de missas, localizações de igrejas, bem como orientações a respeito de sacerdotes e de cursos ministrados.

A clientela da loja é composta sobretudo de católicos, mas também de evangélicos que ali passam para adquirir sobretudo Bíblias e cartões, bem como pessoas que embora se digam "sem religião", se vêem atraídas pela variedade e originalidade dos produtos ali expostos. De uma maneira geral, os fregueses são indivíduos das classes médias e altas, freqüentadores do *shopping*.

Comparando esta loja com as anteriores, nota-se que ela possui um número menor de itens expostos em relação às demais lojas católicas mencionadas. Trata-se de uma loja que, mesmo não se encontrando dentro do sistema católico oficial, estabelece uma mediação religiosa em relação a locais de culto e aos grupos religiosos. A sua localização, em pleno *shopping*, por outro lado, atrai sobretudo católicos das faixas socioeconômicas mais elevadas da sociedade. A natureza dos produtos ofertados, se por um lado parece atrair os católicos de orientação carismática, que se encontram sobretudo, mas não exclusivamente, entre esses estratos sociais, por outro, para além da questão relativa ao pertencimento religioso, pode-se observar uma certa afinidade eletiva em termos estéticos e éticos entre os produtos oferecidos e os consumidores que freqüentam os *shopping centers* no país.

1.2. Evangélicos

As lojas evangélicas de produtos religiosos guardam semelhança, por algumas das suas características, com as lojas católicas mas divergem por outras. Uma primeira semelhança refere-se ao fato de que, assim como a maioria das lojas católicas, as evangélicas também mantém um vínculo denominacional ou religioso. Ou seja, é possível encontrar produtos religiosos à disposição dos fiéis no interior dos templos bem como em lojas que mantém vínculos se não com determinada denominação ao menos com o segmento evangélico. Suas lojas também estão localizadas no centro da cidade e são, geralmente, denominadas de livrarias. Nelas, como verificado nas católicas, nota-se, igualmente, a existência de um ambiente aconchegante e de uma acolhida fraterna dos clientes; os funcionários são egressos do meio protestante. Por outro lado, os produtos oferecidos nas lojas católicas não aparecem em sua totalidade nas lojas evangélicas. Da mesma forma, não se verifica nestas últimas qualquer elemento visando a sacralização do espaço comercial. Nelas, predomina a noção de mediação religiosa, embora não deixe de existir um processo de sacralizacão de objetos ordinários à vida dos fiéis, como camisetas, jogos etc., na medida em que esses objetos aparecem entre os artigos religiosos.

Para exemplificar o que precede vamos analisar duas lojas de produtos evangélicos existentes em Porto Alegre. Em primeiro lugar, a Livraria Luz e Vida e depois a Livraria da Catedral da Fé, da Igreja Universal do Reino de Deus.

A primeira loja não está vinculada a uma denominação em especial. Mas seu proprietário e os funcionarias são evangélicos. A loja está dividida em 3 ambientes. No primeiro, predominam livros evangélicos e centenas de Bíblias, dispostas em destaque nas prateleiras. O segundo, concentra uma grande variedade de CDs, com predominância da cantora de *gospel* Cassiane e a apresentadora de televisão, Mara Maravilha. Nesse ambiente também é oferecida uma grande variedade de peças em porcelana, vaso de flores, copos, canecas, pratos, bandejas, todos com frases religiosas, tipo: "Deus é fiel", "O Senhor é meu pastor, nada me faltará". Há, também, um setor de bijuterias, onde podem ser encontrados anéis, pulseiras, correntes, pingentes, gargantilhas, brincos, quase todos portando o nome Jesus. Enfim, no terceiro ambiente são oferecidos novamente livros e Bíblias, bem como livros, jogos e brinquedos infantis, todos com motivação religiosa.

Como se vê, há três destaques nesta loja evangélica. Em primeiro lugar, uma importante oferta de Bíblias e de livros evangélicos, na esteira da tradição evangélica da cultura escrita. Em segundo lugar, a não menos importante oferta de música *gospel*, também no contexto da cultura musical evangélica. E, por fim, a oferta de um sem número de objetos ordinários e de uso quotidiano dos fiéis e crentes que de forma versátil e criativa recebem uma motivação cristã.

O segundo estabelecimento comercial evangélico é chamado de livraria e se localiza na parte lateral da entrada da Catedral da Fé, da Igreja Universal do Reino de Deus, com sede na Av. Júlio de Castilhos, em Porto Alegre.[7] Trata-se de um local amplo e moderno, tendo, inclusive, um sistema de ar refrigerado.

A disposição espacial dos objetos e artigos existentes no seu interior, diferentemente da loja anterior, é feita de tal forma a não produzir destaque de alguns artigos em detrimento de outros. O próprio formato das lojas parece revelar tal intencionalidade: enquanto a loja anterior se distribuía num espaço retangular – a porta de entrada se localizando num dos lados menores e seus fundos no lado oposto – a Universal montou sua loja num espaço em forma aproximada de um quadrado. Assim, ao ingressar na loja e movendo o olhar da esquerda para a direita pode-se ver o setor de livros, camisetas e roupas, filmes e DVDs, livros, literatura infantil e jogos infantis, CDs, bijuterias, adesivos, lembrancinhas e artigos para casa. Na maioria dos bens referidos, sobretudo nos artigos para casa (toalhas, pratos, copos), nas roupas (camisetas), adesivos e objetos de uso pessoal (bijuterias e adereços), figuram motivações cristãs, na forma de frases bíblicas ou desenhos de coração ou da pomba, símbolo da Universal. Em nenhum caso aparece imagens de Cristo.

Os livros expostos são menos de teologia tradicional e mais de uma literatura compatível com a linha teológica adotada pela IURD. São livros que falam de negócios, família e prosperidade. Também são destacados os livros escritos por bispos da própria igreja, sobretudo os do Bispo Edir Macedo. O livro mais procurado

7. A avenida Júlio de Castilho está localizada no centro da cidade, próxima da rodoviária e de terminais de ônibus suburbanos, numa região deteriorada da vida urbana e de intenso comércio popular. Estão localizados nessa parte da cidade também alguns cinemas de filmes pornôs e locais de prostituição.

do fundador da Universal é *Orixás, Caboclos e Guias: deuses ou demônios?*, que pode também ser encontrado em CD ROM. O livro *Autobiografia de Mara Maravilha* também é um destaque de venda.

As fitas de filmes em VHS e DVDs são todos de motivação religiosa. O mesmo ocorre com os CDs, cuja variedade é muito grande. Segundo informações colhidas, figuram atualmente entre os CDs mais procurados os do Bispo Crivella – eleito senador pelo PL do Rio de Janeiro nas eleições de 2002 – e os de cantores convertidos como Nelson Ned, Mara Maravilha e seu CD *pop gospel* e outro infantil (*Mara só para os pequeninos*), bem como o trabalho musical do cantor Rafael Ilha, ex-integrante do grupo Polegar. Também os CDs da cantora Cassiane figuram entre os mais vendidos, com uma venda que já ultrapassou um milhão de discos. Repete-se, assim, a mesma situação da primeira loja analisada. Há que se chamar atenção, no entanto, para uma particularidade dos produtos comercializados na loja da Universal, onde os itens que são postos à venda quase sempre levam a marca da Igreja, sobretudo a pomba.

Comparativamente às lojas católicas, as evangélicas apresentam uma diversificação maior de produtos postos à disposição dos fiéis. Isto se dá em razão da adaptação ao universo cristão de objetos de uso quotidiano dos fiéis. Este fato suscita a questão de saber até que ponto prevalece a tradição evangélica iconoclasta. Ao que tudo indica, podemos ver uma assimilação maior na Universal de uma tendência, que prevalece no Catolicismo, de sacralização do mundo e dos objetos cotidianos, incorporando-os no seu sistema religioso.

1.3. Afros

No Rio Grande do Sul, as lojas que oferecem produtos para os simpatizantes e membros das religiões afro-brasileiras são denominadas "floras". Este termo guarda relação com um tempo em que tais estabelecimentos vendiam quase que exclusivamente ervas, folhas e raízes, ou seja, produtos da flora, para as práticas ritualísticas. Hoje, além desses produtos, como veremos, elas oferecem um grande número de outros produtos e artigos necessários para o culto e os rituais religiosos. Tais lojas, como observou R. Prandi, constituem o lado da economia formal de uma religião caracterizada por atividades econômicas escondidas, submersas, invisíveis, ou seja, por uma economia informal (Prandi, 1991).

As floras são numericamente superiores aos estabelecimentos comerciais dos demais segmentos religiosos existentes no espaço público porto-alegrense, embora seja difícil apresentar uma ordem de grandeza. Estão presentes tanto no centro da cidade quanto nos bairros e nas vilas. Uma característica comum das mesmas é de serem pequenos estabelecimentos comerciais, atendidos por 1 ou 2 pessoas.

O Mercado Público de Porto Alegre, situado no centro da cidade, é um tradicional local comercial da cidade e desde a sua fundação, em 1869, as floras já eram visíveis, como a Flora Bandeira, que existe até os dias atuais. Na atualidade, há 3 floras ali estabelecidas.

O nome Bandeira, atribuído à flora em questão, provém do seu primeiro proprietário, de origem africana, tendo passado em seguida por várias gerações de seus descendentes até 1985, quando foi comprada pelo atual proprietário, um descendente de italiano, católico praticante, que não possui vínculo com qualquer corrente das religiões afro-brasileiras. Para ele, segundo disse, a flora é simplesmente um ramo de negócio, uma atividade comercial.

As outras floras do Mercado Público são a Rainha do Mar, que existe há 30 anos, e a Hana Noka, aberta há 10 anos. O proprietário da primeira freqüenta um centro da religião afro-brasileira enquanto que a proprietária da segunda não possui nenhum vínculo com a religião, nem a freqüenta. Sua relação, ao que parece, é apenas comercial.

A lista dos produtos oferecidos é imensa. Vai das velas às imagens, passando pelos defumadores, perfumes, incensos, vestimentas, tambores, CDs e fitas cassete, alguidares e outros. A procedência dos produtos é bastante variada. Parte deles provém de fábricas e de artesãos locais, mas outros provém de outros estados, como São Paulo, Rio de Janeiro, Bahia e Pernambuco. Alguns produtos, como búzios e miçangas, são importados do exterior, através de intermediários desses estados. Os búzios geralmente têm origem na África, enquanto as miçangas são buscadas na Índia, Marrocos e Indonésia.[8]

8. Em outro trabalho, Oro apresentou uma relação das principais casas de comércio e de indústrias, do Rio Grande do Sul e do Brasil, que produzem e fabricam bens destinados a religião afro-brasileira e que são destinados tanto para o comércio nacional quanto para a exportação (Oro, 1999).

Os freqüentadores das floras são majoritariamente membros ou simpatizantes das religiões afro-brasileiras. Porém, nelas transitam também indivíduos de outras religiões ou mesmo sem religião, que encontram ali objetos, símbolos ou produtos, para expressar seus sentimentos religiosos ou resolver seus problemas momentâneos. Geralmente, os membros das religiões afro-brasileiras se dirigem às floras já sabendo o que querem comprar. Algumas vezes chegam com uma lista de produtos que necessitam – lista esta recebida dos pais e mães-de-santo – e que serão destinados à realização de algum ritual específico. É por isso que neste ramo de negócio o vendedor não precisa ter, de saída, um conhecimento profundo sobre a religião, o que não significa que ao longo do tempo não venha a tê-lo. Em outro trabalho, Oro mostrou que cerca de 70% dos proprietários e funcionários das floras gaúchas e portenhas não se declaravam membros da religião e concebiam sua atividade como um mero negócio. No entanto, continuava,

> "... embora não façam parte da religião, aos poucos vão dominando os seus códigos e significados, como resultado dos anos de contado com esse meio religioso. Assim sendo, nesse ramo de comércio são geralmente os clientes que instruem os proprietários e vendedores, contrariamente ao usual, onde são os comerciantes que informam e instruem os fregueses" (Oro, 1999:152).

Em Porto Alegre, há uma flora que se destaca no comércio religioso afro-brasileiro. Trata-se da Casa São Sebastião, aberta em 1997, tida como um supermercado dos cultos afro-brasileiros do Rio Grande do Sul. De fato, neste estabelecimento, localizado no bairro Partenon, o cliente pode transitar pelos dois corredores de cerca de 5 metros de comprimento cada um, com prateleiras repletas de mercadorias, pegar o que lhe interessar e passar no caixa para pagar. Além de funcionar como varejo, a Casa São Sebastião atua também como atacado, visto que abastece floras da capital e do interior e possui um serviço de tele-entrega.

Os itens expostos são bastante diversificados e em grande quantidade. Nas prateleiras há livros de temas variados, tais como sobre Nostradamus, Tarô, São Cipriano, Santo Expedito, para combater feitiços, para fazer simpatias, livros com "pontos" cantados nos rituais, sobre cartas ciganas, sobre os ciganos, I Ching, bruxaria, ioga. Vêem-se também revistas e jornais desse campo religioso. Há ainda muitos e diferentes chás e ervas para banhos. Há taças, bebidas, conchas dos mais variados tamanhos, cristais, bruxinhas, figas. Há imagens de santos católicos, de índios, pretos-velhos, exus e pombajiras de todos os tamanhos, alguns de dimensões humanas. Há incensos, velas, *pembas* (giz ritual), defumações das mais variadas marcas e tipos, alguidares. Há prateleiras com produtos *in natura*, como feijão, canjica, mel e sal grosso. Há o setor de perfumaria onde são expostos perfumes, sabonetes, alfazema, sabão. Há instrumentos musicais, como *agês* (chocalhos) e tambores das mais variadas cores e tamanhos. Há quartinhas de barro de diversas cores e tamanhos, vassourinhas, bandejas. Há uma prateleira repleta de símbolos rituais como coroas, balanças, espadas, *abebês* (leques de latão), cabides com capas coloridas e muitos chapéus. Há ainda prateleira com fitas cassete e CDs com as rezas (cantos do batuque) e dos pontos (cantos da Umbanda e da Quimbanda).

O proprietário deste estabelecimento não possui vínculo com a religião afro-brasileira. Não é iniciado e concebe sua atividade como um negócio. Nele trabalham 10 pessoas.

Dado o acúmulo de cartões de visita de pais e mães-de-santo, de tamboreiros e de centros de Umbanda, existentes num balcão próximo ao caixa, deduz-se, de um lado, que esta casa detém prestígio neste meio religioso, e, de outro lado, que ela efetua uma mediação entre fregueses e agentes e centros religiosos além de fornecer a todos eles os objetos e bens de que necessitam.

Enfim, outro estabelecimento comercial que oferece produtos para o desempenho religioso afro-brasileiro são os ateliês de confecções de indumentária religiosa. Destaca-se, em Porto Alegre os ateliês Magia e Encanto e Nunanga Vestuário dos Orixás. Este último situa-se no segundo andar de uma galeria central da cidade. Ali trabalham 3 funcionários, mais a proprietária, num ambiente típico de qualquer ateliê de costura. A sua particularidade reside na finalidade das roupas que confecciona. Tal ateliê existe há 25 anos e sua proprietária possui vínculo com a "religião", tendo recebido todos os "aprontamentos". Segundo ela, a loja lhe foi "imposta" pelos orixás, tal como uma missão, visto que no início não era um comércio.

De acordo com a proprietária, a transação comercial ocorre mediante a procura de clientes que na loja escolhem a vestimenta que desejam. O preço é estabelecido em razão do tecido e do modelo escolhido. Há roupas já prontas e outras são confeccionadas de acordo com a encomenda. O estabelecimento vende indumentária para os rituais das três modalidades religiosas afro-brasileiras praticadas no Rio Grande do Sul, a saber: roupas do Batuque, simbolizando os orixás, mas também da Quimbanda, como capas, túnicas, coletes e saias para exus e pombajiras, e roupas para as entidades da Umbanda, caboclos e pretos-velhos.

No Rio Grande do Sul, a grande maioria das floras e de outros estabelecimentos como ateliês restringem-se à comercialização dos bens e produtos não realizando, no seu interior, atendimentos espirituais, na forma de consulta de búzios e cartas, como ocorre por exemplo na Argentina (Oro, 1999), ou como, fato semelhante, mencionamos acima em alguns casos de lojas católicas que dispõem de uma capela ou oratório. Por isso mesmo, as floras constituem-se numa atividade complementar aos terreiros, estão a serviço deles, e não efetuam concorrência com eles.

1.4. Espíritas

Os bens e artigos de uso pelos membros do espiritismo são comercializados especialmente nos próprios centros espíritas, à semelhança do que faz a Universal e algumas igrejas ou centros de romarias católicos.

Em Porto Alegre, há pelo menos cinco centros espiritas tidos como grandes centros, em razão das dimensões de área ocupada e da afluência diária de público que recebe. São eles: Centro Espiritual Alan Kardec, situado no centro da cidade e fundado em 1894; Centro Espírita Amor e Caridade, localizado próximo ao centro e fundado em 1914; Grupo Espírita Francisco Xavier, União Espírita Porto-Alegrense e Sociedade Espírita Dias da Cruz, todos localizados em bairros de camadas médias da cidade e que abriram suas portas nos últimos trinta anos. Em todos eles há o chamado "departamento comercial", localizado ora ao lado e ora nos fundos do centro propriamente dito. Tais departamentos pertencem legalmente aos centros e seus funcionários ali trabalham voluntariamente, obedecendo a uma motivação própria deste segmento religioso, enquanto trabalho para o mundo espiritual com um propósito de saldar suas dívidas cármicas.

Via de regra a parte comercial é dividida em livraria e farmácia, ambos os produtos sendo expostos em prateleiras e adquiridos de editoras (livros) e de fábricas especializadas (medicamentos).

As livrarias oferecem um repertório amplo de livros, atestando o caráter elitista e letrado da cultura espírita.[9] Os destaques são os livros de Allan Kardec e de Chico Xavier, a personalidade e a biografia deste último tidas pelos espíritas na ordem do extraordinário, do mítico e do santificado, servindo, conseqüentemente, como espírita modelar a ser seguido (Lewgoy, 2000). Em tais estabelecimentos há também outros romances e livros espíritas cuja procura muitas vezes está diretamente relacionada com o marketing que é feito sobre os mesmos. Há que se observar ainda que muitos desses livros de divulgação espírita podem ser encontrados numa grande variedade de títulos e autores em livrarias de grande divulgação, juntamente com literatura de auto-ajuda, nos aeroportos, rodoviárias e em lojas comerciais que não possuem qualquer ligação com o espiritismo em sua forma institucional.

A farmácia geralmente oferece medicamentos fitoterápicos. No entanto, diferentemente dos estabelecimentos de outros segmentos religiosos, aqui não é o freguês ou o cliente quem solicita um remédio determinado mas, antes, ele recebe dos médiuns uma "receita psicografada" dos medicamentos, após deixar o seu nome para ser entregue aos médiuns.

1.5. Esotéricos

A presença de estabelecimentos comerciais de produtos ditos "esotéricos" é relativamente recente em Porto Alegre. Um levantamento efetuado junto a 4 desses locais revelou que o mais antigo deles, a Loja Sirius, funciona há 6 anos. Já a loja Caminho Encantado abriu suas portas há 5 anos, a loja Alemdalenda há 4 anos e a Oficina da Bruxa há 2 anos. Tais lojas aparecem na esteira da proliferação do que Françoise Champion denominou de "nebulosa místico-esotérica" (Champion, 1990) e que em outras cidades, regiões e países, aparecem no espaço público também na forma de "feiras místicas" (Magnani 1999, Guerriero 1992, Amaral 2000, Carozzi 1999).

9. De acordo com A. F. Pierucci e Reginaldo Prandi, os Kardecistas possuem a maior média de escolaridade entre as religiões no Brasil: 55,3% deles têm entre o II Grau e o curso superior (Pierrucci e Prandi, 1996).

As duas primeiras lojas mencionadas acima localizam-se muito próximas do centro da cidade, enquanto que Alemdalenda possui duas lojas, ambas situadas em dois *shoppings*, no Iguatemi e no Praia de Belas, e a Oficina da Bruxa em pleno centro da cidade.

A loja Sirius foi montada na garagem da casa onde mora a sua proprietária e é composta de dois ambientes que totalizam cerca de 70 metros quadrados de exposição de artigos. Trata-se de um empreendimento que envolve toda a família da proprietária, uma vez que um filho seu produz esculturas de resina (geralmente magos e duendes) e outros filhos e sobrinhos trabalham como atendentes. Há sempre dois ou três atendentes na loja. A proprietária é autodidata, tendo estudado sobre o assunto durante dois anos antes de abrir a loja, e se diz seguidora da linha "mística e esotérica".

A Caminho Encantado possui três trabalhadores incluindo a proprietária que se diz ligada a uma religiosidade diversificada, universalista. A Oficina da Bruxa possui 2 funcionários e sua proprietária se mostrou incisiva quanto ao seu pertencimento religioso dito esotérico. É praticante e estudiosa da Wicca há 12 anos. As lojas Alemdalenda constituem uma franquia, com sede em São Paulo, e nelas trabalham cerca de 5 funcionários, que expressam menor adesão ao "esoterismo" do que os das outras lojas, embora ouvimos, no *shopping* Iguatemi, que os proprietários se identificam com a "parte mística".

Posto que os proprietários de tais estabelecimentos expressam, embora em graus diferentes, alguma relação com as crenças que compõem o movimento esotérico, eles também tendem a perceber a sua atividade com um duplo sentido, a saber: econômico, visando lucro, e religioso, motivando as pessoas para se tornarem mais espiritualizadas.[10]

As mercadorias expostas nas lojas esotéricas provêm de diversos fornecedores: locais, nacionais e mesmo internacionais. De fato, em tais lojas podem ser

10. "É claro que também visamos o lucro, mas não é o mais importante", ouvimos na loja Sirius. Já na loja Caminho Encantado, o depoimento ouvido vai no sentido contrário: "o negócio tem que vir em primeiro lugar, tem as contas para pagar. Mas eu sinto mais como missão". Por seu turno, a proprietária da Oficina da Bruxa enfatiza o sentido missionário do seu empreendimento. "O universo espiritualista é fantástico. Quanto mais pessoas tiverem acesso a ele melhor. O meu trabalho é este. É a minha lenda pessoal, minha missão".

encontrados produtos manufaturados por artesãos locais, outros provenientes de indústrias – locais e nacionais – e artigos de origem estrangeira: peruana, boliviana, indiana, egípcia, e de outras nacionalidades.

A gama de produtos expostos nas referidas lojas é bastante grande. São incensos, rechôs, essências aromáticas, fontes, pedras, cristais, jóias, bijuterias, cartas de tarô, baralho cigano, runas, duendes, gnomos, bruxas, budas, pirâmides, terços cristãos, velas coloridas e aromatizadas, perfumes, CDs, artigos para decoração, esculturas, cartões, roupas indianas, livros etc.

Como se vê, também nestas lojas, como já havíamos observado nas demais, vinculadas a outros segmentos religiosos, os artigos expostos dividem-se entre material impresso, midiático e imagético. No entanto, como nas demais lojas, aqui também os produtos obedecem critérios e orientações próprias desta concepção religiosa. Assim, por exemplo, predominam os livros que tratam de esoterismo, bruxaria, misticismo; os CDs são sobretudo de músicas *new age*, com sons da natureza, sons tribais, música progressiva e minimalista; predominam as imagens de figuras exóticas (gnomos, duendes), divindades de diferentes religiões; há, também, amuletos de toda a sorte, incenso, rechôs e fontes para energizar, aromatizar e acalmar ambientes.

Outra característica comum das lojas esotéricas, e não diferente de outros estabelecimentos já vistos acima, é a existência de um ambiente particular no seu interior visando provocar um certo relaxamento pessoal e despertar as pessoas para a dimensão espiritual. Há músicas de fundo que inspiram momentos de meditação, incenso aceso, uma grande diversidade de cores e materiais dos inúmeros objetos pendurados e expostos nas paredes e tetos. Os atendentes ajudam a construir um ambiente "místico". Vestem-se, como na Sirius, com batas indianas, colares com símbolos milenares e adereços de todos os tipos, ou com uniformes (camisa e calça preta com uma espécie de avental vermelho portando o nome da loja e o duende que é seu símbolo), na Alemdalenda.

Os vendedores das lojas esotéricas são unânimes em afirmar que seus produtos são procurados por indivíduos de distintas denominações religiosas, mesmo porque, diz um deles, "essa loja não é religiosa; ela é mística e esotérica". No entanto, reconhecem que possuem clientes mais assíduos, que detêm mais "espiritualidade e mística", segundo a expressão de uma das proprietárias entrevistadas.

Igualmente, o perfil socioeconômico dos freqüentadores de tais lojas indica que se trata de indivíduos letrados que se situam nas camadas médias e altas da sociedade. Também é diversificada a clientela das lojas em termos de gênero e faixa etária.

Enfim, enquanto umas lojas, como a Sirius e a Alemdalenda, disponibilizam um espaço para a divulgação de cursos de terapias holísticas, locais de meditação, ioga, *feng-shui*, tarô, massagem etc, efetuando assim uma mediação entre essas atividades e os indivíduos, outras lojas, como a Caminho Encantado e a Oficina da Bruxa, promovem na própria loja cursos, alguns pagos e outros gratuitos, e realizam atendimentos nas áreas de Reiki, tarô dos anjos (almas gêmeas), florais de Bach, astrologia, numerologia, massoterapia, acupuntura, limpeza energética de ambientes e radiestesia.

Em certa medida, os dois últimos estabelecimentos mencionados preenchem um sentido econômico, pela venda de produtos e mercadorias, e um sentido religioso, uma vez que disponibiliza aos fregueses a oportunidade de cumprir práticas que se enquadram no seu universo de concepção simbólica.

2. Análise e conclusões

Os dados etnográficos apresentados na primeira parte deste texto apontam para alguns pontos que serão analisados nesta segunda parte.

1. Em primeiro lugar, se, por um lado, observamos no espaço público da capital gaúcha a oferta de artigos religiosos que fazem parte do acervo tradicional das religiões que compõem a diversidade religiosa local e nacional, por outro, constatamos, em praticamente todas as lojas que pesquisamos, mas sobretudo na da Universal do Reino de Deus, a presença de novos símbolos, destacados dos objetos do quotidiano, apontando para a criatividade da "imaginação religiosa" na produção de mediações com o sagrado.

Patrícia Birman também sublinha esta capacidade da Universal de produzir uma bricolagem de materiais que não se limitam aos reconhecidos mediadores com o sagrado, sobretudo católicos e afros. A rigor, segundo a autora,

> "(...) a Universal parte do princípio de que todos os artefatos humanos e todos os elementos da natureza podem servir para se conectar com o mundo divino: podem ser utilizados como mediadores eficazes com a esfera extramundana, desde que consagrados, "ungidos" por seus pastores" (Birman, 2002:69).

Assim sendo, acrescenta acertadamente esta autora, o efeito desse procedimento aponta para uma desqualificação dos mediadores religiosos tradicionais e para o estabelecimento de novas "conexões" com o sagrado (Birman, 2002).

2. Em segundo lugar, embora, como vimos, as ofertas de produtos religiosos tendam a se prender às principais tradições religiosas existentes em nosso meio social, os consumidores tendem a ser indivíduos que, embora atestem uma identidade religiosa vinculada a uma religião em particular, também são portadores de uma concepção religiosa típica da modernidade que confere uma autonomia pessoal no sentido de moldar a sua própria religião, apropriando-se de fragmentos e de elementos provenientes de diversos e diferentes sistemas religiosos. Este fato é destacado por C. R. Brandão quando diz: "qualquer um de nós pode ser hoje o seu próprio xamã, pode produzir a sua própria síntese, pode criar a sua própria teologia" (1994:55);[11] ou, então, por R. Prandi, ao afirmar que cada um pode compor "sua própria bricolagem religiosa, com anjos, espíritos, guias e gnomos, oráculos e pirâmides, orações, ervas e fórmulas da alquimia, meridianos chineses, preceitos orientais, baralhos, passes espirituais e *ebós*, horóscopos, talismãs e toda sorte de símbolos e signos, religiosos ou não. Porque tudo se vende e tudo se compra" (Prandi, 1996:273).[12] Possivelmente, por se tratar de um ambiente em que o consumo religioso se expressa na sua literalidade, as lojas de artigos religiosos se tornam um espaço privilegiado para se ver esta dimensão de consumo que esses autores têm destacado entre as características da religião na sociedade contemporânea.

11. Exemplo disso são alguns dados estatísticos relativos a crenças dos paulistanos. Segundo a *Folha de S. Paulo*, 71% dos paulistanos acreditam em mau-olhado; 51% acreditam em encosto; 84% em anjos da guarda; 55% lêem horóscopo; 38% já recorreram a cartomantes (*Folha de S. Paulo*, 13/8/1993). Segundo outra pesquisa, 45% acreditam em reencarnação (Brandão, 1994). Em recente pesquisa interativa realizada pela Rede Globo de Televisão com seus telespectadores, 88% responderam que acreditam em curas espirituais.

Isto significa que os estabelecimentos comerciais religiosos adaptam-se muito bem a um tipo de religiosidade bastante individualizada que caracteriza a modernidade, pois eles colocam à disposição das pessoas uma grande gama de bens tidos portadores de eficácia para encontrar sentido para a existência, proporcionar segurança e bem-estar para o quotidiano, resolver os problemas, conflitos e aflições do dia-a-dia. Por isso mesmo, tais centros seriam locais de expressão e de reforço de valores religiosos que contribuem para a reprodução das próprias religiões que precisam do consumo para atualizar e expandir sua cultura espiritual.

3. Em terceiro lugar, vale sublinhar que neste ramo de negócios o preço final dos produtos é fixado não somente pela qualidade do material empregado, tempo de mão-de-obra requerido e pela origem do produto, nacional ou importado – como ocorre com qualquer outro produto comercial – mas também pela associação que se estabelece entre esses produtos e a origem da tradição religiosa a que ele está associado. Neste caso, o valor econômico dos produtos é ditado também pela crença que se apóia num pensamento mágico: visto que tal produto é proveniente de tal região, país ou cidade (tipo Bahia, África, Índia, Vaticano etc.) – que, segundo as pessoas e dependendo das religiões, constituem locais sagrados –, ele também detém um poder simbólico (força, energia, axé etc.) superior aos demais produtos semelhantes. Mas, neste caso, esta atribuição e crença no "mana" desses produtos tem o seu custo, também embutido no preço final.

4. Enfim, o incremento do comércio de bens religiosos que se observa no espaço público, por um lado assegura trabalho e ocupação para um bom número de pessoas, seja na forma de empregos diretos, com carteira assinada, seja na forma de ocupação indireta, mediante a produção independente e artesanal de produtos e bens postos à venda nos estabelecimentos referidos. Mas, por outro lado, revela a interpenetração entre religião e economia, fato este que constituiu uma constante histórica na maioria das religiões do mundo – tendo, porém, recebido arranjos e

12. Evidentemente, na modernidade religiosa que estamos vivendo, o fato de cada um poder estruturar o seu próprio universo de representação simbólica não resulta forçosamente em dramas de consciência ou problemas de ordem ética. Aliás, como frisa Prandi, "talvez uma das coisas mais chocantes a respeito da religião hoje em dia está na facilidade como qualquer um pode mudar de uma (religião) para outra sem que o mundo caia" (Prandi, 1996:260).

significados diferentes segundo as instituições e as culturas – mas que, no Ocidente, com o advento do processo de secularização, foi pensado como superado uma vez que a economia, assim como a política, a ciência, a área jurídica, seriam instâncias da esfera pública, que se autolegitimariam por si próprias, enquanto que a religião estaria restrita à esfera do privado e da subjetividade.

Segundo D. Hervieu-Léger, esse processo de emancipação das esferas mencionadas, que funcionariam segundo uma lógica própria, tendo como característica principal a emancipação da tutela da tradição religiosa, é denominado de "laicização" ou "secularização", e "(...) implica que a vida social não é mais, ou cada vez menos, submetida a regras ditadas pela tradição religiosa" (1999:32).

No entanto, a socióloga francesa pondera que nos dias atuais tais relações são muito mais complicadas do que propunham os profetas ufanistas da modernização. Para ela, não se pode dizer que religião e modernidade (economia, ciência etc.) se excluem mutuamente e que uma não tem nada a ver com a outra. Há, antes, uma combinação complexa entre elas e tal complexidade aparece de forma clara nos dados etnográficos que constituem o objeto deste texto.

Referências bibliográficas

AMARAL, Leila. *Carnaval da Alma*. Petrópolis: Vozes, 2000.

BIRMAN, Patrícia. Conexões políticas e bricolagens religiosas: questões sobre o pentecostalismo a partir de alguns contrapontos. In: SANCHIS, Pierre (org). Fiéis & Cidadãos. Percursos de Sincretismo no Brasil. Rio de Janeiro, Ed. UERJ, 2002, p. 59-86.

BRANDÃO, Carlos Rodrigues. A crise das instituições tradicionais produtoras de sentido. In: MOREIRA, A. & ZICMAN, R. (org). *Misticismo e Novas Religiões*. Petrópolis: Vozes, 1994. p. 23-41.

CAROZZI, Maria Julia (org). *A Nova Era no Mercosul*. Petrópolis: Vozes, 1999.

CHAMPION, Françoise. La nébuleuse mystique-ésotérique. In: CHAMPION, Françoise & HERVIEU-LÉGER, Danièle. *De l'Émotion en Religion*. Paris: Centurion, 1990. p. 17-70.

GUERRIERO, Silas. Oráculos na modernidade: as feiras místicas de São Paulo. Comunicação apresentada na XVIII Reunião Brasileira de Antropologia, de 12 a 15 de abril de 1992, Belo Horizonte.

HERVIEU-LÉGER, Danièle. *Le Pélerin et le Converti: la religion en mouvement*. Paris: Flammarion, 1999.

LEWGOY, Bernardo. Os espíritas e as letras: um estudo antropológico sobre cultura escrita e oralidade no espiritismo kardecista. Tese de Doutorado, USP, 2000.

MAGNANI, José Guilherme Cantor. O circuito neo-esotérico na cidade de São Paulo. In: CAROZZI, Maria Julia (org). *A Nova Era no Mercosul*. Petrópolis: Vozes, 1999. p. 27-46.

MOREIRA, Alberto e ZICMAN, Renée. *Misticismo e Novas Religiões*. Petrópolis: Vozes, 1994.

ORO, Ari Pedro. *Axé Mercosul: as religiões afro-brasileiras nos países do Prata*. Petrópolis: Vozes, 1999.

PIERUCCI, Antonio Flavio e PRANDI, Reginaldo. *A Realidade Social das Religiões no Brasil*. São Paulo: Hucitec, 1996.

PRANDI, Reginaldo. *Os Candomblés de São Paulo*. São Paulo: Hucitec, 1991.

PRANDI, Reginaldo. Religião paga, conversão e serviço. In: PIERUCCI, e PRANDI. *A Realidade Social das Religiões no Brasil*. São Paulo: Hucitec, 1996. p. 257-274.

STEIL, Carlos Alberto. *O Sertão das Romarias: um estudo antropológico sobre o santuário de Bom Jesus da Lapa-BA*. Petrópolis: Vozes, 1996.

VEBLEN, Thorstein. *The Theory of the Leisure Class*. New York: Dover Publications, 1994 (Original, New York, Macmillan, 1899).

Considerações em torno de um Leitor de Paulo Coelho

Pablo Semán

1. Introdução

Edílson define a si mesmo como "maluco" sintetizando nessa idéia uma construção pessoal que abarca uma espécie de romantismo popular no qual convivem uma versão do amor aos livros, o cultivo de certas formas de individualização e hedonismo e a tradição religiosa familiar. É um dos seis filhos de um porteiro aposentado e foi criado no Leme, mas desde os sete anos vive na Rocinha onde morava sua avó e onde seu pai investiu as economias de toda a vida na construção de um prédio no qual convivem várias gerações da família.

Nos anos 90, Edílson atravessou uma situação que não foi diferente da experiência de muitos cariocas das classes populares: trabalhava em uma empresa estatal que foi privatizada e, por alguns cálculos que fez, decidiu que era melhor aposentar-se voluntariamente, da forma oferecida pela empresa, do que tentar o mundo do emprego privado. Na sua vida, esse era um salto no escuro que criava tensão em vários aspectos de sua situação. No mesmo ritmo que cresciam as dúvidas (teria sorte se apostasse no mercado? E, se apostasse no que parecia seguro, perderia da mesma forma o emprego?), aumentava uma atividade reflexiva que lhe servia para enquadrar a situação.

Esse é o contexto no qual ressoaram para Edílson as leituras de um Paulo Coelho que associa ao compromisso com os sonhos pessoais, com a vontade de melhorar e com a eficácia das forças espirituais em sua vida pessoal. Não afirmo que suas decisões e seus passos foram o resultado exclusivo de suas apropriações e leituras de Paulo Coelho, embora sustento que essas leituras estiveram entre as forças que operaram na elaboração de seu percurso. No que se segue, e com o objetivo de ilustrar essa proposta, exporei algumas das dimensões desse encontro entre Edílson e Paulo Coelho: as relações de Edílson com os livros em geral, sua leitura d'*O Alquimista* e sua forma de encontrar neste autor uma referência ética e épica. Finalmente, numa "hipótese conclusiva", referirei a possível direção em que afetam o público os produtos da dialética que dá lugar a comunidades de interpretação literária.

2. Um circuito de leitura

Jorge, um amigo de Edílson, é quem lhe deu um livro de Paulo Coelho num momento de inquietude emocional e foi o próprio Edílson quem o fez circular entre seu grupo de amigos da Paróquia e do bairro com a recomendação de que era um livro "que não podiam deixar de ler" e "que ia ser importante para suas vidas". Das mãos de Edílson o livro passou às mãos de Alexandra e destas, às de Leonardo.

O "interesse vital" atribuído ao livro se instituiu no circuito como uma de suas marcas. Outra qualidade com a qual circulou remetia a sua acessibilidade: como afirmava Edílson "é um livro simples, não precisei usar dicionário, não tinha palavras que não conhecesse". E se era valorizado porque se podia ler sem maiores incômodos, também lhe era atribuída a virtude de ser fascinante, impossível de abandonar até que terminasse: "peguei o livro e não consegui deixar até acabar de lê-lo. Passei dois dias sem deixá-lo".

Nosso informante e seus amigos cultivam a importância e o valor dos livros e Edílson afirma que "eu sou um pouco intelectual, sempre li muito mais do que os meus colegas". No entanto, suas coleções de livros pareceriam desmentir essa idéia: entre alguns manuais sobreviventes do colégio e da igreja, entre discos compactos e vídeos, aparecem contadíssimos livros que ganhou quase por acaso ou em cadeias de empréstimos como a citada acima.

Neste breve resumo factual, há quatro elementos a destacar e complementar. O primeiro é que a leitura se desenvolve apesar da força com a qual se manifestam, no grupo social, duas opiniões classicamente críticas em relação àqueles que "lêem muito": a leitura feminiliza o homem – cheguei a ouvir que "faz perder força" – e sabe-se o que significa, como símbolo da "fraqueza", o uso de óculos freqüentemente vinculado à leitura. Além disso, a leitura cria um conflito entre o leitor e seu meio social ao torná-lo indisponível, ao distanciá-lo irritantemente do grupo e de suas urgências cotidianas. Se se comprazia em descrever a imagem dele mesmo abstraído e preso na leitura, também sabia quanto lhe resultava constrangedor rejeitar algum convite por estar lendo e que, às vezes, seus pais se preocupavam pelo muito que lia. Mas se estamos falando de leitores, dizendo que eles existem, é porque há razões que fazem superar os obstáculos citados. Quais são essas razões? No ambiente de meus informantes, e entre eles em especial, há três razões chaves que rompem o bloqueio: o grau em que estão desenvolvidas as capacidades de leitura e escrita graças à expansão da escola, a força com que a cultura e a preparação atribuída aos livros e aos leitores podem ser a fonte de um prestígio específico, as vias de promoção e compreensão específicas que propiciam a religião ou diversos produtos da industria cultural.

O segundo elemento é o impulso sob o qual os livros de Paulo Coelho circulam entre o grupo de Edílson: este pouco deve à autoridade de agentes tais como o professor ou o agente religioso, mas é devedor da palavra autorizadora do amigo ou do membro de uma comunidade de sensibilidade que a própria recomendação ajuda a constituir.

Uma terceira questão vem imediatamente ligada: as recomendações, da mesma maneira que, veremos depois, o fazem as interpretações, enfatizam a importância dos livros na experiência vital. Nem Edílson nem seus amigos se relacionam com os livros como nós – escritores e/ou leitores profissionais que destinamos a maior parte de nosso tempo e de nossos esforços a ler e a escrever – o fazemos. A diferença quantitativa que se acentua quando comparamos nossas bibliotecas e as de leitores como Edílson, não deve, no entanto, obscurecer o ponto qualitativo: esses leitores, em nossa opinião, esporádicos, consumidores de "romances menores", vivem com eles emoções que ligam construções e decisões morais de forma que, pode-se dizer, fazem sua vida com livros que determinam suas decisões com imagens e conceitos, organizando emoções interiores, representações e práticas. Enquanto nós fazemos nossa vida entre livros, Edílson e seus amigos tiram vida dos poucos livros com os quais entram em contato. O contraste se acentua e se torna quase paradoxal quando se considera que nas culturas profissionais a leitura de narrativa, outrora considerada central na formação moral, é quase um pecado e que a leitura sentimental se afinca e se expande entre aqueles que "pouco lêem".[1] Nesse contexto, não parece casual que os livros circulem a partir de uma comunidade de afetos e sensibilidades e que os propiciadores de leituras não sejam os agentes legitimados para a transmissão do conhecimento (seja este secular ou religioso).

O quarto elemento é que uma biblioteca entre as pessoas como Edílson não é o mesmo que nós chamaríamos de uma biblioteca. Os livros são importantes pelo que se obtém deles, de cada um deles, numa leitura intensificada pelas emoções desatadas ou pelas reflexões que desencadeia, não por sua coleção em escala, por sua disponibilidade imediata para exercícios de consulta e análise, ou pela articulação e crítica de umas leituras com outras. Ao mesmo tempo, uma biblioteca é uma composição de algo mais que livros. Estes convivem com os produtos de outras indústrias culturais refletindo um fato freqüente: as interpretações dos mesmos se realizam muitas vezes a luz de canções e, mais raramente, de filmes.

Ao conjugarmos todas essas observações com o fato básico de que a expansão do sistema escolar em espaços como Rocinha tem garantido, nas gerações mais jovens, níveis de alfabetização bastante amplos, concluímos que fenômenos como a leitura de Paulo Coelho guardam uma complexidade especial: ela é o resultado de uma ampliação da difusão das habilidades promovidas pela escola, mas também o da força com que se impõem instituições e mediações que tendem a promover um

1. Como observa Spitz (2000) "(...) ler um livro dentro da faculdade é um sinal de esnobismo... uma prova de que a pessoa se mantém à margem... e de que só às vezes participa desse torvelinho de organização, reorganização, em função de reformas sucessivas, que absorve a totalidade das energias disponíveis..." (Tradução da versão em espanhol).

ideário divergente daquele que é veiculado pelo sistema escolar (ao menos na versão idealizada pelos planejadores). A escola ensina aos sujeitos a ler e distribui a competência técnica, mas os leitores adotam práticas literárias que devem, muito mais que a instituição escolar, a fontes "alternativas".

3. Um leitor

Edílson decidiu encarar os perigos do mercado fazendo uma prévia passagem pelo Sebrae onde se especializaria em temas relativos ao turismo. Na elaboração de sua decisão pesaram considerações heterogêneas, e entre elas, duas cujas características e articulação recíproca preciso resumir.

De um lado, sua decisão não foi exclusivamente individual: o período sem salário, que viria após a aceitação da demissão voluntária, seria amenizado por sua família garantindo qualquer período sem salário que excedesse o alcance de sua indenização. Ainda, há razões que ultrapassam essa contribuição: a família intervinha nessa decisão porque os seus passos eram vistos como uma questão relativa ao progresso de toda a família. As grandes decisões de cada um dos membros da família eram sempre parte de um conclave familiar. E o debate da situação de Edílson contou com uma presença particular: de repente, no meio do jantar familiar, se apresentou o avô que disse que a família deveria apoiá-lo e lhe deu palavras de incentivo que o fizeram confiar. "O gozado", disse Edílson ao concluir seu relato, "é que o avô tinha morrido 20 anos antes" e que sua presença espiritual foi compartilhada por todos os membros da família que aceitaram sua indicação. A possibilidade de ocorrência deste evento vincula-se a uma condição: a existência do que Birman denomina um universo cosmocêntrico, a pressuposição da imanência do sagrado no cotidiano e uma forma específica de compor os regimes denominacionais entre si e com a vida familiar.

De outro lado, é preciso ver que Edílson teve presente outra raiz na elaboração de seus sentimentos e de suas perspectivas futuras. Permitam-me resumi-la na lembrança emocionada de um professor que dizia em aula que ele e seus colegas, moradores da Rocinha, não eram "favelados", que não tinham de assumir como próprios os estigmas carregados pela palavra (que "eram pobres", que "não tinham possibilidades", que "eles só podiam estar envolvidos com delitos") e que sua atitude devia refletir isso em formas de se vestir, de se apresentar e de pensar que mostrassem aos outros que "não estavam esperando algo do governo".

Combinando estas duas raízes, a resolução da situação de Edílson atravessou impasses que a simplificação do meu breve relato distorce. No entanto, esta conjunção, que antecipei e gostaria explicitar, foi fundamental: Edílson encontrou na leitura de Paulo Coelho, entendida como parte de um conjunto de ferramentas de representação e libidinização de um trajeto, a possibilidade de dar continuidade a um vetor de subjetivação individualista e de conciliar este vetor com parâmetros cosmológicos e holistas. Assim, veremos que há uma seqüência na qual se organiza um imaginário de síntese que começa individualista e retorna à cosmologia.

Na literatura de Paulo Coelho, Edílson encontrou uma espécie de apoio suplementar para o que descreve como sua "vontade de progresso". O "querer viver melhor" e a necessidade de assumir os riscos do afastamento voluntário e do mercado tinham num trecho de um livro de Paulo Coelho uma encenação, uma imagem possível que, junto a outros elementos, lhe deram a coragem para realizar um salto existencial.[2] Se sua compreensão conceitual do livro *O Alquimista* fazia-o privilegiar a conclusão de que é preciso não renunciar aos sonhos, há uma série de imagens e seqüências que têm, para nosso leitor, muito valor afetivo e que incidiram de forma específica sobre ele. Nesta prática de leitura, que não aponta ao resumo conclusivo, para a crítica ou a sistematização de conexões, uma única frase pode ter tanta potência quanto o livro todo: cada leitor encontra, e não só nos livros de Paulo Coelho, um trecho que, de alguma forma, remete a sua situação e, ao mesmo tempo que a modifica, permite estabelecê-la, fixá-la como uma possibilidade no caos de representações e emoções.

2. Pode-se dizer que este era um salto que Edílson ia dar de qualquer forma, pois sabia que, embora não entrasse no afastamento voluntário, seu emprego já não era mais seguro e que devia optar em função de outros parâmetros: possibilidades de ganhos, minimização das perdas e prazer na tarefa a desenvolver. Porém, isso não nega que esse fato não tinha *per se* uma simbolização. E isto, a possibilidade de contar com uma simbolização fornecida pela leitura, é o que importa neste artigo.

Um desses momentos é uma decisão do protagonista do livro. Ele tinha se conformado com a cômoda posição que havia alcançado numa pequena loja. Esta parecia assegurar-lhe uma vida sem sustos, posterior a um momento em que atravessou dificuldades imensas a fim de alcançar seus sonhos. Edílson, encontrava nisso uma semelhança familiar com o seu dilema: enquanto o protagonista d'*O Alquimista* se debatia entre uma comodidade talvez sem alegrias e um sonho sem garantias, Edílson era consciente de que o afastamento voluntário era forçado porque não seria difícil que a empresa o demitisse caso mudasse o regime trabalhista. Por parte de Edílson, não podia haver "identificação" e sim captação, se quiser dialética, do traço de familiaridade entre sua situação e a do herói do romance.[3] Assim, a leitura apresentou uma forma possível, e não sem conseqüências, de assumir a constrição da realidade (lembre-se que Edilson acabou escolhendo a demissão voluntária). Se não é unicamente por causa da leitura de Paulo Coelho que toma resoluções como estas, também não é sem esta que se instaura e se define a sua volição.[4] Edílson afirma que a fórmula de Paulo Coelho – que insiste no cultivo da disposição "positiva" – lembra-lhe o que dizia o professor citado acima:[5] a confiança em si mesmo como ponto de partida e como combustível de uma forma de presença ante os fatos que os obriga ao conhecimento –"uma vez que se decide um caminho se desata uma conspiração a seu favor", diz o trecho que Edílson recorda como *leitmotiv*.

3. Não é simples "identificação" (no sentido psicanalítico), mas um processo de simbolização mais abrangente que viabiliza aquilo que descreve Petit (2001:48) "*El texto viene a liberar algo que el lector llevaba en el, de manera silenciosa. Y a veces encuentra allí la energía, la fuerza para salir de un contexto en el que estaba bloqueado, para diferenciarse, para transportarse a otro lugar*".

4. Vários estudos, meu próprio trabalho de campo e uma parte do mesmo diálogo com Edílson, mostram outras realidades na população das favelas: a afirmação do orgulho de pertencer a elas, seja porque possuem as qualidades que o estereótipo apresenta como negativas, seja porque se ostentam traços que desmentem o estigma. Mas no caso de Edílson o citado acima é expressivo do dominante em sua trajetória. Ele como uma parte da população das favelas prefere superar qualquer identidade como favelado.

5. Salvemos aqui uma possível contradição com o que temos dito acima sobre quem são as pessoas que recomendam eficazmente livros: o mencionado profesor é lembrado mais por um ensino moral do que por propiciar umas leituras determinadas. Nesse sentido, o professor é parte da série dos amigos e da comunidade de sensibilidade que propagou o livro.

A fórmula retida por nosso leitor não deixa de ter uma ambigüidade sintomática. É que, se há uma conspiração do mundo, já não há fatos absolutamente exteriores e objetivos, o indivíduo não é independente dessa totalidade em movimento. A vontade de afirmação e o compromisso com os sonhos remetem ao lado individualizante de Edílson (não pelo fato da adesão ao sonho de progresso, mas porque considerava que seus desejos diferiam do entorno e que apesar disso, e ainda contra isso, iria preservá-los). Mas, ao mesmo tempo, aciona uma visão cosmológica que acolhe e sobredetermina o movimento de individualização. Na leitura de Edílson, Paulo Coelho confirma uma série de crenças pessoais que implicam a continuidade do natural e do sobrenatural, do material e do espiritual, e a possibilidade de operar com rituais e ações o circuito que une esses momentos. Nesse sentido, sua leitura sublinha uma idéia que, ao mesmo tempo, pode ser parte e marco geral desse conjunto de crenças: a alma do mundo se alimenta da realização dos sonhos e por isso os nutre, os põe em cada pessoa e lhes dá possibilidades. Assim, os sonhos, que para uma parte da cultura moderna falam do desejo como função, são, para Edílson, a via de acesso ao cosmos do qual seu destino é parte, o ponto de junção entre ele e o mundo (incluída a dimensão espiritual). Que os sonhos são vozes de outro mundo é um ensinamento que vem revalidar e dar nova vigência a crenças afro-brasileiras e espíritas que são cultivadas em seu lar.

Essas crenças são as que se fazem presentes na hora de desenhar seu novo rumo: seu atual compromisso com o emprego na área de turismo, seu entusiasmo com a ecologia e com a possibilidade de viajar como guia turístico a Fernando de Noronha não é, apenas, o produto de sua nova orientação no mercado, mas de seu caboclo muito forte e da causa dessa força, sua ligação com sua avó, uma mulher de origem indígena. É neste contexto de recepção que as noções espirituais de Paulo Coelho ganham verossimilhança para Edílson e adquirem, inclusive, capacidade de reorganização de seu dogma pessoal. Se não deve a Coelho sua visão cosmológica está claro que é com ele que essa visão se atualiza: primeiro porque encontra uma garantia e segundo porque a harmoniza com o movimento de subjetivação que já temos citado acima e que é parte da combinação singular que Edílson tem produzido. Este é o sentido no qual se pode afirmar que a leitura de Coelho o acompanha para produzir uma atenção por seus sonhos pessoais, uma responsabilidade por desejos que, na moralidade de Edílson, devem condizer, de alguma forma, com os da família. Com o Paulo Coelho que o acompanha no movimento em que interroga e protege sua vontade e com o Paulo Coelho que ecoa a religiosidade familiar, Edílson sintetiza duas vertentes em um único movimento.

Entretanto não esqueçamos um dado ao qual nos referimos inicialmente: Edílson é católico e um fiel ativo de sua paróquia. Na tensão entre seu universo de crenças e o da sua igreja, opta por suas verdades "pessoais" e afirma que para ele existem "várias verdades": esta é a posição que adota quando se faz evidente que a elaboração de sua moralidade, com fundamentos religiosos, não se baseia exclusivamente na versão do Catolicismo fornecida pelo padre da paróquia, nem na que lhe é oferecida pelas versões escritas da doutrina oficial. O caso de Edílson nos leva, como tantos outros, ao fato de que em religião, como na prática letrada, a grande instituição (num caso, a escola, no outro, a Igreja) tem um poder de instituir inferior ao que aparenta.

4. O autor

Enquanto folheio os livros de Coelho, alguém me diz: "para alguns isto é pura invenção, mas não é assim. Estas são experiências verdadeiras. Não vê?" E mostrando a foto da contracapa, acrescenta: "não é um cara poderoso?" Esta é a opinião de uma vendedora que encontrei em uma livraria, mas também a de Edílson, que prefere Paulo Coelho "porque sabe do que está falando", e de boa parte dos leitores de Paulo Coelho. Qual é o poder que tem Paulo Coelho aos olhos de seus leitores pelos quais é preferido dentre dezenas de autores com temáticas e recursos semelhantes? O poder de Coelho é, para seus leitores, o que é transmitido por seus livros, considerados seu testemunho pessoal, uma transcrição de sua trajetória de vida. A trajetória de Paulo Coelho é caleidoscópica e, de certa forma, divergente da do homem de letras, incluindo nesta categoria os autores de literaturas que não têm nenhuma pretensão literária e todas aquelas ditas "comerciais". E não se trata somente de seu percurso "irregular", já que muitos literatos também o possuem, mas sim, fundamentalmente, dos efeitos deste percurso, em suas possibilidades de interpelação, no tipo de aura que adquire o autor diante de seu público. Estas características surgem dos momentos autobiográficos de seus livros, das apresentações midiáticas que precedem ao lançamento de suas edições, e a partir das quais vai nascendo nos leitores essa imagem de sujeito poderoso.

Paulo Coelho nasceu em 1947, no Rio de Janeiro, no seio de uma família da classe média. A ansiedade que os pais depositaram na carreira universitária do filho se agravou com a decepção que trouxe um estudante apático e sem muito sucesso. Logo viria a internação psiquiátrica que, aparentemente, foi parte das retaliações familiares e, por outro lado, as fugas que fizeram de Paulo Coelho um jovem rebelde. Nesse sentido, sucederam as experiências de busca e inovações estéticas que, no caso de nosso autor, estiveram a serviço do sonho de ser ator e do desenvolvimento de uma imprensa alternativa ligada ao mundo do rock. Conhecerá Raul Seixas, então produtor da gravadora CBS no Brasil, e desenvolverá uma amizade e uma sociedade artística na qual dezenas de canções escritas por Coelho foram cantadas por Seixas. Nessas letras, Coelho se mostrou contrário ao "sistema" ao qual atribuía despersonalização, expropriação da vontade, conformismo e mediocridade estética. O desenvolvimento destes temas éticos apoiava-se nas tradições da contracultura que insuflou os ânimos das juventudes dos anos 60 e 70. Mas, em seu caso, não somente pesavam os ideais de autonomia e rebelião que se alçavam contra o consumismo, as burocracias e as opressões sexuais e sociais. Paulo Coelho também militava em um grupo dedicado a mobilizar forças sobrenaturais: experiências destinadas a interferir na vida de outras pessoas que Paulo Coelho agora chama de experiências de Magia Negra e que o levou a um traumático "encontro com o mal". A trajetória prévia ao êxito literário inclui outro episódio trágico. Como muitos jovens da sua época, e apesar da distância que separava os *hippies* dos revolucionários, foi vítima de detenções e torturas. Nos anos 80 e 90 ganhou a posição de mestre de vida que lhe deu seu público e que construiu com livros, colunas em jornais e sábias doses de exposição de sua vida pessoal. Em seu centro, esta biografia tem um traço que resulta exemplar para seus leitores: Paulo Coelho é alguém que levou ao limite algumas experiências e retornou dos lugares mais perigosos com a sabedoria que o fez ver que não devia renunciar ao bem que buscava, mas que este se achava em outro lado. Muitos dos leitores de Coelho identificam seus dilemas e perigos com alguns desses momentos, e entendem, que sua capacidade literária reside no caráter de testemunho de sua literatura: passou pelo que os leitores passam e, além disso, já resolveu o que eles ainda devem resolver. Suas palavras têm verdade que deriva da experiência e não só de seus dotes como escritor. Assim, reconhecem no autor o protagonista de uma viagem existencial que tem final proveitoso. É essa experiência que o torna, ante esses leitores, um homem, um iluminado. É por isso que, para leitores como Edílson, os livros não são independentes do autor, e é por isso que Paulo Coelho não é para eles um escritor e sim uma referência ética que completa a literária.

5. Conclusão

Até aqui tenho assinalado o que sinteticamente pode ser definido como os pontos de passagem da dialética que, ligando leitores e literatos, faz prosperar comunidades interpretativas e, junto com elas, sensibilidades e éticas singulares. Sem a transformação da estrutura social brasileira, sem classes médias baixas que tenham aprendido a valorizar os livros, sem generalização das competições letradas, sem a contraditória desorganização do quadro social da "era Vargas", sem um fundo de crenças espirituais que compõem suas expectativas, Paulo Coelho encontraria menos ressonâncias. Mas sem Coelho, Edílson teria mais dificuldades para construir sua síntese moral e ideológica.

Lewgoy (2001) tem mostrado que a recepção e sucesso de Chico Xavier estavam vinculados a sua sintonia com umas classes médias em formação e com a síntese que este autor realizava entre dois horizontes morais possíveis para estes grupos: o santo e o caxias. Os tempos têm mudado: os estratos sociais se redefinem em dinâmicas variadas (entre elas, ascensão de camadas baixíssimas que sonham participar do mundo das classes médias, a queda das que se acreditavam acomodadas, e a atualização geral de referências e repertórios de ação e sensibilidade); com esta expansão da abrangência, criam-se encruzilhadas vitais nas quais os desejos individuais devem encontrar sua medida para condizer com ideais de retidão definidos no interior de unidades familiares e contornos sociais nos quais também tem variado o leque de recursos de relação com o sagrado. Para essa nova e alargada superfície social, na que se refundem horizontes morais das classes trabalhadoras e das classes médias baixas, a literatura de Paulo Coelho poderia cumprir um papel análogo ao proposto por Lewgoy para Chico Xavier. Os recursos e a situação não são, obviamente, os mesmos. Mas a tarefa de sintetizar uma tensão os aproxima. Xavier o fez na época em que as classes médias nasciam e se afirmavam na nação (levando-as a se identificar com a ordem social emergente e, sobretudo, a assumir um papel nela), já Coelho o fez na época em que estas classes constroem seu espaço processando as tensões decorrentes da contradição entre a tradição, a pressão do mercado e a emergência do culto ao desejo e ao ego. Além do mais Xavier, inscrevendo o religioso no literário, e Coelho, narrando horizontes espirituais, agem numa mesma interseção, reciclando capitais de um campo em outro, diluindo as fronteiras do literário e do religioso, mostram a possibilidade de um outro homem de letras.

Referências bibliográficas

LEWGOY, Bernardo. Os espíritas e as letras: um estudo antropológico sobre a cultura escrita e oralidade no espiritismo kardecista, tese de doutorado, Universidade de São Paulo, 2000.

PETIT, Michéle. *Lecturas del Espacio Íntimo al Espacio Público*. Mexico: Fondo de Cultura económica, Espacios Para la Lectura, 2001.

SPITZ, Jean Fabien. Les trois miseres de l´universitaire ordinaire. *Le Debat*, nº 108, Paris, 2000.

Comparando a Rede Vida de Televisão com a Vinde TV

Cecília L. Mariz

1. Introdução

Uma das formas da religião se expressar no espaço público contemporâneo tem sido através da mídia. Desde a criação do rádio e da TV no Brasil, as diferentes igrejas cristãs têm usado em algum grau esses canais de comunicação. Mas o fenômeno de canais de televisão religiosos é bem mais recente.

O desenvolvimento do sistema de televisão por satélite permitiu a proliferação de canais a preços relativamente baixos.[1] Barateando os gastos com a transmissão, esse sistema permite com poucos custos a criação de um canal de televisão. Assim, foi graças a essa inovação tecnológica que se inaugura nos Estados Unidos a era do televangelismo quando, em 1977, Pat Robertson se torna proprietário do primeiro canal cristão por satélite (Hervieu-Léger,1993).

A televisão por assinatura chegou tardiamente ao Brasil, se comparado com os Estados Unidos e Europa e mesmo com outros países da América Latina (como

1. "Em 1975, as redes de satélites de comunicações americanas se ampliaram ao ponto de que podiam transmitir sinais de vídeo para qualquer parte do país"(Dizzard, 1998:176-7). Os sistemas de TV paga a cabo, existentes nos EUA desde o final da década de 40, puderam assim expandir-se para o novo modelo de TV por assinatura atual.

Argentina, por exemplo). Essa entrada tardia explica a exigüidade de trabalhos sobre o tema, e também o fato da literatura sobre religião evangélica e televisão no Brasil se restringir praticamente a estudos de programas específicos (Gouveia, 1998; Fonseca, 1991) ou análises sobre a situação da Rede Record, canal aberto de televisão de propriedade da Igreja Universal do Reino de Deus.[2]

Da mesma forma que ocorreu em outros países, o crescimento do sistema de televisão por assinatura no Brasil permitiu uma proliferação de canais e também o aparecimento de mais canais com um perfil confessional e identidade religiosa marcada. Como explica um diretor da Vinde TV por nós[3] entrevistado:

> "para ter uma operadora de programação a cabo, você não precisa de concessão. (...) A concessão no Brasil sempre foi complicada. E 99% das concessões no Brasil estão ligadas a interesses políticos" (Marcos Salomão, diretor comercial da Vinde TV, em novembro de 1997).

Em 1996, dois desses canais são inaugurados: o católico, Rede Vida de Televisão, e o protestante, Vinde TV. Ambos eram veiculados no Rio de Janeiro pelo pacote de televisão da NET que é do grupo Globo de televisão. Conjuntamente com seus canais especializados em cinema, esporte, programas infantis, notícias etc., a NET traz em seu cardápio canais especializados em programas religiosos – um voltado para público católico e outro para o evangélico. No entanto, a difusão desses canais não se restringia ao sistema da NET. A Rede Vida era também captada por aqueles que tinham antenas parabólicas e posteriormente se expandiu pelo país por meio de antenas retransmissoras.

O presente trabalho compara o canal de televisão católico, Rede Vida de Televisão, com o protestante, Vinde TV. Essa comparação tem como objetivo relacionar a

2. Vários autores têm estudado a TV Record, ver por exemplo os trabalhos de Ruuth 1995, Gouveia 1998, Machado 1999, Corten 1999, entre outros.

3. Essa pesquisa foi feita com o auxílio de uma equipe de bolsistas de Aperfeiçoamento AP (Roberto Batista do Nascimento e José Augusto Soares) e Iniciação Científica IC (Marcela Serrano e Marcos Roberto Pereira, Carlos Breta e Paulo Batista) do CNPq, da FAPERJ e da UERJ.

inserção da religião em novos meios de comunicação de massa a uma possível redefinição na forma de se assumir a identidade religiosa na sociedade brasileira contemporânea, cada vez mais diversa e culturalmente mais plural.

Na primeira parte do trabalho, discuto de forma comparativa o surgimento dos dois canais em 96 e sua situação presente, procurando entender o crescimento da Rede e o desaparecimento da Vinde TV. Criados no mesmo período e tendo objetivos similares, esses dois canais vão ter destinos bem distintos. De 96 a 2003, a audiência da Rede Vida somente aumentou na medida também que o seu alcance geográfico foi bastante ampliado. Ela já opera na maioria dos estados fora do sistema de televisão por assinatura. A Vinde TV, pelo contrário, não existe mais, encerrou suas programações em agosto/setembro de 1999. O que explica os destinos tão diferentes desses dois canais? Como se fecha um canal evangélico numa cidade como o Rio de Janeiro, cujos dados revelam ser a capital mais evangélica do Brasil, e onde o público evangélico cresce a cada dia? A análise da origem, da estruturação e forma de organização de cada um desses canais pode nos ajudar a entender melhor seus destinos tão diversos.

Na segunda parte do trabalho procuro identificar, baseados num monitoramento da programação desses canais de TV de fevereiro a abril de 98, semelhanças e diferenças no gênero de programas preferidos, temas e discursos apresentados.

Por essa análise, tento responder a duas perguntas. A primeira questão é: em que medida o uso da TV, e a conseqüente adoção da linguagem midiática, implicaria uma nova proposta de vivenciar e definir a identidade religiosa? E a segunda seria: se campo católico e protestante mantêm suas características marcadas e suas especificidades apesar da tendência, característica do mundo contemporâneo, de homogeneização de estilos religiosos?

2. O sucesso da Rede Vida

A morte prematura de um canal evangélico num ambiente em que as igrejas evangélicas se multiplicam parece ir contra uma tendência social dominante. Já não temos problemas para entender o sucesso de uma TV católica. Apesar de se poder associar o sucesso da Rede Vida nesse período ao aparecimento de padres cantores, em especial o padre Marcelo Rossi, e o grande crescimento do Movimento Carismático, cuja afinidade com a comunicação de massas já tem sido muito destacada, outros fatores contribuíram para a ampliação dessa TV.

Em um país majoritariamente católico, a Igreja Católica não pretendia, nem precisaria, ter para si um canal religioso próprio, pois sendo a religião da maioria da população parecia se sentir presente, ou se sentir no dever de estar presente, em todos os canais fossem esses canais públicos, como os universitários e educativos, ou comerciais. De certa forma, pode-se dizer que em certo grau isso vinha ocorrendo na medida em que as televisões comerciais sempre transmitiram as mensagens do Papa, a missa de Natal, as missas de domingos, a divulgação da Campanha da Fraternidade. Apesar disso, nenhum desses canais comercias podia ser dito católico, muito menos uma TV da Igreja Católica. Pode-se, contudo, dizer que esses canais, como é o caso da Globo, seriam de católicos ou de pessoas com identidade cultural católica, direcionados para brasileiros assumidamente em sua maioria católicos. No entanto, a Igreja cada vez se sentia menos presente em qualquer TV como também perdia espaço na esfera pública em geral. O Catolicismo brasileiro que sempre teve uma certa autonomia diante da instituição Igreja parecia, com o enfraquecimento global dessa instituição, ficar cada vez mais autônomo.

Com as mudanças dos costumes e valores que rompem totalmente com doutrina oficial católica, o discurso das televisões, mesmo daquelas que falavam a um público culturalmente católico, representava cada vez menos o discurso oficial católico. Os novos estilos de vida, especialmente no que diz respeito à vida sexual e familiar, se chocam fortemente com o modo de vida proposto pela Igreja. No entanto, se a Igreja Católica propusesse um canal para seus fiéis, ela estaria reconhecendo uma posição minoritária. Não seria mais a Igreja da nação como um todo. Por isso, a proposta da Rede Vida não é ser o canal dos católicos brasileiros, mas "o canal da família brasileira".[4] Ao repetir

4. É interessante notar que há nos EUA um canal chamado The Family Channel, fundado em 1987 por um filho de Pat Robertson (Tim Robertson) (Hervieu-Léger, 1993:78). Essa coincidência de nomes pode indicar uma similaridade de proposta que responde a anseios de católicos e evangélicos diante de novos estilos de vida, anseios que parecem estar relacionados assim com problemas contemporâneos de escala global.

seu slogan "Rede Vida, o canal da família", os católicos, que estão por trás do projeto desse canal, não querem abrir mão da suposição que a TV católica seria a TV brasileira em geral, já que o Brasil é católico em sua maioria.

Embora não se possa explicar o sucesso da Rede Vida pelo crescimento da onda carismática, não se pode esquecer que de fato os primeiros anos da história da Rede Vida coincidiram com a explosão midiática do Pe. Marcelo Rossi como um *pop star*. A Rede Vida cresce assim num bojo de uma nova relação do mundo católico com a mídia. Nesse período, a experiência católica na televisão não se reduz à Rede Vida, foi muito além dos seus limites. Por um lado, o Pe. Marcelo aparece em vários programas de alta audiência nas TV comerciais, e ele mesmo ainda eleva mais essa audiência. Por outro lado, são apresentados programas católicos em TV abertas e são criados outros canais católicos, como por exemplo, o "Canção Nova" do carismático Pe. Jonas Abib. Posteriormente, a Associação do Senhor Jesus, uma associação carismática coordenada pelo Pe. Eduardo Dougherty e provavelmente a que mais produzia programas para a Rede Vida, inaugurou outro canal de televisão (TV Século XXI). Desta forma, apesar de seu crescimento recente, a Rede Vida poderá ter de em breve enfrentar problemas com a competição de mais um canal católico com produtores ativos e criativos.

Apesar da ativa presença carismática na Rede Vida de Televisão, pode-se pensar que o sucesso desse canal venha antes responder a uma demanda pré-existente. Como já sublinhei em trabalho anterior (Mariz, 1998), a Rede Vida não é um canal de carismáticos, mas abre espaço para diversas tendências dentro do Catolicismo. Essa diversidade de tendências na Rede Vida se nota bem no seu programa noticiário religioso, o Jornal JCTV, que traz notícias e informes dos mais diferentes setores da Igreja Católica no Brasil.

3. A breve existência da Vinde TV

A Vinde TV durou apenas três anos incompletos (dezembro 1996 a agosto/setembro 1999). Indo pela primeira vez ao ar no Rio de Janeiro, em 23 de dezembro de 1996, encerrou suas atividades quando foi vendida em 1999 para o Grupo RBN

(Rede Boas Novas).[5] Para entender essa sua curta vida é preciso lembrar que ela era quase um projeto pessoal do pastor Caio Fábio, pastor presbiteriano da Igreja Betânia de Niterói que teve uma presença marcante no campo evangélico e político do Estado do Rio de Janeiro nas décadas de 80 e 90.[6] Era vista como a TV de Caio Fábio mais do que uma TV evangélica.

Em todos os relatos de diretores da Vinde TV (entrevistas realizadas em novembro de 1997) sobre a origem dessa TV, repetia-se que ela era um sonho antigo do Reverendo Caio Fábio e que ela funcionava sob liderança pessoal desse pastor que era também seu proprietário. Essa TV não era assim um empreendimento de uma igreja específica. A origem da Vinde TV estaria exatamente no Programa Pare e Pense do Pastor Caio Fábio. Um dos entrevistados explica que: "o idealizador da Vinde TV foi o Reverendo Caio Fábio. que há 20 anos fazia programa de televisão na rede aberta" (Marcos Salomão, diretor comercial, entrevista em novembro de 1997).

Outro diretor reafirma o que foi dito acima quando lembra que:

> "a Vinde TV era um programa de televisão que hoje virou emissora (...) Era um sonho antigo do Reverendo Caio Fábio transformar o programa Pare e Pense em uma emissora como objetivo de levar às pessoas evangélicas ou não um pouco da palavra de Deus" (Hermes, diretor, entrevista em novembro de 1997).

Também nas vinhetas desses canais (em 1998, quando foi feito o monitoramento dessa TV), bem como nas entrevistas citadas acima, ficava muito claro o papel central de Caio Fábio nessa televisão. Seu nome era citado com muita freqüência, e também sua imagem aparecia várias vezes nas vinhetas.

A trajetória do pastor Caio Fábio está diretamente ligada à mídia religiosa. Caio Fábio começa a ser reconhecido como pastor de sucesso a partir de um

5. Grupo de capital americano com representação no Brasil, em Manaus, responsável pelo Book of Life International.

6. Sua aliança política era com as esquerdas do Rio de Janeiro, e com os movimentos e ONGs contra a violência e pela cidadania, especialmente o VIVA RIO. Caio Fábio destacou-se na organização dos projetos "Casa da Paz" e "Fábrica da Esperança" que se implantaram em Vigário Geral, após a chacina de 1993.

programa evangélico que apresentava na televisão em Manaus, a partir de 1975. Como narra uma das diretoras entrevistadas: "O nome do programa era diferente, (...) depois houve uma alternativa para mudar de nome e passou a se chamar Pare e Pense"(Renata diretora de programação da Vinde TV, entrevista realizada em novembro de 1997). O sucesso desse programa estimulou a criação da Vinde (Visão Nacional de Evangelização), uma ONG com sede em Manaus. Além desse programa de TV, a Vinde tinha programa de aconselhamento e um boletim informativo. Posteriormente, o pastor Caio Fábio se mudou para Niterói, Estado do Rio de Janeiro, e trazendo com ele a Vinde, passou a veicular esse seu programa pela Manchete no Rio de Janeiro. O Pare e Pense fez um relativo sucesso com uma boa audiência. Segundo um dos diretores da Vinde TV entrevistado, esse programa foi em determinada época o de maior audiência da TV Manchete. O sucesso do Pare e Pense teria assim inspirado o sonho de uma TV evangélica.[7]

O projeto da TV evangélica teria assim sido amadurecido gradativamente. A central de produções do programa Pare e Pense, que funcionava na ONG Vinde, foi assim o embrião para a Vinde TV. Por isso, dizia-se que a Vinde TV era o programa de Caio Fábio ampliado. Como declararam todos os entrevistados da Vinde TV em 1997, essa TV era um projeto idealizado por ele, e ele estava no centro de tudo. "Ele é quem puxa o projeto", afirmou um dos diretores.

Por isso, quando esse pastor cai em descrédito por ter se envolvido no escândalo político (caso do Dossiê Caimã),[8] em 1998, e depois no escândalo familiar com a crise de seu casamento e pedido de divórcio em 1999, a Vinde TV perde suporte de empresários e entra em crise. Em entrevista à *Revista Eclesia* (ex-*Revista Vinde*), em outubro de 1999, o próprio Caio Fábio narra essa crise:

7. Aqui vemos uma semelhança com a origem do canal de Pat Robertson que também teve sua origem a partir de um programa de sucesso (*700 Club*) desse pregador (Hervieu-Léger 1993:78).

8. O pastor Caio Fábio foi acusado de propor a venda de documentos falsos que acusavam o presidente da república e outras pessoas de sua equipe de ter dinheiro depositado em paraísos fiscais.

> "Negociei a TV porque não tinha meios de mantê-la depois do que aconteceu. Se não fossem os 45 dias de trituração por conta do episódio do Dossiê Caimã – e a trituração política foi maior do que a da mídia –, eu teria tido paz na alma e concentração no coração para encontrar saídas que existiam. Na verdade, a Vinde TV estaria hoje muito maior (...). Tinha um grande contrato com a Petrobrás, o SAS e o Sebrae. Mas quando aquilo explodiu uma das primeiras medidas desses órgãos foi cancelar os contratos em solidariedade ao Presidente da República" (*Revista Eclesia*, outubro de 1999).

O fechamento da Vinde TV se explica, assim, pela queda em desgraça desse líder protestante após o escândalo político de 98, e posteriormente com seu divórcio em 99. Portanto, a crise dessa TV ocorre juntamente com a crise da liderança de Caio Fábio. Ao analisar a origem da Vinde TV e sua proposta, podemos encontrar a razão do seu desaparecimento na forma em que foi estruturada – em torno de uma liderança única. A "queda" dessa liderança levou ao fim do projeto.

4. Comparando os dois canais

Uma primeira semelhança que se pode notar é que os dois canais são propriedades privadas de indivíduos, famílias ou sociedades, mas não de uma igreja propriamente dita. Apesar de sua identidade religiosa definida e de sua proposta também claramente religiosa ser ligada a igrejas ou a uma igreja, no caso da Rede Vida à Igreja Católica e na Vinde TV ao mundo evangélico, nenhuma das duas TV eram consideradas propriedades das igrejas (como ocorre com a Record que se coloca como propriedade da Igreja Universal – nos cultos da IURD, os pastores pediam dinheiro para ajudar a TV e dizem que essa TV foi comprada com o dinheiro dos fiéis da IURD). Ambos canais reconhecem que sua sustentação vem de apoio de empresários, mas basicamente de comerciais e da venda de seu tempo de programação.

Um diretor explica:

> "Vinde TV é uma empresa como qualquer outra com seus sócios quotistas. No caso, é uma empresa de sociedade anônima e capital aberto. Ela tem seus investidores (...) e é mantida por duas coisas, espaços comerciais (...) e

investimentos dos sócios quotistas" (Marcos Salomão, diretor comercial, em entrevista realizada em novembro de 1997).

Embora se diga "o canal do Papa", a Rede Vida pertence a uma sociedade (Inbrac) cujo sócio majoritário e presidente, o Sr Monteiro, é empresário católico de Barretos, SP. Na *homepage* da Rede Vida se explica sobre a sociedade Inbrac, em cujo conselho diretor há a presença de representantes do clero católico além da família Monteiro.

Caio Fábio declara ter sido proprietário da Vinde TV em sua entrevista de outubro de 1999 à *Revista Eclesia*, ex-*Revista Vinde*, explica quando lhe perguntaram "como o senhor se mantém?" – "Estou vivendo do acerto que consegui fazer com a Vinde TV, que não foi grande coisa."

Apesar de serem ambos projetos de empresas de propriedade privada, nota-se uma maior fragilidade na Vinde TV por esse projeto ter sido muito identificado com o único líder religioso. Na entrevista acima citada, Caio Fábio coloca que o fim da Vinde TV não foi econômico, mas político. Segundo sua entrevista, na época da venda, essa TV estaria muito bem economicamente: o seu fechamento seria fruto de problemas antes políticos do que econômico.

Ao contrário da IURD, esses dois canais analisados aqui representam tendências religiosas, mas não seriam propriedades de igrejas. Isso permite que essas igrejas marquem presença na mídia, mantendo-se de certa forma fora dela e do mercado que a envolve. Os dois canais de TV se sustentavam, então, basicamente pela vendagem de seu tempo de transmissão. Assim, os comerciais desempenhavam um papel forte, bem como também a vendagem de tempo para grupos religiosos que quisessem transmitir seus programas.

Quantos aos comerciais, os diretores da Vinde TV foram claros em seus compromissos éticos ao dizer que rejeitavam comercial de cigarros e bebidas ou motel. Observa-se esse tipo de compromisso também na TV católica. A TV católica possuía uma vantagem de dispor de um maior número de instituições educacionais e ou de publicações católicas que se dispunham a colocar comerciais em seu canal do que a evangélica. Há evidentemente bem mais editoras, escolas e universidades católicas no Brasil do que evangélicas.

Já no que se refere às programações, tanto a Rede Vida com a Vinde TV produziam apenas uma pequena parte dos programas que veiculam e veiculavam. A maioria era produzida fora do canal por outros grupos independentes. Na Rede Vida, as produtoras externas são em geral ordens religiosas e grupos carismáticos. Já na Vinde TV eram outras igrejas evangélicas. Assim, por meio da sua grade de programação, os dois canais expressavam a diversidade do campo religioso católico e evangélico, respectivamente.

Enquanto a Vinde TV apresentava programas de igrejas, tais como a Igreja Internacional da Graça, Congregacional, Assembléia de Deus da Madureira, Maranata, a Rede Vida apresentava programas de grupos carismáticos, tais como a Associação do Senhor Jesus, o Raboni, e também de diversas ordens religiosas (Paulinas e Salesiano, entre outras).

É interessante notar a forma como cada TV lida com a diversidade interna ao seu campo religioso. Antes da veiculação de um programa de alguma igreja evangélica específica, a Vinde TV fazia uma advertência se isentando da responsabilidade do que ia ser apresentado, pois o programa a seguir era de total responsabilidade da igreja que o tinha produzido. Já a Rede Vida quando transmitia programas carismáticos católicos, cuja linguagem gestual e oratória são passíveis de serem confundidas com o estilo pentecostal, adverte com uma legada que esse se trata de um programa ligado à Igreja Católica Apostólica Romana. Essas advertências em cada TV refletem bem a diferença nas atitudes, católica e evangélica, diante da diversidade de seu campo religioso: no mundo católico se quer "marcar a unidade católica, apesar da diversidade", já os evangélicos estão preocupados em manter autonomia de cada grupo, apesar de suas alianças.

Nota-se assim uma diversidade nos dois campos religiosos, não apenas conteúdo e mensagem cristã, mas nas imagens transmitidas de católico e de evangélico. Por exemplo, na Vinde TV, nota-se que o programa Pare e Pense, como os demais programas produzidos pela própria emissora, diferenciava-se das programações independentes, especialmente das produzidas por igrejas como a Igreja Internacional da Graça. Não apenas o tom das mensagens era distinto, mas também o visual do fiel e do pastor. O pastor R. R. Soares, fundador da Igreja Internacional, vestia-se num estilo bem mais formal do que Caio Fábio. Além disso, o público presente em sua pregação veiculada se emocionava e chorava enquanto o escutava. Cura e milagres eram relatados de forma diferente do que ocorria no Pare e Pense.

Nas duas televisões predomina a imagem do indivíduo de classe média; isso é verdade tanto para o caso católico como o evangélico. Na programação produzida na própria Vinde TV há uma tentativa de se mostrar um evangélico afinado com a sociedade mais ampla, mais "moderno": é a imagem do homem evangélico, e mesmo pastor, que segue a moda, adota estilo informal, e da mulher evangélica que pode ter "vaidades", como diriam os pentecostais, ou seja, podem se maquiar e usar blusas sem mangas.

5. Comparando a grade de programação

Essa comparação foi baseada em observação durante os meses fevereiro a abril de 1998. Realizou-se uma análise qualitativa do conteúdo da programação monitorada. Observou-se, em primeiro lugar, que há uma grande semelhança no gênero de programas preferidos, e que ambos canais adotam formato semelhante. O gênero "sala de visitas", para usar expressão adotada por Alexandre Fonseca (1997) e Eliane Gouveia (1998), parece ser o mais comum no mundo midiático religioso. Tanto na Rede Vida como na Vinde TV, há muitas entrevistas. A palavra predomina sobre as imagens (Mariz, 1998).

Há, contudo uma diferença quanto aos entrevistados preferenciais de um ou outro canal. Como já destaquei em artigo anterior, registrou-se maior presença de entrevistados acadêmicos e intelectuais na Rede Vida do que na Vinde TV (Mariz, 1998). Nesse último canal, durante o período analisado, era mais comum assistir a entrevistas com atletas e artistas de televisão. A maior parte das entrevistas monitoradas na Vinde TV se deu no programa diário chamado Figura, no qual se convidava alguém de certo destaque na arte, na televisão comercial mais ampla, no teatro, ou no esporte nacional. Realizado por produtor independente, o programa Figura, além de diário e no horário nobre, durava mais de uma hora, sendo assim um destaque na grade de programação desse canal.

Os dois canais também apresentavam políticos. Uma das visitas de nossos pesquisadores à Vinde TV coincidiu com uma entrevista de César Maia, que na época tinha já cumprido seu primeiro mandato de prefeito do Rio de Janeiro e se candidatava ao governo do Estado. Segundo os diretores da Vinde TV, a presença de um convidado político na TV não representava um compromisso com ele. Políticos de outra orientação também já tinham sido convidados antes. Um dos diretores afirma em sua entrevista: "vai ser dada oportunidade para todos os outros candidatos, porque essa é uma atribuição nossa também de fazer um esclarecimento político. Ninguém tem que se alienar"(Renata, diretora de programação, entrevista realizada em novembro de 1997). Na Rede Vida também havia entrevistas com políticos. Havia, inclusive, um programa especializado no tema, o programa de Irma Passone, que foi descrito em trabalho anterior (Mariz, 1998).

Era meta principal desses dois canais oferecer uma programação para o público já religioso. Nenhum dos dois canais se coloca como meta converter pessoas de outra tradição religiosa. Um dos diretores da Vinde TV é explícito quanto a essa proposta, ao afirmar que:

> "nosso objetivo é atingir esse público (evangélico). A gente não tem preocupação em atingir outros meios, por enquanto" (Marcos Salomão, diretor comercial, em entrevista realizada em nov. 1997).

Esse diretor comenta essa especificidade da Vinde TV, comparando com as demais programações evangélicas, dizendo que:

> "você liga sua televisão hoje tem muitos programas evangélicos, mas são programas chatos. O que você vê é um sujeito querendo levar o outro para sua igreja. Não é essa nossa intenção. A gente quer fazer um programa livre e dinâmico sem abrir mão dos conteúdos dos compromissos éticos e cristãos que moldam a nossa programação".

De acordo com essa declaração, tal como a Rede Vida, a Vinde TV queria ser um canal alternativo para quem já tivesse uma opção religiosa específica. No entanto, ao contrário da Rede Vida, não observamos na Vinde TV programas infantis, nem filmes, nem noticiários.

Apesar de se propor como canal alternativo para aqueles que procuram um lazer e informação mais afinada com suas crenças e convicções, ambos canais procuram em certa medida oferecer também apoio para os que estão vivendo momentos difíceis. A Vinde TV parecia ter mais esse perfil pastoral do que a Rede Vida, talvez pelo estilo pessoal do seu idealizador, pastor Caio Fábio.

O programa Pare e Pense, carro chefe da Vinde TV, que de fato orientou toda a proposta de programação dessa TV, tem um aspecto de aconselhamento espiritual. O pastor Caio Fábio pregava, mas também aconselhava as pessoas. Apresentado duas vezes por dia (uma vez em reprise), esse programa tinha uma hora de duração. Como os demais programas dessa TV, a sua ênfase era na Palavra. Um dos diretores reconhecendo esse estilo, explicou:

> "nós estamos preocupados com a Palavra. Enquanto as outras televisões, abertas ou não, se preocupam com show, a imagem, nossa grande preocupação é o conteúdo".

Nessa declaração, está implícito que essa TV se propunha uma função pastoral e não apenas ser um meio de obter lazer e informação cristãos. Esse papel aparece claro quando esse diretor coloca ainda que:

> "É muito grande o número de pessoas que ligam pra cá no auge do desespero. Às vezes no ar a gente pede oração para essas pessoas e anotamos o telefone" (entrevista realizada em novembro de 1997).

O próprio lema da Vinde TV traz implícita essa mensagem de transformação – "o canal que muda você". Pode se ler nesse *slogan* uma busca de conversão no sentido amplo do termo.

Já na Rede Vida, são os programas produzidos por grupos carismáticos que possuem mais explicitamente essa proposta de oferecer novas formas de viver e ajudar as pessoas a mudar de comportamento. Como notamos em trabalho anterior, os carismáticos em seus programas "ensinam novas formas de orar".

Em ambos canais, a presença das mulheres é bem reduzida. Havia em cada uma das duas emissoras um programa do tipo "sala de visita", em que a entrevistadora era mulher. Mas, em geral, a maior parte da programação era conduzida por homens. Esses canais não inovavam em colocar mulheres em posição de liderança, mas reforçam os modelos de suas igrejas onde a mulher, embora maioria, está ausente dos cargos de comando.

Ao contrário da Rede Vida, a Vinde TV ficava 24 horas no ar. Nesse sentido, oferecia concorrência à Record. Um dos diretores chega a afirmar que a Vinde TV seria a primeira TV evangélica 24 horas no ar. Mas os programas noturnos da Vinde TV ou eram clipes musicais ou reprise de programas diurnos.

6. A competição com a Igreja Universal

Enquanto Caio Fábio alimentava o sonho de transformar seu programa em TV já por algum tempo, grupos católicos, especialmente carismáticos, vinham, como mostram Della Cava e Montero (1991), tentando defender uma proposta de TV no meio católico. No entanto, dois fatores podem ter impulsionado nos dois casos a concretização dessas propostas. O primeiro, que mencionei no início, foi um fato de ordem econômica, técnica e prática: o desenvolvimento da TV a cabo oferecendo condições concretas para abertura de uma TV sem necessidade de concessões. Já o segundo, foi de ordem religiosa: a ameaça que se constituiu para os campos religiosos diversos, especialmente os estabelecidos católicos e protestantes históricos, a força da Igreja Universal e seu sucesso com a aquisição da TV Record.

A Record não é apenas uma emissora de TV mas um conjunto de rádios também. A compra da Record pela Igreja Universal assusta não apenas grupos religiosos como a opinião púbica em geral, e até o grupo forte de comunicação como a Rede Globo. Embora os projetos de criar a Rede Vida e a Vinde TV sejam ambos vistos como fruto de um anseio antigo de alguns grupos e pessoas em seus meios religiosos respectivos, a implementação concreta desses projetos parece ter sido estimulada pela ameaça do crescimento da Igreja Universal nos meios de comunicação.

A competição com a IURD é claramente colocada como sendo um elemento fundamental na decisão católica de apoio ao projeto da Rede Vida, no livro de Monsenhor Beltrami (1996). Em seu livro esse padre, responsável pelo Vicariato da Comunicação em São Paulo, deixa claro o episódio que chocou o clero católico quando um programa do arcebispo de São Paulo foi retirado da rádio Record.

Embora não tenha sido citada pelos diretores da Vinde TV entrevistados,[9] o combate empreendido por Caio Fábio contra a IURD, especialmente entre 1992 e

1998, foi claro e explícito. Caio Fábio argumentava nesse período que a Igreja Universal não podia ser vista como evangélica. Em 1994, Caio Fábio aparece na *Veja/ Rio* como o pastor ético que ia contra a IURD, a igreja antiética. A Vinde TV abria espaço assim para todas as outras igrejas evangélicas, pentecostais e históricos, com as quais Caio Fábio procurava fazer aliança contra a IURD. Uma televisão seria fundamental nesse combate a uma igreja que era proprietária de um canal aberto.

No entanto, após a crise que o levou a perder seu prestígio religioso e político e também a fechar a Vinde TV, Caio Fábio em entrevista à *Revista Eclesia* (outubro de 1999), afirma que se arrependeu da campanha que liderou contra a Universal e declara que exagerou em suas críticas àquela igreja.

Apesar dessa posterior *mea culpa* do criador da Vinde TV, não se pode negar que outra semelhança entre esse canal e a Rede Vida foi terem sido percebidos e adotados como um instrumento de comunicação religioso que pudesse competir com a força midiática da Universal.

7. Conclusão

No mundo contemporâneo, a televisão passa cada vez mais a atrair a atenção das igrejas cristãs, seja enquanto um instrumento de evangelização, seja como um meio a ser evangelizado. Embora desde seu surgimento as diferentes igrejas se tenham expressado nos canais de TV nos diferentes países, apenas com a TV a cabo os evangélicos fundamentalistas norte-americanos se dedicaram a fazer programas missionários e evangelizadores, e também inauguraram suas próprias televisões.

A presente análise comparativa revelou que o estilo e o tom da programação da Rede Vida e Vinde TV não diferem muito. Peter Berger (1985) aponta para uma certa homogeneização no estilo religioso no mundo contemporâneo, essa similitude

9. Em suas entrevistas (realizadas em 1997), os diretores da Vinde TV nada comentaram sobre esse conflito. Quando questionados sobre a Universal, disseram que provavelmente essa igreja, tal como a Católica, não proporia programas para a Vinde TV por ter seu próprio canal, mas que a Vinde TV não teria problemas em aceitar seus programas.

parece ser intensificada no caso da religião veiculada pela televisão e pode ser explicada pelas exigências próprias dessa mídia. A diversidade interna do campo religioso, no qual grupos mais conservadores compartilham mesmo espaço com outros que adotam posturas mais flexíveis, aparece nas duas televisões. O que distingue, no entanto, o estilo protestante do católico parece ser antes a forma de cada um lidar com essa diversidade.

Ao contrário dos programas da Record, que convocam fiéis para ir aos templos da Igreja Universal, como foi observado por diversos pesquisadores (Gouveia 1998 e Corten 1999, entre outros), os programas monitorados nos dois canais analisados não faziam apelo desse tipo. O conteúdo desses programas era mais de auxílio e conforto espiritual para os já crentes. Ambos canais traziam programas cujo discurso era muito similar a de livros de auto-ajuda e pensamento positivo. Por exemplo, a Tribuna Independente, programa diário do horário nobre da Rede Vida, trouxe mais de uma vez convidados especialistas em técnicas de auto-ajuda para empresários.

Uma característica católica que marca a Rede Vida, e a distinguia da Vinde TV, é a forte presença de programas dedicados a rituais tais como terços e missas. Essa especificidade ritual católica se manteve. Já os programas do canal evangélico eram, em geral, de mensagens e pregação apenas. Alguns elementos que marcam a especificidade católica e evangélica foram assim mantidos, mas havia uma tendência geral para uma padronização de discursos e mensagens. Grande parte das mensagens era de aconselhamentos, apoio espiritual e emocional, que, como já foi assinalado, muitas vezes se assemelha a discursos de auto-ajuda. Em ambos os canais, há muito espaço para saúde, seja discussão com médicos tradicionais seja apresentando algumas práticas de saúde alternativas.

Embora ambos canais se propusessem a atingir uma audiência já religiosa, seja católica ou evangélica, notou-se na grade da Vinde TV programas que tentavam atrair o não evangélico. Em sua maior parte, esses não eram produzidos pela Vinde TV, mas mesmo alguns da própria emissora podiam, por vezes, dirigir-se ao não evangélico. Já a TV católica se dirigia à família brasileira, assumindo que essa seria católica, reafirmando assim a crença num país exclusivamente católico.

Referências Bibliográficas

BELTRAMI, Mons. Arnaldo. *Como Falar com os Meios de Comunicação da Igreja: Vicariato da Comunicação Arquidiocese de São Paulo.* Petrópolis: Vozes, 1996.

CORTEN, André. *Alchimie Politique du Miracle.* Montréal: L'Univers des Discours, 1999.

BIRMAN, Patricia. O bispo, o povo e a TV: alguns efeitos talvez inesperados da presença dos pentecostais. *Caderno de Conjuntura*, 54. Rio de Janeiro: IUPERJ, 1996.

BOURDIEU, Pierre. *Sobre a televisão.* Rio de Janeiro: Jorge Zahar, 1997.

CARRANZA, Brenda. O rebanho midiático. Trabalho apresentado no Seminário de Pastoral Urbana promovido pela CNBB em Goiânia setembro 1997.

DELLA CAVA Ralph & MONTERO, Paula. *E o Verbo se Faz Imagem.* Petrópolis: Vozes, 1991.

DIZZARD Jr, Wilson. *A Nova Mídia: a comunicação de massa na era da informação.* Rio de Janeiro: Jorge Zahar Editor.

FACCIO, N. A televisão em seu púlpito: a linguagem dos programas Encontro com Cristo da Rede Vida e Palavra de Vida da Rede Record. Projeto apresentado ao programa de Pós Graduação de Comunicação e Semiótica da PUC de São Paulo, 1996.

FONSECA, Alexandre Brasil. Evangélicos e mídia no Brasil. Dissertação de Mestrado não publicada IFCS/UFRJ, 1997

GOUVEIA, Eliane H. Imagens Femininas A Reengenharia do Feminino Pentecostal na Televisão. Tese de Doutoramento não publicada PUC-SP, 1998.

GUTWIRTH, Jacques. *L'Église Électronique: la saga des télévangélistes.* Paris: Bayard Éditions, 1998.

GUTWIRTH, J. As Igrejas Eletrônicas. *Cadernos de Antropologia*, nº 2, 1991.

HERVIEU-LÉGER, Danièle. Télévision et modernité: quelques notes d'enquête. In: PËTONNET & DELAPORTE, *Ferveurx Contemporaines.* Paris: L'Hartmattan, 1993. p. 75-88.

HOINEFF, Nelson. *A Nova Televisão: desmassificação e o impasse das grandes redes.* Rio de Janeiro: Relume Dumará, 1996.

MACHADO, M. D. C. Gênero e Sexualidade: uma análise da mídia pentecostal. Trabalho apresentado na 21ª Reunião Anual da Associação Brasileira de Antropologia, 1998.

MARIANO, R. Usos do marketing por neopentecostais e por católicos. Trabalho apresentado na VI Jornada sobre Alternativa Religiosas na América Latina, Porto Alegre, 1996.

MARIZ, C .L. & MACHADO, M .D. O sincretismo e trânsito religioso: comparando carismáticos e pentecostais, *Comunicações do ISER*, 45, Rio de Janeiro, 1994.

MARIZ, C L. Rede Vida: o catolicismo na TV. *Caderno de Antropologia e Imagem*, 1998.

MONTERO, P. & DELLA CAVA, R. A Igreja Católica e os meios de comunicação de massa. *Religião e Sociedade*, 13/3, 1986. p. 62-74.

ORO, A. P. Religiões pentecostais e meios de Comunicação de massa no sul do Brasil, *Revista Eclesiástica Brasileira*, 50 (98):304-334, 1990.

ORO, A. P. O discurso dos pregadores eletrônicos. *Cadernos de Antropologia*, nº 2, 1991

RUUTH, Anders. *Igreja Universal do Reino de Deus*. Uppsala: Bibliotheca Theologicae Praticae. (Resumen en Español), 1995. p. 261-37.

WOLTON, Dominique. *Elogio do Grande Público: uma teoria crítica da televisão*. Rio de Janeiro: Ática, 1996.

Posfácio

A Questão do Sentido:

por um caminho incerto entre crer e saber

Marc Henri Piault

1. Da situação antropológica: por uma reciprocidade entre as perspectivas

As relações entre o religioso e o que se designa como "espaço público", isto é, o campo de manifestação e de expressão da sociedade, constituem um espaço imenso e particularmente rico de observação. Sem dúvida, vamos encontrá-lo mais desenvolvido nas disciplinas da história e da sociologia das religiões, do que na esfera de uma antropologia propriamente dita – esta se encontra historicamente mais vinculada às abordagens do trabalho de campo e ao enunciado das formas e dos modos da alteridade do que à construção de sistemas universais de compreensão.

No entanto, o desmoronamento dos grandes sistemas ideológicos provocou uma certa reticência quanto a estas propostas englobantes. E gerou entre os pesquisadores, em conseqüência, uma renovação do interesse pelas formas de se pensar e de se comportar no interior de suas próprias sociedades. Uma certa abordagem epistemológica do que se designaria como uma "antropologia da religiosidade", estaria associada a este processo, direcionado a uma auscultação das crenças e do crer a partir do que surge em nossas próprias sociedades e do que vai ao encontro delas. Pois o campo de investigação do religioso parece estar se reconstituindo a partir da renovação de crenças e de pertencimentos religiosos sobre as quais já se tinha enunciado, precipitadamente, aliás, o desencantamento.

Se as inquietações relativas às finalidades do homem e do mundo voltam a ser objeto de questionamentos, isso não quer dizer que se trata de um mero reencontro com os espaços religiosos já balizados, ou ainda, que os lugares e os instrumentos de sua sinalização já tenham sido perfeitamente identificados ou sejam identificáveis. Encontramos aqui o segundo aspecto do interesse antropológico por uma abordagem específica das relações entre religiosidade e espaço público: para além das questões relativas às condições de emergência e de desdobramento social da religiosidade, o que se destaca aqui são essas formas particulares, novas, eventualmente exógenas ou transnacionais, de crença e de adesão a campos religiosos de pertencimento e de representações simbólicas. Será, pergunta-se, que estas novas formas virão produzir outras maneiras de ser, associadas, talvez, a outros sistemas de valores? Quais modificações sociais que por estes caminhos se enunciam?

Tentarei aqui, então, discutir certos sentidos de algumas abordagens antropológicas em curso que questionam as preocupações contemporâneas de um universo de circulação e comunicação generalizado. O meu ponto de partida, desenvolvido em outro lugar,[1] é o de considerar que o papel da Antropologia seria essencialmente de se preocupar com o vivido das pessoas nas sociedades nas quais estas passam as suas existências. Nesta perspectiva, parece-me antes de tudo necessário identificar as ligações ou, sobretudo, as intrincações constantes da abordagem antropológica com aquilo que, antigamente, convencionou-se designar como um "objeto", e que eu considero como um espaço no interior do qual se estabelece uma "situação antropológica". Compreendo por isto um conjunto movente de relações entre o antropólogo – submetido a suas próprias determinações culturais e sociais – e o meio no qual ele efetua a sua pesquisa e que reage ao mesmo tempo diretamente sobre ele e a propósito dele. É preciso acrescentar que a situação antropológica não é estável e permanece em princípio inacabada na medida em que ela implica as modalidades de recepção da pesquisa, tanto no exterior quanto no interior

1. Cf. principalmente em M.H. Piault, *Anthropologie et Cinema: passage à l'image, passage par l'image*, Paris, Nathan, 2000.

do meio concernido. Nesta perspectiva, a escolha das orientações de pesquisa não é neutra e aquelas feitas pelos antropólogos de hoje em dia revelam algo além das preocupações e dos problemas das sociedades em que eles trabalham. É preciso, para compreendê-las, levar em conta não somente as orientações acadêmicas assumidas pelo pesquisador mas também os questionamentos que este efetua enquanto pessoa que pertence a uma dada sociedade.

Neste sentido se percebe perfeitamente que esta "crise" da reflexividade, designada como fim das ideologias, teve efeitos na ordem das produções intelectuais dos pesquisadores. A "questão do sentido" passou a ser estratégica na ordem das preocupações intelectuais ao mesmo tempo em que se descobriu o universo de crenças e de propostas teleológicas na ordem das preocupações comuns. Esta implicação da abordagem no que ela destaca, a reciprocidade e a permanência de esclarecimentos e ajustamentos (ou mesmo de modificações) condicionam o olhar e à escuta do outro. A descrição, instrumento notável da Antropologia clássica, virou acompanhamento e se submete permanentemente ao exame crítico do par observador/observado: suas funções se trocam, não na alternância, mas numa dinâmica propriamente dialógica.

O antropólogo não está mais na esfera asséptica dos conceitos científicos que participam de uma construção objetivada da verdade do mundo. A linguagem do antropólogo dificilmente emerge da modelização teórica para se aventurar nas relações lógicas alternativas do outro. Como traduzir sem trair uma diferença de ponto de vista que constrói outros objetos que não os meus e sobre os quais eu tento dar conta? Não se encontra mais em pauta realmente formular os sintagmas e os modelos universais pelos quais se reconheceria finalmente o pertencimento à espécie humana para além de toda determinação espaço-temporal. A tarefa, no momento, é de introduzir a dúvida no rigor dos argumentos e de acompanhar os passos pelos quais a intenção se constrói e se desconstrói na medida das contingências mais ou menos persistentes. A ordem que nós perseguimos é, pois, provisória e o ponto de vista necessariamente relativo. Estamos em busca de paradigmas transitórios, e a recorrência de expectativas transcendentais com as quais nos deparamos nos deixam realmente curiosos: qual será a necessidade desta busca de sentido que há pouco evocávamos? Em quê, e até onde pode-se dar conta das preocupações correntes enquanto os elos sociais e suas finalidades são questionados em toda parte? Em quê estes questionamentos do sentido provêm de uma interrogação mais larga sobre as modificações em curso da pessoa e de suas disposições relativas segundo seus pertencimentos? E, enfim, não haverá necessidade de reconhecer uma mestiçagem produtiva da nossa linguagem para fazer cruzar sem reduzir as realidades, tanto vividas quanto percebidas e interpretadas, tanto nas suas proximidades como nas suas diferenças efetivas e legítimas?

Vemos se esboçarem algumas mudanças dos modelos políticos e de representações por intermédio de uma verdadeira inseminação das linguagens por noções religiosas em certos espaços setoriais da política (como indica Maria das Dores Campos Machado) quando, também, por exemplo, "a vida abundante" vem a ser nas favelas do Rio um tema de campanha fraterna contra a droga e um apelo à expressão de uma cidadania que reivindica justiça e democracia (cf. Márcia Leite). Percebemos então como o modelo hierarquizado e centralizado da Igreja Católica usualmente transposto para as representações e as práticas políticas é desconstruído por intermédio de comunidades que questionam as modalidades práticas por meio das quais a fé se expressa no cotidiano. O questionamento sobre a natureza humana ou sobre o ser do humano não se situa apenas em, nem provém apenas, de uma inquietude mística ou transcendental, mas nasce da experiência cotidiana na qual a vida se mostra desbaratada e onde a esperança não se orienta somente para "a utopia do paraíso". Não é indiferente para a análise do espaço público que, como indica Regina Novaes, a Bíblia tenha se tornado hoje: "uma fonte de saber religioso socialmente reconhecida". A propósito disso o olhar antropológico não pode simplesmente "pousar" sobre uma realidade distanciada; ele permanece parcialmente orientado no interior da própria sociedade por uma posição relativa à sua concepção da pessoa não somente como conceito, mas também como valor.

O que nos preocupa não é apenas identificar e caracterizar formas e/ou talvez sistematizações emergentes deste "religioso" mas, antes de tudo, perceber sensibilidades e intenções diferentes e assim acompanhar as formas de construção das religiosidades contemporâneas e seus modos de expressão como, por exemplo, o *rap* e a cultura *hip-hop*. Isso implica, sem nenhuma dúvida, que interroguemos a própria abordagem relativa a esta identificação: o que, então, pode nos encaminhar para o que não pertence aos domínios consagrados – é o caso de dizer – aquilo que antes era definido como "religioso" e que nós hoje designaríamos como "as religiosidades" para dar conta sobretudo das atitudes, das práticas e das expectativas ao invés de nos limitarmos a um domínio previamente circunscrito e considerado autônomo?

2. Determinação social e percurso individual

Assim, é importante levar em conta prioritariamente os percursos individuais, os processos de investigações espirituais aos quais as pessoas se entregam como sugere Sandra de Sá Carneiro. Podemos assim enfatizar a importância significativa de mudanças nos procedimentos lógicos e cognitivos que vão da distinção à assimilação, da classificação à integração. O evento representado por uma peregrinação não é mais apenas apreendido no quadro de uma história institucional da religião[2] mas como entendimento essencial de uma busca interior metaforizada pela peregrinação ritual e em seu interior. Percebe-se, então, o projeto espiritual, marcado pela busca do auto-aperfeiçoamento, como verdadeira imersão na dinâmica de um caminhar coletivo que propõe a dimensão nova de uma identificação coletiva. Assim, "fazer realmente o Caminho" para ir hoje a Santiago de Compostela é – de fato – um percurso individual na religiosidade católica mas é simultaneamente a experiência vivenciada de uma nova identidade européia (ou também brasileira?) a partir de uma inquietação pessoal.

Isso nos afasta, pela especificidade de uma abordagem antropológica, da identificação desse indivíduo que se construiria primeiro no interior de um espaço social cujas fronteiras parecem, claramente, cada vez mais porosas e cujas definições escapam cada vez mais às fórmulas que antes eram a glória das proposições sociológicas. Se existe uma crise do destino social, não se pode imaginar que a pessoa escape a esse questionamento. Os projetos unificadores, mais ou menos har-

2. Cf. Danièle Hervieu-Léger, *Le Pélerin et le Converti: la religion en mouvement*. Paris: Flammarion, 1999.

mônicos e que se situavam no horizonte das ideologias, cuja morte foi anunciada com estrépito, deixam, ao desaparecer, o campo livre para a diversidade das conjecturas. E se a unidade da pessoa, como a postulada unidade da sociedade, for apenas uma utopia, ou mesmo uma projeção simplificada de um racionalismo estreito, ele mesmo sendo produto de uma concepção historicamente obsoleta da sociedade e do homem?

Nesses períodos de revisões, ou de desconstruções generalizadas, surge a proposta de um reconhecimento da primazia do indivíduo, o triunfo do individualismo, visto como arremate de um processo de civilização humanista e judaico-cristão. Devemos nos entender melhor sobre o sentido das palavras: o termo "individualismo", assim empregado, estaria em oposição àquilo que teria sido no passado, ou alhures, o ser social por excelência, o indivíduo percebido e compreendido como um produto quase que inteiramente determinado e não como projeto autônomo. Aliás, isso corresponde a esse caminhar o qual foi-nos dito que se teria percorrido – muitas vezes se usou o termo "progredido" – das sociedades holistas às sociedades "complexas" consumadas – por assim dizer – dentro e pelo modelo exemplar da sociedade industrial, capitalista, urbana ocidental.

Não cabe aqui uma revisão aprofundada desses pontos de vista que encobrem uma perspectiva evolucionista e triunfante cujo questionamento persiste até agora. Todavia, devemos denunciar firmemente a ilusão ou, em outros termos, a opinião etnocêntrica e preconcebida que nos levou a considerar como evidente o progressivo reconhecimento do indivíduo cuja autonomia, dizem, seria mais acabada nas sociedades modernas – as nossas, aquelas do Ocidente globalizador – do que nas sociedades que conservam um "quê" de arcaísmo – quando designadas pelos termos de segmentárias, patriarcais, rurais, em desenvolvimento ou... étnicas.

Pois defendo que nessas sociedades supostamente arcaicas, a autonomia da pessoa, sua capacidade de avaliar e julgar as regras sociais que a orientam, as condições segundo as quais ela pode situar-se para ajustar seus comportamentos próprios e identificar suas relações com o próximo, são pelo menos tão reais e eficazes quanto aquelas que definem um indivíduo pertencente às nossas sociedades. Nestas últimas, as leis e as regras são inúmeras e impossíveis de apreender em sua totalidade, os recursos são constantemente submetidos a mediações, as instâncias de decisão

são infinitamente multiplicadas, as relações de causalidade são quase imperceptíveis na confusão de seus emaranhados e de suas implicações. Aquilo que na realidade chamamos de individualismo no estado contemporâneo de nossas sociedades é simplesmente o sinal da ineficiência cada vez maior de pertencimentos locais e naturalizados e do surgimento de outras modalidades mais difusas e largas de inserção e controle do indivíduo, muitas vezes difíceis de serem apreendidas antropologicamente. Trata-se muito mais da desestruturação de instâncias primárias de definição e de obediência da pessoa – começando pela família "tradicional" – do que da aquisição pelo indivíduo da capacidade evolutiva de reflexão, de manobra, de ação e de escolha que o tornaria mais apto a refletir sobre sua condição. Ao invés de assistir ao nascimento de um indivíduo livre e universal talvez assistamos somente à emergência de um "indivíduo incerto",[3] que seria unicamente observado nas suas (dis)funções psicológicas pois os quadros de seus pertencimentos seriam pouco discerníveis ou, para alguns, pouco pertinentes para análise.

3. Identificar modos de agir, modos de pensar e modos de crer

Na qualidade de antropólogo que reivindica uma abordagem fundada na experiência do indivíduo que a sociologia busca teorizar, eu deveria me reconhecer nestas novas evocações do individualismo – uma espécie de homenagem a uma disciplina que teria sido a sua vanguarda. Na realidade, há uma confusão perversa entre considerar um indivíduo colocando-o entre parênteses ou simplesmente valorizando o que seria a falência de alguns de seus pertencimentos e dependências socioculturais, e a nossa proposta de privilegiar as vivências particulares de uma situação geral. Não se trata – ao nos interessarmos pelo sentimento, pela emoção, pela experiência sensível da pessoa, pela expressão individual de suas reações existenciais – de colocá-la dentro de um esquema universal do vivenciado que seria uma espécie de tabela de Mendeleiev de uma psicologia geral da existência. Para serem universais,

3. Ver Alain Ehrenberg, *L'individu Incertain*, Paris, Calman-Lévy, 1995.

sentimentos e emoções como a expectativa, a esperança, o temor, o sofrimento, o amor, o desejo ou o ódio, não se experimentam nas mesmas circunstâncias e não se exprimem nas mesmas condições, não são apreciados segundo as mesmas escalas de valor, segundo pertençamos a uma sociedade ou àquela outra. Existem naturalmente variações individuais, mas também estas se complexificam devido a pertencimentos – também diversos e com intensidades e implicações variáveis – a sociedades diferentes. Mesmo para aqueles que consideram a possibilidade de invariantes psicológicos universais, seria, em definitivo, a infinidade de suas combinações numa infinidade de contextos que modificariam radicalmente o seu sentido e as interpretações possíveis.

A valorização de experiências individuais se apresenta com o exercício da leitura tomado como transferência existencial por Pablo Semán: um indivíduo relativiza o dogma escrito da Igreja e a autoridade de seus rituais dotando de realidade sua experiência de leitura de Paulo Coelho. Trata-se aqui de uma subjetividade ativa e situada, e também de uma orientação de pesquisa que toma a escrita propriamente dita como espaço de interrogação e de afirmação da crença. Aqui se tem um trabalho de mediação do que é usualmente considerado como um "comentário". O problema é a transformação desse comentário em referência legítima de crença. A escritura – como memória dinâmica – vai manter e ajustar, por meio das mudanças históricas, a possibilidade de uma continuidade da crença e do saber.

Abordamos esta questão sem pretender diagnosticar uma autonomia maior ou menor das pessoas nas redes complexas de seus pertencimentos múltiplos. Assim, a expressão particular de uma escolha, de uma ação ou de um sentimento no decorrer de um certo empreendimento, não remete necessariamente ou unicamente a um processo de caracterização psicológica. Trata-se antes de mais nada de identificar "modos de fazer, modos de pensar e modos de crer", dos quais não há evidências e que por isso é preciso vincular a conjuntos sociais e culturais cuja identificação não é fácil nem necessariamente estável ou homogênea.

Por exemplo, os "crentes" da Ilha Grande se assumem "nativos" e reinventam de certo modo a idéia de uma população "tradicional" ante a invasão de estrangeiros com intenções transformadoras em relação a um modo de vida anterior. Isso indica a intenção manifesta de resistir às inovações (ver Rosane M. Prado). Eles legitimam sua posição firmando-a numa autoctonia cujas modalidades de existência são formadas por uma religiosidade estritamente comunitária, talvez comunalista. Associam, portanto, seu pertencimento religioso e seu *ethos* insular. Surge desta "insularidade religiosa" um questionamento sobre as ordens plausíveis da natureza e do mundo.

Em seqüência à pergunta antiga mas renovada a seu modo por I. M. Lewis: "Em que as pessoas realmente crêem?"[4] parece-nos que as respostas arriscam de se acumular em uma coleção indefinida das crenças e de suas formalidades. Todavia, e seja qual for a abordagem possível, qualquer que seja a "partilha" proposta e pensável, não atingimos uma compreensão nova, diferente, da diversidade das crenças salvo ligando-as às circunstâncias de suas constituições e de suas práticas. O importante talvez seja preocupar-nos mais com as motivações e projetos que conduzem a organizar, "na sua diversidade e seu contexto", crenças e representações religiosas do mundo e da pessoa em seu seio.

Talvez ocorra com as crenças o mesmo que com os sistemas de parentesco ou os mitos; pode-se extrair delas elementos estruturais cujas combinações se reduziriam, pouco a pouco, a um número limitado de modelos, contribuindo assim para provar que o espírito humano é universalmente submetido aos mesmos princípios de construção lógica: isso significa afirmar que, para além das diversidades culturais e dos avatares históricos, a espécie humana realmente existe como tal... Percebem-se os limites de tal iniciativa além de sua eficácia cognitiva aparente. O propósito – certamente mais modesto intelectualmente – ao qual me parece útil restringir-nos, já não é o de percorrer as diversidades das crenças como tais mas apreender suas dinâmicas constitutivas, do ponto de vista dos crentes e em relação aos esquemas sociais dentro dos quais se determinam. Os espaços sociais, culturais e afetivos pelos quais se propõem e se adotam certas compreensões do universo esclarecem a intencionalidade dessas propostas transcendentais. Assim também esses lugares e essas circunstâncias esclarecem as motivações dos novos crentes que

4. I.M.Lewis, *Religion in context: cults and charisma*, Cambridge University Press, 1986, p. 20.

expressam a renovação de suas buscas de sentido.[5]

4. O campo como experiência: um "espaço de entendimento"

Nessa perspectiva, compreende-se a reivindicação antropológica da "experiência de campo" que permite tanto liberar-se de si mesmo como aproximar-se do outro. É de fato uma tentativa dupla, dolorosa, que questiona a pertinência e a validade dos instrumentos de compreensão, da capacidade de perceber e de voltar a sentir a alteridade, ao mesmo tempo em que tenta decifrar em sua própria perspectiva as lógicas cognitivas do outro, tanto quanto os dados sensíveis de sua vivência. Não se trata de uma iniciativa "iniciática" que levaria, como em um ritual previsto, a passar de um estágio de existência ou de conhecimento para outro, agindo assim dentro de um único processo de transformações lógicas. Não há uma atitude de adesão que visaria a uma espécie de compreensão interior ou de exploração territorial do outro, mas sim a manutenção de um diálogo exigente que só se desenvolveria lentamente, assegurando-se, a cada troca, um consentimento mútuo sobre as direções assumidas. No caso é a construção progressiva de um "espaço de entendimento" no qual as intenções de agir e as modalidades do ressentir se percebem reciprocamente sem por isso recobrir-se, traduzir-se exatamente ou impor-se umas às outras.

O questionamento inicial, a interrogação que antes se queria etnológica, uma forma de exploração sistemática de um território desconhecido, percorrido pouco a pouco e assumido, é hoje apenas uma tentativa eventual, desajeitada e passageira de incitar um diálogo. Creio necessário para definir o empreendimento, e portanto para a escritura do antropólogo, corrigir a distinção feita por Roland Barthes entre "escritor" cumprindo uma função e "escrevente" assumindo uma atividade transi-

---

5. Podemos ver algumas indicações desse tipo de proposta num texto de Gilberto Velho no qual ele escreve: "... parece-nos, portanto, problemática a distinção de um *cognitivo* específico separado de seu contexto cultural no sentido mais amplo envolvendo aspectos 'afetivos', 'estéticos' e 'emotivos'." ("Sistemas Cognitivos e Sistemas de Crenças: problemas de definição e comparação", Rio de Janeiro, Programa de Pós-Graduação em Antropologia Social, *Comunicação*, n° 8, UFRJ, s.d., 4.)

tiva: ele situa os antropólogos na categoria dos "escreventes", que utilizam a língua como "instrumento de comunicação".[6] Na realidade, a instrumentalidade nunca é neutra, ou melhor, nunca existe como tal: não pode existir apenas um "instrumento" de comunicação e a linguagem é sempre "comunicação de...", exatamente como a consciência é sempre "consciência de...". Isso nos leva a reconhecer a subjetividade intencional dessa comunicação que só pode escapar à deriva de um solipsismo completo se insistirmos na necessidade de uma interlocução, de um debate constante com o outro sobre o trabalho de conhecimento em curso.

Essa necessidade se apresentou logo que foram reconhecidos os diferentes "bias" culturais que marcam a interpretação teórica dos antropólogos. É, no nível mais prático da própria investigação, o mal-entendido de que fala Clara Mafra. Já sabemos que, além das particularidades de cada campo a partir do qual se elabora uma teoria interpretativa mais ampla, o próprio pertencimento do antropólogo conduz uma parte de suas opções pragmáticas e orienta em boa medida a dinâmica de suas pesquisas. Agora o que está em jogo, o que mostram com mais nitidez os trabalhos sobre o contemporâneo de nossas próprias sociedades – principalmente sobre a efervescência renovada das modalidades do crer – é a nossa capacidade de perceber e de desconstruir as modalidades das transformações em curso, envolvendo justamente a percepção íntima e metafísica da mudança: uma subversão – vivenciada com mais ou menos clareza, mais ou menos dramaticamente, com mais ou menos urgência – da própria noção de pessoa e de seu meio em sua concepção mais extensiva. Uma estratégia de pesquisa não baseia sua pertinência apenas numa análise racional dos constituintes de uma dada situação, mas responde a uma necessidade própria ao pesquisador cuja sensibilidade reage a uma solicitação específica. Mesmo quando se trata de pesquisas impostas, programadas por instituições – cujos objetivos e razões também é lícito nos interrogarmos fora do campo propriamente científico –, o pesquisador acompanha questionamentos que se constroem em função de motivações complexas, nem todas relativas à natureza do projeto em curso... Podemos assim perceber o desenvolvimento das pesquisas sobre o Pentecos-

6. Roland Barthes, *Essais Critiques*, Paris, Seuil, 1981,: 147-154.

talismo no Brasil como reação íntima dos meios intelectuais à existência de igrejas cristãs contestando o pluralismo sincrético alardeado e pretensamente "cordial" da cultura religiosa brasileira. Seria, de certa forma, a continuação da preocupação dos antropólogos brasileiros por uma definição da identidade nacional, do "quem somos nós" do que trata Patrícia Birman quando analisa as controvérsias geradas sobre a Igreja Universal.

5. Quando crer e saber se emaranham...

É provavelmente nosso próprio sentimento de uma falta, ou melhor, a relativa depressão que seguiu a declaração quase triunfal da "morte das ideologias" que nos torna mais sensíveis ao desejo de reconstrução das representações do mundo ou à necessidade de reencontrar na transcendência uma renovação das razões para existir e durar. Nesse sentido, existe no pesquisador uma preocupação semelhante àquela do crente: quais são as formas, pelo menos aparentes, do mundo as quais podemos hoje propor um uso prático?[7]

Assinalemos algumas referências para uma compreensão das situações atuais, abordadas essencialmente do ponto de vista daqueles que reivindicam uma crença (cf. Márcia Contins). Recolocamos assim a questão essencial: quais são as diferentes maneiras de se apresentar ao mundo? Podemos também nos perguntar como estes comportamentos e representações são, simultaneamente expressos e encenados? (ver Cecília Mariz e também Pedro Ari Oro e Carlos Alberto Steil). A questão é ao mesmo tempo banal, evidente mas urgente e constantemente esvaziada. Coloca-se em primeiro lugar para o próprio crente que se encontra – ou deveria encontrar-se – orientado no seu comportamento concreto, ao menos em parte, pelas suas formulações religiosas sobre a organização do mundo. Esta questão se coloca –

7. Para o paralelo que traço, as preocupações transcendentais que informam as interrogações dos religiosos não possuem nenhuma relevância do ponto de vista estritamente cognitivo: quero somente sinalizar este movimento de identificar os dados do questionamento no interior de um espaço social específico.

e esta é uma possível dificuldade do enunciado – em termos quase similares para nós, supostos observadores da sociedade.

Poderíamos dizer que se trata para o observador e para o crente de uma questão de método que se torna uma questão de princípio já que, para ambos, a finalidade da busca/investigação modela os instrumentos utilizados. Deveríamos, em primeiro lugar, partir das expressões singulares que o crente constrói com base nos princípios gerais de seus engajamentos e das demonstrações particulares e concretas por meio das quais ele pode comunicar suas convicções. Desde a expressão dos princípios até o início de sua prática, numerosas modificações podem ocorrer. Estas, não necessariamente definitivas, eventualmente podem contribuir para uma transformação das próprias crenças. O que nos conduz, como observadores, a colocar novo conjunto de questões: partindo da identificação das formas de crença, prosseguindo com a natureza das implicações culturais, sociais e políticas dessas representações do mundo, chegamos agora a interrogar a ordem de determinação recíproca dessas implicações e a interrogar a nós mesmos sobre os *a priori* lógicos de nossas próprias percepções interpretativas.

Crenças e saberes têm em comum o fato de proporem mais ou menos diretamente uma interpretação do homem em sua relação com o universo, e, em conseqüência, de levantar a questão de uma verdade última das coisas e de um método para dela nos aproximarmos. Neste nível, minha própria busca não é singular, e a resposta que me oferece aquele a quem me dirijo, os sentidos do mundo que ele me propõe, podem ser percebidos como, no mínimo, uma forma de me devolver a mesma pergunta a respeito das finalidades de minha tentativa.

Todavia, não buscamos mais saber se existe uma instância última determinante, e qual seria ela: creio que é preciso renunciar a encontrar uma ordem permanente, ou as causas primeiras e últimas como resposta a estas interrogações. Talvez seja possível identificar algumas circunstâncias, alguns momentos, a partir dos quais surgiram modificações em certos comportamentos, no interior de algumas ordens de relações sociais e em certas representações. É possível iluminar o cenário da crise, da transformação ou da modificação, mesmo se a luz oferecida não revela todas as direções, mesmo se ela opera distorções evidentes nas perspectivas e nas proporções. É o caso, por exemplo, do confronto-debate entre a Igreja Católica, a Igreja

Universal do Reino de Deus e o Estado brasileiro por ocasião do "chute na santa" apresentado por Emerson Giumbelli. Ali vemos surgir os termos e os discursos, mas também os lugares decisivos da comunicação, articulados ao mesmo tempo a uma discussão de fundo sobre a definição daquilo que seria um espaço especificamente religioso em relação ao Estado no Brasil. A ocorrência mediatizada, a encenação deliberada de uma provocação, permite, assim, uma relativização da situação brasileira, situando-a em relação a uma problemática mais ampla da relação do religioso e do político.

6. Crises, conflitos, rupturas: e a identidade?

Pesquisas realizadas desde alguns anos tratam, com cada vez mais freqüência, de situações "de crise", de transformação, às vezes de mutação. As situações de confronto, de drama, de guerra, que envolveram pouco a pouco a totalidade das sociedades conhecidas, há mais de um século, acabaram por modificar a orientação das ciências sociais, inicialmente preocupadas em identificar, classificar e caracterizar sociedades supostamente permanentes ou a caminho de uma evolução definível. A estabilidade – ainda que provisória – dos sistemas era uma espécie de pressuposto tão compartilhado que a evidência da história não conseguia impor uma transformação da atitude de pesquisa. Os "sistemas" eram mais ou menos flexíveis, susceptíveis de transformação e de adaptação, mas a persistência em sua "natureza", sua estabilidade constituíam um pressuposto quase inabalável. Exceto em caso de confronto com uma revolução, logo com uma crise "mortal", as sociedades foram descritas na ordem de tradições imperturbáveis, seus "estados" eram apreendidos fora de qualquer advento e de qualquer evento. De maneira quase geral, as Ciências Sociais, particularmente a Antropologia, estavam brigadas com a História, e terá sido preciso pelo menos o tempo das descolonizações para que finalmente começássemos a nos questionar sobre os modos, e portanto sobre as circunstâncias da constituição das formações sociais. Certamente foram as dramáticas transformações da Segunda Guerra Mundial que levaram à introdução por Gluckman das noções de crise e de conflito que permitiam apreender as modalidades pelas quais certos acontecimentos punham em perigo a própria existência de um grupo social.[8] As instâncias de regulação e de resolução de conflitos expressam, principalmente por meio da execução de certo número de rituais, a capacidade de determinada formação de reproduzir-se em condições diferentes, novas. As pesquisas clássicas freqüentemente não resolvem a questão da capacidade de uma sociedade se reconhecer no tempo, a longo prazo, apesar de transformações – e além delas - aparentemente tão radicais quanto aquelas, por exemplo, que as afetaram há dois séculos. Pois, como reconhecer a persistência de uma sociedade, de uma identidade brasileira ou de uma identidade francesa além das transformações, das revoluções, quando não das mutações sofridas desde o desenvolvimento do capitalismo industrial? Quais são as instâncias que permitem as transições, quais são os recursos que permitem construir a continuidade de uma história para além dos choques dos acontecimentos? Que tipo de memória é preciso que exista para reconhecer o mesmo por meio da seqüência mais ou menos caótica e violenta de formas sociais, políticas e econômicas de nossas sociedades? Não ser mais semelhante e todavia se reconhecer, identificar filiações para além das rupturas, considerar ou inventar retroativamente a permanência de certas características nacionais? Como isso é possível se, ao olharmos para trás, os relatos dos historiadores parecem fazer reviver antepassados com os quais não temos quase afinidades, correspondências, cumplicidades?[9] Qual foi o momento, quais foram as condições de um salto qualitativo raramente vivido como tal, ou antes, cujas marcas históricas são geralmente e simbolicamente arbitrárias e que muitas vezes são deliberadamente falseadas?

No Brasil, as contaminações recíprocas das crenças e das práticas podem ser observadas por meio das transformações, empréstimos, esquecimentos, inovações, que marcam as festas mais consagradas nos diferentes cultos. A continuidade dos rituais como manifestações periódicas e circunstanciais não comprova uma persistência significativa destes, como talvez se passe em outros lugares (ver Roger Sansi).

8. Ver especialmente Max Herman Gluckman, *Custom and Conflict in Africa*, Oxford, Basil Blackwell, 1963, e *Order and Rebellion in Tribal Africa: collected essays with an autobiographical introduction*, London, Cohen and West, 1965.

9. Cf. Sahlins, Marshall. *Ilhas de História*. Rio de Janeiro: Zahar, 1994.

Por meio da evolução dessas manifestações constantes, expressam-se precisamente transformações decisivas e se mantêm redes de comunicação constantemente postas à prova pelo conjunto da sociedade. Os rituais participam assim de uma espécie de consulta pública operada por um grupo dado, testando e expressando, de certa maneira, o estado de sua situação no momento de sua manifestação. Quem organiza, quem participa, de que maneira, com que instrumentos? Perguntas que dão significado à ordem presente da formação social.

Assim, além das crises e das rupturas, além mesmo das revoluções, alguns sinais permitem reconhecer persistências identitárias para certos grupos. Se se trata de reconhecimento, de reconstrução ou de invenção, esse é um dos aspectos – não sem importância – das operações distintivas. O que, em sentido inverso, nem por isso exclui os desaparecimentos, as mortes de civilizações e de sociedades sobre os quais seria necessário, se fosse possível, reencontrar as circunstâncias que nos trariam algumas indicações a respeito dos limites da sobrevivência sociológica e ideológica de um grupo.

Todavia, essas persistências singulares talvez não tenham outra realidade além da capacidade e da necessidade funcional de cada grupo, vivendo no presente, inventar para si uma imagem coerente, formatando os elementos do passado susceptíveis de justificar o estado determinado e atual das suas relações sociais. Trata-se de uma questão levantada pelos índios Baniwa "evangélicos" quando querem "tranqüilizar" os antropólogos temerosos de vê-los perder "sua cultura" ao se converterem (ver Véronique Boyer). Eles colocam a angustiante questão da persistência identitária para além das rupturas, sugerindo uma resposta paradoxal mas sobre a qual qualquer reflexão só pode insistir: a adesão ou a conversão a uma ideologia ou a uma religião universalizante seria o melhor meio de preservar uma identidade local em perigo. Percebe-se aqui todos os prolongamentos de tal proposição, o que permite sugerir que os fenômenos de globalização contemporâneos têm necessariamente por corolário o desenvolvimento dos particularismos e das reivindicações regionalistas e locais.

Talvez estejamos apenas a construir uma coerência dinâmica unívoca entre elementos de uma história que na realidade seria polimorfa e polissêmica, na qual cada pessoa poderia eventualmente encontrar razões para outras opções, outros modelos devolvidos à sua probabilidade e à sua relatividade circunstancial. Como todos sabem, o trabalho dos historiadores muitas vezes visa – ao operar uma seleção nos acontecimentos do passado e invalidar os métodos precedentes – legitimar, ou pelo menos garantir uma legibilidade particular a um determinado estado contemporâneo da sociedade e de suas modalidades de saber.[10]

7. A relatividade dos tempos e dos contextos: a noção de "modificação"

Parece-me importante enfatizar uma noção que perpassa diferentes pesquisas, aquela de "modificação". Poderíamos considerar que dentre os elementos constitutivos de um conjunto, alguns podem sofrer mudanças, transformações mais ou menos radicais, sem por isso atentar contra a configuração e a valência global daquilo que seria "a equação social" do conjunto. Isso conduziria os indivíduos que se reconhecem nesse conjunto a assumir em relação a ele uma continuidade identitáriavinculada à capacidade mantida por este conjunto de ser percebido, de fora, como tal.

A percepção de uma crise por parte dos participantes ou dos observadores não atinge sempre os mesmos elementos de interpretação. Tal crise sequer é colocada nos mesmos termos e investida da mesma importância. Convém pois, identificar se um ajuste ou pelo menos uma aproximação dessas diferenças é possível e em que condições, por meio de quais procedimentos. Sabemos também, graças a S. F. Nadel,[11] que as definições propriamente "identitárias" são ao mesmo tempo arbitrárias e circunstanciais, e que as questões de pertencimento só se resolvem no nível de um sentimento individual. Assim, como o lembra Michel Agier, nunca se podem observar identidades, mas devemos nos contentar com "declarações" de identidade, o que remete à proposição de Bourdieu insistindo na vivência dos atores sociais.[12]

Quando trabalhava no Niger na sociedade mawri, grupo hawsáfono próximo à

10. Dessa maneira, os historiadores estão abrindo – sem sempre admiti-lo – a possibilidade de uma relativização radical de tudo que se pretenderia como verdade.

11. Siegfried Frederik Nadel, *The Foundations of Social Anthropology*, Glencoe, 1951.

fronteira nordeste da Nigéria, mantive relações de amizade com um sacerdote animista que os avatares da colonização haviam colocado na posição de "chefe de aldeia".[13] Eu tinha considerado essa operação política encaminhada pelos colonizadores uma verdadeira mutação sociológica, particularmente na medida em que a administração colonial transformava a antiga organização do poder propriamente político, inicialmente fundado em um sistema de lealdade por meio da linhagem, em poder territorialmente delimitado, segundo o modelo francês. Era um fenômeno comparável à passagem de uma sociedade feudal para uma sociedade estatal. Além do mais, paradoxalmente, o poder religioso era anteriormente vinculado ao espaço, pois os sacerdotes geriam a relação dos homens com as potestades da natureza e os antepassados em território relativamente bem definido. O colonizador não só impunha seu próprio poder mas introduzia considerável confusão na organização mawri, transformando um sacerdote em responsável político dentro das fronteiras delimitadas de uma "aldeia". Com isso era sugerido uma limitação de seu poder religioso anteriormente estendido a uma região bem mais vasta e definido em primeiro lugar pelas alianças e do parentesco. O poder político desse homem era contestado pelos partidários mais rigorosos da tradição histórica e sua influência espiritual era posta em dúvida por aqueles que o viam imiscuir-se excessivamente nos assuntos "públicos" e em suas implicações sectárias.[14] Todavia ele mesmo achava perfeitamente justo que lhe concedessem um poder secular o que, pensava, completaria perfeitamente seu poder espiritual e confirmaria sua legitimidade histórica. Nesse sentido, ele se percebia no interior de um sistema de transformação anterior, pré-colonial, e que havia progressivamente instaurado uma distinção e uma complementaridade entre instâncias religiosas e políticas. Por outro lado, ele era mais crítico e dava mais atenção às modificações ocorridas desde a independência e que haviam, especialmente, concedido importância maior ao Islã. Esse fenôme-

12. Bourdieu, *Esquisse d'une Théorie de la Pratique*, Genève, Droz, 1972.

13. Marc Henri Piault, *Histoire Mauri: introduction aux processus constitutifs d'un Etat*, Paris, ed. CNRS, 1970.

14. Marc Henri Piault, *Bawra, nous ne faisons pas la guerre, c'est notre bouche seulement...* Paris, SERDDAV, filme 16mm, 85 min., 1977.

no era particularmente sensível em terra mawri onde se havia mantido fortemente a influência animista. Ressentia-se muito de que o número cada vez maior de muçulmanos no seu espaço de jurisdição e nos meios dirigentes do Estado ameaçassem sua autoridade religiosa e atingisse seriamente sua reputação de último recurso dos homens em relação aos deuses e aos antepassados. Ele e seus familiares sentiam que, pela primeira vez contestava-se radicalmente a perenidade de sua fé. Neste plano, quanto a mim, apesar de haver evidentemente observado o crescimento do Islã no conjunto da sociedade, eu dava mais atenção à capacidade de resistência e de adaptação das modalidades locais do animismo do que ao perigo de que este parecia ameaçado. Por não interiorizar o envolvimento religioso, eu me inclinava a apreciar as transformações em curso como ajustes circunstanciais, habituais para qualquer forma de crença e de instituição no decorrer da história, já que eu me considerava mais próximo de uma perspectiva dinâmica, que colocava em evidência as transformações da história e os processos constitutivos das formas sociais.

Assim, percebíamos, ele e eu, um espaço-tempo sócio-histórico dentro do qual ambos identificávamos mutações que não se situavam exatamente no mesmo momento e cujas causas não eram as mesmas. Cada um era conduzido em sua interpretação por sua sensibilidade vivenciada: eu, em função de minha culpabilidade colonial; ele, em decorrência de seu sentimento de perda de poder espiritual que fazia com que duvidasse dolorosamente da legitimidade de suas crenças. No entanto essas duas interpretações percebiam os mesmos efeitos na sociedade mawri e de certa forma acrescentavam-se uma à outra para contribuir na identificação de uma verdadeira mudança estrutural em seu seio. Assim, essas abordagens não eram contraditórias nem simplesmente complementares ao se adicionarem mecanicamente. Elas ofereciam um alargamento heurístico decisivo na medida em que permitiam apreender como uma verdadeira mutação podia operar-se no interior de uma sociedade, sem que esta se arrebentasse e preservando sua capacidade identitária. É o que me parece possível denominar "modificação", enfatizando assim simultaneamente o processo e o efeito de ruptura-continuidade.

Compreende-se também, por meio dos elementos esquemáticos deste exemplo, o trabalho da crença como revelador das modificações políticas em curso. No caso mawri, as questões de poder se desenvolveram em torno de uma relação sempre questionada entre política e religiosidade, isto é, a propósito da gestão concreta dos negócios dos homens e de suas relações complexas com o seu meio. É difícil pensar que se trata unicamente de um caso particular: essa relação é constante entre as modalidades de representação e as modalidades de ação que agem umas sobre as outras, modificando-se constantemente até os períodos em que esta parece haver atingido o conjunto, a ponto de ser reconhecível e principalmente reconhecida. O que importa é talvez identificar se existem momentos em que seriam privilegiadas as modalidades de crença, as formas e práticas da religiosidade. Isso significa dar lugar à pergunta sobre a pertinência e o momento estratégico de uma interrogação transcendental em relação às modalidades de ação e de interpretação sociopolítica.

8. Sinais, passagens, abordagens, negociações...

De maneira mais geral, a modificação manifesta uma intricação deslocada dos diferentes processos de mudança. Os confrontos dialógicos que se desenvolvem no interior de determinado campo elaboram as possibilidades daquilo que poderíamos chamar de "esclarecimentos diferenciais" sobre uma determinada formação social. Trata-se de um procedimento equivalente àquele utilizado por um cenógrafo que efetuasse variações da iluminação para filmar determinada cena, dando-lhe assim qualidades emocionais e valências significativas variáveis. Tais variações não são apenas interpretações diferentes, mais ou menos complementares ou contraditórias, mas permitem explorações em níveis diferentes de uma mesma situação legitimamente abordável sob diferentes ângulos.

O projeto especificamente antropológico não mais envolve uma categorização geral de objetos fixos, e sim a colocação em evidência das relações e de suas dinâmicas de determinações relativas. Compreende-se melhor assim hoje em dia a necessidade de situar percursos em torno da crença no interior do campo social em que se desenvolvem. Pois não se trata mais de lhes avaliar a pertinência, as funções ou os lugares e procedimentos de eficácia, e sim de apreciar as posições individuais expostas em relação às proposições institucionais. Tal estimação não opera mais em relação a critérios objetivamente estabelecidos de adequação, mas sim por meio de uma experimentação sensível que concede todo o espaço necessário aos discursos e aos comportamentos percebidos em situações concretas, e por um observador relacionado e identificável a um lugar determinado.

Trata-se de uma verdadeira operação de triangulação, que coloca em relação dinâmica de distâncias sinalizáveis os constituintes próprios à situação antropológica: o pesquisador identificável em seu propósito, uma formação social específica e as pessoas que a constituem. Os atores, ao agirem, permitem que suas determinações os iluminem reciprocamente. Na verdade, a situação não tem fronteira absoluta e o ponto final da narrativa é impossível de ser alcançado. Só podem ser pontos de suspensão que deixam aberta a possibilidade de uma abordagem indefinida, assintótica do outro e de uma desconstrução indefinida mas nunca consumada de si mesmo.

Minha atenção ao mundo não se situa no silêncio de uma apropriação do outro mas na continuidade de uma troca na qual se experimentam pouco a pouco distâncias e proximidades, sensações e afetações, termos que os designam e os descrevem para mim e para o outro. Não se trata mais de privilegiar um ponto de vista que relativizaria as idéias preconcebidas de uns e outros para situá-los no espaço neutro e assepticizado da objetividade científica, mas de assumir o risco dessa tentativa constante de aproximação das distâncias e das opções relativas, iluminando uns pelos outros. Nesse sentido a preocupação não é mais das fronteiras aquém e além das quais se constituiriam as fortalezas identitárias mas, muito ao contrário, de identificar as passagens e as iniciativas que as utilizam, de apreciar os ritmos de circulação, a intensidade e a intenção das negociações, os processos de absorção ou de rejeição, as modalidades de intercâmbio e as condições de ruptura, os termos das comunicações, isto é, os discursos e seus fins. Obra de sinalização em curso constante dentro de um processo de modificação indefinido, trata-se talvez de uma intenção hermenêutica cujas orientações situam necessariamente, em seu percurso e na relatividade de suas disposições, as construções representativas do mundo, as lógicas propositivas de sentido, as esperanças transcendentais e as gestões concretas da pessoa.

Dos Autores

ARI PEDRO ORO

Professor do Departamento de Antropologia da Universidade Federal do Rio Grande do Sul (UFRGS) e autor de *Avanço Pentecostal e Reação Católica* (Ed. Vozes, 1996); e de *Axé Mercosul: a expansão das religiões afro-brasileiras para os países do Prata* (Ed. Vozes, 1999). Organizou, juntamente com Carlos Steil, o livro *Globalização e Religião* (Ed. Vozes, 1997); e, com André Corten e Jean-Pierre Dozon, o livro *Igreja Universal do Reino de Deus: os novos conquistadores da fé* (Ed. Paulinas, 2003).

CARLOS ALBERTO STEIL

Antropólogo, doutor pelo Museu Nacional (UFRJ) e autor do livro *O Sertão das Romarias* (Ed. Vozes), além de diversos outros textos publicados em revistas na área de Ciências Sociais. É pesquisador do CNPq, do Núcleo de Estudos da Religião (NER) e professor do Departamento de Antropologia da UFRGS. Desenvolve as seguintes linhas de pesquisa: peregrinações e turismo, religião e política, movimentos sociais e ONGs.

CECÍLIA LORETO MARIZ

Doutora em Sociologia pela Boston University, Boston, EUA. Professora do Departamento de Ciências Sociais da UERJ e pesquisadora do CNPq. Trabalha sobre o campo religioso brasileiro, especialmente sobre o catolicismo e pentecostalismo. Publicou o livro *Coping with Poverty: Pentecostals and Base Communites in Brazil* (Temple University Press,1994) e também artigos em revistas especializadas e coletâneas.

CLARA MAFRA

Clara Mafra realizou seu mestrado e doutorado em antropologia social, o primeiro no IFCH/Unicamp e o segundo no Museu Nacional/UFRJ. Atualmente é professora do Departamento de Ciências Sociais da UERJ. Tem desenvolvido pesquisas sobre religião e movimentos sociais há alguns anos, com vários artigos publicados sobre o tema. É autora dos livros *Os Evangélicos* (Jorge Zahar Editor, Rio de Janeiro, 2001) e *Na Posse da Palavra: religião, conversão e liberdade pessoal em dois contextos nacionais* (Imprensa de Ciências Sociais, Lisboa, 2002).

EMERSON GIUMBELLI

Concluiu seu doutorado no Programa de Pós-Graduação em Antropologia Social (Museu Nacional, UFRJ) no ano de 2000. Atualmente é professor do Departamento de Antropologia Cultural no IFCS/UFRJ. Autor de *O Fim da Religião: dilemas da liberdade religiosa no Brasil e na França* (Attar Editorial, 2002) e de *O Cuidado dos Mortos: uma história da condenação e legitimação do espiritismo* (Arquivo Nacional, 1997).

MARC HENRI PIAULT

Diretor de Pesquisa do Centre National de la Recherche Scientifique (CNRS), antropólogo e cineasta. Especialista em África Ocidental, trabalha atualmente sobre o Brasil. Ensina Antropologia Visual na École des Hautes Études en Sciences Sociales (EHESS), Paris.

MARCIA CONTINS

Doutora em Comunicação e Cultura pela UFRJ, professora do Departamento de Ciências Sociais da UERJ e coordena, juntamente com Cecília Mariz, o Núcleo de Estudos de Religião (NUER). Tem realizado pesquisas sobre religião, etnicidade e relações raciais. Publicou vários artigos sobre estes temas em revistas especializadas.

MÁRCIA PEREIRA LEITE

Doutora em Sociologia pelo PPGSA do IFCS/UFRJ com a tese *Para além da Metáfora da Guerra: percepções sobre cidadania, violência e paz no Grajaú, um bairro carioca*. Professora do Departamento de Ciências Sociais da UERJ, realiza atualmente uma pesquisa sobre violência, religião e movimentos sociais no Rio de Janeiro. Tem publicado, em revistas especializadas e coletâneas, vários artigos sobre cidadania, violência, movimentos sociais, religião e política. Temáticas também desenvolvidas no livro *Quando Memória e História se Entrelaçam: a trama dos espaços na Grande Tijuca* (RJ, Ibase), que co-organizou em 2003.

MARIA DAS DORES CAMPOS MACHADO

Doutora em Sociologia pelo Instituto Universitário de Pesquisa do Rio de Janeiro e professora da UFRJ. Autora de vários artigos em revistas especializadas, sua tese de doutorado foi premiada pela ANPOCS e publicada com título de *Carismáticos e Pentecostais: adesão religiosa e seus efeitos na esfera familiar* (Ed. Autores Associados/ANPOCS, Campinas, 1996).

MICHEL AGIER

Antropólogo, diretor de pesquisa no Institut de Recherche pour le Développement (IRD, Paris), membro do Centre d'Études Africaines da EHESS. Há vários anos pesquisa em etnologia urbana na África negra e América latina (Brasil e Colômbia). Alguns livros recentes: *L'Invention de la Ville, Banlieues, Townships, Invasions et Favelas* (Éditions des Archives Contemporaines, Paris, 1999); *Anthropologie du Carnaval: la ville, la fête et l'Afrique à Bahia* (Éditions Parenthèses /IRD, 2000), tradução portuguesa sob o título *Mundo Negro: ritual e política no carnaval da Bahia* (editora Pallas, no prelo).

PABLO SEMÁN

Doutor pela UFRGS (2000), pesquisador do CONICET/ Escuela de Humanidades de la Universidad Nacional de General San Martín e bolsista de pós-doutorado do Programa de Intercâmbio Científico Sul-Americano (PROSUL) do Ministério da Ciência e Tecnologia junto ao Programa de Pós-Graduação em Antropologia Social do Museu Nacional da UFRJ no ano de 2002.

PATRICIA BIRMAN

Antropóloga, doutora pelo Museu Nacional (UFRJ), autora do livro *Fazer Estilo Criando Gêneros* (Relume Dumará/Eduerj, 1995). Professora do Departamento de Ciências Sociais da UERJ e pesquisadora do CNPq, seus temas de pesquisa atuais são: diversidade religiosa no Brasil e na França, entrelaçamento entre religião e política no Brasil.

REGINA REYES NOVAES

Doutora pela USP, professora do Programa de Pós-Graduação em Sociologia e Antropologia do IFCS/UFRJ. Tem vários livros e artigos publicados, entre os quais destacam-se *Os Escolhidos de Deus: pentecostais, trabalhadores e cidadania* (Marco Zero,1985); *De Corpo e Alma: catolicismo, classes sociais e conflitos no campo* (Grafia, 1988). Seus temas de pesquisa atuais estão na área da juventude, religião, política e movimentos sociais.

ROGER SANSI

Doutor pelo Departamento de Antropologia da Universidade de Chicago, com a tese "Fetishes, Images, Commodities, Art Works: Afro-Brazilian Art and Culture in Bahia", uma etnografía histórica da construção da cultura afro-brasileira em Salvador através da cultura material, as imagens e obras de arte, no ano de 2003. Atualmente é *lecturer* na Universidade de Chicago.

ROSANE MANHÃES PRADO

Antropóloga, com formação pelo PPGAS/Museu Nacional/UFRJ e professora do Departamento de Ciências Sociais da UERJ. Tendo em sua trajetória trabalhado com diferentes áreas temáticas – indústria cultural, televisão e telenovela, cidade pequena, gênero –, está ultimamente voltada para o campo da antropologia do meio ambiente. Vem desenvolvendo pesquisas sobre a percepção de questões ambientais e a questão da "participação" no tratamento dessas questões, em especial com referência à Ilha Grande (Angra dos Reis, RJ) onde tem concentrado seus estudos.

SANDRA M.C. DE SÁ CARNEIRO

Doutora em Ciências Humanas (Antropologia) pelo PPGSA/IFCS/UFRJ (2003) com a tese "Rumo a Santiago de Compostela: os sentidos de uma moderna peregrinação". Professora do Departamento de Ciências Sociais da UERJ. Publicou o livro *Balão no Céu, Alegria na Terra: estudo sobre as representações e a organização social dos baloeiros* (FUNARTE/INF, 1986). Seus temas de pesquisa atuais são: as interfaces entre religião e política, peregrinação e turismo religioso.

VÉRONIQUE BOYER

Doutora em Antropologia pela École des Hautes Études en Sciences Sociales (Paris) e pesquisadora do Centre National de la Recherche Scientifique. É autora de *Femmes et Cultes de Possession au Brésil: les compagnons invisibles* (L'Harmattan, 1993). Publicou vários artigos sobre os cultos afro-brasileiros e as igrejas evangélicas na Amazônia. Desenvolve atualmente uma pesquisa sobre movimentos de mulheres.

Dados Internacionais de Catalogação na Publicação (CIP)
(Câmara Brasileira do Livro, SP, Brasil)

Religião e espaço público / organização Patricia Birman. -- São Paulo : Attar, 2003. — (Coleção de antropologia : movimentos religiosos no mundo contemporâneo)

Vários autores

ISBN 85-85115-22-X
ISBN 85-85115-16-5 (Série)

1. Antropologia social 2. Espaços públicos 3. Religiosidade I. Birman, Patricia. II. Série

03-5379 CDD-306.6

Índices para catálogo sistemático

1. Religião e Espaço Público : Sociologia 306.6

Este livro foi composto em
Caslon 540 e impresso pela
Gráfica Palas Athena em
novembro de 2003.